Guide to French Studies

Supplement
with Cumulative Indexes

by
Charles B. Osburn

The Scarecrow Press, Inc.
Metuchen, N.J.   1972

Library of Congress Cataloging in Publication Data

Osburn, Charles B
  Research and reference guide to French studies.

  ----Guide to French studies: supplement with cumulative indexes.

  1. French philology--Bibliography. I. Title.
Z2175.A208 Suppl.   016.44   68-12638
ISBN 0-8108-0493-X

Copyright 1972 by Charles B. Osburn

For

Maggie and Chris, with much affection

FOREWORD

This book supplements the Research and Reference Guide to French Studies published in 1968. Like that volume, it contains citations for works of reference useful in the study of French language and literature and related topics; at least half of these were inadvertently omitted from the basic volume, while the others have been published since 1968. All entries are bibliographies, dictionaries, iconographies, or chronologies, except a few works which are essential to the study of a subject not well served by reference tools. With few exceptions, the arrangement of material in the Supplement is the same as that in the basic volume.

The indexes in this volume also index the basic volume. As the Subject Index is the primary means of access to information in the two volumes, those subjects with many entries have been analyzed to facilitate the search, and cross references are used in abundance in order to compensate for problems arising from the necessarily complex arrangement of information. In addition, the indexes correct a number of misspellings and other similar errors which mar the basic volume.

This guide was begun in 1965 as a bibliographic file of reference tools for personal use. Soon, students and colleagues were also benefiting from it, and the usefulness of such a compilation to a broader community became evident. When the manuscript for the basic volume went to the publisher, a file for the present volume was begun. In a decade or so, the whole work will be revised in a single volume, brought up to date, and weeded of unnecessary material. As the purpose of the Guide is to provide a starting point for research in any aspect of French language or literature, all suggestions from its users regarding organization of information, indexing, additions or deletions with this purpose in mind will be received most gratefully.

I should like to take this opportunity to express my gratitude to a few of those whose constructive criticisms of the basic volume have proved especially valuable in the preparation of its supplement: Michel Décaudin (IL 21, 1969, p. 226), René Rancoeur (BBF 14, 1969, pp. 899-902), Kurt Baldinger (ZrP 85, 1969, pp. 629-631), D. M. Sutherland (FS 25, 1979, pp. 245-246), and Professor Karl H. Merz (Wisconsin State University, Whitewater). To my colleagues Harry Bergholz and John S. Shipman thanks are due for their patience and help on the numerous occasions when my own problems have demanded both.

    My wife, Margaret, typed the complete manuscript, organized a large part of the index file, and offered numerous suggestions to improve the Supplement. Without her unfailing encouragement and collaboration, this book most likely would be only an idea.

C. B. O.

University of North Carolina
at Chapel Hill

Summary Table
of
Contents

Foreword		v
Analytical Table of Contents		ix
Periodicals Cited		xix
Part One:	General Sources, Reference Works, Bibliographies	35
Part Two:	Dissertations and Theses	46
Part Three:	French Literature	48
Part Four:	Scholars and Critics	172
Part Five:	French Language	196
Part Six:	Romance Philology	209
Part Seven:	French Language and Literature Outside France	213
Part Eight:	Provençal and Southern France	230
Part Nine:	Medieval and Later Latin	237
Part Ten:	Comparative Literature and Folklore	238
Part Eleven:	General Language and Literature	246
Part Twelve:	Related Areas	261
Addenda		278
Author Index		285
Subject Index		337

Analytical Table of Contents

	Page
Foreword	v
Summary Table of Contents	vii
Periodicals Cited	xix

PART ONE: GENERAL SOURCES, REFERENCE WORKS, BIBLIOGRAPHIES

General Reference and Bibliography
  I. Guides to Reference Works 35
  II. Universal Lists 35

Book History, Book Trade, and Libraries
  I. History of Printing and the Book 36
  II. Book Trade 37
    A. Publishers, Book Dealers, Collectors 37
    B. Terminology 38
    C. Aspects of the Book Trade 38
  III. Libraries, Archives, Museums 39
    A. History 39
    B. National and International 39
    C. France 40
    D. Terminology 40

Periodicals and Newspapers
  I. History 40
  II. Guides to Directories 41
  III. Directories 41
  IV. Place of Publication 42
    A. General 42
    B. Specific Regions 42
  V. Reprints and Microreproduction 43

Kinds of Books
  I. Childrens' Books 43
  II. Erotic Books 44

III.	Reprints and Microforms	44
IV.	Miscellaneous	44

PART TWO: DISSERTATIONS AND THESES

I.	Guide to Bibliographies of Theses	46
II.	General Lists	46
III.	Language and Literature	46

PART THREE: FRENCH LITERATURE

General

I.	Bibliographical Syntheses	48
II.	Introductions to French Studies	48
III.	Retrospective Bibliographies of Scholarship	49
IV.	Current Bibliographies of Scholarship	49
V.	The Scholarly Journals	50
VI.	Progress of French Studies	50
VII.	Literary Dictionaries, Bibliographies, Iconographies	51
VIII.	Chronology of French Literary History	52
IX.	Themes	53
X.	Poetry	53
XI.	Theater	54
XII.	Novel	55
XIII.	Some Private Library Catalogues of General Interest to French Studies	55
XIV.	Book Reviews	56

Medieval Period

I.	General	56
II.	Language	57
III.	Anglo-Norman Literature	57
IV.	Contemporary Sources	58
V.	History and Genealogy	59
VI.	Foreign Influences	59
VII.	Philosophy and Religion	60
VIII.	Science and the Arts	61
IX.	Themes	61
X.	Poetry	61
	A. General	61
	B. Epic	62
	C. Lyrical	62
XI.	Arthurian Literature	62
XII.	Authors and Works	63

Sixteenth Century
- I. General — 66
- II. Language — 67
- III. Contemporary Sources — 68
- IV. Printing and Book History — 68
- V. Humanism — 69
- VI. Foreign Relations and Influences — 70
- VII. Philosophy and Religion — 70
- VIII. Arts and Science — 71
- IX. Poetry — 72
- X. Theater — 72
- XI. Prose — 72
- XII. Authors and Works — 73

Seventeenth Century
- I. Baroque — 78
- II. Classicism — 78
- III. Language — 79
- IV. Contemporary Sources — 79
- V. Society — 79
- VI. Foreign Relations and Influences — 80
- VII. Philosophy and Religion — 80
- VIII. Music — 81
- IX. Poetry, Prose, Rhetoric — 82
- X. Theater — 82
- XI. Authors — 83

Eighteenth Century
- I. General — 90
- II. Language — 90
- III. Contemporary Sources — 91
- IV. Revolution — 91
- V. Diffusion of Knowledge and Information — 93
  - A. Periodicals and Newspapers — 93
  - B. Book Trade — 93
  - C. Book Lists — 94
- VI. Foreign Relations and Travel — 94
- VII. Philosophy — 95
- VIII. Music — 96
- IX. Theater — 96
- X. Novel and Nouvelle — 97
- XI. Authors and Works — 97

Nineteenth Century
- I. General — 105
- II. Language — 105
- III. Literary Biography — 106
- IV. Contemporary Sources for the Literary Movement — 107

V.	Periodicals	107
VI.	Books	107
VII.	Themes	108
VIII.	Romantic Movement	108
IX.	Parnasse	110
X.	Naturalism	110
XI.	Impressionism	110
XII.	Symbolist Movement	111
XIII.	Poetry and Novel	111
XIV.	Theater	111
XV.	Foreign Relations and Influences	112
XVI.	Art and Music	113
XVII.	Philosophy and Religion	113
XVIII.	Aspects of History and Society	114
	A. General	114
	B. Social Movements	114
	C. Commune	114
	D. Napoleon Legend	115
	E. Dreyfus Affair	115
XIX.	Authors and Works	115

Twentieth Century

I.	General	134
	A. Current Bibliography of Scholarship	134
	B. Retrospective Surveys and Lists	135
	C. Dictionaries of Literature	135
II.	Language	136
	A. Standard Twentieth-Century French	136
	B. Slang	136
III.	Surrealism	137
IV.	Lettrism	138
V.	Periodicals and Newspapers	139
VI.	Poetry	140
VII.	Satire	140
VIII.	Novel	140
IX.	Theater	141
X.	Cinema, Television, Radio	142
XI.	Foreign Relations and Travel	143
XII.	Philosophy	144
XIII.	Art and Music	144
XIV.	Aspects of History and Society	145
	A. Encyclopedias	145
	B. Current Events	145
	C. Paris	145
	D. Miscellaneous	145
XV.	Authors and Works	146

PART FOUR:
SCHOLARS AND CRITICS OF THE
NINETEENTH AND TWENTIETH CENTURIES

I.	General	172
II.	Individual Scholars and Critics	173

PART FIVE:
FRENCH LANGUAGE

I.	General	196
	A. Linguistic Scholarship	196
	B. History of the Language	197
	C. Scholarly Periodicals	197
	D. Terminology	197
II.	Dialectology	198
	A. General	198
	B. Dictionaries	198
	C. Regions in France	198
III.	Slang	199
IV.	Word Studies and Lexicography	200
	A. Dictionaries	200
	B. Scholarship	200
	C. Specific Aspects	200
V.	Etymology	201
VI.	Onomastics	201
VII.	Aspects of the Grammar	202
	A. The Verb	202
	B. Syntax	202
	C. Sound System	203
	D. Orthography	203
	E. Miscellaneous	203
VIII.	Semantics	203
IX.	Style	204
X.	Relations of Linguistics	205
XI.	Special Terminology and Abbreviations	205
XII.	Bilingualism	206
XIII.	Usage	206
XIV.	Kinesics	206
XV.	Foreign Language Pedagogy and the Teaching of French	207
	A. French in France	207
	B. General Foreign Language Pedagogy	207
	C. Materials and Aids	208
XVI.	Careers in Foreign Language and Federal Programs in the U.S.A. for Foreign Language Teaching	208

PART SIX: ROMANCE PHILOLOGY

I.	Bibliographical Guides	209
II.	Bibliographical Surveys and Lists	209
III.	Periodicals	210
IV.	Word Studies and Lexicology	210
V.	Stylistics and Rhetoric	211
VI.	Miscellaneous	211

PART SEVEN: FRENCH LANGUAGE AND LITERATURE OUTSIDE FRANCE

Canada
- I. General Bibliography and Sources — 213
  - A. Current General Reference Works — 213
  - B. National Bibliography — 213
  - C. Periodicals — 214
  - D. Libraries and Archives — 214
- II. Literature — 214
  - A. Guide to the Scholarly Material — 214
  - B. Current Lists of Scholarship and Creative Writing — 215
  - C. Specific Aspects and Periods of Scholarship — 215
  - D. Organization of the Creative Writing — 216
  - E. Poetry, Novel, Theater — 216
- III. Language — 216
- IV. History and the Social Movement — 217
  - A. General — 217
  - B. Biography and Pseudonyms — 218
  - C. Specific Aspects — 218

Belgium
- I. National Lists and the Book Trade — 219
- II. Periodicals, Newspapers, Almanacs — 219
- III. Literature — 220
  - A. General — 220
  - B. Folklore — 220
- IV. The Arts and Cinema — 221
- V. Language — 221
- VI. Aspects of History — 222

Switzerland
- I. Literature — 222
- II. History — 223

Luxemburg 223

Louisiana 223

Caribbean 224

Africa
- I. Basic Sources 225
  - A. Bibliography of Bibliographies 225
  - B. General Retrospective Bibliographies 225
  - C. General Current Bibliography 226
- II. Periodicals and the Book Trade 226
  - A. Periodicals 226
  - B. Book Trade 227
- III. Literature 227
  - A. General 227
  - B. Algerian 227
  - C. Specific Aspects 228
- IV. Language 228
- V. The Humanities and African History 229
  - A. Humanities 229
  - B. History 229

PART EIGHT:
PROVENÇAL AND SOUTHERN FRANCE

- I. General Sources 230
  - A. Booklists and the Book Trade 230
  - B. General Bibliographies of Scholarship 230
- II. Literature 231
  - A. General 231
  - B. Medieval 232
  - C. Modern 232
- III. Language 233
- IV. Folklore 235
- V. Aspects of History 235

PART NINE:
MEDIEVAL AND LATER LATIN

- I. General 237

PART TEN:
COMPARATIVE LITERATURE AND FOLKLORE

- I. Bibliographical Orientation 238

II.	Specific Aspects	238
III.	Influences, Sources, Translations	239
	A. General	239
	B. By Country or Area	239
	C. Jewish	242
IV.	Folklore	242
	A. General	242
	B. Mythology	242
	C. Folk Tale	243
	D. The Occult and Superstitions	243
	E. Proverbs	244
	F. Quotations	244
	G. Flora and Fauna	245
	H. Regional Folklore	245

PART ELEVEN:
GENERAL LANGUAGE AND LITERATURE

Language

I.	General	246
	A. Current Scholarship	246
	B. Retrospective Bibliography	246
	C. Linguistic History	246
II.	Computational Linguistics	247
	A. Current Research	247
	B. Retrospective Coverage	247
III.	Glossaries and Encyclopedias	248
IV.	Languages	248
V.	Transformational and Generative Grammar	249
VI.	Translation and Technical Dictionaries	249
VII.	Miscellaneous Aspects	250

Literature

I.	Bibliographic Guides to Other Literatures	250
	A. Classical	250
	B. Italian	250
	C. Raeto-Romance	251
	D. Portuguese	252
	E. Spanish	252
	F. American and English	253
	G. German	253
II.	Dictionaries of Literature	253
III.	Bibliographical Orientation and Terminology	254
IV.	Aesthetics and Stylistic Devices	254
	A. General Aesthetics	254
	B. Symbolism	255
	C. Metaphor	255

	D.	Synesthesia	255
V.		Literary Themes	255
	A.	Miscellaneous	255
	B.	Erotic Literature	256
VI.		Miscellaneous Genres	257
VII.		Novel and Short Story	257
	A.	General	257
	B.	Detective Story	257
VIII.		Theater	258
IX.		Poetry	258
X.		Reviews	259
XI.		Criticism	259

PART TWELVE:
RELATED AREAS

I.		General History	261
II.		Geography	262
III.		Biography	262
IV.		Science	263
	A.	General	263
	B.	Medicine	263
V.		Regional History	264
	A.	Paris	264
	B.	Provincial	265
VI.		Art	268
	A.	General	268
	B.	Architecture and Archeology	269
	C.	Furnishings	270
VII.		Music	270
	A.	Bibliographic Guides	270
	B.	Current Bibliography	270
	C.	General Dictionaries and Encyclopedias	270
	D.	Periodicals	271
	E.	Phonograph Recordings	271
	F.	Opera and Ballet	271
VIII.		Philosophy	272
IX.		Religion	272
	A.	General	272
	B.	Christian	272
X.		Social Sciences	274
	A.	General	274
	B.	Economics and Labor	274
	C.	Politics, Journalism, Law	275
	D.	Education and Psychology	275
	E.	Anthropology	276
	F.	Organizations	276

XI. Miscellaneous	277
ADDENDA	278
AUTHOR INDEX	285
SUBJECT INDEX	337

PERIODICALS CITED
(in both volumes)

A	Archivum. Revue internationale des archives
AAA	Annuaire de l'Association des Amis d'Alain
AAF	Archives de l'art français
AAL	Annuaire des amis des livres
AB	Année balzacienne
ABB	Annales du bibliophile belge
ABour	Annales de Bourgogne
ACBLF	Association canadienne des bibliothécaires de langue française. Bulletin
ACPFM	Amitié Charles Péguy. Feuillets mensuels
ACUM	Annales du centre universitaire méditerranéen
AdB	Annales de Bretagne
AdM	Annales du Midi
Ae	Aevum
AEPHE	Annuaire de l'Ecole pratique des Hautes Etudes
A. E. S.	Annales. Economies. Sociétés.
AF	Amis de Flaubert
AFLB	Annales de la Faculté de Lettres de Bordeaux
AFM	Annales fonds Maeterlinck
AFMM	Annales de la Fondation Maurice Maeterlinck
AFMon	Archives de la France monastique
AGB	Anhaltische Geschichte Blätter
AGl	Archivio glottologico
AGM	Archiv für die Geschichte der Medizin
AHL	Annales d'histoire liégeoise
AHRF	Annales historiques de la Révolution française
AIAL	Annales de l'Institut archéologique du Luxembourg
AIEO	Annales de l'Institut d'Etudes occitanes
AIR	Adam International Review
AJFS	Australian Journal of French Studies
AJJR	Annales de la Société Jean-Jacques Rousseau
AL	Almanach des Lettres
ALC	Archives des lettres canadiennes
ALing	Analecta Linguistica
ALit	Archiv für Literaturgeschichte
ALMA	Archivum Latinitatis Medii Aevi (Bulletin DuCange)
ALP	Arts et livres de Provence
AM	Annales musicologiques
AmisLP	Amis de Louis Pergaud

AN	Action nationale
AnBo	Analecta Bollandiana
AnL	Anthropological Linguistics
AnM	Année musicale
AOAW	Almanach der Oesterreichischen Akademie der Wissenschaft
AR	Annales romantiques
Ar	Arabica
ARAI	Annuario della Reale Accademia d'Italia
Arc	Arc
ArcGB	Archiv für Geschichte des Buchwesens
ArchBB	Archives et bibliothèques de Belgique
ArchF	Archivio di filosofia
ARLLF	Annuaire de l'Académie Royale de Langue et de Littérature françaises
ARom	Archivum Romanicum
Arts	Arts
ARV	Arv. Journal of Scandinavian Folklore
AS	American Speech
ASBB	Annuaire de la Société de Bibliophiles de Belgique
ASL	Archivio storico lombardo
ASLHM	American Society of Legion of Honor Magazine
ASNSL	Archiv für das Studium der neueren Sprachen und Literatur
ASNSP	Annali della Scuola Normale superiore di Pisa. Classe di Lettere, Storia, e Filosofia
ASR	Archives de sociologie des religions
ASS	Archivio di Storia della scienza
ATP	Arts et traditions populaires
Aug	Augustiniana
AUMLA	Journal of the Australasian Universities Language and Literature Association
AUP	Annales de l'Université de Paris
AUS	Annales Universitatis Saraviensis
A-V	Audio-Visual Communication Review
AVPH	Archiv für vergleichende Phonetik
AVUP	Annali della Facoltà di Economia e Commercio in Verona dell'Università di Padova
B	Bibliographer
BA	Books Abroad
Babel	Babel. Revue internationale de la traduction
BAGB	Bulletin de l'Association Guillaume Budé
BALF	Bulletin analytique de linguistique française
BAR	Bibliotheca dell'Archivum Romanicum
BB	Bulletin of Bibliography and Magazine Notes
BBAIB	Bibliophilie. Bulletin de l'Association internationale de Bibliophilie

BBB	Bulletin du bibliophile belge
BBF	Bulletin des bibliothèques de France
BBN	British Book News
BBouq	Bulletin du bouquiniste
BBSEC	Bulletin bibliographique. Société des Ecrivains canadiens
BC	Bibliotheca Celtica
BCBB	Bulletin de la Commission belge de Bibliographie
BCLF	Bulletin critique du livre français
BCLHA	Bulletin du Comité de la Langue, de l'Histoire et des Arts de la France
BCol	Book Collector
Bcr	Bulletin critique
BdB	Bulletin du Bibliophile
BdBB	Bulletin des bibliothèques de Bretagne
BDE	Boletín de dialectología española
Bel	Belfagor
BF	Boletín de filología
BFCL	Bulletin des facultés catholiques de Lyon
BFE	Boletín de filología española
BFLS	Bulletin de la Faculté des Lettres de Strasbourg
BH	Bulletin hispanique
BHLAV	Bulletin historique, littéraire et archéologique de Vaucluse
BHP	Bulletin historique et philologique du Comité des Travaux historiques
BHR	Bibliothèque d'Humanisme et Renaissance
BI	Beiträge zur Inkunabelkunde
BibF	Bibliographie de la France
Biblica	Biblica
Biblio	Biblio. Bulletin bibliographique mensuel des ouvrages en langue française parus dans le monde entier
BICC	Boletín del Instituto Caro y Cuervo
BICDI	Bulletin d'information du Centre de documentation et d'information de la Société des Africanistes
BIFA	Bulletin de l'Institut français de l'Afrique noire
BIFE	Bulletin de l'Institut français en Espagne
BIIB	Bulletin de l'Institut international de Bibliographie
BIIR	Bulletin d'Information de l'Institut de Recherches et d'Histoire des Textes
BJR	Bulletin des Jeunes Romanistes
BL	Belles-Lettres
BLF	Bulletin du livre français
BLM	Bollettino di letterature moderne
BM	Bibliographe moderne
BML	Bulletin du Musée du Louvre
BMRTF	Banque des mots. Revue de terminologie française

BMSAL	Bulletin mensuel de la Société d'archéologie lorraine et du Musée historique lorrain
BNYPL	Bulletin of the New York Public Library
BOAEB	Bulletin officiel de l'Association des Ecrivains belges
BPH	Bulletin philologique et historique
BR	Bucknell Review
BRLC	Bulletin de la Revue de littérature comparée
BRP	Beiträge zur romanischen Philologie
BSAGB	Bulletin de la Société des Amis de Georges Bernanos
BSAHAV.P.	BSAHA Vieux Papier
BSAHL	Bulletin de la Société archéologique et historique du Limousin
BSAM	Bulletin de la Société des Amis de Montaigne
BSAMP	Bulletin de la Société des Amis de Marcel Proust
BSAMR	Bulletin de la Société Les Amis de Maurice Rollinat
BSAN	Bulletin de la Société des Antiquaires de Normandie
BSB	Bulletin de la Société de Borda
BSCh	Bulletin de la Société Chateaubriand
BSEE	Bulletin de la Société générale d'Education et d'Enseignement
BSGP	Bulletin de la Société de Géographie de Paris
BSHAAP	Bulletin de la Société d'Histoire et d'Archéologie de l'Arrondissement de Provins
BSHT	Bulletin de la Société de l'Histoire du théâtre
BSIM	Bibliographie zur Symbolik, Ikonographie und Mythologie
BSJKH	Bulletin de la Société Joris-Karl Huysmans
BSJV	Bulletin de la Société Jules Verne
BSLP	Bulletin de la Société linguistique de Paris
BSLW	Bulletin de la Société liégeoise de littérature wallonne
BSM	Bulletin de la Société de Musicologie
BSPC	Bulletin de la Société Paul Claudel
BSSL	Bulletin signalétique. Sciences du langage
BSVP	Bulletin de la Société "le Vieux Papier"
BTD	Bulletin de la Commission de Toponymie et de Dialectologie
BTSAT	Bulletin trimestriel de la Société archéologique de Touraine
BuB	Bulletin baudelairien
C	Culture
CA	Cahiers aurevilliens
CACP	Cahiers de l'amitié Charles Péguy
CAIEF	Cahiers de l'Association internationale des études françaises

xxii

CALC	Cahiers algériens de littérature comparée
CAlp	Cahiers de l'Alpe
CAnth	Current Anthropology
CARB	Cahiers des Amis de Robert Brasillach
CaribSt	Caribbean Studies
CAT	Cahiers d'analyse textuelle
CAVL	Cahiers des Amis de Valéry Larbaud
CB	Centralblatt für Bibliothekswesen
CBC	Cahiers Benjamin Constant
CBLQ	Cahiers bibliographiques des lettres québécoises
CCIEP	Courrier du Centre International d'Etudes Poétiques
CCM	Cahiers de Civilisation médiévale
CCMR	Cahiers de la Compagnie Madeleine Renaud-Jean Louis Barrault
CdH	Cahiers d'Histoire
CdL	Cahiers de lexicologie
CDS	Cahiers Dada Surréalisme
CE	College English
CeS	Cultura e Scuola
CF	Le Canada français
CFranc	Culture française
CFREF	Classe de Français. Revue pour l'enseignement du français
CFS	Cahiers Ferdinand de Saussure
CG	Casanova Gleanings
CGide	Cahiers Gide
CH	Computers and the Humanities
CHA	La Correspondance historique et archéologique
CHR	Canadian Historical Review
CI	Cahiers de l'Iroise
CIFM	Contributi dell'Istituto di Filologia Moderna. Serie francese. Università Cattolica del Sacro Cuore
CinFr	Cinématographie française
CIPL	Comité International Permanent de Linguistes. Bibliographie Linguistique.
CIS	Cahiers internationaux de symbolisme
CJL	Canadian Journal of Linguistics
CL	Canadian Literature
CLS	Comparative Literature Studies
ClW	Classical Weekly
CMF	Časopis pro Moderní Filologii
CMJ	Cahiers Max Jacob
CMLR	Canadian Modern Language Review
CMRS	Cahiers du monde russe et soviétique
CN	Cahiers de Neuilly
CNA	Cahiers nord-africains
CNeo	Cultura Neolatina

ComL	Comparative Literature
Con	Convivium
CPR	Chroniques de Port-Royal
CQ	Cahiers de la quinzaine
Cr	Critique
CRa	Cahiers raciniens
CRL	College and Research Libraries
CRLN	Comparative Romance Linguistics Newsletter
CrSt	Critica storica
CS	Cahiers Ferdinand de Saussure
CSt	Cahiers staëliens
CW	Cahiers wallons
D	Divan
DA	Dissertation Abstracts
DAI	Dissertation Abstracts International
DB	Das Buch
DBR	Dialectes belgo-romanes
Df	Dramaforskning
DFR	Deutsche-französische Rundschau
DHS	Dix-huitième Siècle
DL	Die Literatur
DN	Dialect Notes
Dry	Dryade
DS	Diderot Studies
dshA	dsh Abstracts
DSS	Dix-septième Siècle
DVLG	Deutsche Vierteljahrschrift für Literaturwissenschaft und Geistesgeschichte
E	Europe
EA	Education Abstracts
EB	Etudes bergsoniennes
EC	Etudes celtiques
ECl	Etudes classiques
ECr	Esprit créateur
Ed	Education
Edda	Edda
EF	Etudes françaises
EFranc	Etudes franciscaines
EIS	Enciclopedia italiana de Scienze, Lettere ed Arti
EL	Etudes de Lettres
ELH	ELH. A Journal of English Literary History
ELN	English Language Notes
EPHL	Ephemerides liturgicae
EPJ	Etudes des Pères Jésuites
Er	Erasmus
ES	Enseignement secondaire

Es	Esprit
Et	Etudes
ETC	ETC: A Review of General Semantics
EtC	Etudes celtiques
EtCin	Etudes cinématographiques
EtG	Etudes gobiniennes
Eth	Ethnography
ETJ	Educational Theater Magazine
EUQ	Emory University Quarterly
Ex	Extrapolation
F	Filosophia
Fab	Fabula
FAR	French-American Review
FB	Folk-lore brabançon
FBF	Fiche bibliographique française
FdM	Français dans le monde
FF	Folklore Forum
FHS	French Historical Studies
FL	France libre
FLA	Foreign Language Annals
FLit	Figaro Littéraire
FM	Français moderne
FMACP	Feuillets mensuels de l'Amitié Charles Péguy
FMLS	Forum for Modern Language Studies
FR	French Review
FranS	Franciscan Studies
FS	French Studies
FZ	Freiburger Zeitschrift für Philosophie und Theologie
G	Genava
GBA	Gazette des Beaux-Arts
GdL	Gazette des lettres
GGA	Göttingische Gelehrte Anzeigen
GH	Gure Herria
GMet	Giornale di metafisica
Gr	Grive
GRM	Germanisch-Romanische Monatschrift
GSLI	Giornale storico della letterature italiana
H	History
HB	Het Boek
He	Helicon
HINL	History of Ideas Newsletter Hippocrate
His	Hispania
HisR	Hispanic Review
HJ	Hibbert Journal
HR	Humanisme et Renaissance

HSN	Harvard Studies and Notes in Philology and Literature
HT	Het Toneel
HTR	Harvard Theological Review
HZ	Historische Zeitschrift
I	Isis
Ib	Iberida
Ibla	Ibla. Institut des Belles Lettres arabes
ICC	Intermédiaire des chercheurs et curieux
ICD	Itinéraires. Chroniques et documents
IEC	Instituto d'Estudis catalans, Bibliotheca filologica
IF	Indogermanische Forschungen
IJ	Indogermanische Jahrbuch
IJvS	Inostrannye jazki v škole
IL	Information littéraire
ISSJ	International Social Science Journal
It	Italica
IZAS	Internationale Zeitschrift für allgemeine Sprachwissenschaft
JAAC	Journal of Aesthetics and Art Criticism
JAF	Journal of American Folklore
JASA	Journal of the Acoustical Society of America
JAUMLA	Journal of the Australasian Universities Modern Language Association
JD	Journal of Documentation
JEGP	Journal of English and Germanic Philology
JEL	Journal of English Linguistics
JEP	Journal of Educational Psychology
JES	Journal of Educational Sociology
JFP	Kritischer Jahresbericht über die Fortschritte der romanischen Philologie
JLZ	Jahresberichte des Literarischen Zentralblattes
JMH	Journal of Modern History
JNALA	Journal of the New African Literature and the Arts
JP	Journal de psychologie
JQ	Journalism Quarterly
JREL	Jahrbuch für romanische und englische Literatur
JS	Journal des Savants
JSAL	Journal de la Société d'Archéologie lorraine
JSHD	Journal of Speech and Hearing Disorders
JSHR	Journal of Speech and Hearing Research
JWBS	Journal of the Welch Bibliographical Society
JWH	Journal of World History

KFLQ	Kentucky Foreign Language Quarterly
KN	Kwartalnik Neofilologicgny
KRQ	Kentucky Romance Quarterly
L	Linguistics. An International Review
LA	Language and Automation
LAC	Livres et auteurs canadiens. Panorama de l'année
LanF	Langue française
Lang	Language
LarM	Larousse mensuel
LBGP	Literarische Berichte aus dem Gebiete der Philosophie
LC	Library Chronicle. University of Pennsylvania
LCN	Les Cahiers naturalistes
LdF	Livres de France
LE	Livre et L'Estampe
LeC	Le Correspondant
LeF	Le Flambeau
LetM	Letterature moderna
Lett	Lettrisme
Letteratura	Letteratura
Lettres	Lettres
LevT	Levenden Talen
LF	Lectures françaises
LFCH	Louis Ferdinand Céline. L'Herne
Lgs	Languages
Lib	Library
Libe	Liberté
Ling	Lingua
LingR	Linguistic Reporter
LIT	Fort Hays Studies: Literature. New Series, I
Liv	Livre
LJ	Library Journal
LJb	Liturgisches Jahrbuch
LL	Language Learning
LM	Livre moderne
LP	Le Portique
LPsy	Literature and Psychology
LQ	Library Quarterly
LR	Lettres romanes
LS	Lingue straniere
LSt	Louisiana Studies
LT	Library Trends
MA	Moyen Age
M-A	Mid-America
Magko	Magyar Könyvszemle

xxvii

MAH	Mélanges d'Archéologie et d'histoire
Marg	Marginales
MArt	Mundus Artium
MAT	Mémoires de l'Académie des sciences, inscriptions et belles-lettres de Toulouse.
MD	Modern Drama
Meta	Meta. Journal des traducteurs
MF	Mercure de France
MFr	Monde français
MFS	Modern Fiction Studies
MHO	Mémoires de la Société historique de l'orléanais
MichH	Michigan History
MK	Maske und Kothurn
ML	Modern Languages
MLAA	MLA Abstracts
MLJ	Modern Language Journal
MLN	Modern Language Notes
MLQ	Modern Language Quarterly
MLR	Modern Language Review
MN	Musée neuchâtelois
MP	Modern Philology
MR	Marche Romane
MS	Moderna Språk
MSAL	Mémoires de la Société d'archéologie lorraine
MSAO	Mémoires de la Société des Antiquaires de l'Ouest
MSHLA	Mémoires de la Société historique, littéraire, artistique et scientifique du Cher
MSHP	Mémoires de la Société de l'histoire de Paris et de l'Ile de France
MSNH	Mémoires de la Société néophilologique de Helsinki
MSoc	Mouvement social
MSR	Mélanges scientifiques et religieuses
MSRel	Mélanges de science religieuse
N	Neophilologus
NA	Navire d'argent
Names	Names
NASSP	National Association of Secondary School Principals
NC	Neuphilologische Centralblatt
Neo	Neophilologus
NL	Nouvelles littéraires
NLWJ	National Library of Wales Journal
NM	Neuphilologische Mitteilungen
NQ	Notes and Queries
NR	Nouvelle revue

NRF	Nouvelle Revue française
NRH	Nouvelle Revue historique de droit français et étranger
NRS	Nuova Rivista storica
NS	Neueren Sprachen
NuAn	Nuova Antologia
NYTBR	New York Times Book Review
O	Onoma
Or	Orbis
P	Ponte
PADS	Publications of the American Dialect Society
Paideia	Paideia. Rivista letteraria d'informazione bibliografica
PBSA	Papers of the Bibliographical Society of America
PC	Points et Contrepoints
PCLI	Problemi ed orientamenti critici di lingua e di letteratura italiana
Per	Perspectiva
Pers	Perspektiv
PH	Provence historique
PLPS	Proceedings of the Leeds Philosophical and Literary Society
PMLA	Publications of the Modern Language Association of America
PMS	Progress of Medieval Studies in the United States and Canada Bulletin
PNU	Praxis des neusprachlichen Unterrichts
Poétique	Poétique. Revue de théorie et d'analyse littéraires
Poly	Polybiblion
PP	Philologica Pragensia
PQ	Philological Quarterly
PRB	Petite revue des bibliophiles dauphinois
Prom	Promotions
PubW	Publisher's World
PULC	Princeton University Library Chronicle
QJS	Quarterly Journal of Speech
QRL	Quinzaine. Revue littéraire, artistique et scientifique
R	Romania
RA	Revue de l'Agenais
RAAL	Rendiconti della Reale Accademia di Archeologia, Lettere ed Arte. Società Reale di Napoli
RAAM	Revue de l'art ancien et moderne

RAF	Revue de l'Alliance française
RaFi	Rassegna di Filosofia
RALF	Répertoire analytique de littérature française
RAM	Revue d'ascétique et de mystique
RB	Revue de Belgique
RBAB	Revue des bibliothèques et des archives de Belgique
RBour	Revue bourdaloue
RBPH	Revue belge de philologie et d'histoire
RBV	Revue de la Bretagne et de Vendée
RC	Revue celtique
RCB	Revue de Champagne et de Brie
RCC	Revue des cours et conférences
RCHL	Revue critique d'histoire et de littérature
RdAuv	Revue d'Auvergne
RdB	Revue des bibliothèques
RdE	Rivista di estetica
RdF	Revue de France
RdL	Revue de linguistique
RdM	Revue des deux mondes
RdP	Revue des Pyrénées
RdPat	Revue des patois
RDR	Revue de dialectologie romane
Rdtp	Revue des traditions populaires
RE	Revue d'esthétique
REA	Revue des études anciennes
ReAr	Revue archéologique
RECTR	Restoration and 18th Century Theatre Research
REDAF	Recherche, enseignement, documentation africanistes francophones. Bulletin d'information et de liaison.
REdR	Review of Educational Research
REH	Revue des études historiques
ReHi	Revue Hispanique
REI	Revue des études italiennes
ReP	Revue de Paris
RER	Revue des études rabelaisiennes
RES	Revue de l'enseignement supérieur
REtS	Revue des Etudes slaves
RF	Romanische Forschungen
RFE	Revista de filología española
RFel	Revue félibréenne
RFF	Revue de folklore français
RFMC	Revue française de la musique classique
RFr	Revue française
RFS	Revue française de sociologie
RG	Revue germanique
RH	Revue historique

RHA	Revue de la Haute-Auvergne
RHAF	Revue d'histoire de l'Amérique française
RHE	Revue d'histoire ecclésiastique
RHeb	Revue hebdomaire
RHEF	Revue d'histoire de l'église de France
RHES	Revue d'histoire économique et sociale
RHGM	Revue d'histoire de la Guerre mondiale
RHispM	Revista hispanica moderna
RHL	Revue d'histoire littéraire de la France
RHM	Revue d'histoire moderne
RHP	Revue d'histoire de la philosophie
RHPH	Revue d'histoire de la philosophie et d'histoire générale de la civilisation
RHSLA	Revue d'histoire des sciences et de leurs applications
RHT	Revue d'histoire du théâtre
RHum	Roczniki humanistyczne
RIE	Revue internationale de l'enseignement
RILM	RILM Abstracts (Répertoire International de Littérature musicale)
RILSL	Rendiconti. Istituto Lombardo di Scienze e Lettere
Rin	Rinascimento
RIO	Revue internationale d'onomastique
RIP	Revue internationale de philosophie
RivLM	Rivista di letterature moderne
RKHS	Review of the Kentucky Historical Society
RL	Revista de literatura
RLaR	Revue des langues romanes
RLC	Revue de littérature comparée
RLI	Rassegna della letteratura italiana
RLLP	Revue de langue et littérature provençales
RLM	Revue des lettres modernes
RLMC	Rivista di letterature moderne e comparate
RLP	Rivista di letterature popolare
RLR	Revue de linguistique romane
RLV	Revue des langues vivantes
RM	Revue Montalembert
RMFC	Recherches sur la musique française classique
RML	Revue du monde libre
RN	Renaissance News
RNat	Revue nationale
RNum	Revue numismatique
ROH	Revue d'Orient et de Hongrie
RoJb	Romanistisches Jahrbuch
RomH	Romanica Helvetica
RomN	Romance Notes
RP	Romance Philology

RPed	Revue pédagogique
RPF	Revista Portuguesa folologia
RPFE	Revue philosophique de la France et de l'étranger
RPFL	Revue de philologie française et de littérature
RPhon	Revue de phonétique
RPL	Revue de Provence et de Languedoc
RPO	Revue des pays d'oc
RPP	Revue des parlers populaires
RQ	Renaissance Quarterly
RQH	Revue des questions historiques
RR	Romanic Review
RRen	Revue de la renaissance
RRL	Revue roumaine de linguistique
RS	Revue de synthèse
RScH	Revue des sciences humaines
RSF	Rassegna di Studi francesi
RSH	Revue des sciences humaines
RSLR	Rivista di storia e letteratura religiosa
RSoc	Recherches sociographiques
RSTP	Revue des sciences philosophiques et théologiques
RSS	Revue du seizième siècle
RSt	Romanische Studien
RSWSU	Research Studies. Washington State University
RT	Recherches théâtrales. Theatre Research
RUL	Revue de l'Université Laval
RUO	Revue de l'Université d'Ottawa

S	Speculum
SAB	South Atlantic Bulletin
SAL	Société des amis de livres
Sam	Samlaren
SB	Studies in Bibliography
SC	Stendhal Club
SCM	Scuola e Cultura nel mondo
Scrip	Scriptorium
SEVS	Société d'Etude du XXe Siècle. Annuaire
SF	Studi Francesi
SFab	Sonderdruck aus Fabula
SFM	Studi di filologia moderna
SFQ	Southern Folklore Quarterly
Sig	Signature
SIL	Studies in Linguistics
SIM	Sammelbande der internationalen Musikgesellschaft
SKL	Sowjet Wissenschaft, Kunst und Literatur
SLI	Studies in the Literary Imagination
SM	Speech Monographs
SMon	Schweizer Monatshefte

SMed	Studi Medievali
SMS	Studier i Modern Språkvetenskap
SN	Studia neophilologica
SNL	Satire Newsletter
SP	Schweizer Presse
SPFF	Sbornik prací filosofické fakulty brněnské university. D: Řada literárněvědná
SpL	Spiegel der Letteren
SR	School Review
SRAZ	Studia Romanica et Anglica Zagrabiensia
SRL	Saturday Review of Literature
SS	School and Society
SSF	Studies in Short Fiction
SSHA	Société scientifique historique et archéologique de la Corrèze
SSL	Studi e Saggi linguistici
SSLA	Société scientifique et littéraire d'Alais
StMon	Studia Monastica
StP	Studies in Philology
StR	Studies in the Renaissance
StRom	Studi Romanzi
StU	Studi urbaniti
Style	Style
SVEC	Studies on Voltaire and the Eighteenth Century
Sym	Symposium
SZ	Stimmen der Zeit
T	Traditio
TA	Traduction automatique
TAPS	Transactions of the American Philosophical Society
TB	The Bibliotheck
TCL	Twentieth Century Literature
TDR	Tulane Drama Review
Tend	Tendances
TFSB	Tennessee Folklore Society Bulletin
Th	Thales
TLS	Times Literary Supplement. London
TP	Temps présent
TQ	Texas Quarterly
TR	Table Ronde
U	Universitas
UBL	UNESCO Bulletin for Libraries
UNCSCL	University of North Carolina Studies in Comparative Literature
UTQ	University of Toronto Quarterly

VD	Via Domitia
VEP	Vita e Pensiero
Viv	Vivarium
VR	Vox Romanica
W	Word
WCR	West Coast Review
WHR	Welsh History Review
WSCL	Wisconsin Studies in Contemporary Literature
WT	Wetenschappelijke Tijdingen
WVUPP	West Virginia University Philological Papers
WZ	Wissenschaftliche Zeitschrift der Friedrich Schiller Universität
WZHUB	Wissenschaftliche Zeitschrift der Humboldt Universität zu Berlin
YCGL	Yearbook of Comparative and General Literature
YFS	Yale French Studies
YLG	Yale University Library Gazette
YMLS	Year's Work in Modern Language Studies
YULG	Yale University Library Gazette
ZAAK	Zeitschrift für Aesthetik und allgemeine Kunstwissenschaft
ZB	Zeitschrift für Bücherfreunde
ZBB	Zeitschrift für Bibliothekswesen und Bibliographie
ZfG	Zeitschrift für des Gymnasialwesen
ZrP	Zeitschrift für romanische Philologie
ZSL	Zeitschrift für französische Sprache und Literatur
ZVS	Zeitschrift für vergleichende Sprachforschung

Part One:

GENERAL SOURCES, REFERENCE WORKS, BIBLIOGRAPHIES

General Reference and Bibliography

I. Guides to Reference Works

Domay, Friedrich. Formenlehre der bibliographischen Ermittlung: Eine Einführung in die Praxis der Literaturverschliessung mit einer Beispielensammlung, zahlreichen Einzelbeispielen im Text und dem Modell eines bibliographischen Apparats. Stuttgart: Hiersemann, 1968. 4590

Gray, Richard A. Serial Bibliographies: An Annotated Guide. Part I. The Humanities. Ann Arbor: Pierian Press, 1968. 4591

Haberkamp, Gisela, et al. Deutsch-französische Bibliographie. Munich: Isar Verlag, 1958. (Encyclopedias and dictionaries). 4592

Malclès, Louise-Noëlle. Manuel de bibliographie. 2e éd. Paris: PUF, 1970. 4593

Sheehy, Eugene P. Guide to Reference Books. 8th ed. Supplement, 1965-1968. 2 vols. Chicago: American Library Association, 1968-1970. (Supplements Winchell #14). 4594

Vorstius, Joris. Internationale Bibliographie des Buch-und Bibliothekswesen. Leipzig: Harrassowitz, 1905-1940. 4595

II. Universal Lists (See also "Reprints and Microforms")

Bibliothèque nationale. Catalogue général des livres imprimés, 1960-1964. 10 vols. Paris: Bibliothèque nationale, 1965-1967. (Continues #252). 4596

Guide to French Studies

Catalogue collectif des livres français d'érudition, 1965-
1970. Paris: S. P. E. L. D., 1971. 4597

Catalogue de l'Edition française. Une Liste exhaustive des ouvrages disponibles publiés, en français, de par le monde. 4 vols. Paris: UPC Livres, 1971- (Annual author-title-subject list). 4598

Catalogue des livres disponibles. Littérature et Sciences humaines. Paris: Cercle de la Librairie, 1969. 4599

The National Union Catalog, Pre-1956 Imprints; a Cumulative Author List Representing Library of Congress Printed Cards and Titles Reported by Other American Libraries. London: Mansell, 1968-progress. (To be complete in over 600 vols.). 4600

Book History, Book Trade, and Libraries

I. History of Printing and the Book

Barber, Giles. French Letterpress Printing. A List of French Printing Manuals and Other Texts in French Bearing on the Technique of Letterpress Printing, 1576-1900. Oxford: Oxford Bibliographical Society, 1969. 4601

Berkowitz, David Sandler. Bibliotheca bibliographica incunabula; a Manual of Bibliographical Guides to Inventories of Printing, of Holdings, and of Reference Aids. With an Appendix of Useful Information on Place-Names and Dating, Collected and Classified for the Use of Researchers in Incunabulistics. Waltham, Mass., 1967. 4602

Bibliographie instructive, ou Traité de la connaissance des livres rares et singuliers. Paris: DeBure, 1765. 4603

Boulez, Roger. "Livres de bibliophilie publiés en France," BBAIB, 1968-to date. 4604

Cave, Roderick. "The Work of the Private Presses," BBN, 1970 (August), 581-584. (Bibliographical survey) 4605

Gerber, Jack. A Selected Bibliography of the Graphic Arts. Pittsburgh, Pa., 1967. 4606

Heaney, Howell J. International Current Bibliography of

the History of the Printed Book and of Libraries. Copenhagen: International Federation of Library Associations, forthcoming. 4607

Keller, Dean H. An Index to the Colophon, New Series, the Colophon, New Graphic Series, and the New Colophon. Metuchen, N. J.: Scarecrow, 1968. 4608

Kirsop, Wallace. Bibliographie matérielle et critique textuelle. Vers une collaboration. Paris: Minard, 1970. 4609

Lottin, Augustin-Martin. Catalogue chronologique des libraires et des libraires-imprimeurs de Paris, depuis l'an 1470... jusqu'à présent. Paris: Lottin, 1789. (Reprint, Forni, 1971). 4610

Pingrenon, Renée. Les Livres ornés et illustrés en couleur depuis le XVe siècle en France et en Angleterre, avec une bibliographie. Guide du bibliophile et du biblioscope. Paris: Daragon, 1903. 4611

Vorsterman van Oijan, A. Bibliographie des ouvrages, plaquettes, articles de revues et de journaux sur les ex-libris. Arnham: Archives généalogiques et héraldiques, 1911. 4612

Wijnekus, F. J. M. Elsevier's Dictionary of the Printing and Allied Industries. Amsterdam: Elsevier, 1967. (English-French-German-Dutch). 4613

II. Book Trade

A. Publishers, Book Dealers, Collectors

Brau, Jean Louis. Guide des collections et des collectionneurs. Paris: A. Michel, 1967. 4614

International Bibliography of Antiquarian, Auction, and Art Sales Catalogues. IBAK. Leipzig: Karl Marx University Library, 1969- in progress. 4615

International Directory of Antiquarian Booksellers. Répertoire international de la librairie ancienne. 4e éd. Paris: Cercle de la Librairie, 1968. 4616

Le Livre de langue française. Répertoire des éditeurs.

Paris: Cercle de la Librairie, 1967. (Frequently revised). 4617

Munby, A. N. L. Sale Catalogues of Libraries of Eminent Persons. 12 vols. London: Mansell, 1971- in progress. (Each volume reproduces from 6 to 12 catalogues.) 4617A

Répertoire des Libraires de France et d'Outre-Mer abonnés à la Bibliographie de la France en 1961. Paris: Cercle de la Librairie, 1962. 4618

Union des Editeurs de langue française. Répertoire international des librairies de langue française. Paris: Cercle de la Librairie, 1971. (5520 entries with commercial information). 4619

Wales, Alexander P. World Directory of Booksellers. An International Guide to Booksellers. London: Wales, 1970. 4620

B. Terminology

The Bookman's Concise Dictionary. London: Avis, 1971. 4621
"A Glossary of Book Trade Terms in Five Languages: English, French, German, Spanish, Italian," PubW 68/69, New York: Bowker, 1969. (p. 176-183. With a bibliography of dictionaries on p. 176). 4622

Orne, Jerrold. The Language of the Foreign Book Trade. 2nd ed. Chicago: American Library Association, 1962. (French, p. 61-78). 4623

Vocabulaire technique de l'éditeur en sept langues. Berne: Congrès International des Editeurs, 1913. 4624

C. Aspects of the Book Trade

Dacier, Emile. "Des livres précieux sans en avoir l'air: les anciens catalogues de ventes," BdB, 1952, 117-142. 4625
Die Fachliteratur zum Buch- und Bibliotekswesen. 9th ed. Munich: Verlag Dokumentation, 1970. 4626

General Sources 39

Guide des prix littéraires. Supplément à la 5e édition de
1965. Paris: Cercle de la Librairie, 1971. 4627

Meier-Graefe, J. "Der gegenwärtige Stand des Buchgewerbes
in Paris und Brussel," ZB 1, 1897, 42-48, 77-80. 4628

Monnet, Pierre. Dictionnaire pratique de propriété littéraire. Paris: Cercle de la Librairie, 1962-1965. 4629

III. Libraries, Archives, Museums

A. History

Franklin, Alfred. Les anciennes bibliothèques de Paris.
Eglises, monastères, collèges, etc. 3 vols. Paris,
1867-73. Reprint, Amsterdam, 1967. 4630

Hassenforder, Jean. Développement comparé des bibliothèques publiques en France, en Grande-Bretagne et aux Etats-Unis dans la seconde moitié du XIXe siècle (1850-1914). Paris: Cercle de la Librairie, 1967. (Bibliography, p. 204-210). 4631

Heaney, Howell J. International Current Bibliography of the History of the Printed Book and of Libraries. Copenhagen: International Federation of Library Associations, forthcoming. 4632

Johnson, Elmer D. A History of Libraries in the Western World. 2nd ed. Metuchen, N.J.: Scarecrow Press, 1970. (With extensive bibliographies). 4633

Meisner, Heinrich Otto. Archivalienkunde vom 16. Jahrhundert bis 1918. Göttingen, Vandenhoeck u. Ruprecht, 1969. (Bibliography, p. 331-354). 4634

Pierret, Emile. Essai d'une bibliographie historique de la Bibliothèque nationale. Paris: E. Bouillon, 1892. 4635

B. National and International

Esdaile, Arundell James Kennedy. National Libraries of the World. Their History, Administration, and Public Services. 2nd ed. London: Library Association, 1957.
4636

40　　　　　　　　　　　Guide to French Studies

Guide to National Bibliographical Information Centers. 3d ed.
　　Paris: Unesco, 1970.　　　　　　　　　　　　　　　4637

Lewanski, Richard C. European Library Directory, a Geographical and Bibliographical Guide. Florence: Olschki, 1968.　　　　　　　　　　　　　　　　　　　　　　　　4638

Liste Provisoire des Associations de bibliothécaires et documentalistes. Paris: Unesco, 1969.　　　　　　　　　4639

C. France

Barnaud, Germaine. Guide des musées de Paris. Paris: Arts et Métiers graphiques, 1968.　　　　　　　　　　4640

──────. Répertoire des musées de France et de la communauté. Paris: Institut pédadogique national, 1959.
　　　　　　　　　　　　　　　　　　　　　　　　　　4641
Nigay, Gilbert. "Les Bibliothèques municipales et la recherche littéraire," IL 20, 1968, 172-174.　　　　　4642

Répertoire des bibliothèques et organismes de documentation. nouv. éd. Paris: Bibliothèque nationale, 1971. 4642A

D. Terminology

Maire, Albert. Manuel pratique du bibliothécaire.... Suivi: 1. D'un lexique des termes du livre. 2. Des lois, décrets, etc., concernant les bibliothèques universitaires de 1837 à 1894. Paris: Picard, 1896.　　　　　　　4643

Vocabulaire technique de la bibliothéconomie et de la bibliographie, suivi d'un lexique anglais-français. Montreal: Association canadienne des Bibliothécaires de Langue française, 1969.　　　　　　　　　　　　　　　　　　　4644

Periodicals and Newspapers

I. History

Bellanger, Claude, and others. Histoire générale de la presse française. Paris: PUF, 1969- to be complete in four volumes. (Bibliography, Vol. 1, p. 569-596; Vol. 2, p. 415-429. Well-indexed).　　　　　　　　4645

General Sources 41

Sullerot, Evelynne. Histoire de la presse féminine en France des origines à 1848. Paris: Colin, 1966. (Bibliography, p. 213-216). 4646

Varin d'Ainville, Madeleine. La Presse en France. Genèse et évolution de ses fonctions psycho-sociales. Paris: PUF, 1965. (Bibliography p. 231-246). 4647

II. Guides to Directories

Duprat, Gabrielle, Ksenia Liutova and Marie-Louise Bossuat. Bibliographie des répertoires nationaux de périodiques en cours. Paris: Unesco, 1969. 4648

Nigay, Gilbert. "Les inventaires, répertoires et cataloques de périodiques (revues et journaux)," RH 239, 1968, 123-132. 4649

Vesenyi, Paul E. European Periodical Literature in the Social Sciences and the Humanities. Metuchen, N. J.: Scarecrow Press, 1969. (An annotated list of guides and directories). 4650

III. Directories

Centre international d'information européene, Paris. Répertoire des périodiques consacrés aux questions européennes. Paris: Presses d'Europe, 1967. 4651

Meserole, Harrison T. and Carolyn James Bishop. Directory of Journals and Series in the Humanities: A Data List of Journals and Series on the Master List of the MLA International Bibliography. New York: Modern Language Association, 1970. 4652

Rancoeur, René. "Adresses des périodiques français et étrangers," in his Bibliographie de la littérature française du Moyen âge à nos jours. Paris: Colin, annual. 4653

Willing's European Press Guide. London, 1966-to date. 4654

IV. Place of Publication

A. General

Bibliothèque nationale, Département des périodiques. Bibliographie de la presse française politique et d'information générale (1865-1944). Paris, 1962 - in progress. (Issued by fascicules devoted to départements). 4655

B. Specific Regions

Joyaux, Georges Jules. "French Press in Michigan: A Bibliography," MichH 36, 1952, 260-278. 4656

Kerviler, René. Essai d'une bibliographie des publications périodiques de la Bretagne. Rennes: Plihon, 1884-1898. 4657

Lepreux, Georges. Histoire et bibliographie de la presse périodique dans le département du Nord (Flandres, Hainaut, Cambresis) de 1746 à 1889. 2 vols. Douai: L. et G. Grépin, 1896. 4658

Lewin, André. "La Presse de langue française à l'étranger," Prom 1963 (no. 67), 23-33. 4659

Matthieu, Ernest. Les Journaux de l'arrondissement de Tournai. Tournai: Castermann, 1912. 4660

Mège, Francisque. Les Journaux et écrits périodiques de la Basse-Auvergne. Notes pour servir à une bibliographie de l'Auvergne. Paris: A. Aubry, 1869. (Also in BBouq). 4661

Milsand, Philibert. Etudes bibliographiques sur les périodiques publiés à Dijon depuis leur origine jusqu'au 31 décembre 1860. Paris: A. Aubry, 1861. 4662

Ronsin, Albert. Les Périodiques lorrains anterieurs à 1800. Histoire et catalogue. Nancy: Berger-Levrault, 1964. 4663

Sicotière, L. de la. Bibliographie des journaux de l'Orne. LeMans: Congrès bibliographique, 1894. 4664

Weber, Armand. Essai de bibliographie verviétoise. Journaux et publications périodiques. Verviers: Feguenne,

General Sources

1912. 4665

V. Reprints and Microreproduction (See also #4678-4682)

A. C. R. P. P. Association pour la conservation et la reproduction photographique de la presse. Catalogue de microfilms reproduisant des périodiques. no. 9. Paris, 1971. (Annual commercial list. A. C. R. P. P. will film any periodical suggested). 4666

Bibliothèque nationale. Département des périodiques. Catalogue alphabétique des microfilms conservés au Département des périodiques de la BN. Ed. by Pierre Moulnier. Paris, 1965. 4667

Neverman, F. J. International Directory of Back Issue Periodical Vendors (Original, Reprint, Microform). Albany: State University Book Store, 1964. 4668

Paoletti, Odette and Odile Daniel. Périodiques et publications en série concernant les sciences, sociales et humaines. Liste de reproductions disponibles dans le commerce. (Microformes et réimpressions). 2 vols. Paris: Maison des Sciences de l'Homme, 1966. 4669

Reprints in Print - Serials. Dobbs Ferry, N.Y.: Oceana, 1966 - to date. 4670

Kinds of Books

I. Childrens' Books

Dictionnaire des écrivains pour la jeunesse. Auteurs de langue française. Paris: Seghers, 1969. 4671

Empain, L. and M. Jadin. Nos Enfants lisent. Répertoire des meilleurs livres pour la jeunesse. nouv. éd. Namur: Soleil Levant, 1964. 4672

Les Livres de l'enfance du XVe au XIXe siècle. Paris, 1930. (6251 annotated titles. Reprint, Holland Press, 1967). 4673

II. Erotic Books

Apollinaire, Guillaume, F. Fleuret and L. Perceau. L'Enfer de la Bibliothèque nationale. Icono-bio-bibliographie descriptive, critique, et raisonnée, complète à ce jour, de tous les ouvrages composant cette célèbre collection, avec un index alphabétique des titres et noms d'auteurs. Paris: Mercure de France, 1913. 4674

Deakin, Terence J. Catalogi Librorum Eroticorum. A Critical Bibliography of Erotic Bibliographies and Book-Catalogues. London: Woolf, 1964. 4675

Kronhausen, Phyllis, and Eberhard. Ex-Libris Eroticis. Paris: Truong, 1971. 4676

Manderström, Kristoffer Rutger Ludwig. Catalogue de livres rares et curieux sur l'amour, les femmes et le mariage faisant partie de la bibliothèque d'un bibliophile suédois. 2 vols. Stockholm, 1883-1884. 4677

III. Reprints and Microforms (See also #4666-4670 for periodicals)

Announced Reprints. Washington: Microcard Editions, 1969- to date. (Quarterly). 4678

Bibliographia Anastatica. A Bimonthly Bibliography of Photomechanical Reprints. Amsterdam: Grüner, 1964 - to date. 4679

Guide to Microforms in Print, 1961 - . Washington: Microcard Editions, 1961 - to date. 4680

Guide to Reprints. Washington: Microcard Editions, 1967 - to date. 4681

Orton, Robert Merritt. Catalog of Reprints in Series. Metuchen, N.J.: Scarecrow Press, 1940-1967. (Various editions and supplements. To continue). 4682

IV. Miscellaneous

Ashbee, Herbert Spencer. Index Librorum prohibitorum. 3 vols. London: Ashbee, 1877-1885. 4683

General Sources 45

Barbier, Antoine Alexandre. Dictionnaire des ouvrages anonymes. 4 vols. Paris: G. P. Maisonneuve et Larose, 1964. (Reprint of the 3d ed., 1872-1879). 4684

Blanc, E. Bibliographie française des postes et de la philatélie. Paris: Berger-Levrault, 1949. 4685

Bollème, Geneviève. Les Almanachs populaires aux XVIIe et XVIIIe siècles. Essai d'histoire sociale. The Hague: Mouton, 1969. 4686

Catalogue des livres imprimés sur velin. 4 vols. Paris: De Bure, 1864. 4687

Hugnet, Jean and Georges Belle. Bibliothèque idéale de poche. Paris: Eds. Universitaires, 1969. 4688

Part Two:

DISSERTATIONS AND THESES

I. Guide to Bibliographies of Theses

Osburn, Charles B. "Selective Guide to Bibliographies of Theses in French Studies and Related Areas," AJFS 5, 1968, 329-340. 4689

II. General Lists

Dissertation Abstracts International. Ann Arbor: University Microfilms, 1970 - to date. (New title for #317. Coverage expanded to include United Kingdom, Canada, Central Europe, and the University of Bordeaux). 4690

Reiss, Françoise. 140 Thèses en Sorbonne. Compte rendus critiques. Paris: C.D.U. and S. E. D. E. S., 1965. 4691
Université catholique de Louvain. Bibliographie (1834-1900). Louvain: Peeters, 1900. 4692

III. Language and Literature

Annuaire des Docteurs (Lettres) de l'Université de Paris et des autres universités françaises. Bibliographie analytique des thèses (1899-1965). Paris, 1967. 4693

Des Places, Edouard. "Cent cinquante ans du doctorat ès lettres (1810-1960)," BAGB 1969, 209-228. 4694

"Dissertationen und Habilitationsschriften der Schüler von Gerhard Rohlfs," in Rudolf Haehr and Kurt Wais, eds. Serta Romanica: Festschrift für Gerhard Rohlfs zum 75. Geburtstag. Tübingen: Niemeyer, 1968. (p. 311-14). 4695
Litto, Frederic M. American Dissertations on the Drama and Theatre: A Bibliography. Kent, Ohio: Kent State

Dissertations and Theses 47

University Press, 1969. 4696

Naamen, Antoine. Guide bibliographique des thèses littéraires canadiennes de 1921 à 1969. Montreal: Eds. Cosmos, 1970. 4697

Positions des thèses soutenues pour obtenir le diplôme d'archiviste-paléographe. Table générale, 1849-1966. Paris: l'Ecole nationale des Chartes, 1967. 4698

Sackett, S. J. "Masters' Theses in Literature Presented at American Colleges and Universities," LIT, 1966 - to date. 4699

Taylor, A. Carey. Current Research in French Studies at Universities and Colleges in the United Kingdom. London: 1971 - annual. 4700

"Tesis sobre temas literarios presentadas en la Facultad de Filosofía y Letras de Madrid," RL 19, 1961, 187-198; 21, 1962, 107-116. 4701

"Thèses pour le Doctorat en Philosophie et Lettres," RBPH, 1924 - to date. (Irregular). 4702

Thornton-Smith, C. B. and R. N. Coe. "Theses in French Studies Passed for Higher Degrees by Australasian Universities," AUMLA 30, 1968, 213-226. (Covers to 6/30/67. Gives some indication as to the availability of each thesis.) 4703

Part Three:

FRENCH LITERATURE

General

I. Bibliographical Syntheses

Collection "Tels qu'en eux-mêmes." Bordeaux: Editions Ducros, 1969 - in progress. (Directed by Simon Jeune, each volume in the series traces the literary fortune of a French writer. Ample bibliographies included.) 4704

Osburn, Charles B. The Present State of French Studies: A Collection of Research Reviews. Metuchen, N.J.: Scarecrow Press, 1971. (Collection of present-state studies by a number of scholars.) 4705

Répertoire analytique de littérature française (RALF). Bordeaux: Faculté des Lettres de l'Université de Bordeaux, 1970 - to date. (Devoted to bibliographies, present-state studies, current information of research in progress, etc.). 4706

Simone, Franco. Dizionario critico della letteratura francese. Turin: UTET, 1972 - in progress. (A multi-volume set with entries written by many scholars. Each entry traces the literary fortune of its subject to the present.) 4707

II. Introductions to French Studies

Rohlfs, Gerhard. Einführung in das Studium der romanischen Philologie. Allgemeine Romanistik, französische und provenzalische Philologie. Mit einem Supplement 1950-1965. Heidelberg: Winter, 1966. 4708

Spaziani, Marcello. Introduzione bibliografica alla lingua e alla letteratura francese. Palermo: U. Manfredi, 1969. 4709

French Literature 49

III. Retrospective Bibliographies of Scholarship

Crouslé, Maurice. Littérature et langue françaises. Paris: Hachette, 1967. (French literary texts and scholarly works available. A list for commercial use, with prices.) 4710

Davidson, Hugh M. "Histories of Literature," in Richard A. Brooks, Critical Bibliography of French Literature. Volume IV Supplement: The Eighteenth Century. Syracuse: University Press, 1968. (p. 6-8). 4711

Giraud, Jeanne. Manuel de bibliographie littéraire pour les 16e, 17e, et 18e siècles français, 1936-1945. Paris: Nizet, 1956. (Continues #463). 4712

―――. Manuel de bibliographie littéraire pour les XVIe, XVIIe, et XVIIIe siècles français, 1946-1955. Paris: Nizet, 1970. 4713

Josserand, Pierre. Table générale de la Revue d'Histoire littéraire de la France, années 1909-1939. Geneva: Droz, 1953. 4714

Porset, Charles. "Liste cumulative des ouvrages réimprimés par procédé anastaltique," RALF 1, 1970 (no. 1), 51-92; 1, 1970 (nos. 2-3), 43-103. 4715

Slatkine, Michel. Littérature française, critique littéraire. Troisième catalogue général. 2 vols. Geneva: Slatkine Reprints, 1970. 4716

―――. Littérature française, critique littéraire. Quatrième catalogue général. Geneva: Slatkine Reprints, 1971. (Annotated sales catalogues of scholarly works). 4717

IV. Current Bibliographies of Scholarship

"Lingua e letteratura francese," Paideia, 1946 - to date. (Annual critical list directed by C. Cordié.) 4718

MLA Abstracts. New York: Modern Language Association of America, 1972 - annual. 4719

Rancoeur, René. Bibliographie de la littérature française moderne. Paris: Colin, 1962-1965. Continued by Bibliographie de la littérature française du Moyen Age à nos jours. Paris: Colin, 1966 - to date. 4720

Revue critique d'histoire et de littérature. 102 vols. Paris, 1866-1935. (Critical reviews of scholarly works.) 4721

"Revue des revues," RALF, 1969 - to date. (Extensive indexing of articles, book reviews, news notes in a wide range of current periodicals. Arranged by periodical.) 4722

Taylor, A. Carey. Current Research in French Studies at Universities and Colleges in the United Kingdom. London, 1971 - annual. 4723

V. The Scholarly Journals

Bowen, Willis H. "Selective Critical Bibliography of Interest to Students of French and Spanish," BB 27, 1970, 29-33. (Scholarly journals). 4724

Khudozhestvennaîa literatura Franfsii. Moscow: All-Union State Library of Foreign Literature, n. d., 1970? (Bibliographical survey of periodicals and book reviews.) 4725

Llorens, Ana R. Periodicals in the Romance Languages and Literatures at the Ohio State University Libraries. Columbus: Ohio State University Library, 1970. 4726

Nigay, Gilbert. "Les Bulletins et publications de 'Sociétés d'Amis' (1900-1967)," RHL 67, 1967, 791-804. (For earlier similar publications, see Lasteyrie, #4541, and for more recent titles see Rancoeur, #4653). 4727

Osburn, Charles B. "A Critical Bibliography of Nineteenth Century Periodicals Important in the Study of French Language and Literature," RALF 1, 1970 (no. 4), 7-35. 4728

VI. Progress of French Studies

Condeescu, N. N. "L'Enseignement et l'étude de la langue et de la littérature françaises dans les universités roumaines," CNeo 22, 1962, 297-315. (Research review). 4729

Gesmey, B. Les débuts des études françaises en Hongrie (1789-1830). Essai de bibliographie. Szeged: Institut français de l'Université de Szeged, 1938. 4730

Klein, Hans-Wilhelm. "Französische Literaturgeschichte," PNU 9, 1962, 32-36, 96-100. (Research review). 4731

Neubert, Fritz. "Von der Praeromantik bis zur Gegenwart. Ein Forschungsbericht zur französischen Literaturgeschichte," DVLG 16, 1938, 531-578. 4732

Peyre, Henri. Humanistic Scholarship in America. The Literature of France. Englewood Cliffs, N.J.: Prentice-Hall, 1966. 4733

──────. "The Study of Modern French Literature. Where Do We Stand? Where Do We Go From Here?," MLQ 26, 1965, 16-39. 4734

Schober, Rita. "Gedanken zu Einer Geschichte der französischen Literatur," BRP 3, 1964, 126-140. (Research review). 4735

Simone, Franco. Storia della storiografia letteraria francese. Turin: Bottega d'Erasmo, 1969. 4735A

Sozzi, Lionello. "I contributi italiani allo studio della letteratura francese," SCM 54, 1968 (ott. -dic.), 15-26. 4736

VII. Literary Dictionaries, Bibliographies, and Iconographies

Adam, Antoine, Georges Lerminier and Edouard Morot-Sir. Littérature française. 2 vols. Paris: Larousse, 1967. 4737

"Dictionnaire des auteurs," in Littérature française. Collection dirigée par Claude Pichois. Paris: Arthaud, 1968- in progress. (A part of each volume. Each entry accompanied by bibliography). 4738

Dictionnaire des auteurs francais. Paris: J. Tallandier, 1969. 4739

Donot, Amédée. Répertoire alphabétique de 16,700 auteurs, 70,000 romans et pièces de théâtre cotés au point de vue moral. 10e éd. Paris: Casterman, 1966. (New edition of Sagehomme, #523). 4740

Duplessis, Georges. Catalogue de la collection des portraits

français et étrangers conservée au Département des Estampes de la Bibliothèque Nationale. Paris: BN, 1896.
4741

Goovaerts, Léon. Ecrivains, artistes, et savants de l'ordre de Prémontré. Dictionnaire biobibliographique. 3 vols. Brussels, 1899-1907. (Reprint, Slatkine, 1969). 4742

Guide littéraire de la France. Paris: Hachette, 1963. 4743

Jeanneau, A. and L. Chaigne. Petit Guide de la littérature d'aujourd'hui. Paris: Lanore, 1966. 4744

Liste des vedettes-matière de Biblio. 3e éd. Paris: Hachette, 1969. 4745

Redfern, James. A Glossary of French Literary Expression. New York: Harcourt, Brace and World, 1970. 4746

Thierry, Jean-Jacques. Dictionnaire des auteurs de la Pleiade. Paris: Gallimard, 1960. (Illustrated). 4747

VIII. Chronology of French Literary History

Chassang, Arsène and Charles Senninger. Les grandes dates de la littérature française. Paris: PUF, 1969. 4748

Höfler, Manfred. "Zum Stand der französischen Datenforschung," ZrP 85, 1969, 93-107. 4749

Manuel d'histoire littéraire de la France. Paris: Editions sociales, 1965 - in progress. (Each volume, by different authors, contains extensive "Tableaux synoptiques" and good bibliographies). 4750

Pichois, Claude. Littérature française. Paris: Arthaud, 1968 - in progress. (Each volume, written by a different scholar, contains extensive "Tableau synoptique," good bibliography, and index). 4751

Schwarz, H. Stanley. An Outline History of French Literature. London: Harrap, n. d. (ca. 1930). 4752

IX. Themes

Albouy, Pierre. Mythes et mythologies dans la littérature française. Paris: Colin, 1969. (Bibliography, p. 305-323). 4753

Desaivre, Dr. Léo. Le Mythe de la mère Lusine, étude critique et bibliographique. Saint-Maixent: C. Reverse, 1883. 4754

Fanoudh-Siefer, Léon. Le Mythe du nègre et de l'Afrique noire dans la littérature française (de 1800 à la 2e Guerre mondiale. Paris: Klincksieck, 1968. (Bibliography, p. 197-207). 4755

Hobert, Erhard. Die französische Frauensatire 1600-1800. Unter Berucksichtigung der antiken Tradition. Marburg: Gorich und Weiershauser, 1967. (Bibliography, p. 333-343). 4756

Jost, Françis. La Suisse dans les lettres françaises au cours des âges. Fribourg: Editions universitaires, 1956. (Bibliography, p. 318-336). 4757

Neubaur, L. Die Sage vom ewigen Juden. Leipzig: J. C. Hinrichs, 1884. (Bibliography of the theme, p. 66-127). 4758

Ponton, Jeanne. La Religieuse dans la littérature française. Quebec: Presses de l'Université Laval, 1969. ("Bibliographie analytique," p. 363-435). 4759

Regaldo, Marc. "Matériaux pour une bibliographie de l'idéologie et des idéologistes," RALF 1, 1970 (no. 1), 33-49; 1, 1970 (no. 2-3), 27-41; continued. 4760

X. Poetry

Catalogue de la bibliothèque poétique de feu M. T.-G. Herpin. Paris: Paul, 1903. 4761

Chereau, Achille. Le Parnasse médical français, ou Dictionnaire des médecins-poètes de la France, anciens ou modernes, morts ou vivants. Paris: Delahaye, 1874. (Reprint, Amsterdam, 1971). 4762

Delepierre, Octave and Sylvain Van De Weyer. Revue ana-

lytique des ouvrages écrits en centons depuis les temps anciens, jusqu'au XIXe siècle. London, 1868. (Reprint, Slatkine, 1969).
4763

Jasinski, Max. Histoire du sonnet en France. Douai, 1903. (Bibliographies, p. 244-255. Reprint, Slatkine, 1970).
4764

Van Bever, Ad. Les Poètes du terroir du XVe siècle au XXe siècle. Textes choisis, accompagnés de notices biographiques et d'une bibliographie. Paris: Delagrave, 1911.
4765

XI. Theater

Beauchamps, Pierre-François Godard de. Recherches sur les théâtres de France depuis l'année onze cens soixante et un jusques à présent. 3 vols. Paris, 1735. (Reprint: Slatkine, 1970).
4766

Catalogue des films sur le théâtre et l'art du mime. Paris: Unesco, 1965.
4767

Catalogue des livres rares et précieux, de manuscrits, de livres imprimés sur velin etc., de la bibliothèque de M. Chardin. Paris: Debure, 1823.
4768

Delandine, A.-F. Bibliographie dramatique, ou Tablettes alphabétiques du Théâtre des diverses nations. Paris: Renouard, 1818.
4769

Delannoy, J. C. Bibliographie française du cirque. Paris: Lieutier, 1944.
4770

Drujon, Fernand. "Amusettes bibliographiques. Les Parodies théâtrales," LM 1890, 21-32, 76-86.
4771

Hawkins, Frederick William. "Chronology of the French Stage," in his Annals of the French Stage, from its Origin to the Death of Racine. 2 vols. London, 1884. (Vol. 2, p. 351-381. Reprint, Haskell House, 1970).
4772

Knudsen, Hans. Methodik der Theaterwissenschaft. Stuttgart: Kohlhammer, 1971. (Bibliography, p. 75-98).
4772A

Lacroix, Paul. Bibliothèque dramatique de Pont de Vesle. Paris: Alliance des Arts, 1847.
4773

McGowen, Margaret M. "Calendrier des fêtes données à la cour de Savoie," RHT 22, 1970, 228-241. 4774

Minier, A. Le Théâtre à Bordeaux. Etude historique suivie de la nomenclature des auteurs dramatiques bordelais et de leurs ouvrages. Bordeaux, 1883. 4775

Schoen, Henri Le Théâtre alsacien. Bibliographie complète du théâtre alsacien, biographie des auteurs. Strasbourg: Noiriel, 1903. 4776

XII. Novel

Deffoux, Léon Louis. Anthologie du pastiche. Des textes inédits, une bibliographie, et un index. 2 vols. Paris: Crès, 1926. 4777

Drujon, Fernand. Les Livres à clef. Etude bibliographique. 2 vols. Paris: Rouveyre, 1888. 4778

Jost, François. "Un Inventaire: Essai bibliographique du roman épistolaire," in his Essais de littérature comparée. II. Urbana, Illinois: University of Illinois Press, 1968. (p. 380-402). 4779

Kearney, E. I. and L. S. Fitzgerald. "The French Novel," in their The Continental Novel: A Checklist of Criticism in English, 1900-1966. Metuchen, N. J.: Scarecrow Press, 1968. (p. 15-178). 4780

Rousset, Jean. "Bibliographie des 'Romans par lettres' français, XVIIe - XXe siècles," in his Forme et signification. Paris: Corti, 1962. (p. 105-108). 4781

XIII. Some Private Library Catalogues of General Interest for French Studies

Bibliothèque de Madame Louis Solvay. 3 vols. Brussels: Bibliothèque Royale de Belgique, 1970. 4782

Catalogue de livres imprimés et manuscrits, faisant partie de la bibliothèque de M. de Monmerqué. Paris: Potier, 1851. 4783

Catalogue de la Bibliothèque de Jérôme Pichon. 2 vols.

Paris: Techener, 1898. 4784

Catalogue des livres précieux, manuscrits et imprimés faisant partie de la bibliothèque de M. Ambroise Firmin-Didot. Paris: Didot, 1878-79. 4785

Catalogue of Books in the Library of M. Gustave Lanson. Paris: 4 vols. (Typescript. The library was sold to Duke University in 1927). 4786

Leroux de Lincy, A. -J. -V. Catalogue des livres manuscrits et imprimés composant la bibliothèque de M. Charles Sauvageot. Paris, 1860. 4787

──────. Catalogue des livres rares et précieux composant la bibliothèque de feu M. Jacques-Charles Brunet. Paris, 1868. 4788

──────. Recherches sur Jean Grollier, sur sa vie et sa bibliothèque, suivies d'un catalogue des livres qui lui ont appartenu. Paris: Potier, 1866. 4789

Livres rares et curieux en tous genres provenant du cabinet de feu M. A. Rochebilière. Paris: Claudin, 1884. 4790

Maggs Brothers. French Literature (from 1700 to 1928). Auction Catalogue no. 506. London: Maggs Brothers, 1928. 4791

XIV. Book Reviews (see also #4721)

Gray, Richard A. A Guide to Book Review Citations. A Bibliography of Sources. Columbus: Ohio State University Press, 1969. 4792

Lavergne, P. "Les Livres dans les revues," BLF, 1939 (av-mai), 81-85. (Lists of journals with review sections in a variety of fields). 4793

Medieval Period

I. General

Hall, Louise McGwigan and others. Medieval and Renaissance Studies: A Location Guide to Selected Reference

Works and Source Collections in the Libraries of the University of North Carolina at Chapel Hill and Duke University. Chapel Hill: University of North Carolina, 1967. 4794

Hoyt, Robert Stuart and P. H. Sawyer. International Medieval Bibliography, 1967- . Minneapolis: Department of History, University of Minnesota, 1968 - to date. 4795

Rouse, Richard H. and others. Serial Bibliographies for Medieval Studies. Berkeley: University of California Press, 1969. 4796

II. Language

Goebl, Hans. Die normandische Urkundensprache. Ein Beitrag zur Kenntnis der nordfranzösischen Urkundensprachen des Mittelalters. Vienna: Bohlau, 1970. (Bibliography, p. 11-42). 4797

Greimas, A. J. Dictionnaire de l'ancien français jusqu'au milieu du XIVe siècle. Paris: Larousse, 1969. 4798

Messelaar, Petrus Adrianus. Le Vocabulaire des idées dans le Trésor de Brunet Latin. Assen: Van Gorcum, 1963. 4799

Salmon, Amédée. Philippe de Remi, sire de Beaumanoir. Coutumes de Beauvaisis. Texte critique. 2 vols. Paris, 1899-1900. (Reprint, Picard, 1970. With Glossary). 4800

Streuber, Albert. "Die ältesten Anleitungsschriften zur Erlernung des Französischen in England und den Niederlanden bis zum 16. Jahrhundert," ZSL 73, 1963, 189-209; 74, 1964, 59-76. 4801

III. Anglo-Norman (see also #4797)

Legge, Mary Dominica. "Anglo-Norman Studies Today," RLR 17, 1950, 213-222. (Research review of all aspects of language and literature). 4802

_____. Anglo-Norman Literature and its Background. Oxford: Clarendon Press, 1963. 4803

Vising, Johan. Anglo-Norman Language and Literature.
London: Oxford University Press, 1923. 4804

IV. Contemporary Sources

Arnauldet, Pierre. "Inventaire de la librairie du Château de
Blois en 1518," BM 6, 1902, 145-174, 305-337; 7, 1903,
215-233; 8, 1904, 121-156; 9, 1905, 373-393; 10, 1906,
339-366; 11, 1907, 192-222; 12, 1908, 295-323; 14, 1910,
280-346; 18, 1916-1917, 193-232. 4805

Best, R. I. Bibliography of Irish Philology and Manuscript
Literature. Dublin: Dublin Institute for Advanced Studies, 1969. (Reprint of 1942 edition). 4806

Brayer, Edith. "Manuscrits français du Moyen Age conservés à Leningrad," BIIR 7, 1958, 23-31. 4807

Catalogue de l'Exposition du Moyen-Age. Manuscrits, estampes, médailles et objets d'art imprimés exposés.
Paris: Bibliothèque nationale, 1926. 4808

Delisle, Léopold. Recherches sur la librairie de Charles V.
2 vols. Paris: Champion, 1907. 4809

Dogaer, Georges and Marguerite Debae. La Librairie de
Philippe le Bon. Exposition. Brussels: Bibliothèque
Albert Ier, 1967. 4810

Doutrepont, Georges. Inventaire de la librairie de Philippe
le Bon (1420). Brussels: Kiessling, 1906. 4811

_____. La Littérature française à la cour des ducs de
Bourgogne. Paris: Champion, 1909. (Bibliography,
p. liv-lxvii). 4812

Ker, W. R. Medieval Manuscripts in British Libraries.
Oxford: University Press, 1969. 4813

Pacht, Otto and J. J. G. Alexander. Illuminated Manuscripts
in the Bodleian Library, Oxford. I: German, Dutch,
Flemish, French, and Spanish Schools. Oxford: Clarendon, 1966. 4814

French Literature 59

V. History and Genealogy

Duval, Paul-Marie. Les Sources de l'histoire de France des origines à la fin du XVe siècle. 2 vols. Paris: Picard, 1970. (Reworking of Molinier, #779). 4814A

Fino, J.-F. Forteresses de la France médiévale. Paris: Picard, 1967. (Bibliography, p. 439-474). 4815

Fox-Davies, A. C. A Complete Guide to Heraldry. rev. ed. London: Nelson, 1969. 4816

Franklyn, Julian and John Tanner. Encyclopaedic Dictionary of Heraldry. New York, London: Pergamon, 1970. 4817

Heers, Jacques. "Documentation," in his L'Occident aux XIVe et XVe siècles. Aspects économiques et sociaux. 2e éd. Paris: PUF, 1966. (p. 7-31). 4817A

Morlet, Marie-Thérèse. Les Noms de personne sur le Territoire de l'Ancienne Gaule du VIe au XIIe siècle. Paris: CNRS, 1970 - in progress. 4818

Saffroy, Gaston. Bibliographie généalogique héraldique et nobiliaire de la France, des origines à nos jours, imprimés et manuscrits. 3 vols. Paris: G. Saffroy, 1968 - in progress. 4819

Werner, F. K. "Literaturbericht über französische Geschichte des Mittelalters. Veröffentlichungen von 1952-1954 bis 1960," HZ, 1962 (Sonderheft 1), 467-612. 4820

VI. Foreign Influences

Bumke, Joachim. Romanisch- deutsche Literaturbeziehungen im Mittelalter. Ein Ueberblick. Heidelberg: Winter, 1967. (Bibliography, p. 60-102). 4821

Cross, Tom Peete. Motif-Index of Early Irish Literature. Bloomington, Indiana: Indiana University Press, 1952. 4822

Falc'hum, François and Bernard Tanguy. Les Noms de lieux celtiques. 2 vols. Rennes: Editions armoricaines, 1966-1970. 4823

Koj, Peter. Die fruhe Rezeption der Fazetien Poggio's in

Frankreich. Hamburg: Universität, Romanisches Seminar, 1969. (Bibliography p. 265-293). 4824

Minis, Cola. "Französisch- deutsche Literaturberührungen im Mittelalter," RoJb 4, 1951, 55-122; 7, 1955-1956, 66-95. 4825

Ortego, Philip D. "A Bibliography of Chaucer's French Sources," BB 27, 1970, 72-76. 4826

VII. Philosophy and Religion

Cianciolo, U. "Elenco dei Cantar di argomento sacro," ARom 22, 1938, 184-241. 4827

Colish, Marcia L. The Mirror of Language. A Study in the Medieval Theory of Knowledge. New Haven: Yale University Press, 1968. (Bibliography, p. 349-393). 4828

Courcelle, Pierre. La Consolation de Philosophie dans la tradition littéraire. Antécédents et postérité de Boèce. Paris: Ed. Augustiniennes, 1967. 4829

Dwyer, Richard A. "Old French Translations of Boethius' Consolatio Philosophiae in the National Library of Wales," NLWJ 14, 1966, 486-488. 4830

Engels, J. "Berchoriana I: Notice bibliographique sur Pierre Bersuire, supplement au Repertorium Biblicum Medii Aevi," Viv 2, 1964, 62-112. 4831

Grabar, André. Christian Iconography: A Study of Its Origins. Princeton: Princeton University Press, 1969. (Bibliography, p. 149-158). 4832

Grundmann, Herbert. Bibliographie zur Ketzergeschichte des Mittelalters. 1900-1966. Rome: Ed. Storia e letteratura, 1967. 4833

Kennan, Elizabeth. "The De consideratione of St. Bernard of Clairvaux and the Papacy in the Mid-Twelfth Century: A Review of Scholarship," T 23, 1967, 73-115. 4834

Rapp, Francis. L'Eglise et la vie religieuse en occident à la fin du Moyen âge. Paris: PUF, 1971. (Bibliography, p. 11-36). 4835

Ypma, E. "Les auteurs augustiniens français: Liste de leurs noms et de leurs ouvrages," Aug 19, 1968, 203-261. 4836

VIII. Science and the Arts

Allred, Fred J. "An Old French Science Dictionary," DA 27, 1967, 2513A. (With a bibliography of sources. University of North Carolina). 4837

MacKinney, Loren Carey. "Medieval Medical Dictionaries and Glossaries," in Medieval and Historiographical Essays in Honour of J. W. Thompson. Chicago: University of Chicago Press, 1938. (p. 240-268). 4838

Porter, A. Kingsley. Medieval Architecture. Its Origins and Development, with Lists of Monuments and Bibliographies. 2 vols. New York: Hacker, 1969. 4839

IX. Themes

Graesse, Johann Georg Theodor. Notice sur les écrivains érotiques du quinzième siècle et du commencement du seizième. Trad. par Gustave Brunet. Brussels, 1865. (Reprint, Slatkine, 1969). 4840

Jauss, Hans Robert. La Littérature didactique, allégorique et satirique. 2 vols. Heidelberg: Winter, 1970. (Vol. 2 is the "Partie documentaire.") 4841

Ménard, Philippe. Le Rire et le sourire dans le roman courtois en France au moyen âge (1150-1250). Geneva: Droz, 1969. (Bibliography, p. 753-776). 4842

Payen, Jean-Charles. Le Motif du repentir dans la littérature française médiévale (des origines à 1230). Geneva: Droz, 1968. (Bibliography, p. 627-648). 4843

X. Poetry

A. General

Guéry, Ch. Palinods ou puys de poésie en Normandie, avec appendices et bibliographie. Evreux: Imprimerie de l'Eure, 1918. 4844

Petersen-Dyggve, Holger Niels. Onomastique des trouvères. Helsinki: Imprimerie de la Société de littérature finnoise, 1934. 4845

B. Epic

Crocetti, Camillo Guerrieri. "Ancora sulle Chansons de Geste," CeS 35, 1970, 10-22. 4846

Dorfmann, Eugene. The Narreme in the Medieval Romance Epic. An Introduction to Narrative Structures. Toronto: University of Toronto Press, 1969. (Bibliography, p. 226-241). 4847

Ferrari, Giorgio E. "La Tradizione di studi dei codici marciani francesi d'epopea carolingia. Preludio ad una bibliografia analitica," CNeo 21, 1961, 105-115. (Research review). 4848

Kennedy, Phillip H. "Motif-Index of Medieval French Epics Derived from Anonymous Sources in the Early Twelfth Century. (Parts I and II)," DA 27, 1967, 3842A. (University of North Carolina). 4849

Ruggieri, Ruggero. "Studi italiani sulle epopee medievale (1965-1967)," CNeo 28, 1968, 109-112. 4850

C. Lyrical

Gillespie, Gerald. "Origins of Romance Lyrics. A Review of Research," YCGL 16, 1967, 16-32. 4851

XI. Arthurian Literature

Harries, E. R. "Arthur-Tradition," in his The Legend of King Arthur. Hawarden: Flintshire County Library, 1963. (Bibliography of 1019 titles). 4852

Nutt, Alfred. Studies on the Legend of the Holy Grail. London: The Folklore Society, 1880. (Bibliography, p. 97-126). 4853

Pickford, Cedrick Edward. "Les éditions imprimées de romans arthuriens en prose antérieurs à 1600," BBSIA 13, 1961, 99-109. 4854

West, G. D. An Index of Proper Names in French Arthurian Verse Romances 1150-1300. Toronto: University of Toronto Press, 1969. (Bibliography, p. xv-xxv). 4855

Wilmotte, Maurice. "Travaux récents sur les premiers poèmes relatifs à la légende du Gral," MA 49, 1939, 161-185. 4856

Wolf, H. J. "Zu Stand und Problematik der Graalforschung," RF 78, 1966, 399-418. 4857

XII. Authors and Works

Abélard

Little, Edward F. "The Status of Current Research on Abélard: Its Implications for the Liberal Arts and Philosophy of the XIth and XIIth Centuries," in Arts Libéraux et philosophie au moyen âge: Actes du quatrième congrès international de philosophie médiévale. Montreal: Institut d'Etudes Médiévales; Paris: J. Vrin, 1969. (p. 119-124). 4858

Chanson de Roland

Duggan, Joseph J. A Concordance of The Chanson de Roland. Columbus, Ohio: Ohio State University Press, 1969. (Based on the edition by Raoul Mortier). 4859

Wendt, Michael. Der Oxforder Roland. Heilsgeschehen und Teilidentität im 12. Jahrhundert. Munich: Fink, 1970. (Bibliography, p. 5-42). 4860

Chastellain, Georges

Heilemann, Kurt. Der Wortschatz von Georges Chastellain nach seiner Chronik. Leipzig: Noske, 1937.
4861

Chrétien de Troyes

Holmes, Urban T. Chrétien de Troyes. New York:

Twayne, 1970. (Critical bibliography, p. 184-188).
4862

Eide

Wahlund, C. W. "Bibliographie der französischen
Strassburger Eide vom Jahre 842," in Baustein zur
romanischen Philologie. Festgabe für Ad. Mussafia.
Halle, 1905. (p. 9-26). 4863

Girart de Roussillon

Pfister, Max. Lexikalische Untersuchungen zu Girart de
Roussillon. Tübingen: Niemeyer, 1970. (Bibliography, p. 203-217). 4864

Jeu de Saint Nicolas

Henry, Albert. Le Jeu de Saint Nicolas de Jehan Bodel.
Brussels: Presses universitaires, 1965. (Bibliography, p. 47-54). 4865

Marcabru

Pirot, François. "Bibliographie commentée du troubadour Marcabru," MA 73, 1967, 87-126. 4866

Marot, Jehan

Antonini-Trisolini, Giovanna. "Pour une bibliographie
des oeuvres de Jehan Marot," BHR 33, 1971, 107-
150. 4867

Cigada, Sergio. "Nota bibliografica," in his "Attività
letteraria e valori poetici in Jehan Marot," CIFM 5,
1968, 65-162. (p. 155-162). 4868

Miélot, Jean

Heinz, Annemarie. Der Wortschatz des Jean Miélot,
Uebersetzer im Dienste Philipps des Guten von Burgund. Vienna: Braunmuller, 1964. (Bibliography,
p. 10-13). 4869

Orléans, Charles d'

Le Roux de Lincy, A.-J.-V. La Bibliothèque de Charles
d'Orléans à Blois en 1427. Paris: Firmin-Didot,

French Literature 65

1843.

McLeod, Enid. Charles of Orleans, Prince and Poet.
New York: Viking Press, 1970. (Bibliography, p.
391-398). 4871

Poirion, Daniel. Le lexique de Charles d'Orléans dans
les Ballades. Geneva: Droz, 1967. 4872

Pathelin

Holbrook, Richard T. Etude sur Pathelin. Essai de
bibliographie et d'interprétation. Baltimore: Johns
Hopkins Press, 1917. 4873

Rauchut, Franz. "Nachtrag zur Pathelin-Bibliographie
(1931-1964)," ZrP 81, 1965. 41-43. 4874

Pisan, Christine de

Becker, Philipp August. "Christine de Pisan. Chronologische Uebersicht," ZSL 54, 1930, 129-164. (Reprinted in Becker, Zur romanischen Literaturgeschichte. Munich, 1967, p. 511-540). 4875

Quatre Fils Aymon

Maschinot, G. Glossaire de la Chanson des quatre fils
Aymon. Paris: Revue moderne des arts et de la
vie, 1939. 4876

Quinze Joyes de mariage

Cressot, Marcel. Vocabulaire des Quinze joyes de mariage. Paris: Droz, 1939. 4877

Rychner, Jean. Les Quinze Joyes de mariage. Geneva:
Droz, 1963. 4878

Roman de la Rose

Jung, Marc-René. "Der Rosenroman in der Kritik seit
dem 18. Jahrhundert," RF 78, 1966, 203-252. 4879

Rutebeuf

Regaldo, Nancy Freeman. Poetic Patterns in Rutebeuf:

A Study in Noncourtly Poetic Modes of the Thirteenth Century. New Haven: Yale University Press, 1970. (Bibliography, p. 314-360). 4880

Tristan Legend

    Blanch, Robert J. "The History and Progress of the Tristan Legend. Drust to Malory," RLV 35, 1969, 129-135. 4881

Vie de Saint Alexis

    Gierden, Karlheinz. Das altfranzösische Alexiuslied der Handschrift L. Meisenheim am Glan: Hain, 1967. (Bibliography, p. 168-181). 4882

    Uitti, Karl D. "The Old French Vie de Saint Alexis. Paradigm, Legend, Meaning," RP 20, 1966-1967, 263-295. (p. 263-269 constitute a review of research). 4883

Villon, François

    Dufournet, Jean. Villon et sa fortune littéraire. Bordeaux: Ducros, 1970. 4884

    Longnon, Auguste. Oeuvres complètes de François Villon. Paris: Lemerre, 1892. (Bibliography of printed works, p. xcvii-cix). 4885

    Mary, André. Villon. Oeuvres. Nouv. éd. Paris: Garnier, 1970. (Bibliography, p. lix-lxix). 4886

Voragine, Jacques de

    Pellechet, Marie. "Liste des éditions du XVe siècle de Jacques de Voragine," RdB, 1895, 89-98, 225-227. 4887

Sixteenth Century

I. General

Balmas, Enea Henri. L'Età del Rinascimento in Francia. Letteratura e storia. Florence: Sansoni, 1969. (Bibliography, p. 605-739). 4888

French Literature

Bibliographie internationale de l'Humanisme et de la Renaissance. Geneva: Droz, 1966 - to date. 4889

Delumeau, Jean. "Orientation bibliographique," in his La Civilisation de la Renaissance. Paris: Arthaud, 1967. (p. 667-698). 4890

Hall, Louise McGwigan and others. Medieval and Renaissance Studies: A Location Guide to Selected Reference Works and Source Collections in the Libraries of the University of North Carolina at Chapel Hill and Duke University. Chapel Hill: University of North Carolina, 1967. 4891

Longeon, Claude. Les Ecrivains foréziens du XVIe siècle. Répertoire biobibliographique. Saint-Etienne: Centre d'Etudes foréziennes, 1970. 4891A

Schweitzer, Frederick M. and Harry E. Wedeck. Dictionary of the Renaissance. New York: Philosophical Library, 1967. 4892

Weinberg, Bernard. "Changing Conceptions of the Renaissance: Continental Literature," in Tinsley Helton, The Renaissance. Madison, Wisconsin: University of Wisconsin Press, 1961. (p. 105-123). 4893

II. Language

Arveiller, Raymond. Contribution à l'étude des termes de voyage en français (1505-1722). Paris: d'Artrey, 1963. (Bibliography, p. 7-36). 4894

Catach, Nina. L'Orthographe française à l'époque de la Renaissance. Geneva: Droz, 1968. (Bibliography, p. 463-474. With other useful appendices). 4895

Dubois, Claude-Gilbert. Mythe et langage au seizième siècle. Bordeaux: Ducros, 1970. (Bibliography, p. 145-161). 4896

Rickard, Peter. La Langue française au seizième siècle. Etude suivie de textes. Cambridge: University Press, 1968. ("Glossaire," p. 314-370). 4897

Streuber, Albert. "Französische Grammatik und französischen Unterricht in Frankreich und Deutschland während

68 Guide to French Studies

des 16. Jahrhunderts," ZSL 74, 1964, 342-361; 75, 1965, 31-50, 247-273; 77, 1967, 235-267; 78, 1968, 69-101; 79, 1969, 172-191, 328-348. 4898

III. Contemporary Sources

Allott, T. J. D. "Jean Bertaut and the French Anthologies about 1600," Lib 22, 1967, 136-142. 4899

Bauchart, Ernest Quentin. La Bibliothèque de Fontainebleau et les livres des derniers Valois à la Bibliothèque nationale. Paris, 1891. (Reprint, Slatkine, 1970). 4900

LeRoux de Lincy, A. -J. V. Catalogue de la bibliothèque des ducs de Bourbon en 1507 et en 1523. Paris: Crapelet, 1850. 4901

Schutz, Alexander H. Vernacular Books in Parisian Private Libraries of the Sixteenth Century according to the National Inventories. Chapel Hill, N. C.: University of North Carolina Press, 1955. 4902

IV. Printing and Book History

Adams, Herbert M. Catalogue of Books Printed on the Continent of Europe, 1501-1600 in Cambridge Libraries. 2 vols. London: Cambridge University Press, 1967. 4903

Bremme, Hans Joachim. "Verzeichnis der Genfer Drucker und Buchhändler," in his Buchdrucker und Buchhändler zur Zeit der Glaubenskämpfe. Studien zur Genfer Druckgeschichte, 1565-1580. Geneva: Droz, 1969. (p. 101-243. Bibliography, p. 250-257). 4904

Briquet, Charles M. Les Filigranes. Dictionnaire historique des marques de papier des leur apparition vers 1282 jusqu'en 1600. 4 vols. Paris: Picard, 1907. 4905

Brun, Robert. "Catalogue des principaux livres à figures du XVIe siècle," in his Le livre français illustré de la Renaissance. Paris: Picard, 1969. (p. 103-317). 4906

Chatelain, Emile. Catalogue des incunables de la Bibliothèque de l'Université de Paris. 2 vols. Paris, 1902-1905. 4907

Davies, Hugh William. Catalogue of a Collection of Early French Books in the Library of C. Fairfax Murray. 2 vols. London: Holland Press, 1961. 4908

Moeckli, G. and others. Les Livres imprimés à Genève de 1550 à 1600. Geneva: Droz, 1966. (Additions by J. F. Gilmont, BHR 31, 1969, 185-194). 4909

Muller, Jean. Dictionnaire abrégé des imprimeurs-éditeurs français du seizième siècle. Baden-Baden: Heitz, 1970. 4910

Picot, Emile. Les Imprimeurs rouennais en Italie au XVe siècle. Rouen: Gy, 1911. 4911

Polain, Louis. Marques des imprimeurs et libraires en France au XVe siècle. Paris: Droz, 1926. 4912

Renouard, Philippe. Imprimeurs et libraires parisiens du XVIe siècle. Ouvrage publié d'après les manuscrits de Philippe Renouard. Paris: Service des travaux historiques de la ville de Paris, 1964 - in progress. 4913

Répertoire bibliographique des livres imprimés en France au seizième siècle. Baden-Baden: Heitz, 1968 - in progress. 4914

Tedeschi, John A. "Genevan Books of the Sixteenth Century," BHR 31, 1969, 173-180. 4915

V. Humanism

Cosenza, Mario Emilio. Checklist of Non-Italian Humanists, 1300-1800. Boston: G. K. Hall, 1970. 4916

L'Europe humaniste. Exposition. Brussels: Palais des Beaux-arts, 1955. 4917

Maggs Brothers. La Bibliothèque d'humaniste, d'après les livres choisis principalement dans les bibliothèques de Prosper Blanchemain et de M. Alfred Pereire. Paris: Maggs Brothers, 1937. 4918

Muller, Gregor. Bildung und Erziehung im Humanismus der italienischen Renaissance: Grundlagen, Motive, Quellen. Wiesbaden: F. Steiner, 1969. (Bibliography, p. 504-591). 4919

70 Guide to French Studies

VI. Foreign Relations and Influences

Aulotte, Robert. "Index, traductions, versions françaises, bibliographie," in his Amyot et Plutarque. Geneva: Droz, 1965. (p. 325-378). 4920

Chaunu, Pierre. Conquête et exploitation des nouveaux mondes (XVIe siècle). Paris: PUF, 1969. (Bibliography, p. 22-115). 4921

Gratet-Duplessis, Georges. Essai bibliographique sur les différentes éditions d'Ovide, ornées de planches, publiées aux XVe et XVIe Siècles. Paris: Techener, 1889. 4922

Isnardi Parente, Margharite. "Gli studi platonici in Italia negli ultimi vent'anni," CeS 25, 1968, 128-144. 4923

Klesczewski, Reinhard. Die französischen Uebersetzungen des Cortegiano von Baldessare Castiglione. Heidelberg: Winter, 1966. (Bibliography, p. 181-186). 4924

LaPeyre, Henri. Les Monarchies européennes du XVIe siècle. Les Relations internationales. Paris: PUF, 1967. (Bibliography, p. 20-56). 4924A

Mauro, Frédéric. Le XVIe siècle européen. Aspects économiques. Paris: PUF, 1966. (Bibliography, p. 7-95). 4924B

Pellerin, E. Manuscrits de Pétrarque dans les bibliothèques de France. Padua: Antenore, 1966. 4925

Stubbings, Hilda V. Renaissance Spain in Its Literary Relations with England and France: A Critical Bibliography. Nashville, Tenn.: Vanderbilt University Press, 1968. 4926

VII. Philosophy and Religion

Alès, Anatole. Bibliothèque liturgique. Description des livres de liturgie imprimés aux XVe et XVIe siècles, faisant partie de la bibliothèque de S. A. R. Mgr. Charles-Louis de Bourbon. 2 vols. Paris: Hennuyer, 1878-1884. 4927

Bonnant, Georges. "Les index prohibitifs et expurgatoires contrefaits par des protestants au XVIe et au XVIIe

siècle," BHR 31, 1969, 611-640. 4928

Bordier, Henri Léonard. Le Chansonnier huguenot du XVIe siècle. Paris: 1870. (Bibliography, p. 417-488. Reprint, Slatkine, 1969). 4929

Delumeau, Jean. Naissance et affirmation de la Réforme. Paris: PUF, 1965. (Bibliography, p. 7-41). 4929A

Kristeller, Paul Oskar. "Changing Views of the Intellectual History of the Renaissance since Jacob Burckhardt," in Tinsley Helton, The Renaissance. Madison, Wisconsin: University of Wisconsin Press, 1961. (p. 27-52). 4930

Lindsay, Robert O. and John Neu. French Political Pamphlets, 1547-1648. A Catalog of Major Collections in American Libraries. Madison, Wisconsin: University of Wisconsin Press, 1969. 4931

Schuling, Herman. Bibliographie der psychologischen Literatur des 16. Jahrhunderts. Hildesheim: Olms, 1967. 4932

VIII. Arts and Science

A Catalogue of Sixteenth Century Printed Books in the National Library of Medicine. Bethesda, Md.: National Library of Medicine, 1967. 4933

Davidsson, Åke. Bibliographie der musiktheoretischen Drucke des 16. Jahrhunderts. Baden-Baden: Bibliotheca Bibliographica Aureliana, 1962. 4934

Dulieu, Louis. "Les doyens de l'Université de Médecine de Montpellier à la Renaissance," BHR 29, 1967, 339-406. 4935

Johnson, Francis R. and Sanford V. Larkey. "Science in the Renaissance," MLQ 2, 1941, 363-401. (Bibliographical survey of Scholarship). 4936

Russel, Daniel S. "A Survey of French Emblem Literature (1536-1600)," DA 30, 1969-1970, 338A. (New York University). 4937

Schullian, Dorothy M. "Recent Scholarship in the History of Science," RQ 21, 1968, 239-248. 4938

Tervarent, Guy de. Attributs et symbols dans l'art profane, 1450-1600. Dictionnaire d'un langage perdu. Geneva: Droz, 1958. 4939

IX. Poetry (See also Jasinsky #4994)

Buck, August. "Romanische Dichtung und Dichtungslehre in der Renaissance Ein Forschungbericht," DVLG 33, 1959, 588-607. 4940

Jeanneret, Michel. Poésie et tradition biblique du XVIe siècle. Recherches stylistiques sur les paraphrases des "Psaumes," de Marot à Malherbe. Paris: Corti, 1969. (Bibliography, p. 531-562). 4941

Joukovsky-Micha, Françoise. La Gloire dans la poésie française et néolatine du XVIe siècle. Geneva: Droz, 1969. (Bibliography, p. 607-626). 4942

LeFevre, Jean. Dictionnaire de rimes françoises. Paris: 1587. (Reprint, Slatkine, 1971). 4943

Scoleen, Christine M. The Birth of the Elegy in France, 1500-1550. Geneva: Droz, 1967. (Bibliography, p. 161-173). 4944

X. Theater

Jeffrey, Brian. French Renaissance Comedy, 1552-1630. Oxford: Clarendon Press, 1969. (Bibliography, p. 187-205). 4945

Lewicka, Halina. La Langue et le style du théâtre comique français des XVe et XVIe siècles. Tome 2: Les Composés. Paris: Klincksieck, 1968. (Bibliography, p. 191-196. See #1094). 4946

Stauble, Antonio. "Rassegna di testi e studi sul teatro del Rinascimento," BHR 29, 1967, 227-245. 4947

XI. Prose

Blanchemain, Prosper. "Catalogue des anagrammes, devises et pseudonymes du XVIe siècle," in Edouard Rouveyre and Octave Uzanne, Miscellanées bibliographiques. 2 vols. Paris, 1878-1880. (Vol. 1, p. 161-167. Reprint, Slatkine, 1968). 4948

Dubois, C. -G. "De la première 'Utopie' à la 'première utopie française': bibliographie et réflexions sur la création utopique au XVIe siècle," RALF 1, 1970 (no. 1), 11-32; 2-3, 1970, 7-25. 4949

Schenda, Rudolf. "Französische Prodigienschriften aus der zweiten Hälfte des 16. Jahrhunderts. Eine kritische Auswahl," ZSL 69, 1959, 150-167. 4950

XII. Authors and Works

Aubigné, Agrippa d'

Mottausch, Karl-Heinz. Der Wortschatz der "Tragiques" des Agrippa d'Aubigné. Mainz (dissertation), 1967. 4951

Weber, Henri and others. D'Aubigné. Oeuvres. Paris: Gallimard, 1969. (Bibliography, p. 1433-1444, Glossary, p. 1445-1511). 4952

Brantôme, Pierre de Bourdeille de

Cottrell, Robert D. "The Present State of Studies on Brantôme," SF 40, 1970, 11-19. 4953

Lalanne, Ludovic. Lexique des oeuvres de Brantôme. Paris, 1880. (Reprint, Slatkine, 1969). 4954

Calvin, Jean

DeKoster, Lester. Living Themes in the Thought of John Calvin. Ann Arbor: University Microfilms, 1964. 4955

Fraenkel, Pierre. "Petit Supplément aux bibliographies calviniennes, 1901-1963," BHR 33, 1971, 385-413. (Supplements DeKoster #4955, Erichson, #1118, and Niesel, #1119). 4956

Ganoczy, Alexandre. La Bibliothèque de l'Académie de Calvin. Geneva: Droz, 1970. 4957

Glossaire-Dictionnaire des locutions obscures et des mots vieillis qui se rencontrent dans les oeuvres de Calvin. Paris, 1855. (Reprint, Slatkine, 1969). 4958

Richter, Mario. "Recenti studi calviniani (1960-1966)," RSLR 3, 1967, 99-130. 4959

Tchemerzine, A. and M. Plee. Jean Calvin, bibliographie de ses oeuvres (1509-1564). Paris: Bibliothèque nationale, 1939. 4960

Champier, Symphorien

Allut, M. P. Etude biographique et bibliographique sur Symphorien Champier. Lyon: N. Scheuring, 1859. (Bibliographical section, p. 97-264). 4961

Dolet, Etienne

Christie, Richard Copley. Etienne Dolet the Martyr of the Renaissance. new ed. London: Macmillan, 1891. (Bibliography, p. 517-553. French translation, Paris: Fischbacher, 1886, with bibliography, p. 489-541). 4962

DuBartas, Guillaume de Saluste

Reichenberger, Kurt. DuBartas und sein Schöpfungsepos. Munich: Hueber, 1962. (Bibliography, p. 142-146). 4963

──────. Die Schöpfungswoche des DuBartas. Tübingen: Niemeyer, 1963. (Bibliography, p. 288-301). 4964

DuBellay, Joachim

Saba, Guido. La Poesia di Joachim du Bellay. Florence: d'Anna, 1962. (p. 9-31 constitute a review of research). 4965

Saulnier, Verdun-L. Dubellay. 4e éd. Paris: Hatier, 1968. (Bibliographic orientation, p. 178-191). 4966

DuVerdier, Antoine

Reure, l'Abbe. Le Bibliographe Antoine DuVerdier (1544-1600). Paris: Picard, 1897. 4967

French Literature 75

Erasmus, Desiderius

Margolin, Jean-Claude. Quatorze années de bibliographie érasmienne (1936-1949). Paris: Vrin, 1969. (Annotated). 4968

Goulart, Simon

Jones, L. Ch. Simon Goulart (1543-1628). Etude biographique et bibliographique. Geneva: Droz, 1918. 4969

Labé, Louise

Kupisz, Casimir. "Louise Labé en Pologne. Bibliographie," CdH 11, 1966, 369-383. 4970

O'Connor, Dorothy. "Bibliographie des oeuvres de Louise Labé," in her Louise Labé, sa vie et son oeuvre. Paris: Presses françaises, 1926. (p. 189-192. Bibliography, p. 193-203). 4971

La Boétie, Etienne de

Bonnefon, Paul. "Bibliographie," in Oeuvres complètes de La Boétie. Bordeaux, 1892. (p. xi-lxxxv). 4972

La Taille, Jacques de

Han, Pierre. Jacques de La Taille. La Manière. Critical Edition. Chapel Hill, N. C. : University of North Carolina Press, 1970. (Bibliography, p. 103-107). 4973

Marot, Clément

Mayer, C. -A. "Notes sur la réputation de Marot aux XVIIe et XVIIIe siècles," BHR 25, 1963, 401-407. 4974

Médicis, Catherine de

LeRoux de Lincy, A. -J. -V. "Notice sur la bibliothèque de Catherine de Médicis," BdB, 1858, 915-941. 4975

Montaigne, Michel de

Blinkenberg, Andreas. Montaigne. Copenhagen: Gyldendal, 1970. (Bibliography, p. 365-392). 4975A

76 Guide to French Studies

"Catalogue des éditions françaises des Essais," in IVe Centenaire de la naissance de Montaigne, 1533-1933. Conférences organisées par la ville de Bordeaux. Bordeaux: Delmas, 1933. 4976

Frame, Donald M. "Remarques sur les études Montaignistes aux Etats-Unis à l'heure actuelle," BSAM 4, 1967 (juill. -sept.), 38-40. 4977

Frescaroli, Antonio. "Note alla storia degli studi montaignani da Paul Bonnefon al Dr. J. -F. Payen. Gli studi montaignani in questi ultimi cinquant'anni," Ae 33, 1959, 162-175, 416-435. 4978

Michel, Pierre. "Initiation à une bibliographie de Montaigne," BSAM 14, 1968, 47-60. 4979

———. Montaigne et sa fortune littéraire. Bordeaux: Ducros, 1970. 4980

Traeger, Wolf Eberhard. Aufbau und Gedankenführung in Montaignes Essays. Heidelberg: Winter, 1961. (Bibliography, p. 240-242). 4981

Villey, Pierre. "Table des lectures de Montaigne," and "Catalogue sommaire des livres de Montaigne," in Les Sources et l'évolution des Essais de Montaigne. 2 vols. Paris: Hachette, 1908. (Vol. 1, p. 59-242, and 243-270). 4982

Navarre, Marguerite de

LeRoux de Lincy, Antoine-Jean-Victor and A. de Montaiglon. L'Heptaméron de Marguerite de Navarre. 4 vols. Paris: 1880. (Bibliography of her works, vol. 1, p. 149-197). 4983

No entry. 4984

Palissy, Bernard

Audiat, L. Les Oeuvres de maistre Bernard Palissy. nouv. éd. 2 vols. Niort: 1888. (Bibliography and iconography, vol. I, p. ci-ccvi). 4985

French Literature

Peletier du Mans, Jacques

Juge, Clément. Jacques Peletier du Mans (1517-1582). Essai sur sa vie, son oeuvre, son influence. Paris: Lemerre, 1907. (Bibliography, p. vii-xv. Reprint, Slatkine, 1969). 4986

Postel, Guillaume

Secret, François. Bibliographie des manuscrits de Guillaume Postel. Geneva: Droz, 1970. 4987

Rabelais, François

Catalogue de la collection rabelaisienne du Dr. Henri de Guillen d'Avenas. Paris, 1877. 4988

Cordié, Carlo. "Recenti studi sulla vita e sulle opere du François Rabelais," LetM 1, 1950, 107-120. 4989

Schrader, Ludwig. "Die Rabelais-Forschung des Jahre 1950-1960: Tendenzen und Ergebnisse," RoJb 11, 1960, 161-201. (Also in #4705). 4990

Tetel, Marcel. "Trends in Italian Criticism of Rabelais," RLC 40, 1966, 541-551. 4991

Ronsard, Pierre de

Perdrizet, P. Ronsard et la Réforme. Paris: Fischbacher, 1902. (Bibliography on the Ronsard-Protestant polemic in Chapter 2.) 4992

Ricci, Seymour de. Catalogue of a Unique Collection of Early Editions of Ronsard. London: Maggs Brothers, 1927. 4993

Saint-Gelais, Mellin de

Jasinski, Max. "Chronologie des sonnets de Mellin de Saint-Gelais," in his Histoire du sonnet en France. Douai, 1903. (p. 244-246. Other lists of sonnets, p. 246-255. Reprinted, Slatkine, 1970). 4994

Salel de Cazals-en-Quercy, Hugues

Bergounioux, Louis-Alexandre. Un Précurseur de la

Pléiade: Hugues Salel de Cazals-en-Quercy, 1504-
1553. Paris, 1930. (With a glossary. Reprint,
Slatkine, 1969). 4995

Scève, Maurice

Rigo Bienaimé, Dora. "I piu recenti sviluppi degli studi
su Maurice Scève," SF 34, 1968, 1-8. (Also in
#4705). 4996

Seventeenth Century

I. Baroque

Barner, Wilfried. Barockrhetorik. Untersuchungen zu ihren
geschichtlichen Grundlagen. Tübingen: Niemeyer, 1970.
(Bibliography, p. 456-521). 4997

Morel, Jacques. "L'Intérêt méthodologique de la notion de
baroque Littéraire," AJFS 1, 1964, 11-22. (Also in
#4705). 4998

Reichenberger, Kurt. "Der literarische Manierismus des
ausgehenden 16. und beginnenden 17. Jahrhunderts in
Frankreich. Ein Forschungsbericht," RoJb 13, 1962,
76-86. 4999

Simone, Franco. "La Critica francese e il barocco (1927-
1950)," in his Umanesimo, Rinascimento, Barocco in
Francia. Milan: Mursia, 1968. (p. 329-368). 5000

Stackelberg, Jürgen von. "Zum Verhältnis von Barock und
Klassik in der französischen Literatur," GGA 217, 1965,
283-295. 5001

II. Classicism (See also #5001)

Gore, Jeanne-Lydie. "Les problèmes actuels de l'interprétation des classiques," NS 15, 1966, 393-410. 5002

La Charité, Raymond C. "Le Classicisme et la critique
moderne," SF 43, 1971, 57-64. 5003

Peyre, Henri. "French Classicism and American Humanistic
Scholarship," in his The Literature of France. Engle-

French Literature

wood Cliffs, N.J.: Prentice-Hall, 1966. (p. 37-62).
5004

III. Language

Arveiller, Raymond. Contribution à l'étude des termes de voyage en français (1505-1722). Paris: d'Artrey, 1963. (Bibliography, p. 7-36). 5005

Galet, Yvette. L'Evolution de l'ordre des mots dans la phrase française de 1600 à 1700. Paris: PUF, 1971.
5006

Quémada, Bernard. Introduction à l'étude du vocabulaire médical (1600-1710). Paris: Belles Lettres, 1955. (Bibliography, p. 184-188). 5007

IV. Contemporary Sources

Conlon, Pierre M. Prélude au siècle des lumières en France. Répertoire chronologique de 1680 à 1715. 4 vols. Geneva: Droz, 1970 - in progress. 5008

Corneille, Thomas. Dictionnaire des arts et des sciences. 2 vols. Paris, 1694. (Reprint, Slatkine, 1968. Supplements #1259). 5009

Duportal, Jeanne. Contribution au catalogue général des livres à figures du XVIIe siècle (1601-1633). Paris: Champion, 1914. 5010

Goldsmith, V. F. A Short Title Catalogue of French Books 1601-1700 in the Library of the British Museum. London: Dawson, 1970 - in progress. 5011

Labadie, Ernest. Nouveau supplément à la Bibliographie des Mazarinades. Paris: Leclerc, 1904. (Also in BdB. Supplements #1291). 5012

LeRoux de Lincy, A. -J. -V. Régistres de l'Hôtel de Ville de Paris pendant la Fronde. 3 vols. Paris: 1846-1848.
5013

V. Society

Adhémar, Jean. Au temps des précieuses. Les Salons littéraires au XVIIe siècle. Catalogue de l'exposition.

Paris: Bibliothèque nationale, 1968. 5014

Martin, Henri-Jean. Livre, pouvoirs, et société à Paris au XVIIe siècle. 2 vols. Geneva: Droz, 1969. 5015

Roupnel, Gaston. Les Populations de la ville et de la campagne dijonnaises au XVIIe siècle. Bibliographie critique. Paris: Leroux, 1922. 5016

VI. Foreign Relations and Influences

Hudita, I. Répertoire des documents concernant les négociations diplomatiques entre la France et la Transylvanie au 17e siècle (1636-1683). Paris: Gamber, 1927. 5017

Mandrou, Robert. La France aux XVIIe et XVIIIe siècles. Paris: PUF, 1967. (Bibliography, p. 14-30). 5017A

Michel, Suzanne-P. and Paul-Henri Michel. Répertoire des ouvrages imprimés en langue italienne au XVIIe siècle. Florence: Olschki, 1970 - in progress. 5018

_____. Répertoire des ouvrages imprimés en langue italienne au XVIIe siècle et conservés dans les bibliothèques de France. Paris: CNRS, 1967 - in progress. 5019

Rizza, Cecilia. "Etat présent des études sur les rapports franco-italiens au XVIIe siècle," SF Supp. al no. 35, 1968, 11-19. 5020

"Seicento," RLI, 1953 to date. 5021

West, Albert Henry. "Liste des parodies et de poèmes burlesques publiés en France entre 1644 et 1825," and "Parodies et imitations burlesques anglaises entre 1650 et 1825," in his L'Influence française dans la poésie burlesque en Angleterre entre 1660 et 1700. Paris: Champion, 1931. (p. 186-188 and 189-193. Bibliography, p. 194-211). 5022

VII. Philosophy and Religion

Albert, Antoine and J.-F. de Court. Dictionnaire portatif des prédicateurs francais. Lyon, 1757. (Reprint, Slatkine, 1969). 5023

Angers, Julien-Eymard d'. "L'Humanisme chrétien du XVIIe siècle à la lumière d'ouvrages récents," SF 6, 1962, 414-440. 5024

Colonia, Dominique de. Dictionnaire des livres jansénistes, ou qui favorisent le jansénisme. 4 vols. Anvers, 1752. (Reprint, Slatkine, 1969). 5025

Haase, Erich. Einführung in die Literatur des Refuge. Der Beitrag des französischen Protestanten zur Entwicklung analytischer Denkformen am Ende des 17. Jahrhunderts. Berlin: Duncker and Humblot, 1959. (Bibliography, p. 529-577). 5026

Méral, Jean. "Quelques remarques sur la bibliographie des utopies françaises du XVIIe siècle," RomN 10, 1968-1969, 106-108. 5027

Morley, Grace Louise. Le Sentiment de la nature en France dans la première moitié du six-septième siècle. Nemours: Lesot, 1926. (Bibliography, p. 191-202). 5028

Saisselin, Remy Gilbert. The Rule of Reason and the Ruses of the Heart. A Philosophical Dictionary of Classical French Criticism, Critics, and Aesthetic Issues. Cleveland: Press of Case Western Reserve University, 1970. 5029

Zovatto, Pietro. La Polemica Bossuet-Fénelon. Introduzione critico-bibliografica. Padua: Gregoriana, 1968. (Bibliography, p. 85-112). 5030

VIII. Music

Eppelsheim, Jürgen. Das Orchester in den Werken Jean-Baptiste Lullys. Tutzing: Schneider, 1961. 5031

Höfler, M. "Zur französischen Musikterminologie des 17. Jahrhunderts," ZrP 80, 1964, 342-350. 5032

Jurgens, Madeleine. Documents du Minutier central concernant l'histoire de la musique (1600-1650). Vol. 1. Paris: SEVPEN, 1969. 5033

IX. Poetry, Prose, Rhetoric

Delley, Gilbert. L'Assomption de la nature dans la lyrique française de l'âge baroque. Berne: Lang, 1969. (Bibliography, p. 402-428). 5034

Godenne, René. "Répertoire par année des titres des nouvelles aux XVIIe et XVIIIe siècles," in his Histoire de la nouvelle française. Geneva: Droz, 1970. (p. 247-298; Bibliographies, p. 299-337). 5035

Kuentz, Pierre. "Esquisse d'un inventaire des ouvrages de langue française traitant de la rhétorique entre 1610 et 1715," DSS 80-81, 1968, 133-142. 5036

LaNoue, Pierre de. Le Grand Dictionnaire des rimes françaises. Geneva, 1623. (Reprint, Slatkine, 1971). 5037

Morel, Jacques. "Glossaire [pour l'étude de la rhétorique]," DSS 80-81 1968, 143-146. 5038

X. Theater

Chamfort, Sébastien-Roch Nicolas. Dictionnaire dramatique. 3 vols. Paris, 1776. (Reprint, Slatkine, 1969). 5039

Chancerel, L. "Pour un inventaire des affiches des XVIIe et XVIIIe siècles," RHT 3, 1951, 255-260. 5040

Chevalley, Sylvie. Album Théâtre classique. La Vie théâtrale sous Louis XIII et Louis XIV. Iconographie. Paris: Gallimard, 1970. 5041

Daniel, George B. The Development of the Tragédie nationale in France from 1552-1800. Chapel Hill, N. C.: University of North Carolina Press, 1964. (Bibliography, p. 207-212. This entry replaces #1854 which is incorrect). 5042

DuGérard, N. B. Tables alphabétiques et chronologiques des pièces représentées sur l'ancien théâtre italian, depuis son établissement jusqu'en 1697. Paris, 1750. (Reprint, Slatkine, 1969). 5043

Jackson, Allan S. "Bibliography of 17th and 18th Century Play Editions in the Rare Book Room of the Ohio State

University Library," RECTR 8, 1969, 30-58. 5044

Lancaster, Henry Carrington. "List of Extant Plays, 1610-1634," in his French Dramatic Literature in the Seventeenth Century. Part I: The Pre-Classical Period. 2 vols. Baltimore: Johns Hopkins Press, 1929. (Vol. 2, p. 760-763). 5045

―――. "List of Extant Plays, 1635-1651," Ibid. Part II: The Period of Corneille. 2 vols. Baltimore: Johns Hopkins Press, 1932. (Vol. 2, p. 777-781). 5046

―――. "List of Extant Plays, 1652-February 1673," Ibid. Part III: The Period of Molière, 1652-1672. 2 vols. Baltimore: Johns Hopkins Press, 1936. (Vol. 2, p. 863-868). 5047

―――. "List of Plays, 1673-1700," Ibid. Part IV: The Period of Racine. 2 vols. Baltimore: Johns Hopkins Press, 1940. (Vol. 2, p. 951-958). 5048

XI. Authors

Bigot, Emery

Doucette, Leonard E. Emery Bigot, Seventeenth-Century French Humanist. Toronto: University of Toronto Press, 1970. (Bibliography, p. 177-194). 5049

Camus, Jean-Pierre

Descrains, Jean. Bibliographie des oeuvres de Jean-Pierre Camus, évêque de Belley (1584-1652). Paris: Société d'Etude du XVIIe Siècle, 1970 5050

Chapelain, Jean

Hunter, Alfred C. Lexique de la langue de Jean Chapelain. Geneva: Droz, 1967. 5051

Fabre, Antonin. Lexique de la langue de Chapelain. Paris, 1889. (Reprint, Slatkine, 1969). 5052

Chassignet, Jean-Baptiste

Ortali, Raymond. "Manuscrits et ouvrages de Chassignet," and "Bibliographie critique des ouvrages et articles consacrés à Chassignet," in his Un Poète de la mort: J. -B. Chassignet. Geneva: Droz, 1968. (p. 135-167). 5053

Cordemoy, Gérauld de

Clair, Pierre and François Girbal. Cordemoy. Oeuvres philosophiques, avec une etude bio-bibliographique. Paris: PUF, 1968. 5054

Corneille, Pierre

Gerlach-Nielsen, Merete. "La critique cornélienne des dernières années," in Actes du 4e Congrès des Romanistes Scandinaves. Copenhagen: Akademisk Forlag, 1968. (p. 183-193). 5055

LeBrun, Roger. Corneille devant trois siècles. Paris: Sansot, 1906. (Bibliography, p. 209-213. Reprint, Burt Franklin, 1970). 5056

Muller, Charles. Etude de statistique lexicale. Le Vocabulaire du théâtre de Pierre Corneille. Paris: Larousse, 1967. 5057

Stegmann, André. L'Héroisme cornélien. Genèse et signification. 2 vols. Paris: Colin, 1969. (Bibliography, Vol. 1, p. 226-235). 5058

Corneille, Thomas

Collins, David A. "Chronological List of Thomas Corneille's Plays," in his Thomas Corneille: Protean Dramatist. The Hague: Mouton, 1966. (p. 189-191. Bibliography, p. 192-195). 5059

Reynier, Gustave. "Notice bibliographique," in Thomas Corneille, sa vie et son théâtre. Paris: Hachette, 1892. (p. 365-380). 5060

Courtin, Antoine de

Farid, Kamal. Courtin. Etude critique. Paris: Nizet, 1969. (Bibliography, p. 287-309). 5061

French Literature 85

Cyrano de Bergerac, Savinien de

    Alcover, Madeleine. La Pensée philosophique et scientifique de Cyrano de Bergerac. Geneva: Droz, 1970. (Bibliography, p. 177-182). 5062

Descartes, René

    Caramella, Santino. "Gli studi cartesiani in Italia nell'ultimo venticinquinnio (1945-1969)," CeS 31, 1969, 75-84. 5063

    Guibert, Albert-Jean. Biographie et bibliographie de René Descartes, in preparation. 5064

    Morris, John M. Descartes Dictionary. New York: Philosophical Library, 1971. 5065

    Sebba, Gregor. "Some Open Problems in Descartes Research," MLN 75, 1960, 222-229. 5066

Gilbert, Gabriel

    Schmit, J. -A. Notice sur le poète Gilbert. Biographie, bibliographie et iconographie. Nancy: Sidot, 1890. (Also in MSAL, 1890). 5067

Guez de Balzac, Jean-Louis

    Beugnot, Bernard. Guez de Balzac. Bibliographie générale. Montreal: Presses de l'Université, 1967. 5068

    _____. .... Supplément. Montreal: Presses de l'Université, 1969. 5069

LaFayette, Madame de

    Bazin de Bezons, Jean de. Index du vocabulaire de la Princesse de Clèves. Paris: Nizet, 1967. 5070

    _____. Index du vocabulaire, "La Princesse de Montpensier," "La Comtesse de Tende." Paris: Nizet, 1970. 5071

Lafontaine, Jean de

    Collinet, Jean Pierre. Le Monde littéraire de Lafontaine.

Paris: PUF, 1970. (Bibliography, p. 597-627).
5072
Desprès, Armand. Les Editions illustrées des fables de Lafontaine. Paris: Rouquette, 1892. 5073

Régnier, Henri. "Notice bibliographique," in Les Grands Ecrivains de la France: La Fontaine. 9 vols. Paris: 1883-1892. (Vol. 9, p. I-LXIII). 5074

La Rochefoucauld, François de

Bazin, Jean de. Index du vocabulaire des Maximes de La Rochefoucauld. Paris: Nizet, 1969. 5075

Granges de Surgères, A. de. Traductions en langues étrangères des 'Réflexions' ou 'Sentences et maximes morales' de LaRochefoucauld. Essai bibliographique. Paris: L. Techener, 1883. (Also in BdB). 5076

Gilbert, D. L. and J. Gourdault. Les Grands Ecrivains de France. Oeuvres de La Rochefoucauld. 3 vols. Paris, 1868-1884. ("Notice bibliographique," vol. 1, 103-144). 5077

Rosso, Corrado. "La Rochefoucauld nella prospettiva critica," F 19, 1968, 195-252. 5078

――――. "Processo a La Rochefoucauld," CrSt 2, 1963, 638-675. 5079

Mabillon, Dom Jean

Besse, Dom J.-M. Les Etudes ecclésiastiques d'après la méthode de Mabillon. Paris: Retaux, 1900. (Bibliography, p. 143-190). 5080

Malebranche, Nicolas

Blampignon, Abbé Emile Antoine. Bibliographie de Malebranche. Montbéliard: P. Hoffman, 1882. 5081

Molière (Jean-Baptiste Poquelin)

Descotes, Maurice. Molière et sa fortune littéraire. Bordeaux: Ducros, 1970. (Bibliography, p. 155-173). 5082

Fritsche, Hermann. Molière-Studien. Ein Namenbuch zu Molière's Werken, mit philologischen und historischen Erläuterungen. Berlin, 1887. (Reprint, Slatkine, 1971). 5083

Mongrédien, Georges. "Du nouveau sur Molière," RdM 1964, 397-405. (Research review). 5084

Monval, Georges. Receuil sur la mort de Molière. Paris, 1885. (Catalogues of epitaphs and poems written on the occasion of his death, p. 77-89). 5085

Morel, Jacques. "Quelques publications récentes relatives à Molière," JS, 1967, 250-252. 5086

Nicolet, A. "Histoire des études sur Molière," Edda 39, 1939, 406-451. 5087

Orsini, Anne Marie

Cermakian, Marianne. La Princesse des Ursins, sa vie et ses lettres. Paris: Didier, 1969. (Sources et bibliographie, p. 631-669. "Résumé chronologique," p. 671-690). 5088

Pascal, Blaise

Caramella, Santino. "Gli studi pascaliani in Italia (1943-1969)," Ces 32, 1969, 85-91. 5089

Francis, Raymond. Les Pensées de Pascal en France de 1842 à 1942. Essai d'étude historique et critique. Paris: Nizet, 1959. (Bibliography, p. 323-378). 5090

Mesnard, Jean. "Etat present des études pascaliennes," in Hans Urs von Balthazar and others, Pascal et Port-Royal. Paris: Fayard, 1962. (p. 85-90). (Also in #4705). 5091

――――. "Pascal et ses éditeurs. Oeuvres de Pascal. Quelques éditions," Biblio 30, 1962 (no. 5), 5-7 and 11-14. 5092

Morra, Gianfranco. "Studi pascaliani in Italia," ArchF, 1962, 183-195. 5093

Patin, Guy

Chéreau, A. Bibliographia Patiniana. Catalogue des ouvrages composés par Guy Patin et de ceux à la publication desquels il a contribué. Paris: Martinet, 1879. 5094

Racine, Jean

Balmas, Enea. "L'Inventaire della biblioteca di Racine," AVUP 1, 1964-1965, 413-472. 5095

Bonnet, Joseph. Oeuvres inconnues de Jean Racine, découvertes à la Bibliothèque impériale de Saint-Pétersbourg. Lille: Desclée de Brouwer, 1911.
5096
Carloni Valentini, Renata. "Le Traduzioni italiane di Racine," CIFM 5, 1968, 203-448. 5097

Descotes, Maurice. Racine et sa fortune littéraire. Bordeaux: Ducros, 1969. 5098

Dubu, Jean. "Chronologie racinienne," E 453, 1967, (jan.), 191-205. 5099

Fingerhut, Margret. Racine in deutschen Uebersetzungen des neunzehnten und zwanzigsten Jahrhunderts. Bonn: Rheinische Friedrich-Wilhelms-Universität, 1970. (Bibliographies, p. 309-331). 5100

Freeman, Bryant C. and Alan Bateson. Concordance du Théâtre et des Poésies de Jean Racine. 2 vols. Ithaca, N.Y.: Cornell University Press, 1968. 5101

Fubini, Mario. "Racine et la critique italienne," RLC 19, 1939, 523-561. 5102

Guibert, Albert-Jean. Bibliographie des oeuvres de Jean Racine publiées au XVIIe siècle et oeuvres posthumes. Paris: CNRS, 1969. 5103

Huber, Egon. "Neuere Deutungen Racines in der französischen Literaturwissenschaft," ZSL 73, 1963, 129-137. 5104

Spillebout, Gabriel. Le Vocabulaire biblique dans les tragédies sacrées de Racine. Geneva: Droz, 1968.

(Bibliography, p. 403-410). 5105

Sutton, Geneviève. "Racine et la critique contemporaine," SAB 34, 1969 (no. 3), 1-4. 5106

Theile, Wolfgang. "Methoden und Probleme der Racine-Forschung (1950-1968)," RoJb 19, 1968, 97-132. 5107

Regnard, Jean-François

Calame, Alexandre. Regnard, sa vie et son oeuvre. Paris: PUF, 1960. (Bibliography, p. 467-488). 5108

Rotrou, Jean de

Leiner, Wolfgang. Index du vocabulaire du théâtre classique. Rotrou I: Index des mots de Wenceslas. II: Index des mots de Cosroès. 2 vols. Paris: Klincksieck, 1960. 5108A

Morel, Jacques. Jean Rotrou, dramaturge de l'ambiguïté. Paris: Colin, 1968. (Bibliographies, p. 325-338). 5108B

Nelson, Robert J. Immanence and Transcendence. The Theater of Jean Rotrou. (1609-1650). Columbus: Ohio State University Press, 1969. (Bibliographies, p. 227-238). 5108C

Sévigné, Madame de

Monmerqué, A. Les Grands Ecrivains de la France. Oeuvres de Mme de Sévigné. 14 vols. Paris, 1865-1867. (Bibliography, vol. 11, p. 341-523). 5109

Pilastre, Edouard. Petit Glossaire des lettres de Madame de Sévigné. Fontainebleau, 1908. (Reprint, Slatkine, 1970). 5110

Sommer, Jean Edouard Albert. Lexique de la langue de Mme de Sévigné. 2 vols. Paris: Hachette, 1967. (Vols. 13 and 14 of the Monmerqué edition of her Oeuvres). 5111

Sorel, Charles

Battista, Piero. "Attualità del Francion," LS 14 (Sett. -

oct.) 1965, 14-26. (Research review). 5112

Viau, Théophile de

Andrieu, Jules. Théophile de Viau. Etude bio-bibliographique. Bordeaux: P. Chollet, 1887. 5113

Meyer-Minnemann, Klaus. Die Tradition der klassichen Satire in Frankreich. Themen und Motive in den Verssatiren Théophiles de Viau. Berlin: Gehlen, 1969. (Bibliography, p. 139-148). 5114

Saba, Guido. Théophile de Viau e la critica. Triest: Università degli Studi, 1964. 5115

Eighteenth Century

I. General

Catalogue de l'exposition La Vie au XVIIIe siècle. Brussels: Musées Royaux d'Art et d'Histoire, 1970. 5116

Cioranescu, Alexandre. Bibliographie de la littérature française du dix-huitième siècle. 3 vols. Paris: CNRS, 1969. 5117

Crocker, Lester. "Recent Interpretations of the French Enlightenment," JWH 8, 1964, 426-456. (Also in #4705). 5118

Niklaus, Robert. "The Age of Enlightenment," in W. H. Barber and others, The Age of Enlightenment. Studies Presented to Theodore Besterman. London: Oliver and Boyd, 1967. (p. 395-412, a research review. Bibliography, p. 431-460). 5119

──────. The Eighteenth Century, 1715-1789. London: Benn, 1970. (Bibliography, p. 391-414). 5120

II. Language

Alletz, Pons-Auguste. Dictionnaire des richesses de la langue française ... depuis le commencement du XVIIIe siècle. Paris, 1770. (Reprint, Slatkine, 1967). 5121

Chambaud, Louis. Nouveau dictionnaire françois-anglois et

anglois-françois. 2 vols. Paris: Panckoucke, 1776.
5122
Gilbert, P. "Le Dictionnaire et les dictionnaires: le dictionnaire en France au XVIIIe siècle," CFREF 9, 1959, 209-223. 5123

Guyot, Guillaume, S. R. N. Chamfort and F. C. Duchemin de la Chesnaye. Le Grand Vocabulaire françois. 30 vols. Paris: Pankoucke, 1767-1774. 5124

Matoré, Georges. "Ouvrages sur la langue du XVIIIe siècle," in his Prévost. Manon Lescaut. Geneva: Droz, 1953. (p. 227). 5125

Tournier, M. and others. "Le Vocabulaire de la Révolution. Pour un inventaire systématique des textes," AHRF 41, 1969, 109-124. 5126

III. Contemporary Sources

Blanchard, Marcel. Bibliographie critique de l'histoire des contes des Alpes occidentales sous l'Etat de Piémont-Savoie (XVIIe-XVIIIe siècles) et à l'époque napoléonienne (1796-1815). Grenoble: Allier, 1920. 5127

Conlon, Pierre M. Prélude au siècle des lumières en France. Répertoire chronologique de 1680 à 1715. Tome Premier 1680-1691. 4 vols. Geneva: Droz, 1970 - in progress.
5128
Savary des Bruslons, Jacques. Dictionnaire universel de commerce, d'histoire naturelle et des arts et métiers. nouv. éd. 5 vols. Copenhagen: Philibert, 1759-1765.
5129
Savérien, Alexandre. Dictionnaire universel de mathématique et de physique. 2 vols. Paris, 1753. 5130

IV. Revolution

Cobb, Richard Charles. Les années révolutionnaires; instruments de la Terreur dans les départements, avril 1793. The Hague: Mouton, 1961-1962. (Bibliography, Vol. 2, p. 895-959). 5131

Dehergne, Joseph. Bibliographie du Bas Poitou à la veille de la Révolution. Paris: Picard, 1960. (Also in MSAO

7, 1963). 5132

Fleischmann, Hector. Marie-Antoinette libertine. Bibliographie critique et analytique des pamphlets politiques, galants et libres contre la reine. Paris: Daragon, 1911.
5133

Godechot, Jacques. "Les Moyens de la recherche: Sources et bibliographie," in his Les Révolutions (1770-1799). 2e éd. Paris: PUF, 1965. (p. 9-75). 5133A

Hardy, James D. The Maclure Collection of French Revolutionary Materials. Philadelphia: University of Pennsylvania Press, 1966. 5134

Hayden, H. E. French Revolutionary Pamphlets. Check List of Talleyrand and Other Collections. New York: New York Public Library, 1945. 5135

Hyslop, Beatrice Fry. French Nationalism in 1789 According to the General Cahiers. New York: Columbia University Press, 1934. (Bibliography, p. 289-328). 5136

_____. Répertoire des Cahiers de doléances pour les Etats Généraux de 1789. Supplément. Paris: Leroux, 1952. (See #1691). 5137

Monglond, André. Projet d'une bibliographie méthodique de la littérature française moderne. l'Année 1789. Grenoble: Arthaud, 1929. 5138

Riberette, Pierre. Les Bibliothèques françaises pendant la révolution 1789-1795. Recherches sur un essai de catalogue collectif. Paris: Bibliothèque nationale, 1970.
5139

Ritter, Joachim. Hegel et la Révolution française. Paris: Beauchesne, 1970. (Bibliography, by H. M. Sass, p. 89-139). 5140

Shepherd, Robert Parry. Turgot and the Six Edicts. New York: Columbia University Press, 1903. (Bibliography, p. 210-213). 5141

Sommervogel, P. Table méthodique des Mémoires de Trévoux (1701-1775). 3 vols. Paris, 1864-1865. (Reprint, Slatkine, 1969). 5142

Tourneux, Maurice. "Les Sources bibliographiques de l'histoire de la Révolution française," BM I, 1897, 249-289, 329-368. 5143

Walter, Gérard. La Révolution française. Paris: Michel, 1967. (Bibliography, p. 579-626). 5144

_____. Catalogue de l'histoire de la Révolution française. Ecrits de la période révolutionnaire. Table analytique. Paris: Bibliothèque nationale, 1969. 5145

V. Diffusion of Knowledge and Information

A. Periodicals and Newspapers

Belozubov, Léonid. L'Europe savante (1718-1720). Paris: Nizet, 1968. (List of French language literary periodicals to 1720, p. 24-26. Indexes to the journals. Bibliography, p. 243-251). 5146

Blanc-Rouquette, Marie-Thérèse. La Presse et l'information à Toulouse des origines à 1789. Toulouse: Association des publications de la Faculté des Lettres et Sciences, 1968. 5147

Labadie, Ernest. Le Presse bordelaise pendant la Révolution. Bibliographie historique. Bordeaux: Cadoret, 1910. 5148

Ronsin, Albert. Les Périodiques lorrains anterieurs à 1800. Histoire et catalogue. Nancy: Faculté des Lettres et des Sciences humaines de l'Université, 1964. 5149

B. Book Trade

Barber, Giles. "French Royal Decrees Concerning the Book Trade 1700-1781," AJFS 3, 1966, 312-330. 5150

Ferrand, Louis. "Les Livres de colportage," BSAHA V. P. 23, 1961-1963, 317-323. (On the Bibliothèque bleue). 5151

Hermann-Mascard, Nicole. La censure des livres à Paris à la fin de l'Ancien Régime (1750-1789). Paris: PUF, 1968. 5152

Rocquain, Félix. L'Esprit révolutionnaire avant la Révolu-

94　　　　　　Guide to French Studies

tion (1715-1789). Paris: E. Plon, 1878. (List of
works condemned, p. 489-535). 5153

Ronsin, Albert. "La Librairie et l'imprimerie en Bourgogne
d'après une enquête de 1764," ABour 32, 1960, 126-137.
5154
Shepard, Douglas H. "Some Bookseller-Publishers, 1659-
1800," NQ 16, 1969, 172-181. 5155

Ventre, Madeleine. L'Imprimerie et la librairie en Languedoc au dernier siècle de l'Ancien Régime, 1700-1789.
The Hague: Mouton, 1958. 5156

C. Book Lists

Furstenberg, Hans. Französische illustrierte Bücher des
18. Jahrhunderts. Stuttgart, 1965. 5157

Krauss, Werner and Martin Fontius. Französische Drucke
des 18. Jahrhunderts in den Bibliotheken der Deutschen
Demokratischen Republik. Bibliographie. 2 vols. Berlin: Akademie Verlag, 1970. 5158

Lewine, J. Bibliography of Eighteenth Century Art and Illustrated Books. London, 1898. (Reprint, Philo, 1969.
English and French books). 5159

Maggs Brothers. A Collection of French XVIIIth Century Illustrated Books. London: Maggs Brothers, 1930. 5160

Reynaud, Henry-Jean. Notes supplémentaires sur les livres
à gravures du XVIIIe siècle. Geneva: Bibliothèque des
érudits, 1955. 5161

VI. Foreign Relations and Travels

Achinger, Gerda. Der französische Anteil an der russischen
Literaturkritik des 18. Jahrhunderts unter besonderen
Berücksichtigung der Zeitschriften (1730-1780). Berlin:
Gehlen, 1970. 5162

Battisti, Carlo. Note bibliografiche alle traduzzioni italiane
di vocabolari enciclopedici e tecnici francesi nella seconda metà del Settecento. Florence: Institut français de
Florence, 1955. (Bibliography, p. 49-70). 5163

Berkov, Pavel N. "Französische Studien zur russischen Literatur, bibliographische Materialien," in his Literarische Wechselbeziehungen zwischen Russland und Westeuropa im 18. Jahrhundert. Berlin: Ruttern und Loening, 1968. (p. 107-156). 5164

Genicot, Léopold. "Orientation bibliographique," in his Le XIIIe siècle européen. Paris: PUF, 1968. (p. 5-45). 5164A

Hepp, Noémi. Homère en France au XVIIIe siècle. Paris: Klincksieck, 1968. (Bibliography, p. 787-819). 5165

Lenardon, Dante A. "An Annotated List of Articles Dealing with Italian Literature Appearing in the Journal Encyclopédique from 1756-1793," It 40, 1963, 52-61. 5166

Marino, S. J. French-Refugee Newspapers and Periodicals in the United States, 1789-1825. PhD. Thesis. University of Michigan, 1962. 5167

Menichelli, Gian Carlo. Viaggiatori francesi reali o immaginari nell'Italia dell'ottocento. Primo saggio bibliografico. Rome: Storia e Letteratura, 1962. 5168

Pageaux, Daniel Henri. "La Gaceta de Madrid et les traductions espagnoles d'ouvrages français (1750-1770)," SVEC 57, 1967, 1147-1168. (List of translations, p. 1157-1168). 5169

Ryan, Lee Winfree. French Travellers in the Southeastern United States, 1775-1800. Bloomington, Indiana: Principia Press, 1939. (Bibliography, p. 97-101). 5170

Seguin, J. A. R. French Works in English Translation (1731-1799). 8 vols. Jersey City, N.J.: Paxton, 1970. 5171

VII. Philosophy

Alatri, Paolo. Voltaire, Diderot, e il partito filosofico. Florence: d'Anna, 1965. (p. 339-476 constitute a research review). 5172

Coleman, Charles. "Bibliographie descriptive de la critique des auteurs principaux du XVIIe siècle publiée dans le Journal de Verdun, 1710-1750," RUL 11, 1956-1957, 217-235. 5173

96 Guide to French Studies

Décote, Georges. "Irrationalisme et illuminisme au XVIIIe siècle. Notes bibliographiques," FM 49 (juin) 1967, 7-11. 5174

Mauzi, Robert. L'Idée du bonheur dans la littérature et la pensée française au XVIIIe siècle. 4e éd. Paris: Colin, 1969. (Bibliography, p. 659-713). 5175

Rihs, Charles. Les Philosophes utopistes. Le Mythe de la cité communautaire en France au XVIIIe siècle. Paris: Rivière, 1970. (Bibliography, p. 381-399). 5176

Weulersse, Georges. Le Mouvement physiocratique en France de 1756 à 1770. 2 vols. Paris: Alcan, 1910. (Bibliography, p. xiii-xxxiv). 5177

VIII. Music

Brook, Barry S. La Symphonie française dans la seconde moitié du XVIIIe siècle. Volume II: Catalogue thématique et bibliographique. Paris: Institut de Musicologie de l'Université de Paris, 1962. 5178

Dufourcq, Norbert. "La Musique française au XVIIIe siècle. Etat des questions, chronologie - sources et bibliographie - problèmes," DHS 2, 1970, 303-319. 5179

IX. Theater

Babault and A. -F. -F. Ménégault and others. Annales dramatiques, ou Dictionnaire général des théâtres. 9 vols. Paris: Babault, 1808-1812. 5180

Brenner, Clarence D. The Theatre italien: Its Repertory, 1716-1793. Berkeley: University of California Press, 1961. 5181

Desprey de Boissy. Lettres sur les Spectacles avec une histoire (Bibliographique) des ouvrages pour et contre les Théâtres. 2 vols. Paris: Busard, 1771. 5182

Fuchs, Max. La Vie théâtrale en province eu XVIIIe siècle. Paris: Droz, 1933. 5183

Harel, F. -A. Dictionnaire théâtral, ou Douze cent trente-trois vérités sur les directeurs, régisseurs, acteurs, actrices. Paris: Barba, 1824. 5184

Lajarte, Theodore Dufaure de. Bibliothèque musicale du théâtre de l'opéra. Catalogue historique, chronologique, anecdotique. 2 vols. Paris, 1878. (Reprint, Slatkine, 1969). 5185

Pitou, Spire. "The Comédie Française and the Palais Royal Interlude of 1716-1723," SVEC 64, 1968, 225-264. (Lists of performances). 5186

X. Novel and Nouvelle

Frautschi, Richard L. and J. Moreland. "Toward a List of French Prose Fiction (1751-1815)," RomN 9, 1968, 341-343. 5187

Godenne, René. "Répertoire par année des titres des nouvelles aux XVIIe et XVIIIe siècles," in his Histoire de la nouvelle française aux XVIIe et XVIIIe siècles. Geneva: Droz, 1970. (p. 247-298. Bibliography, p. 299-337). 5188

Martin, Angus. "A First Listing of New French Prose Fiction 1780-1788. Addenda et Corrigenda," AJFS 6, 1969, 131-137. (See #1842). 5189

————. "Roman et romanciers à succès de 1751 à la Révolution d'après les rééditions," RScH 139, 1970, 383-389. 5190

Stewart, Philip. Imitation and Illusion in the French Memoir-Novel, 1700-1750. New Haven, Conn.: Yale University Press, 1969. (Bibliographies, p. 316-344). 5191

XI. Authors and Works

Bayle, Pierre

Geissler, Rolf. "Tendenzen und Probleme der neueren Forschung zu Pierre Bayle," BRP 7, 1968, 229-251. 5192

Beaumarchais, Pierre-Augustin Caron de

> Giudici, Enzo. Beaumarchais nel suo e nel nostro tempo: Le Barbier de Séville. Rome: Ateneo, 1964. (Bibliographies, p. 836-908). 5193

Boureau-Deslandes, André-François

> Geissler, Rolf. Boureau-Deslandes. Ein Materialist der Frühaufklärung. Berlin: Rutten und Loening, 1967. (Bibliography, p. 191-205). 5194

Buffier, Claude

> Wilkins, Kathleen Sonia. "Bibliography of the Works of Claude Buffier," in A Study of the Works of Claude Buffier. Geneva: Institut et Musée Voltaire, 1969. (p. 185-226). 5195

Carmontelle (Louis Carrogis)

> Donnard, Jean-Hervé. "Répertoire bibliographique des oeuvres dramatiques de Carmontelle," in his Le théâtre de Carmontelle. Paris: Colin, 1967. (p. 139-147. Bibliography, p. 149-157). 5196

Casanova de Seingalt, Jacques

> "Casanoviana," CG 1, 1958 - to date. (Supplements Childs, #1887). 5197

> Furlan, Francis. Casanova et sa fortune littéraire. Bordeaux: Ducros, 1971. 5198

> Polisensky, Josef. "Present State of Casanova Studies in Czechoslovakia," CG 10, 1967, 10-13. 5199

> Pollio, J. Bibliographie anecdotique et critique des oeuvres de Jacques Casanova. Paris: Giraud-Badin, 1926. 5200

Chénier, André

> Fabre, Jean. André Chénier, l'homme et l'oeuvre. nouv. éd. Paris: Hatier, 1966. (Bibliography, p. 269-284). 5201

Collin d'Harleville, Jean-François

Tissier, André. Collin d'Harleville, chantre de la vertu souriante, 1755-1806. 2 vols. Paris: Nizet, 1964-65. (Bibliography, p. 417-456).
5202

Condorcet, Jean-Antoine-Nicolas de Caritat

Cahen, Léon. Condorcet et la Révolution française. Paris: Alcan, 1904. (Bibliography, p. xi-xxxi).
5203

Corday, Charlotte de

Vatel, Charles. "Bibliographie dramatique-historique de Charlotte de Corday," in his Charlotte de Corday et les Girondins. 3 vols. Paris: Plon, 1864-1872. (Vol. 1, p. clxi-ccccxcvi).
5204

Crébillon, Prosper Jolyot de

Dutrait, Maurice. Etude sur la vie et le théâtre de Crébillon, 1674-1762. Bordeaux, 1895. (Bibliography, p. 535-559. Reprint, Geneva, Slatkine, 1970).
5205

Diderot, Denis (See also #5172)

Bibliothèque nationale. Diderot. Exposition. Paris: Bibliothèque nationale, 1963.
5206

Boenninghofen, Jack J. "Diderot's Book Reviews in the Correspondance littéraire," DA 27, 1966, 1359A-60A. (Syracuse).
5207

Booy, Jean The. de. "Inventaire provisoire des contributions de Diderot à la Correspondance littéraire," DHS 1, 1969, 353-397.
5208

Casini, Paolo. "Studi su Diderot," RaFi 7, 1958, 5-26, 150-173.
5209

Loy, J. Robert. "Diderot Studies: A Profile," MP 66, 1969, 265-272. (Review of the first eight volumes of Diderot Studies).
5210

Tourneux, Maurice. Les manuscrits de Diderot conservés en Russie. Paris, 1885. (Reprint, Slatkine, 1967).
5211

Dortous de Mairan, Jean-Jacques

> Roche, Daniel. "Un Savant et sa bibliothèque au XVIIIe siècle. Les livres de Dortous de Mairan," DHS 1, 1969, 47-88. 5212

Encyclopédie

> Kafker, Frank A. "A List of Contributors to Diderot's Encyclopedia," FHS 3, no. 1, 1963, 106-122. 5213

> May, L. -Ph. "Note sur les origines maçonniques de l'Encyclopédie, suivie de la liste des Encyclopédistes," RSH 17, 1939, 181-190. 5214

Fagan, Barthelemy-Christophe

> Clerc, Albert. Barthelemy-Christophe Fagan. Auteur comique 1702-1755. Contribution à l'histoire de la comédie en France au XVIIIe siècle. Paris: Boccard, 1933. (With good bibliography.) 5215

Féraud, Jean-François

> Stefanini, Jean. Un provençaliste marseillais: l'abbé Féraud (1725-1807). Gap: Ophrys, 1969. (Bibliography, p. 369-404). 5216

Goudar, Ange

> Mars, Francis L. "Ange Goudar (1708-1791). Essai bio-bibliographique sur un aventurier polygraphe du XVIIIe siècle," CG 9, 1966, 1-65. 5217

Holbach, Paul Thiry d'

> Armengaud, L. "Essai de bibliographie critique des publications du baron d'Holbach," RHL 46, 1939, 215-236. 5218

> Vercruysse, Jérôme. Bibliographie descriptive des écrits du baron d'Holbach. Paris: Minard, 1971. 5219

Laclos, Pierre-Ambroise-François Choderlos de

> Brun, Max. "Contribution bibliographique à l'étude des éditions des Liaisons dangereuses portant le mil-

lésime 1782," BdB, 1958, 49-173. 5220

Koppen, Irwin. Laclos' Liaisons dangereuses in der Kritik (1782-1850). Wiesbaden: Steiner, 1961. 5221

Versini, Laurent. Laclos et la tradition. Essai sur les sources et la technique des Liaisons Dangereuses. Paris: Klincksieck, 1968. (Bibliographies, p. 645-735). 5222

Lapérouse, Jean-François de Galaupe, comte de

Marcel, Gabriel. "Ouvrages se rapportant à Lapérouse ou à son expédition," BSGP, 1888, 325-351. 5223

Lesage, Alain-René

Granges de Surgères, Anatole de. Annèxes à la bibliographie Lesagienne. I. Les Traductions françaises de "Guzman d'Alfarache," étude littéraire et bibliographique. Paris: L. Techener, 1886. (Also in BdB). 5224

Laufer, Roger. "Etude de bibliographie matérielle," in Lesage. Le Diable boiteux. The Hague: Mouton, 1970. 5225

Marat, Jean-Paul

Bougeart, Alfred. Marat l'ami du peuple. 2 vols. Paris: Lacroix, Verboeckhoven, 1865. (Bibliography of political writings by F. Chèvremont, vol. 2, p. 349-440). 5226

Chèvremont, François. Marat. Index du bibliophile et de l'amateur de peintures, gravures, etc. Paris: Chèvremont, 1875. 5227

Marivaux, Pierre Carlet de Chamblain de

Deloffre, Frédéric. "Chronologie," and "Glossaire," in his Marivaux. Théâtre complet. 2 vols. Paris: Garnier, 1968. (Vol. 1, p. xvii-xxx; and Vol. 2, p. 1065-1132). 5228

Lagrave, Henri. Marivaux et sa fortune littéraire. Bordeaux: Ducros, 1970. (Bibliography, p. 217-233). 5229

Larroumet, Gustave. Marivaux, sa vie et ses oeuvres. Paris: Hachette, 1882. (Bibliography of his works, p. 596-620). 5230

Rigault, Claude. Les Domestiques dans le théâtre de Marivaux. Sherbrooke, Canada: Librairie de la Cité universitaire, 1968. (Bibliography, p. 337-351). 5231

Montesquieu, Charles-Louis Secondat de la Brède et de

Ambri, Paola Berselli. L'Opera di Montesquieu nel settecento italiano. Bibliografia italiana del Montesquieu. Florence: Olschki, 1960. 5232

Greive, Artur and A. v. Hase. "Zur Bibliothek Montesquieus," RF 82, 1970, 375-382. 5233

Vian, Louis. Montesquieu. Bibliographie de ses oeuvres. Paris: Rouquette, 1874. 5234

Prévost, l'abbé

Monty, Jeanne R. "Etudes sur la vie et les oeuvres de Prévost," in her Les Romans de l'abbé Prévost, SVEC 78, 1970, 1-272. (p. 259-268). 5235

Privat d'Anglemont, Alexandre

Citron, Pierre. "Esquisse d'une bibliographie d'Alexandre Privat d'Anglemont," RScH, 1961, 413-416. 5236

Restif de la Bretonne, Nicolas Edme

Martin, Angus. "Rétif de la Bretonne devant la critique: 1950-1963," SF 9, 1965, 278-283. 5237

Rousseau, Jean-Jacques

Alatri, Paolo. "Problemi critici su Rousseau," NRS, 1965, 417-431. 5238

Gagnebin, Bernard. "Notices bibliographiques," in J. S. Spink and others, Rousseau. Oeuvres complètes. Paris: Gallimard, 1969. (p. 1851-1892). 5239

Lecercle, Jean-Louis. Rousseau et l'art du roman.

Paris: Colin, 1969. (Bibliography, p. 455-466).
5240
Masters, Roger D. The Political Philosophy of Rousseau. Princeton, N. J.: University Press, 1968. (Critical bibliography, p. 445-457).
5241

Matthey, François. Musée Rousseau. Môtiers. Catalogue de l'exposition permanente. Neuchatel: Messeiller, 1969.
5242

Schinz, Albert. "L'Etat présent des études rousseauistes," RR 30, 1939, 260-272.
5243

Trousson, Raymond. Rousseau et sa fortune littéraire. Bordeaux: Ducros, 1971.
5244

―――――. "Rousseau et son oeuvre dans la presse périodique allemande de 1750 à 1800," DHS 1, 1969, 289-310.
5245

Sade, Dominique-Alphonse-François, marquis de

Cerruti, Giorgio. "Il Marchese di Sade: la sua recente fortuna e gli ultimi studi critici (1958-1968)," SF 39, 1969, 420-441.
5246

Lély, Gilbert. Sade. Etudes sur sa vie et sur son oeuvre. Paris: Gallimard, 1967. (Bibliography, p. 361-375).
5247

―――――. Sade. Voyage d'Italie, précédé des Premières oeuvres, suivi de Opuscules sur le théâtre. Paris: Tschou, 1967. (Bibliography of 427 works on Sade, p. 627-656).
5248

Saint-Aubin, Gabriel de

Tedeschi, Paul. Saint-Aubin et son oeuvre. Prémises d'une science de l'opinion. Paris: Nizet, 1968. (Bibliography, p. 249-278).
5249

Saint-Just, Louis-Antoine-Léon de

Gross, Jean-Pierre. "Bibliographie critique de l'oeuvre de Saint-Just," in Actes du Colloque Saint-Just, 24 juin 1967. Sorbonne. Paris: Société des études robespierriestes, 1968.
5250

Saint-Martin, Louis-Claude de

Bellemin, Noël Jean. "Bilan de recherches sur Louis-Claude de Saint-Martin," RHL 63, 1963, 447-452. 5251

Cellier, Léon. "Présence de Saint-Martin," RScH, 1964, 25-35. 5252

Saint-Simon, Louis de Rouvroi, duc de

Poisson, Georges. Album Saint-Simon. Paris: Gallimard, 1969. 5253

Santillane, Marquis de

Schiff, Mario. La Bibliothèque du Marquis de Santillane. Paris: Bouillon, 1905. 5254

Ségur, Louis-Phillippe de

Apt, Léon Ségur. An Intellectual in a Revolutionary Age. The Hague: Nijhoff, 1969. (Bibliography, p. 148-158). 5255

Voltaire (François-Marie Arouët) (See also #5172)

Barr, Mary Margaret. Quarante années d'études volairiennes. Bibliographie analytique des livres et articles sur Voltaire, 1926-1965. Paris: Colin, 1968. (Continues her #2403). 5256

──────. "Voltaire in the Vatican Library," AJFS 3, 1966, 331-344. 5257

Besterman, Theodore. "Provisional Bibliography of Portuguese Editions of Voltaire," SVEC 76, 1970, 15-35. 5258

──────. "A Provisional Bibliography of Scandinavian and Finnish Editions and Translations of Voltaire," SVEC 47, 1966, 53-92. 5259

──────. "Some Eighteenth-Century Voltaire Editions Unknown to Bengesco," SVEC 64, 1968, 7-150. 5260

Biblioteka Vol'tera. Katalog Knig. Moscow: Akad. Nauk S. S. R., 1961. (1171 p.). 5261

Brown, Andrew. "Calendar of Voltaire's Manuscripts Other than Correspondence," SVEC 77, 1970, 11-101. 5262

Candaux, Jean-Daniel. "Premières additions à la bibliographie des écrits français relatifs à Voltaire (1719-1830)," SF 39, 1969, 481-490. 5263

Mason, H. T. "Voltaire's 'contes': An 'état présent'," MLR 65, 1970, 19-35. 5264

Trapnell, William H. "Survey and Analysis of Voltaire's Collective Editions, 1728-1789," SVEC 77, 1970, 103-199. 5265

Vercruysse, Jérôme. "Bibliographie des écrits français relatifs à Voltaire, 1719-1830," SVEC 60, 1968, 7-71. 5266

Volgin, V. P. Vol'ter. Stat'I i Materialy. Moscow and Leningrad: AN SSSR, 1948. 5267

Voltaire et la culture portugaise. Exposition bibliographique et iconographique. Fondation Calouste Gulbenkian, Centre culturel portugais, Paris, 17 juin-5 juillet, 1969. Paris, 1969. 5268

Nineteenth Century

I. General

French XX Bibliography. Critical and Biographical References for French Literature since 1885. New York: French Institute, 1969 - to date. (Continues Alden, #2777). 5269

II. Language

Delvau, Alfred. Dictionnaire de la langue verte. Paris, 1883. (Reprint, Slatkine, 1971). 5270

Grand Dictionnaire universel du XIXe siècle français. 17 vols. Paris: Larousse, 1865-1890. 5271

Hatzfeld, Adolphe and Arsène Darmesteter. Dictionnaire gén-

éral de la langue française, du commencement du XVIIe siècle jusqu'à nos jours. 7e éd. 2 vols. Paris: Delagrave, 1924.
5272

Hautel, d'. Dictionnaire du bas-langage, ou des manières de parler usitées parmi le peuple. Paris: Collin, 1808. (Reprint, Slatkine, 1971).
5273

Journet, René, Jacques Petit and Guy Robert. Mots et dictionnaires, 1789-1878. Paris: Les Belles Lettres, 1967 - in progress. (5 vols. to letter "P" as of 1971).
5274

Littré, Emile. Dictionnaire de la langue française. Edition intégrale. 7 vols. Paris: Pauvert, 1956-1958.
5275

Rheims, Maurice. Dictionnaire des mots sauvages (écrivains des XIXe et XXe siècles). Paris: Larousse, 1969.
5276

Rigaud, L. Dictionnaire d'argot moderne. Paris: Ollendorf, 1881.
5277

Tisseur, Clair. Le Littré de la Grand'Côte, à l'usage de ceux qui veulent parler et écrire correctement. 4e éd. Lyon: Académie du Gourguillon, 1895. (Reprint, FERN, 1968. Provincialisms).
5278

III. Literary Biography

Casella, Georges and Ernest Gaubert. "Dictionnaire bibliographique des principaux écrivains de la nouvelle littérature," in their La Nouvelle littérature, 1895-1905. Paris: Sansot, 1906. (p. 241-306. Whole book is encyclopedic).
5279

Le Martyrologe littéraire, ou Dictionnaire critique de sept cents auteurs vivans. Paris, 1816. (Attributed to Ménégault. Reprint, Slatkine, 1969).
5280

Monselet, Charles. La Lorgnette littéraire, augmentée du complément Dictionnaire des grands et des petits auteurs de mon temps. Paris, 1870. (Reprint, Slatkine, 1971).
5281

Vapereau, Gustave. Dictionnaire universel des contemporains. 6e éd. Paris: Hachette, 1893.
5282

French Literature

IV. Contemporary Sources for the Literary Movements

Ginisty, Paul. L'Année littéraire. 9 vols. Paris: Charpentier, 1886-1894. 5283

Revue des deux mondes. Table générale, 1831-1911. 5 vols. Paris: Bureau de la Revue des deux mondes, 1875-1911. 5284

V. Periodicals

Gourmont, Remy de. Les Petites Revues. Essai de bibliographie. Paris: Mercure de France, 1900. (Lists over 100 periodicals begun between 1890-1898). 5285

Jones, Philippe. La Presse satirique illustrée entre 1860-1890. Paris: Institut français de presse, 1956. (Critical bibliography of 162 periodicals, 1832-1882). 5286

Osburn, Charles B. "A Critical Bibliography of Nineteenth Century Periodicals Important in the Study of French Language and Literature," RALF 1, 1970, (no. 4), 7-35. 5287

Picard, Gaston. "Quelques petites revues d'hier," TP, 1913 (sept.), 230-242; 1914 (mars), 294-304. 5288

Slatkine, Michel. Cinquante Petites Revues françaises. Romantisme-Symbolisme. Geneva: Slatkine, 1970. (Annotated sales catalogue). 5289

VI. Books

Barnes, Warner. "Nineteenth-Century Editorial Problems: A Selective Bibliography," in John M. Robson, Editing Nineteenth Century Texts. Toronto: University of Toronto Press, 1967. 5290

Boitte, Arthur. Bibliographie des ouvrages français contrefaits en Belgique dans le format in - 32 et connus sous le nom de Collection Laurent. Brussels, 1882. 5291

Catalogue de livres modernes. Editions originales d'auteurs du XIXe siècle et contemporains... provenant de la bibliothèque de feu J. Brivois. Paris: Leclerc et Melet, 1920. 5292

Cinq mille vignettes françaises fin de siècle, extraites du catalogue Deberney et Peignot. Paris: J. -J. Pauvert, 1966. 5293

Dauze, Pierre. Manuel de l'amateur d'éditions originales (1800-1911). Paris: Durel, 1911. 5294

Roylance, Dale R. "The Altschul Collection: The Arts of the French Book, 1838-1967," YULG 44, 1969, 47-102. 5295

Schenda, Rudolf. "Tausend französische Volksbüchlein aus dem neunzehnten Jahrhundert. Versuch einer bibliographischen auswahl," ArcGB 63, 1968, 465-551. 5296

Seguin, Jean-Pierre. "Colporteurs et auteurs de Canards," and "Editeurs et imprimeurs de Canards," in his Nouvelles à sensation. Canards du XIXe siècle. Paris: Colin, 1959. (p. 211-215 and 217-223). 5297

VII. Themes

Mickel, Emanuel J. The Artificial Paradises in French Literature. Chapel Hill: University of North Carolina Press, 1969. (Bibliography, p. 201-208). 5298

Sagnes, Guy. L'Ennui dans la littérature française de Flaubert à Laforgue, 1848-1884. Paris: Colin, 1969. (Bibliography, p. 487-504). 5299

VIII. Romantic Movement

Bibliothèque de G. E. Lang. Deuxième partie: Romantiques. Paris: Leclerc, 1926. 5300

Bibliothèque de R. Descamps-Scrive. Vol. II: Livres de la période romantique. Paris: Carteret, 1925. 5301

Bibliothèque V. Mercier. Epoque romantique- Epoque moderne. 2 vols. Paris: E. Ader and L. Carteret, 1937. 5302
No entry. 5303

Catalogue de livres rares et curieux, anciens et modernes et d'une précieuse collection de livres de l'Ecole romantique, composant la bibliothèque de J. Noilly. Paris:

Labitte, 1886. 5304
Catalogue d'une bibliothèque représentant Le Mouvement romantique 1788-1850. Essai de bibliographie synchronique et méthodique provenant d'une réunion formée par M. M. E. Vente du 12 au 15 novembre 1934. Paris: Giraud-Badin, 1934. 5305

Cordié, Carlo. "Terzo contributo bibliografico sul gruppo di Coppet (Scritti di Madame de Staël, Sismondi, B. Constant e C. -V. de Bonstetten apparsi en Italia o in lingua italiana dal 1803 al 1967)," ASNSP 38, 1969, 129-148.
5306

Derôme, Léopold. Les Editions originales des romantiques. Biobibliographie romantique. 2 vols. Paris, no date. (Reprint, Slatkine, 1968). 5307

"Dictionnaire des auteurs," and "Tableau synoptique," in Le Romantisme (1820-1896). 3 vols. Paris: Arthaud, 1968 - in progress. (Vol. 12, 13, 14 of Littérature française, each by M. Milner, C. Pichois, R. Pouillart). 5308

Eggli, Edmond and Pierre Martino. Le Débat romantique en France, 1813-1830. Pamphlets, Manifestes. Paris: Les Belles Lettres, 1933. (Covers only 1813-1816).
5309

Grosclaude, Pierre. "Lyon et le mouvement romantique d'après la presse de la Restauration et de la monarchie de juillet," RHL 42, 1935, 33-62, 181-213. (Studies 30 periodicals). 5310

Hunt, Herbert James. "Articles de presse sur la fonction sociale de l'art et de la littérature," in his Le Socialisme et le Romantisme en France. Etude de la presse socialiste de 1830 à 1848. Oxford: University Press, 1935. (p. 349-381). 5311

Jost, François. "Le Romantisme européen: Notes bibliographiques," in his Essais de littérature comparée. II: Europeana. Première série. Fribourg: Editions universitaires, 1968. (p. 403-409). 5312

Peckham, Morse. "Romanticism: The Present State of Theory," in his The Triumph of Romanticism; Collected Essays. Columbia, S. C.: University of South Carolina Press, 1970. 5313

Porta, Carlo. Poésie. Milan: Robecchi, 1887. (With a bibliography on the débat romantique, p. 665-738). 5314

Riffaterre, Hermine B. L'Orphisme dans la poésie romantique. Thèmes et style surnaturalistes. Paris: Nizet, 1970. (Bibliography, p. 285-299). 5314A

"The Romantic Movement: A Selective and Critical Bibliography. French," ELH 4, 1937-1949. (Continued by #5316 and by #5317). 5315

"The Romantic Movement: A Selective and Critical Bibliography. French," PQ, 1950-1964. 5316

"The Romantic Movement: A Selective and Critical Bibliography. French," ELN 3, 1965 to date. 5317

Le Romantisme au pays de Liège. Exposition. Liège: Musée des Beaux-Arts, 1955. 5318

Schenk, Hans Georg Artur Viktor. The Mind of the European Romantic; an Essay in Cultural History. New York: Ungar, 1966. ("Notes and Sources," p. 248-284). 5319

IX. Parnasse

Sozzi, Giorgio. "Il Parnasse e i Parnassiani nei principali periodici italiani degli ultimi anni dell'ottocento," in Studi di letteratura francese a ricordo di Franco Petralia. Rome: Signorelli, 1968. (p. 157-190). 5320

X. Naturalism

Macrobe, Ambroise. La flore pornographique. Glossaire de l'école naturaliste, extrait des oeuvres de Monsieur Zola et de ses disciples. Paris: Doublelzevir, 1883. (Reprint, Slatkine, 1968). 5321

XI. Impressionism

Weisstein, Ulrich. "A Bibliography of Critical Writings Concerned with Literary Impressionism," YCGL 17, 1968, 69-72. 5322

French Literature

XII. Symbolist Movement

Braet, Herman. "Revues littéraires belges parues entre 1885 et 1900. Essai de bibliographie," in his l'Accueil fait au Symbolisme en Belgique, 1885-1900. Brussels: Palais des Académies, 1967. (p. 177-184. "Travaux de bibliographie," p. 185-195). 5323

Jackson, A. B. La Revue Blanche (1889-1903). Origine, influence, bibliographie. Paris: Minard, 1960. 5324

Plowert, Jacques. Petit Glossaire pour servir à l'intelligence des auteurs décadents et symbolistes. Paris, 1888. (Reprint, Slatkine, 1968). 5325

XIII. Poetry and Novel

Clouard, Henri. "Nomenclature bibliographique des poètes," in his Poésie française moderne des Romantiques à nos jours. Paris: Gauthier-Villars, 1924. (p. 361-398). 5326

Tenand, Suzanne. Un demi-siècle de vie poétique française à travers Gabriel Vicaire. Catalogue de l'exposition. Paris: Association les Amis du château des Allymes, et de René de Lucine, 1969. 5327

Vaganay, Hugues. Bibliographie des vingt mille sonnets français du XIXe siècle. Lyon: Vaganay, 1899. (160-page list of 2,000 sonnets covering A - Banville only. Edition published in Louvain entitled Bibliographie du sonnet français du XIXe siècle.) 5328

Zellweger, Rudolf. "Traductions françaises de romans rustiques, 1847-1860," in his Les Débuts du roman rustique. Suisse - Allemagne - France, 1836-1856. Paris: Droz, 1941. (p. 352-354. Bibliographies, p. 340-366). 5329

XIV. Theater

England, Sylvia-L. "Bibliographie des pièces de théâtre parues en France de 1815 à 1848, avec indication des pièces ayant un caractère social ou une tendance sociale," RHL 41, 1934, 573-604; 42, 1935, 117-126, 251-262, 408-415, 569-592. (Author, title, genre, theater, date). 5330

Guide dans les théâtres. Paris: Paulin et le Chevalier,
1855. 5331

Martin, Jules. Nos auteurs et compositeurs dramatiques.
Paris: Flammarion, 1897. 5332

XV. Foreign Relations and Influences

Blumenthal, Henry. France and the United States; their Diplomatic Relations, 1789-1914. Chapel Hill, N. C.: University of North Carolina Press, 1970. (Bibliography, p. 277-302). 5333

Cadot, Michel. La Russie dans la vie intellectuelle française 1839-1856. Paris: Fayard, 1967. (Bibliography, p. 547-610). 5334

Duroselle, Jean-Baptiste. "Instruments de travail, sources et bibliographies," in his L'Europe, de 1815 à nos jours: vie politique et relations internationales. 2e éd. Paris: PUF, 1967. (p. 1-80). 5334A

Godechot, Jacques. "Sources et bibliographie," in his L'Europe et l'Amérique à l'époque napoléonienne (1800-1815). Paris: PUF, 1967. (p. 9-61). 5334B

Joyaux, George J. "French Fiction in American Magazines: 1800-1848," in: François Jost, Proceedings of the IVth Congress of the International Comparative Literature Association. Fribourg, 1964. The Hague: Mouton, 1966. (Vol. 2, p. 1175-1183). 5335

Kaltenbach, Anneliese. Ludwig Haeusser, historien et patriote, 1818-1867; contribution à l'étude de l'histoire politique et culturelle franco-allemande au XIX siècle. Paris: PUF, 1965. (Bibliography, p. 261-321). 5336

Karatson, André. Le Symbolisme en Hongrie. L'Influence des poétiques françaises sur la poésie hongroise dans le premier quart du XXe siècle. Paris: PUF, 1969. (Bibliography, p. 473-484). 5337

Louca, A. Voyageurs et écrivains égyptiens en France au XIXe siècle. Paris: Didier, 1970. 5338

Maunier, René. "Liste chronologique des revues publiées en

French Literature 113

Egypte de 1798 à 1917," BM 19, 1918-1919, 101-109.
(European-language reviews). 5339

Menichelli, Gian Carlo. Viaggiatori francesi reali o immaginari nell'Italia dell'ottocento. Primo saggio bibliografico.
Rome: Storia e Letteratura, 1962. 5340

Monchoux, André. L'Allemagne devant les lettres françaises de 1814 à 1835. Paris: Colin, 1953. (Bibliography, p. 431-445). 5341

Samurović-Pavlović, Liliana. Les Lettres hispano-americaines au Mercure de France, 1897-1915. Belgrade: Filološki Fakultet Beogradskog Univerziteta, 1969. (Bibliography, p. 165-178). 5341A

Simón Díaz, José. "La literatura francesa en veinticuatro diarios madrileños de 1830-1900," RL 32, 1967, 239-264. (To be continued). 5342

XVI. Art and Music

Firmin-Didot, Ambroise. Les Graveurs et les peintres en France. Catalogue raisonné de la collection des portraits de l'école française appartenant à Ambroise Firmin-Didot. 2 vols. Paris: Firmin-Didot, 1875-1877. 5343

Séré, O. Musiciens français d'aujourd'hui. Notices biographiques suivies d'un essai de bibliographie. Paris: Mercure de France, 1911. 5344

Tourneux, Maurice. Salons et expositions d'art à Paris (1801-1870). Esquisse bibliographique. Paris: J. Schemit, 1919. (Also in BM, 1907-1915). 5345

XVII. Philosophy and Religion

Gadille, Jacques. La Pensée et l'action politique des évêques au début de la IIIe République, 1870-1883. 2 vols. Paris: Hachette, 1967. (Bibliography, vol. 2, p. 271-296). 5346

Chastand, Gédéon. Répertoire de la prédication protestante au XIXe siècle, précédé d'un index bibliographique de tous les sermonnaires français parus jusqu'à ce jour.

Paris: Fischbacher, 1895. 5347

XVIII. Aspects of History and Society

A. General

Delvau, Alfred. Les Plaisirs de Paris. Guide pratique et illustré. Paris: Faure, 1867. 5348

Schmidt, Charles. Les Sources de l'histoire de France depuis 1789 aux Archives nationales. Paris: Champion, 1907. 5349

Tables du journal 'Le Temps,' 1861-1942. Paris: CNRS, 1966 - in progress. 5350

Tudesq, André-Jean. Les Grands Notables en France 1840-1849. 2 vols. Paris: PUF, 1964. (Bibliography, p. 15-83). 5351

B. Social Movements

Evans, David Owen. "A Bibliography of French Socialism from Saint-Simon to Proudhon," in his Social Romanticism in France, 1830-1848. Oxford: Clarendon Press, 1951. (p. 105-143. Selective and critical). 5352

Ledré, Charles. "Périodiques et semi-périodiques parisiens," and "Journaux de province mentionnés," in his La Presse à l'assaut de la Monarchie, 1815-1848. Paris: Colin, 1960. (p. 251-258 and 258-259. Bibliography, p. 261-265). 5353

Répertoire international des sources pour l'étude des mouvements sociaux aux XIXe et XXe siècles. 3 vols. Paris: Colin, 1958-1963. (For period 1864-1876). 5354

Weill, Georges-Jacques. Histoire du mouvement social en France de 1852 à 1902. 3e éd. Paris: Alcan, 1911. (Bibliography, p. 491-497). 5355

C. Commune

Feld, Charles and François Hincker. Paris au front d'insurgé. La Commune en images. Paris: Odéon, 1971. 5356

Hazan, F. Dictionnaire de la Commune. Paris, 1971. 5357

Liste des écrits étrangers dont l'entrée en France a été interdite depuis le 4 septembre 1870. Paris, 1876. 5358

Maillard, Firmin. Les Publications de la rue pendant le siège et la Commune (1870-1871). Paris: A. Aubry, 1874. 5359

D. Napoleonic Legend

La légende napoléonienne, 1796-1900. Catalogue de l'exposition. Paris: Bibliothèque nationale, 1969. 5360

Napoléon dans sa légende. Catalogue de l'exposition. Toulouse: Musée Paul Dupuy, 1969. 5361

E. Dreyfus Affair

Desachy, Paul. Bibliographie de l'affaire Dreyfus. Paris: Cornély, 1905. 5362

Lipschutz, Léon. Bibliographie thématique et analytique de l'affaire Dreyfus. Paris: Grasset, 1971. (Published previously by installments in LCN). 5363

XIX. Authors and Works

Augier, Emile

Emile Augier. Sa Famille, son temps et son oeuvre. Valence, 1896. (Bibliography, included). 5364

Baillon, André

Maupoint, M. "Un Romancier belge; André Baillon. Etude suivie d'une bibliographie," in Mélanges de littérature, d'histoire et de philologie offerts à Paul Laumonier. Geneva: Droz, 1938. 5365

Balzac, Honoré de

Barberis, Pierre. Balzac et le mal du siècle. Contribution à une physiologie du monde moderne. 2 vols. Paris: Gallimard, 1970. (Bibliography, Vol. 2, p. 1942-1955). 5366

Denizot, Philippe M. Catalogue de la Comédie humaine de Balzac. Chinon: Art et Poésie de Touraine, 1969. (Plots). 5366A

Fargeaud, Madeleine. Balzac et la "Recherche de l'absolu." Paris: Hachette, 1968. (Bibliography, p. 585-621). 5367

Guyon, Bernard. La pensée politique et sociale de Balzac. 2e éd. aug. Paris: Colin, 1967. ("Notes bibliographiques et critiques," p. 707-796). 5368

Hoffmann, Léon-François. Répertoire géographique de la Comédie humaine. Tome II: La Province. Paris: Corti, 1968. 5369

Lotte, Fernand. "Index des personnes réelles et des allusions littéraires," and "Index des personnages fictifs de la Comédie humaine," in Balzac. La Comédie humaine. 11 vols. Paris: Gallimard, 1951-1959. (Vol. 11, p. 1131-1292 and 1293-1707). 5370

Osburn, Charles B. "A Note on Aids to Research in Balzac Studies," FS 24, 1970, 37-42. 5371

Parran, A. Bibliographie et iconographie d'Honoré de Balzac. Paris: Roquette, 1881. 5372

Pugh, Anthony R. "Balzac Studies. Post-Script 1970," in C. B. Osburn, The Present State of French Studies. Metuchen, N.J.: Scarecrow Press, 1971. (p. 540-542. Supplements #2341). 5373

Russo, P. "Primo inventario della fortuna di Honoré de Balzac in Italia. (Introduzione a una bibliografia critica 1948-1957," Bel 14, 1959, 526-576. 5374

Tolley, Bruce. "Les oeuvres diverses de Balzac (1824-1831). Essai d'inventaire critique," AB, 1963, 31-64. 5375

Valikangas, Olli. Les Termes d'appellation et d'interpellation dans la Comédie Humaine d'Honoré de Balzac. Helsinki: Société néophilologique, 1965. ("Index des personnages," p. 469-490. Bibliography, p. 456-468). 5376

Barbey d'Aurevilly, Jules

Berthier, Philippe. "Bibliographie," RLM 162-165, 1967, 135-142. (Continues Seguin, #2354). 5377

Greene, John. "Bibliographie," RLM 189-192, 1968, 153-159. (Continues Berthier, #5377). 5378

Petit, Jacques. "Bibliographie 1950-65," RLM 140, 1966, 129-139. (Continues Seguin, #2354). 5379

Rogers, Brian G. The Novels and Stories of Barbey d'Aurevilly. Geneva: Droz, 1967. (Bibliography, p. 249-259). 5380

Baudelaire, Charles

Accaputo, Nino. Un Quinquennio di critica baudelairiana: 1957-1961. Prima parte. Naples: Tipomeccanica, 1961. 5381

Austin, Lloyd James. "Etat présent des études sur Baudelaire," FMLS 3, 1967, 352-369. (Also in #4705). 5382

Bandy, W. T. "The American View of Baudelaire," ECr 7, 1967, 55-58. 5383

Baudelaire and Poe Exhibition. Nashville: Vanderbilt University, Center for Baudelaire Studies, 1969. 5384

Cargo, Robert T. Concordance to Baudelaire's Little Prose Poems. University, Ala.: University of Alabama Press, 1970. 5385

Carter, Alfred E. "Highlights of Spanish Criticism of Baudelaire," SAB 23, 1968 (no. 4), 11-14. 5386

Cordié, Carlo. "Baudelaire," CeS 29, 1969, 48-58. (Research review). 5387

Crépet, Jacques and G. Blin. Baudelaire. Les Fleurs du Mal. Documents et bibliographie. new ed. by C. Pichois. Paris: Corti, 1968. (Bibliography, p. 487-570). 5388

Deux années d'études baudelairiennes. Supplemento al n. 39 di Studi Francesi. Turin: Società editrice internazionale, 1970. (Critical bibliography). 5389

Engstrom, Alfred G. "The Changing Accent in English and American Criticism of Baudelaire," SAB 23, 1968 (no. 4), 1-4. 5390

Hoy, Peter C. "Bibliographie: Baudelaire par dela la Manche et l'Atlantique. I. Traductions parues dans la presse et dans les revues," BuB 3, 1968 (no. 2), 11-14. 5391

Katsimpales, G. K. Baudelaire Bibliography. Athens: Sergiades, 1956. (402 translations and studies). 5392

Kies, Albert. "Autour d'un centenaire: Etudes baudelairiennes," LR 23, 1969, 159-171. (Also in #4705). 5393

Kozocsa, Sándor. Baudelaire en Hongrie. Budapest: Université L. Eötvös, Institut de Langue et de Littérature Françaises, 1969. 5393A

Patty, James S. and Peter C. Hoy. "Doctoral Dissertations," BuB 3, 1967, 6-10. 5394

Pichois, Claude. "Les études baudelairiennes d'un continent à l'autre," BuB 5, 1969, 57-62. 5395

Beck, Christian

Grisay, Auguste. "Bibliographie des éditions originales de Christian Beck," LE, 1969, 178-180. 5396

Magritte, René. "Eléments de bibliographie," in André Blavier, Christian Beck. Bosse-de-Nage. Verviers: Temps mêlés, 1966. (p. 90-146). 5397

Béranger, Pierre-Jean de

Touchard, Jean. La Gloire de Béranger. Paris: Colin, 1968. (Bibliography, p. 573-642). 5398

French Literature 119

Berlioz, Hector

    Bibliothèque nationale. Catalogue de l'exposition Berlioz. Paris, 1969. 5399

Bernard, Claude

    Malloizel, Godefroy. L'Oeuvre de Claude Bernard. Bibliographie des travaux scientifiques, mémoires, lectures... et bibliographie biographique. Paris: Baillière, 1881. 5400

Bloy, Léon

    Dotoli, Giovanni. "Bibliographie bloyenne de 1950 à 1969," in his Situation des études bloyennes. Paris: Nizet, 1970. (p. 335-369. Supplements #2385). 5401

    Hager, Ruth. Léon Bloy et l'évolution du conte cruel. Paris: Klincksieck, 1967. (Bibliography, p. 211-229). 5402

    Rouzet, Georges. "Iconographie belge de Léon Bloy," RNat 40, 1968, 131-142. 5403

Borel, Pétrus

    Parran, A. Bibliographie et iconographie des oeuvres de Pétrus Borel et d'Alexandre Dumas père. Paris: Rouquette, 1881. 5404

Chambord, comte de (Henri V)

    "Bibliographie des écrits relatifs au comte de Chambord," Poly 38, 1883, 455-457. 5405

Chateaubriand, François-René de

    "American and English Influences on Chateaubriand: An Annotated Bibliography, 1950-1968," Actes du Congrès de Wisconsin pour le 200ᵉ anniversaire de la naissance de Chateaubriand, (16-20 octobre) 1968. Geneva: Droz, 1970. (p. 289-296). 5406

    Chevallier, Alix and others. Chateaubriand, le voyageur et l'homme politique. Catalogue de l'exposition. Paris: Bibliothèque nationale, 1969. 5407

Lailler, Dan. Chateaubriand et Saint-Malo, 1768-1968. L'Exposition du bi-centenaire. Saint-Malo: Musée de Saint-Malo, 1968. 5408

Moreau, Pierre. Chateaubriand et sa fortune littéraire. Bordeaux: Ducros, 1969. 5409

Mourot, Jean. Le Génie d'un style, Chateaubriand, rythme, et sonorité dans les Mémoires d'outre-tombe. Ed. rev. Paris: Colin, 1969. (Bibliography, p. 341-387). 5410

Renault, Georges. Catalogue de l'Exposition Chateaubriand... par la ville de Fougères. Fougères, 1968. 5411

Shaw, Marjorie. "Henry Colburn et la littérature française. Liste des ouvrages de Chateaubriand publiés par Henry Colburn d'après le catalogue du British Museum," RLC 33, 1959, 414-419. 5412

Waissman, Renée. Tables des Bulletins (de la Société Chateaubriand), 1930-1959. Alençon: Imprimerie alençonnaise, 1967. (And Paris: P. Chrétien, 1971). 5413

Chasles, Philarète

Pichois, Claude. "Bibliographie de Philarète Chasles," in his Philarète Chasles et la vie littéraire au temps du romantisme. 2 vols. Paris: Corti, 1965. (Vol. 2, p. 379-504). 5414

Rébillon, Armand. "Bibliographie des oeuvres de Ph. Chasles," AdB 73, 1966, 523-525. 5415

Clouzot, Léon

Farault, A. Bibliographie des livres, revues et périodiques édités par Léon Clouzot. Niort, 1905. 5416

Comte, Auguste

Negri, Antimo. "Gli studi su Comte dal 1945 a oggi," CeS 23, 1967, 78-87. 5417

Constant de Rebecque, Benjamin

 Balaye, Simone. Benjamin Constant. Catalogue de l'exposition. Paris: Bibliothèque nationale, 1967. 5418

 ―――――. "Chronologie," E 467, 1968, 154-165. 5419

 Pellegrini, Carlo. "La Critique italienne et Benjamin Constant," E 467, 1968, 22-30. 5420

Corbière, Tristan (Edouard-Joachim Corbière)

 Forestier, Louis and Pierre Olivier Walzer. Oeuvres complètes de Charles Cros et Tristan Corbière. Paris: Gallimard, 1970. (Bibliography, p. 1409-1463). 5421

Cros, Charles (See also #5421)

 Forestier, Louis. Charles Cros, l'homme et l'oeuvre. Paris: Minard, 1969. (Bibliography, p. 513-524). 5422

Daudet, Alphonse

 Zaborov, Pierre. "Bibliographie d'Alphonse Daudet en Russie," AF 33, 1968 (dec.), 41. 5423

De Coster, Charles

 Grisay, Auguste. "L'Edition originale des Contes Brabançons et du Voyage de noce de Charles De Coster. Bibliographie de Charles De Coster," LE 1963, 229-240. 5424

Delvau, Alfred

 Delvau, Alfred. Au Bord de la Bièvre. Impressions et souvenirs. nouv. éd. précédée d'une bibliographie des ouvrages de l'auteur. Paris: R. Pincebourde, 1873. 5425

Desbordes-Valmore, Marceline

 Jasenas, Eliane. Marceline Desbordes-Valmore devant la critique. Geneva: Droz, 1962. 5426

Dumas, Alexandre

Glinel, Charles. Alexandre Dumas et son oeuvre.
Notes biographiques et bibliographiques. Reims,
1884. (Reprint, Slatkine, 1969). 5427

"Oeuvres d'Alexandre Dumas (-père), premières éditions," LdF 8, 1957 (no. 6), 9-11. 5428

Plummer, R. W. "Alexandre Dumas père. A Bibliography of English Translations," Dumas 6, 1957 (Dec.); 9, 1958 (Dec.); 10, 1959 (June). 5429

Slater, Ivan H. The Ivan H. Slater Collection of the Works of Alexandre Dumas. Auckland: B. A. Sturt, 1968. 5430

Duranty, Louis Edmond

Crouzet, Marcel. Un méconnu du réalisme: Duranty (1833-1880) l'homme, le critique, le romancier. Paris: Nizet, 1964. (Bibliography, p. 735-761). 5431

Erckmann-Chatrian

Benoit-Guyod, Georges. "Bibliographie des oeuvres d'Erckmann-Chatrian," in his La Vie et l'oeuvre d'Erckmann-Chatrian. Paris: Pauvert, 1963. (p. 371-382). 5432

Fillon, Benjamin

Montaiglon, Anatole de Courde de. Bibliographie chronologique des ouvrages de Benjamin Fillon (1838-1881). Niort: Clouzot, 1895. 5433

Flaubert, Gustave

Bresky, Dushan. The Art of Flaubert. The Hague: Mouton, 1969. (Bibliography, p. 238-252). 5434

Brun, Max. "Contribution à l'étude des différents tirages de l'édition originale de Madame Bovary publiés de 1857 à 1862," LE, 1964, 223-269. 5435

Carlut, Charles. La Correspondance de Flaubert. Etude et répertoire critique. Paris: Nizet, 1968.

(And Columbus, Ohio: Ohio State University Press, 1970). 5436

Cigada, Sergio. "Un decennio di critica Flaubertiana (1945-1955)," RILSL 91, 1957, 623-687. 5437

Cortland, Peter. A Reader's Guide to Flaubert: An Analysis of the Texts and Discussion of Current Criticism. New York: Helios Books, 1969. 5438

Digeon, Claude. Flaubert. Paris: Hatier, 1970. (p. 265-271 constitute an "etat présent"). 5439

Jackson, Ernest A. The Critical Reception of Flaubert in the United States, 1860-1960. The Hague: Mouton, 1966. 5440

Neale, Mary. Flaubert en Angleterre. Etude sur les lecteurs anglais de Flaubert. Bordeaux: Société bordelaise de diffusion de travaux des lettres et sciences humaines, 1966. (Bibliography, p. 137-142). 5441

West, Constance B. "Ten Years of Flaubert Studies," ML 49, 1968, 99-107. (Also in #4705). 5441A

Zaborov, Pierre. "Bibliographie flaubertienne," AF 31, 1967, (déc.), 40. (Soviet studies since 1945). 5442

Fromentin, Eugène

Fromentin, le peintre et l'écrivain, 1820-1876. Exposition. La Rochelle: Bibliothèque municipale, 1970. 5443

Gautier, Théophile

Cottin, Madeleine. Gautier. Emaux et camées, avec une iconographie. Paris: Minard, 1968. 5444

Tourneux, Maurice. Théophile Gautier, sa bibliographie. Paris: J. Baur, 1876. 5445

Gill, André

Loos et Vega, Armand. André Gill, sa vie, bibliographie de ses oeuvres. Paris: Vanier, 1887. 5446

Glatigny, Albert

Claretie, A. Albert Glatigny, sa bibliographie. Paris, 1875. 5447

Gobineau, Joseph-Arthur

Buenzod, Janine. La Formation de la pensée de Gobineau et l'Essai sur l'inégalite des races humaines. Paris: Nizet, 1967. (Bibliography, p. 611-645). 5448

Greiner, Lily. "Fragment de la bibliothèque d'Arthur de Gobineau à Strasbourg," EtG 1, 1966, 139-158. 5449

Rancoeur, René. "Bibliographie," EtG 1, 1966 - to date. (Includes work in progress). 5450

Goncourt, Jules and Edmond

Sabatier, Pierre. L'Esthétique des Goncourt. Paris, 1920. (Reprint, Slatkine, 1970. Bibliographies, p. 609-619). 5451

Tourneux, Maurice. Bibliographie des Goncourt. Paris: H. Leclerc, 1897. (Also in BdB). 5452

Gondelin, Pierre

Fouque, Charles. Description bibliographique des éditions connues des oeuvres de Pierre Gondelin, poète toulousain, d'après les exemplaires de la bibliothèque d'Antoine Bégué. Toulouse: Passeman et Alquier, 1903. 5453

Hetzel, Pierre-Jules

Bibliothèque Nationale. De Balzac à Jules Verne, un grand éditeur du XIXe siècle: P. -J. Hetzel. Paris, 1966. 5454

Hugo, Victor

Barrère, Jean-Bertrand. "Etat présent des recherches sur Victor Hugo," CAIEF 19, 1967, 169-176. 5455

Franceschetti, Gian Carlo. "Studi hughiani in Italia nel decennio 1951-1960," CIFM, 1964, 454-522. 5456

Gély, Claude. Hugo et sa fortune littéraire. Bordeaux: Ducros, 1970. (Bibliography, p. 161-181). 5457

Parran, A. Editions originales de Victor Hugo, vignettes, documents inédits ou peu connus. Alais: J. Martin, 1880. 5458

Pirot, Henri. "Etudes bibliographiques sur les parodies, pamphlets, et charges contre Victor Hugo," BdB, 1958, 177-271; 1959, 187-250. 5459

Van Tieghem, Philippe. Dictionnaire de Victor Hugo. Paris: Larousse, 1969. 5460

Victor Hugo devant l'opinion: presse française - presse étrangère. Paris: Office de la presse, 1885. 5461

Huysmans, Joris-Karl

Duployé, Pie. "Huysmans en 1968," TR 243, 1968, 63-73. 5462

Issacharoff, Michael. J.-K. Huysmans devant la critique en France (1874-1960). Paris: Klincksieck, 1970. (Bibliography, p. 179-194). 5463

Jammes, Francis

Desgraves, Louis. Catalogue de l'Exposition "Francis Jammes et Bordeaux." Bordeaux, 1960. 5464

Janin, Jules

Piédagnel, Alexandre. Jules Janin. 3e éd. Paris: Fischbacher, 1884. (Bibliography, p. 147-173). 5465

Jasmin, Jacques

Andrieu, Jules. Jasmin et son oeuvre, esquisse littéraire et bibliographique. Agen: Michel, 1881. 5466

Jaurès, Jean

Laurent-Prigent, Françoise. "Jaurès," MSoc 59, 1967 (av-juin), 137-155. 5467

Kahn, Gustave

Ireson, J. C. L'Oeuvre poétique de Gustave Kahn (1859-1936). Paris: Nizet, 1962. (Bibliography, p. 629-671). 5468

Lamartine, Alphonse de

Bibliothèque nationale. Lamartine, le poète et l'homme d'Etat. Exposition. Paris, 1969. 5469

Sur les pas de Lamartine. Exposition. Mâcon: Musée Lamartine, 1969. 5470

Larchey, Lorédan

Cottin, Paul. Lorédan Larchey (1831-1902). Souvenirs. Bibliographie. Paris: Leclerc, 1905. 5471

Lautréamont (Isidore Ducasse)

Karaulac, Miroslav. "Esquisse d'une bibliographie sur Lautréamont," BJR 1, 1960, 27-32. 5472

Lemay, Léon Pamphile

Hare, John E. "A Bibliography of the Works of Léon Pamphile Lemay (1837-1918)," PBSA 57, 1963, 50-60. 5473

Mallarmé, Stéphane

Cordié, Carlo. "Mallarmé," CeS 20, 1966, 57-65. (Research review). 5474

Nardis, Luigi de. "Bibliographia delle traduzioni italiane," in his Stéphane Mallarmé. Tutte le poesie e prose scelte. Parma: Guanda, 1966. (p. 27-31). 5475

Noulet, Emilie. "Du nouveau sur Stéphane Mallarmé," ARLLF 38, 1960, 37-59. (Research review). 5476

St. Aubyn, Frederic Chase. Stéphane Mallarmé. New York: Twayne, 1969. (Critical bibliography, p. 161-169). 5477

Manin, Joseph

Durand, Ch. Joseph Manin, homme politique, écrivain, poète. Etude bio-bibliographique. Fécamp: Durand, 1899. 5478

Maupassant, Guy de

Allombert, Guy. "Filmographie de Maupassant," E 482, 1969, 214-218. 5479

Gamarra, Pierre. "Chronologie de Maupassant," E 482, 1969, 219-224. 5480

Petrova-Boinay, Lilyana. "Bibliographie de Maupassant en Bulgarie," E 482 (June), 1969, 187-189. 5481

Spaziani, Marcello. "Aggiunte a una bibliografia italiana su Maupassant," SF 14, 1961, 288-293. 5482

Mérimée, Prosper

Cordié, Carlo. "Mérimée," CeS 23, 1967, 43-52. (Research review). 5483

"Prosper Mérimée. Références biographiques et bibliographiques," BIFE 78, 1954, 186-202. (Mérimée and Spain). 5484

Raitt, Alan William. Prosper Mérimée. London: Eyre and Spottiswoode, 1970. (Bibliography, p. 429-442). 5485

Mickiewicz, Adam

Kolodziej, Léon. Adam Mickiewicz au carrefour des romantismes europeens, essai sur la pensée du poète. Aix-en-Provence: Eds. Ophrys, 1966. (Bibliography, p. 541-558). 5486

Mistral, Frédéric

Bibliothèque nationale et Musée des arts et traditions populaires. 'Mireille,' le chef-d'oeuvre de Mistral dans l'histoire litteraire et dans son cadre provençal. Catalogue de l'Exposition. Paris: Eds. des Musées nationaux, 1959. 5487

Fontvieille, Jean. "Bibliographie du Centenaire de
Mireille (1859-1959)," in Mireio. Mélanges pour le
centenaire de Mireille. Paris: PUF, 1960. (p.
199-234). 5488

Place, Georges G. Frédéric Mistral. Paris: Chronique
des lettres françaises, 1970. (With 157-page bibliography). 5489

Monnier, Henry

Champfleury. Henry Monnier. Sa vie, son oeuvre, avec
un catalogue complet de l'oeuvre. Paris: Dent,
1879. (Supplemented by #2587). 5490

Montalembert, Charles-René Forbes de

Montalembert, E. de and J. Gadille. "Bibliographie
Montalembert," RHEF 56, 1970 (no. 156), 131ff.
5491

Moréas, Jean

Jouanny, Robert. Jean Moréas, écrivain français.
Paris: Minard, 1969. (Bibliography, p. 773-790).
5492

Musset, Alfred de

Clouard, Maurice. Alfred de Musset et George Sand.
Paris: Chaix, 1896. (Contains a list of writings
on Musset and Sand, 1833-1896). 5493

Fryčer, Jaroslav. "Quelques problèmes actuels des
études mussétiennes," SPFF 12, 1965, 191-200.
(Also in #4705). 5494

Jeune, Simon. Musset et sa fortune littéraire. Bordeaux: Ducros, 1970. 5495

Maurice-Amour, Lila. "Esquisse d'une bibliographie
musicale de l'oeuvre d'Alfred de Musset," RScH,
1958, 55-58. 5496

Nerval, Gérard de

Senelier, Jean. Bibliographie nervalienne (1960-1967) et
compléments antérieures. Paris: Nizet, 1968. 5497

French Literature

Villas, James. Gérard de Nerval. A Critical Bibliography, 1900 to 1967. Columbia, Mo.: University of Missouri Press, 1968. 5498

Nevers, Edmond de

Galarneau, Claude. "Bibliographie de Edmond de Nevers," RUL 13, 1958-59, 848-850. 5499

Nodier, Charles

Bell, Sarah Fore. Charles Nodier. His Life and Works. A Critical Bibliography, 1923-1967. Chapel Hill: University of North Carolina Press, 1971. 5500

Bender, Edmund J. Bibliographie des oeuvres, des lettres et des manuscrits de Charles Nodier, 1840-1966. West Lafayette, Indiana: Purdue University Studies, 1969. 5501

Nouveau, Germain

Sozzi, Giorgio P. Germain Nouveau. Urbino: Angalia, 1969. (Bibliography, p. 179-199). 5502

Pixérécourt (René-Charles Guilbert de Pixérécourt)

Bibliothèque de M. G. de Pixérécourt. Paris: Lacombe, 1838. 5503

Ramond, Louis-François

Girdlestone, Cuthbert. Louis-François Ramond (1755-1827). Paris: Minard, 1968. (Bibliography, p. 533-546). 5504

Renard, Jules

Guichard, Léon. Renard. Paris: Gallimard, 1961. (Bibliographies, p. 291-301). 5505

Kowzan, Tedeusz. "Jules Renard. Przegląd publikacji lat 1951-1961," KN 9, 1962, 279-284. 5506

Reynaud, Jean

Griffiths, David Albert. "Bibliographie chronologique de

l'oeuvre de Jean Reynaud," in his Jean Reynaud, encyclopédiste romantique. Paris: Rivière, 1965. (p. 439-464. Bibliography, p. 464-472). 5507

Rimbaud, Jean-Arthur

    Etiemble, René. "Bibliographie analytique du Mythe de Rimbaud en Hongrie," RLC 43, 1969, 130-145. 5508

    Matarasso, Henri and Pierre Petitfils. Album Rimbaud. Paris: Gallimard, 1967. 5509

    Petitfils, Pierre, Suzanne Briet and Marcel Ruff. Etudes rimbaldiennes. 2. Les Manuscrits de Rimbaud. Paris: Minard, 1970. 5510

Rodenbach, Georges

    Grisay, Auguste. "Bibliographie des éditions originales de Georges Rodenbach," LE, 1965, 309-313. 5511

    Violato, G. Bibliographie de Georges Rodenbach et de Albert Samain en Italie. Florence: Sansoni, 1965. 5512

Rollinat, Maurice

"Bibliographie des études consacrées à Maurice Rollinat (1955-1963)," BSAMR, 1965 (5 avril), 17-18. 5513

Sainte-Beuve, Charles-Augustin

    Bajomée, Danielle. "Sainte-Beuve et la critique littéraire contemporaine," SF 41, 1970, 296-298. 5514

Saint-Simon, Claude-Henri, comte de

    Walch, Jean. Bibliographie de Saint-Simonisme. Paris: Vrin, 1967. 5515

Sand, George (Amandine Aurore Lucie Dupin, baronne Dudevant) See also #5493

    Colin, Georges. Bibliographie des premières Oeuvres de George Sand. Brussels: Soc. des Bibliophiles et Iconophiles de Belgique, 1965. 5516

    _____. "Bibliographie des premières publications des

romans de George Sand," LE 1962, 293-304; 1963, 65-87. 5517

Cordié, Carlo. "George Sand," CeS 28, 1968, 42-51. (Research review). 5518

Joly, René. "Les livres offerts par George Sand à Gustave Flaubert," LE 38, 1964, 148-165. 5519

──────. "Recherches bibliographiques sur les contes, nouvelles et divers récits de George Sand," LE 1967, 102-112, 208-221; 1968, 102-112; to be continued. 5520

Poli, Annarosa. George Sand vue par les Italiens (Essai de bibliographie critique). Paris: Didier, 1965. 5521

Zaborov, Pierre. "Bibliographie Sand en Russie," AF 33, 1968 (dec.), 40-41. 5522

Staël, Germaine de

Guisan, Gilbert. "Madame de Staël et la critique en Suisse romande," RHL 66, 1966, 152-157. 5523

Gwynne, G. E. Madame de Staël et la Révolution française. Paris: Nizet, 1969. (Bibliography, p. 301-313). 5524

"Principaux travaux sur Madame de Staël et son oeuvre depuis 1939," CSt 1, 1962, 31-36. 5525

Stendhal (Henri Beyle)

Bolster, Richard. Stendhal, Balzac, et le féminisme romantique. Paris: Lettres modernes, 1970. (Bibliography, p. 221-226). 5526

Del Litto, Vittorio. Album Stendhal. Paris: Gallimard, 1966. 5527

──────. "Un Siècle de stendhalisme," Biblio 36, 1968 (no. 1), 3. (Also in #4705). 5528

Imbert, Henri François. Stendhal et la tentation janséniste. Geneva: Droz, 1970. (Bibliography, p. 183-197). 5529

Kočetkova, T. V. Stendhal'. Bibliografija russkich perevodov i kritičeskoj literatury na russkom jazyke 1822-1960. Moscow: Izdatel'stvo Vsesojuznoj knažnoj palaty, 1961. 5530

Riehn, Christa. "Stendhal en Allemagne: Bibliographie (1824-1894)," SC 9, 1966, 73-89. 5531

———. "Stendhal en Allemagne. Bibliographie 1965-1968," SC 12, 1969-70, 83-90. 5532

Töppfer, Rodolphe

Blondel, Auguste. Rodolphe Töppfer, l'écrivain, l'artiste et l'homme. Paris: Hachette, 1886. (Complete bibliography of his works by P. Mirabaud, p. 339-414. Published separately by A. Parran, Paris, 1887). 5533

Vallès, Jules

Bancquart, Marie-Claire and Lucien Schéler. "Biobibliographie de Jules Vallès," E 470-472, 1968, 203-212; 473, 1968, 198. 5534

Vanderbourg, Charles

Mortier, Roland. Un précurseur de Madame de Staël: Charles Vanderbourg, 1765-1827, sa contribution aux échanges intellectuels à l'aube du XIXe siècle. Paris: Didier, 1955. (Bibliography, p. 252-260). 5535

Van Lerberghe, Charles

Grisay, Auguste. "Bibliographie des éditions originales de Charles van Lerberghe," LE, 1964, 270-272. 5536

Verhaeren, Emile

Grisay, Auguste. "Bibliographie des éditions originales d'Emile Verhaeren," LE, 1965, 73-86. 5537

Verlaine, Paul

Adam, Antoine. Verlaine. Paris: Hatier, 1965. (Critical bibliography, p. 203-206). 5538

Underwood, Vernon Philip. Verlaine et l'Angleterre.

Paris: Nizet, 1956. (Bibliography, p. 487-492).
5539
──────. "Chronologie verlainienne," RHP 6, 1938, 80-87. 5540

Verne, Jules

Brandis, E. P. and C. Ch. Lazarev. Žul' Vern. Biobibliogr ukazatel'. Vstupit. Moscow: Izd. Vsesojuz. kn. palaty, 1959. 5541

Compère, Daniel. "Filmographie des oeuvres de Jules Verne," BSJV 12, 1969 (no. 4), 82-84. 5542

Dumas, O. and J. Laissus. "Bibliographie des oeuvres de Jules Verne," BSJV 1 (1er trim), 1967, 7-12; 2 (2e trim) 1967, 11-16; 3 (3e trim) 1967, 13-16; 4 (4e trim) 1967, 15-16. 5543

Vigny, Alfred de

Flottes, Pierre. Vigny et sa fortune littéraire. Bordeaux: Ducros, 1970. (Bibliography, p. 145-157). 5544

Wyzewa, Téodor

Delsemme, Paul. Les Publications de Téodor de Wyzewa. Essai de bibliographie méthodique. Brussels: Presses de l'Université de Bruxelles, 1967. (Vol. 2 of his Téodor de Wyzewa et le cosmopolitanisme littéraire). 5545

Duval, Elga Lovermann. Téodor de Wyzewa. Critic Without a Country. Geneva: Droz, 1961. (Bibliography, p. 153-173). 5546

Zola, Emile

Balzer, Hans. "Bibliographie d'Emile Zola en République Démocratique Allemande," E 468-469, 1968, 232-233. 5547

Colburn, William E. "Victorian Translations of Zola," SLI 1, 1969 (no. 2), 23-32. 5548

Cordié, Carlo. "Emile Zola," CeS 31, 1969, 36-43. (Research review). 5549

Gauthier, Guy. "Filmographie," E 468-469, 1968, 416-424. 5550

Girard, Marcel and Vlasta d'Hermies. "Emile Zola devant la critique tchèque," REtS 30, 1953, 58-73. 5551

Le Blond, Maurice and Jean-Claude Le Blond. "Zola dans la presse parisienne de l'entre deux guerres. Bibliographie (et Index chronologique)," LCN 11, 1965, 61-78, 158-173; 12, 1966, 86-94, 170-180; 33, 1967, 57-67; 34, 1967, 169-181; 35, 1968, 65-80; 1969, 169-180. 5552

Matviichyne, Vladimir. "Zola en Ukraine," LCN 33, 1967, 68-72. 5553

Mitterand, Henri and Halina Suwala. Emile Zola journaliste. Bibliographie chronologique et analytique. 2 vols. Paris: Belles Lettres, 1968 - in progress. 5554

_____ and Jean Videl. Album Zola. Paris: Gallimard, 1963. 5555

Ramond, F. C. Les personnages des Rougon-Macquart, pour servir à la lecture et à l'étude de l'oeuvre de Emile Zola. Paris, 1901. (Reprint, New York: Burt Franklin, 1970). 5556

"Zola en Russie. Bibliographie établie par la Bibliothèque d'Etat de littératures étrangères," LCN 3, 1962, 180-184; 29, 1965, 88-90. 5557

Twentieth Century

I. General

A. Current Bibliography of Scholarship

French XX Bibliography. Critical and Biographical References for French Literature since 1885. New York: French Institute, 1969 - to date. (Continues Alden, #2777). 5558

Société d'Etude du XXe Siècle. Annuaire. Paris: Centre national d'art contemporain, 1971 - to date. (Devoted to work in progress, present-state studies, coordination of

French Literature 135

research). 5559

B. Retrospective Surveys and Lists

Blanchet, B. A. "La Vie littéraire. Que s'est-il passé?"
Et, 1950, 369-379. 5560

Bloching, Karl Heinz. Die Autoren des literarischen Renouveau catholique Frankreichs. Biographisch-bibliographisch Skizzen. Bonn: Verlag des Borromäusvereins, 1966. 5561

Flasche, Hans. "Die französische Literaturkritik von 1900 bis 1950," GRM 33, 1951-52, 132-150. 5562

Picon, Gaëton. Situation de la littérature française, 1940-1946. Paris: 1947. 5563

Schmidt, Adalbert. Literaturgeschichte unserer Zeit. 3rd ed. Salzburg, 1968. (Bibliography, p. 658-879). 5564

C. Dictionaries of Literature

Boisdeffre, Pierre de. "Dictionnaire alphabétique des écrivains d'aujourd'hui," in his Abrégé d'une histoire vivante de la littérature d'aujourd'hui, 1939-1969. 2 vols. Paris: Union générale d'éditions, 1968. (Vol. 2, p. 613-767). 5565

Bourin, André and Jean Rousselot. Dictionnaire de la littérature française contemporaine. Paris: Larousse, 1966. 5566

Bouvier, Emile. Les lettres françaises au XXe siècle. Paris: PUF, 1962. (Encyclopedic, but not indexed). 5567
Cent écrivains répondent au "Questionnaire Marcel Proust." Paris: Michel, 1969. 5568

Coston, Henry. Dictionnaire des pseudonymes. Presse - lettres - spectacle - politique. 2 vols. Paris: Librairie française, 1970. 5569

Dizionario della letteratura mondiale del secolo XX. 4 vols. Turin: P. Saie, 1968. 5570

136   Guide to French Studies

Fleischmann, Wolfgang Bernard. Encyclopedia of World Literature in the 20th Century. 3 vols. New York: Ungar, 1967. (New and revised edition of Herder, #5575). 5571

Girard, Marcel. Guide illustré de la littérature française moderne (depuis 1918). Paris: Seghers, 1971. 5572

Groos, René and Gonzague Truc. "Index bio-bibliographique," in their Tableau du XXe siècle (1900-1933). Les Lettres. Paris: Denoël, 1934. (p. 301-336). 5573

Gros, Bernard. La Littérature. Paris: Centre d'étude et de promotion de la lecture, 1970. 5574

Lexikon der Weltliteratur im 20. Jahrhundert. 2 vols. Freibourg: Herder, 1960-61. 5575

Majault, J. and others. Littérature de notre temps. 3e éd. Paris: Casterman, 1968. 5576

Rouveyre, André. Visages des contemporains. Portraits dessinés d'après le vif. (1908-1913). 5e éd. Paris: Mercure de France, 1913. 5577

Ward, Charles. Longman Companion to Twentieth Century Literature. Harlow: Longman, 1970. 5578

II. Language

A. Standard Twentieth Century French

Guilbert, Louis and Georges Niobey. Grand Larousse de la langue française. 6 vols. Paris: Larousse, 1971 - in progress. 5579

Robert, Paul. Dictionnaire alphabétique et analogique de la langue française. 6 vols. Paris: Société du Nouveau Littré, 1958-1964. (With Supplément, 1970). 5580

B. Slang

Alessio, L. Vocabulario dell' Argot e del linguaggio popolare parigino. Turin: Petrini, 1939. 5581

Breton, André and others. Lexique succincte de l'érotisme.

French Literature

Paris, 1970. (First printed in an exhibition catalogue, 1959). 5582

Dechelette, François. L'Argot des poilus. Dictionnaire humoristique et philosophique de langage des soldats de la Grande Guerre de 1914. Argots spéciaux des aviateurs, aérostiers, automobilistes, etc. Paris, 1918. (Reprint, Slatkine, 1971). 5583

Esnault, Gaston. Le Poilu tel qu'il se parle. Dictionnaire des termes populaires récents et neufs employés aux armées en 1914-1918, étudiés dans leur étymologie, leur développement et leur usage. Paris, 1919. (Reprint, Slatkine, 1971). 5584

Marks, J. Dictionnaire d'argot et d'expressions français. Français-anglais. Paris: Bordas, 1970. 5585

Rheims, Maurice. Dictionnaire des mots sauvages. Ecrivains des XIXe et XXe siècles. Paris: Larousse, 1969. 5586

Sainéan, Lazare. "Lexique-index," in his l'Argot des tranchées d'après les lettres des poilus et les journaux du front. Paris: Boccard, 1915. (p. 128-163). 5587

III. Surrealism (See also #5582)

Aragon, Louis and others. Dictionnaire abrégé du surréalisme. Paris: Corti, 1969. (Originally published in Paris: Galerie des Beaux-Arts, 1938). 5588

Barclay, Gloria O. "The Rebirth of Surrealism: A Bibliographical Checklist," WCR 3, 1968, 34-41. 5589

"Bibliographies," CDS, 1966 - to date. 5590

Dada in Italy, 1916-1966. Catalogue of Works and Documents at the Galleria Schwarz. Milan, 1966. 5591

Gaucheron, Jacques. "Chronologie du mouvement surréaliste (1918-1938)," E 475-476, 1968, 295-302. 5592

Gershman, Herbert S. A Bibliography of the Surrealist Revolution in France. Ann Arbor: University of Michigan Press, 1969. 5593

Hardré, Jacques. "Present State of Studies on Surrealism," YCGL 9, 1960, 43-66. (Also in #4705). 5594

LeSage, Laurent. "The Direction of Studies on Surrealism," ECr 8, 1968, 230-239. (Review of eight recent works). (Also in #4705). 5595

Nadeau, Maurice. "Précis bibliographique," in his Histoire du Surréalisme. Paris: Seuil, 1964. (p. 499-519). 5596

"Panorama du demi-siècle," in André Breton and Benjamin Péret, Almanach surréaliste du demi-siècle. Paris: Sagittaire, 1950. (p. 207-223. Chronological tableau of the period 1900-1950). 5597

Kovacs, Yves. "Surréalisme et cinéma. Bibliographie. Index des films," EtCin 40-42, 1965, 283-304. 5598

Surréalisme et poésie contemporaine. Paris: Coulet-Faure, 1954. (Annotated sale catalogue of 750 items). 5599

Taylor, Simon Watson. "Liberation Then," NYTBR, 1970 (Jan. 29), 41-45. (Review of seven books on Surrealism published in 1969). 5600

IV. Lettrism

"Catalogue lettriste," Lett, nouv. série 14, 1970 (oct.), 24-31. 5600A

An Exhibition of Graphic Art from the French Little Magazines in the Collection of Peter Hoy. Leicester: University, Department of French, 1966. 5601

Guymer, Christiane and Maurice Lemaître. Catalogue Christiane. Bibliographie supertemporelle du mouvement lettriste. Paris: Centre de Créativité, 1967. 5602

"Le Lettrisme. Bibliographie," Lett, 1968, Nouvelle série (no. 1), 1-6. 5603

Livres et illustrations de livres lettristes. Exposition. Paris: Bibliothèque nationale, 1966. 5604

French Literature

V. Periodicals and Newspapers (See also #5601)

Admussen, Richard L. Les Petites Revues littéraires (1914-1939). Répertoire descriptif. Paris: Nizet, 1970. 5605

Andro, J. -C. "Pour l'amateur 1965, 3x7 revues littéraires, engagées, encyclopédiques + 50 revues de poésies," Arts, 1964 (2 dec.), 6-8. 5606

Bellanger, Claude. La Presse clandestine 1940-1944. Paris: Colin, 1961. 5607

Bisson, Philoxène. "Les Revues littéraires," in Eugène Montfort, Vingt-cinq ans de littérature française. 2 vols. Paris: Librairie de France, 1925. (Vol. 2, p. 267-288). 5608

Estivals, Robert, Jean-Charles Gaudy and Gabrielle Vergez. "Bibliographie des publications périodiques ayant pour titre L'Avant-Garde," in their L'Avant-Garde. Paris: Bibliothèque nationale, 1968. (p. 113-121). 5609

Forot, Charles and Maurice Caillard. "Les Revues d'avant-garde, enquête," BL, 1924 (nos. 62-66, dec.). (And separately, 1925). 5610

Latzarus, Louis. "Le Journalisme et les journalistes," in Eugène Montfort, Vingt-cinq ans de littérature française. 2 vols. Paris: Librairie de France, 1925. (Vol. 2, p. 321-352). 5611

Levy, Raphael. "The Daily Press in France," MLJ 13, 1929, 294-304. (Annotated list of then current newspapers). 5612

Roux-Fouillet, R. and P. M. E. Roux-Fouillet. Catalogue des périodiques clandestins diffusés en France de 1939 à 1945 suivi d'un Catalogue des périodiques clandestins diffusés à l'étranger. Paris: Bibliothèque nationale, 1954. 5613

Union List of Little Magazines. Chicago: Center for Research Libraries, 1956. (1037 titles belonging to 6 universities). 5614

VI. Poetry

Bibliography of Contemporary Poets, 1971. A Comprehensive International Index of Today's Writers of Poetry. London: Regency Press, 1971. 5615

Poésie présente. Limoges: Rougerie, 1968. (Bibliographies of 82 contemporary poets). 5616

Rousselot, Jean. Dictionnaire de la poésie française contemporaine. Paris: Larousse, 1968. 5617

Tortel, Jean. "Vingt ans de poésie," RE 20, 1967, 388-404. 5618

VII. Satire

Dictionnaire Canard. Paris: Le Canard enchaîné, 1969. 5619

Vaccari, Franco. Strip-Street. Paris: Editions Agentzia, 1969. (Graffiti). 5620

VIII. Novel

Astier, Pierre A. G. La Crise du roman français et le nouveau réalisme. Essai de synthèse sur les nouveaux romans. Paris: Debresse, 1969. (Bibliography, p. 315-347). 5621

Boyer, Régis. "Romans actuels, oeuvres de recherche et de cru," FdM 48, 1967 (avril-mai), 6-13. 5622

Bryer, Jackson R. and Nanneska N. Magee. "The Modern Catholic Novel: A Selected Checklist of Criticism," in Melvin J. Friedman, The Vision Obscured. Perceptions of Some Twentieth-Century Catholic Novelists. New York: Fordham University Press, 1970. (p. 241-268). 5623

Montalbetti, Jean. "L'Ecole de Paris: Quinze ans de nouveau roman," Libe 10, 1968 (mars-avril), 49-58. 5624

Ronse, Henri. "Bibliographie: Les Nouveaux Romans," CIS 9-10, 1965-1966, 127-140. 5625

Tourteau, Jean-Jacques. D'Arsène Lupin à San Antonio. Le

Roman policier français de 1900 à 1970. Paris: Mame, 1971. 5626

Vandevelde, Nora. "Bibliographie des romans français traduits en néerlandais (1946-1960)," Babel 13, 1967, 92-97. 5627

Zéraffa, Michel. "Vingt ans de roman," RE 20, 1967, 420-433. (Also in #4705). 5628

IX. Theater

Aynard, Augustin. Almanach des théâtres. Paris: Stock, 1924. (Covers 1917-1922). 5629

Baur, Peter. Les Théâtres de Paris. Paris: Lukianos, 1970. (Illustrated dictionary in French, English, and German). 5630

Curzon, Henri de. "Les Ephémérides théâtrales," BSHT, 1907-1920. (Covers Parisian theater activities for the period). 5631

Delpit, Louise. Paris-Théâtre contemporain. Deuxième Partie. Tableau du mouvement dramatique en France de 1925 à 1930. Northampton, Mass.: Smith College Studies in Modern Languages, 1938. 5632

Dictionnaire des hommes de théâtre français contemporains: auteurs, compositeurs, choréauteurs. Paris: Perrin, 1967. 5633

Fauny-Anders, France. Les Théâtres du Cartel. Le Précurseur, les animateurs (1913-1939). Etude bibliographique et répertoire. Ann Arbor: University Microfilms, 1956. 5634

Mathes, John Charles. "The New York Theatre Critics' Standards: Their Evaluation of French Drama, 1945-1961," DA 27, 1966, 481A. (University of Michigan). 5635

Mignon, Paul Louis. Le Théâtre d'aujourd'hui de A jusqu'à Z. Brient: Editions de l'Avant-scène, 1967. 5636

Salem, James M. A Guide to Critical Reviews. Part 3: British and Continental Drama from Ibsen to Pinter.

Metuchen, N.J.: Scarecrow Press, 1968. 5637

Simon, Alfred. Dictionnaire du théâtre français contemporain. Paris: Larousse, 1970. (1913-1969). 5638

Tarrab, Gilbert. "Le Happening. Analyse psycho-sociologique. Bibliographie," RHT 20, 1968, 100-102. 5639

Villiers, André. "Vingt ans de théâtre," RE 20, 1967, 435-452 (Also in #4705). 5640

X. Cinema, Television, Radio (See also #5598)

Agel, Henri. "Les Monographies cinématographiques de 1950 à 1968," IL 20, 1968, 209-224. 5641

―――――. "Panorama sur la publication des livres de cinéma parus entre 1927 et 1967," IL 20, 1968, 73-84. 5642

Bailly, René and André Roche. Dictionnaire de la télévision. Paris: Larousse, 1967. 5643

Bessy, Maurice and Jean-Louis Chardans. Dictionnaire du cinéma et de la télévision. 4 vols. Paris: Pauvert, 1965-1971. 5644

Brochier, Jean-Jacques and Raymond Bellour. Dictionnaire du cinéma. Paris: Editions universitaires, 1967. 5645

Brun, Jean Albert. Dictionnaire de la radio. Ed. rev. et aug. Paris: Librairie de la radio, 1966. 5646

La Cinématographie française. Paris, 1919 - to date. (Useful annual indexes). 5647

Dictionnaire du cinéma, suivi d'un répertoire des principaux films. 2e éd. Paris: Seghers, 1962. 5648

François, Pierre. "Petite chronologie du cinéma de 1878 à 1966," RE 20, 1967, 264-273. 5649

Giteau, Cécile. Dictionnaire des arts du spectacle. Théâtre, Cinéma, cirque, danse, radio, marionnettes, télévision et documentologie. Français - anglais - allemand. Paris: Dunod, 1970. 5650

French Literature 143

Jeanne, René and Charles Ford. Dictionnaire du cinéma universel. Paris: Laffont, 1970. 5651

Mitry, Jean. Bibliographie internationale du cinéma et de la télévision. Première partie: France et pays de langue française. 4 vols. Paris: Institut des Hautes Etudes cinématographiques, 1966-1967. 5652

Morrissette, Bruce. "Trends in the New French Cinema," ASLHM 39, 1968, 153-172. 5653

Predal, René. Le Cinéma fantastique. Paris: Seghers, 1970. (With dictionary and bibliography). 5654

Quénelle, Gilbert. Radio, cinéma, télévision. Paris: Hachette, 1966. (Terminology). 5655

Répertoire mondial des périodiques cinématographiques. 2d ed. Brussels: Cinémathèque de Belgique, 1960. 5656

XI. Foreign Relations and Travel

Ansermoz-Dubois, Félix. L'Interprétation française de la littérature américaine d'entre deux querres, 1919-1934. Essai de bibliographie. Lausanne: La Concorde, 1944.
5657
Deutschland - Frankreich: Ludwigsburger Beiträge zum Problem der deutsch-französischen Beziehungen. Vol. IV: Bibliographie 1945-1962. Stuttgart: Deutsche Verlags - Anstalt, 1966. 5658

Lebel, Maurice. Le Voyage de Grèce. Bibliographie des voyageurs français en Grèce au XXe siècle (1900-1968). Sherbrooke: Eds. Pauline, 1969. 5659

Mirandola, Giorgio. "D'Annunzio e la Francia. Rassegna critica: 1957-1966," SF 11, 1967, 426-441. 5660

Pagliano Ungar, Graziella. Croce en Francia. Ricerche sulla fortuna dell' opera crociana. Naples: Istituto italiano per gli studi storici, 1967. (Bibliography, p. 143-189). 5661

Pérus, Jean. Gorki en France. Bibliographie des oeuvres de Gorki traduites en français, des études et articles sur Gorki publiées en France, en français, de 1899 à

1939. Paris: PUF, 1968. 5662

Poidevin, Raymond. Les Relations économiques et financières entre la France et l'Allemagne de 1898 à 1914. Paris: Colin, 1969. ("Sources et bibliographie," 821-884). 5663

Thanassecos, L. Chronologie des relations internationales, 1914-1970. Exposés thématiques. The Hague: Mouton, 1971. 5664

XII. Philosophy

Boisdeffre, Pierre de. Dictionnaire des idées contemporaines. Paris: Editions universitaires, 1964. 5665

Lavelle, Louis. "La Pensée philosophique en France de 1900 à 1950," RddM 1, 7, 1950, 33-62. 5666

Lehan, Richard. "French and American Philosophical and Literary Existentialism: A Selected Check List," WSCL 1, 1960, 74-88. 5667

Naumon, St. Elmo. The New Dictionary of Existentialism. New York: Philosophical, 1971. 5668

Negri, Antimo. "Studi italiani sull'essistenzialismo dal 1945 ad oggi," CeS 30, 1969, 89-97. 5669

XIII. Art and Music

Edouard-Joseph. Dictionnaire biographique des artistes contemporains, 1910-1930. 4 vols. Paris: Art et Edition, 1930-1936. 5670

Mecklenburg, Carl Gregor Herzog, Jr. International Jazz Bibliography. Jazz Books from 1919 to 1968. Strasbourg: Heitz, 1969. 5671

Rubin, William Stanley. Dada and Surrealist Art. New York: Abrams, 1968. (Bibliography, p. 492-512). 5672

French Literature 145

XIV. Aspects of History and Society

A. Encyclopedias

Encyclopaedia Universalis. 20 vols. Paris: Encyclopaedia Universalis France, 1970-1972. 5673

Grand Larousse encyclopédique en dix volumes. 10 vols. Paris: Larousse, 1960-1964. (Supplement, Larousse, 1969). 5674

B. Current Events

Journal de l'Année. Paris: Larousse, 1967 - to date. (Encyclopedia annual). 5675

Le Monde. Index analytique, 1944- . Paris: Le Monde, 1967 - in progress. 5676

Quid. Paris: Plon, 1970. (Almanac). 5677

C. Paris

Chastel, André. Paris. Paris: Michel, 1971. (Illustrated guide to contemporary Paris). 5678

Robert, Jacques. Dictionnaire des parisiennes. Paris: Solar, 1970. 5679

D. Miscellaneous

Charlot, Jean. Répertoire des publications des partis politiques français, 1944-1967. Paris: Colin, 1970. 5680

Heinz, Grete and Agnes F. Peterson. The French Fifth Republic. Establishment and Consolidation (1958-1965). An Annotated Bibliography of the Holdings at the Hoover Institution. Stanford, California: Hoover Institution Press, 1970. 5681

Lambert, Monique. Répertoire national des annuaires français, 1958-1968, et Supplément... 1969. Paris: Bibliothèque nationale, 1969. 5682

Michel, Henri. Bibliographie critique de la Résistance.
Paris: Institut Pédagogique National, 1964. 5683

Wyart, Jean. "Le Mouvement scientifique en France de
1900 à 1950," RddM 15, 1950, 214-245. 5684

XV. Authors and Works

Alain (Emile Chartier)

    Drevet, A. "Bio-bibliographie d'Alain," AAA, 1966, 6-18. 5685

    "Oeuvres d'Alain publiées de 1951 à 1961," AAA 13, 1961, 8-10. 5686

    Reboul, Olivier. L'Homme et ses passions d'après Alain. 2 vols. Paris: PUF, 1968. (Bibliography, vol. 2, p. 273-294). 5687

Alain-Fournier (Henri-Alain Fournier)

    Loiz, Jean. Alain-Fournier, sa vie et Le Grand Meaulnes. Paris: Hachette, 1968. (Bibliographies and iconography, p. 499-519). 5688

Amrouche, Jean

    Déjeux, Jean. "Bibliographie des oeuvres de Jean Amrouche et des écrits sur Jean Amrouche," CALC 3, 1968, 72-77. 5689

Apollinaire, Guillaume (Guillaume de Kostrowitsky)

    Adéma, Pierre-Marcel. Apollinaire. Paris: Table Ronde, 1968. (Bibliography, p. 349-371). 5690

    _____ and Michel Décaudin. "Bibliographie de l'oeuvre poétique et dramatique d'Apollinaire," and "Ouvrages concernant l'oeuvre poétique d'Apollinaire," in their Apollinaire. Oeuvres poétiques. Paris: Gallimard, 1965. (p. 1187-1220 and 1221-1235). 5691

    Belas, Jacqueline. "Discographie III," RLM 183-188, 1968, 237-242. 5692

Bibliothèque nationale. Apollinaire. Catalogue de l'exposition. Paris: Bibliothèque nationale, 1969. 5693

Birnberg, Jacques. "Etat présent des études polonaises sur Apollinaire," AJFS 5, 1968, 263-294. 5694

Centre d'Etude du Vocabulaire français. Calligrammes. Concordances, index et relevés statistiques établis d'après l'édition Adéma-Décaudin. Paris: Larousse, 1971. 5695

Décaudin, Michel. "Bibliographie 1956-1961," RLM 9, 1962, 80-95. (Continued by #2952 and by regular supplements in RLM by Décaudin). 5696

Jannini, P. A. "Situazione di Apollinaire," StU 38, 1964, 28-47. 5697

Renaud, Philippe. Lecture d'Apollinaire. Lausanne: Eds. l'Age d'homme, 1969. (Bibliographical notes, p. 503-559). 5698

Stupka, Vladimír. "Table des traductions tchèques d'Apollinaire," SPFF 7, 1960, 209-219. 5699

Aragon (Louis Andrieux)

Desné, Roland. "Aragon. Bibliographie des oeuvres en prose romans, essais, critique," E 454-455, 1967, 253-257. 5700

Gindine, Yvette. "Essai de bibliographie américaine de Aragon," E 455, 1967, 264-267. 5701

Sadoul, Georges. "Aragon. Bibliographie des oeuvres poétiques," E 454-455, 1967, 257-262. 5702

_____. "Discographie," Ibid. 262-264. 5703

Arrabal, Fernando

"Arrabal. Bibliographie," HT, 1969, no. 1. 5704

Artaud, Antonin

Capin, Jean. "Bibliographie des écrits sur Antonin Artaud," CCMR 22-23, 1958, 216-219. 5705

Greene, Naomi. Antonin Artaud: Poet Without Words.
New York: Simon and Schuster, 1971. (Bibliography, p. 235-244). 5706

Joski, Daniel. Antonin Artaud. Paris: Editions universitaires, 1970. (Bibliography, p. 114-124). 5707

Sellin, Eric. The Dramatic Concepts of Antonin Artaud. Chicago: University of Chicago Press, 1968. (Bibliography, p. 153-175). 5708

Aveline, Claude

"Claude Aveline. Bibliographie établie d'après celle de Florentin Mouret 'Les ouvrages de Cl. Aveline'," LdF 13, 1962 (no. 6), 13-15. 5709

Bachelard, Gaston

Gagey, Jacques. Gaston Bachelard ou La conversion à l'imaginaire. Paris: M. Rivière, 1969. (Bibliography, p. 277-298). 5710

Pire, François. De l'imagination poétique dans l'oeuvre de Bachelard. Paris: Corti, 1968. (Bibliography, p. 203-220). 5711

Therrien, Vincent. "Bibliographie et bobinographie," in La Révolution de Gaston Bachelard en critique littéraire, ses fondements, ses techniques, sa portée. Paris: Klincksieck, 1970. (p. 359-389). 5712

Baillon, André

Grisay, Auguste. "Bibliographie des éditions originales d'André Baillon," LE 1963, 322-325. 5713

Barbeau, Victor

Robitaille, Lucie. "Bio-bibliographie," in Présence de Victor Barbeau; hommages confraternels. Montréal: Fides, 1962. (p. 11-31). 5714

Barrès, Maurice

Carassus, Emilien. Barrès et sa fortune littéraire. Bordeaux: Ducros, 1970. 5715

Garcin, Philippe. "Les deux Barrès," Cr 17, 1961,
1011-1028. (Research review). 5716

Bataille, Georges

"Bibliographie," Arc 32, 1967, 92-96. 5717

Beauvoir, Simone de

Julienne-Caffié, Serge. Simone de Beauvoir. Paris:
Gallimard, 1966. (Bibliographies, discography,
iconography, p. 243-248). 5718

Beckett, Samuel

David, R. J. and others. Samuel Beckett. Calepin de
bibliographie des oeuvres de Beckett et critiques
franco-anglaises et autres langues. Paris: Minard,
1968. 5719

Federman, Raymond and John Fletcher. Samuel Beckett:
His Works and Critics. An Essay in Bibliography,
1929-1967. Berkeley, Cal.: University of California Press, 1970. 5720

Friedman, Melvin J. "Beckett Criticism. Its Early
Prime," Sym 21, 1967, 82-89. 5721

_____. Samuel Beckett Now. Chicago: University
of Chicago Press, 1970. (His "Introduction" to the
anthology constitutes an "état présent"). 5722

Perche, Louis. Samuel Beckett. L'Enfer à votre
portée. Paris: Le Centurion, 1969. (Bibliography,
p. 183-194). 5723

Tanner, J. F. T. and J. Don Vann. Samuel Beckett:
A Checklist. Kent, Ohio: Kent State University
Press, 1969. 5724

Bergson, Henri

Dewey, John and W. Dawson Johnston. A Contribution
to a Bibliography of Henri Bergson. New York:
Columbia University Press, 1913. 5725

Mathieu, Vittorio. "Studi bergsoniani in Italia dal 1945

ad oggi," CeS 23, 1967, 88-92. 5726

Bernanos, Georges

Burkhard, Willy. La Genèse de l'idée du mal dans l'oeuvre romanesque de Georges Bernanos. Zurich: Juris, 1967. (Bibliographies, p. 307-318). 5727

Estève, Michel. "Des regards neufs sur Bernanos," TR 178, 1962 (nov.), 59-66. 5728

Giordan, Henri. "Etat présent des études bernanosiennes," IL 22, 1970, 65-76. 5729

Jurt, Joseph. Les Attitudes politiques de Georges Bernanos jusqu'en 1931. Fribourg: Editions universitaires, 1968. (Bibliographies, p. 341-355, include his journalistic writings). 5730

Blanchot, Maurice

Collin, Françoise. Maurice Blanchot et la question de l'écriture. Paris: Gallimard, 1971. (Bibliography, p. 235-246). 5731

Blondel, Maurice

Hayen, André. Bibliographie blondelienne, 1888-1951. Brussels: Edition universelle, 1953. 5732

Polato, Franco. "Studi blondeliani negli ultimi 25 anni," CeS 26, 1968, 87-102. 5733

Bosco, Henri

Godin, Jean Cléo. Henri Bosco. Une Poétique du mystère. Paris: Klincksieck, 1968. (Bibliography, p. 377-392). 5734

Brasillach, Robert

Bonnafous, Jean-Paul. "Bibliographie de Robert Brasillach," CARB 9, 1963, 55-59. 5735

Breton, André

"Bibliographie," NRF 29, 1967 (15 avril), 962-964.

(His works). 5736

Browder, Clifford. André Breton, arbiter of Surrealism. Geneva: Droz, 1967. (Bibliographies, p. 180-214). 5737

Brisson, Pierre

"Oeuvres de Pierre Brisson," LdF 8, 1957, (no. 7), 9. 5738

Camus, Albert

Bazin de Bezons, Jean de. Index du vocabulaire de "l'Etranger" d'Albert Camus. Paris: Nizet, 1969. (Based on 1966 Livre de poche édition). 5739

Fitch, Brian T. and Peter C. Hoy. Essai de bibliographie des études en langue française consacrées à Albert Camus. 1937-1967. Paris: Minard, 1970. 5740

Gay-Crosier, Raymond. Les Envers d'un échec. Etude sur le théâtre de Camus. Paris: Minard, 1968. (Bibliography, p. 267-294). 5741

Hoy, Peter C. Camus in English. An Annotated Bibliography of Camus' Contributions to English and American Periodicals and Newspapers. Wymondham: Brewhouse Press, 1968. 5742

Parker, Emmett. "Articles and Editorials by Camus," in his Albert Camus: The Artist in the Arena. Madison: University of Wisconsin Press, 1965. (p. 185-204). 5743

Swain, Jeraldine N. "The Critical Reception of the Dramas of Albert Camus in the United States, 1945-1964," DA 29, 1969, 2284A. (University of Southern California). 5744

Canudo, Ricciotto

Warnier, Raymond. "Complements à la bibliographie de Ricciotto Canudo," SF 10, 1966, 500-509. 5745

Cendrars, Blaise

"Bibliografia italiana recente ed essenziale di Blaise Cendrars," Letteratura 9 (luglio-agosto) 1961, 69-70. 5746

Richard, Hugues. "Bibliographie inédite de Blaise Cendrars," in his Cendrars. Oeuvres. Paris: Denoël, 1965. (Vol. 8, p. 677-774). 5747

Warnier, Raymond. "A Propos de Blaise Cendrars. Note bibliographique liminaire," in Studio di litteratura, storia e filosofia in onore de Bruno Revel. Florence: Olschki, 1965. (p. 617-659). 5748

Chamson, André

"Oeuvres d'André Chamson," LdF 8, 1957 (no. 4), 10-11. 5749

Chancerel, Léon

"Bibliographie," RHT 20, 1968, 194-248. 5750

Chappaz, Maurice

Gsteiger, Manfred and Pierre Imhasly. Maurice Chappaz. Leseprobe und Bio-bibliographie. Bern: Kandelaber-Verlag, 1968. 5751

Char, René

Benoit, Pierre-André. "Bibliographie," Libe 10, 1968, 183-193. 5752

"Bibliographie. (Livres, minuscules, affiches, ouvrages en collaboration, préfaces...)," Arc 22, 1963, 99-103. 5753

Thompson, John M. "Translations from René Char's 'La parole en archipel' and Other Works with an Introductory Essay," DA 27, 1967, 3066A. (Michigan State). 5754

Chassé, Charles

Rebillon, Armand. "Bibliographie des oeuvres de Charles Chassé," AdB 73, 1966, 523-525. 5755

Claudel, Paul

Bibliothèque nationale. Paul Claudel. Paris: Bibliothèque nationale, 1968. 5756

Blanc, André. Les Critiques de notre temps et Claudel.
Paris: Garnier, 1970. (With bibliography). 5757

"Claudel en Belgique, Bibliographie," BSPC 10, 1962
(juin), 1-15. 5758

Espiau de La Maëstre, André. "Probleme der Claudel-
Forschung," SZ 179, 1967, 268-282. 5759

"Etat des recherches claudeliennes," BSCP 30, 1968 (av. -
juin), 4-7. 5760

Fumet, Stanislas. "Bibliographie, phonographie et iconographie de Claudel," in his Paul Claudel. Paris:
Gallimard, 1958. (p. 273-303). 5761

Gadoffre, Gilbert. Claudel et l'univers chinois. Paris:
Gallimard, 1968. (Bibliographies, p. 363-380). 5762

Moreau, Pierre. "Etat présent des études claudeliennes
en France," IL 22, 1970, 24-32. 5763

Petit, Jacques. "Bibliographie," RLM, 1967 - to date.
5764

Cocteau, Jean

Chanel, Pierre. Album Cocteau. Paris: Tchou, 1970.
5765
_____. L'Exposition Jean Cocteau. Lunéville: Musée de Lunéville, 1968. 5766

"Cocteau. Essai de bibliographie," Biblio 31, 1963 (10
dec.), 19-24. 5767

Georgel, Pierre. Jean Cocteau et son temps, 1889-
1963. Exposition. Paris: Institut de France, 1965.
5768
Kihm, Jean-Jacques. Cocteau. Paris: Gallimard,
1960. (Bibliographies, p. 279-311). 5769

Coindreau, Maurice Edgar

Reeves, George McMillan. "Maurice Edgar Coindreau:
a Checklist," in The Time of William Faulkner; a
French View of Modern American Fiction. Columbia, S. C.: University of South Carolina Press, 1971.
(p. 205-218). 5770

154 Guide to French Studies

Colette (Sidonie Gabrielle Colette)

Ketchum, Anne A. Colette, ou La Naissance du jour. Paris: Minard, 1968. (Bibliographies, p. 294-301). 5771

Copeau, Jacques

Fauny-Anders, France. Jacques Copeau et le Cartel des Quatre. Paris: Nizet, 1959. (Bibliography, p. 251-305). 5772

Jacques Copeau et le Vieux Colombier. Exposition. Paris: 1963. 5773

Crommelynck, Fernand

Grisay, Auguste. "Bibliographie des éditions originales de Fernand Crommelynck," LE, 1964, 145-147. 5774

Daumal, René

Vaillant, Philippe. "Chronologie de René Daumal," GR 135-136, 1967 (juillet-dec.), 8-12. (Bibliography, p. 50 of same number). 5775

Delteil, Joseph

Exposition Joseph Delteil. Montpellier: Bibliothèque universitaire, 1969. 5776

Pelayo, Donato and others. Joseph Delteil. Rodez: Subervie, 1969. (With bibliographies). 5777

Drieu La Rochelle, Pierre-Eugène

Grover, Frédéric. Drieu La Rochelle. Paris: Gallimard, 1962. (Bibliography, p. 231-244). 5778

DuBos, Charles

Mertens, Cornelis Joseph. Emotion et critique chez Charles DuBos. Nijmegen: Janssen, 1967. (Bibliography, p. 145-153). 5779

Duhamel, Georges

"Chronologie et bibliographie," in Georges Duhamel.

Paris: Mercure de France, 1967. (p. 167-178). 5780

Lebel, Maurice. "Bibliographie des oeuvres de Georges Duhamel," in his Etudes littéraires. Montreal: Centre de pscychologie et de pédagogie, 1964. (Vol. 2, p. 246-250). 5781

Eluard, Paul

Dumas, Marcelle and L. Schéler. "Bibliographie," in their Paul Eluard. Oeuvres complètes. Paris: Gallimard, 1968. (Vol. 2, p. 1315-1446). 5782

Eglin, Heinrich. "Bibliographie Paul Eluard," in his Liebe und Inspiration im Werke von Paul Eluard. Berne: Francke, 1965. (p. 566-578). 5783

Ségalat, Roger Jean. Album Eluard. Paris: Gallimard, 1968. 5784

No entry. 5785

Gatti, Armand

Knapp, Bettina L. "Articles on Gatti," KRQ 14, 1967, 405-420. 5786

Genet, Jean

Coe, Richard N. "Jean Genet: A Checklist of His Works in French, English, and German," AJFS 6, 1969, 113-130. 5787

Genevoix, Maurice

"Oeuvres de Maurice Genevoix," LdF 12, 1961 (jan 2), 12-13. 5788

Gevers, Marie

Hermans, Georges. "Compléments à la bibliographie de Marie Gevers," LE, 1967, 237-238. 5789

Ghelderode, Michel de

Beyen, Roland. Bibliographie de Michel de Ghelderode. Louvain: Universitaire Uitgaven, 1971. 5790

156 Guide to French Studies

Grisay, Auguste. "Bibliographie de Michel de Ghelderode," LE, 1962, 186-194; 1964, 272; 1968, 212. 5791

Ghéon, Henri

"Biobibliographie de Henri Ghéon," in Henri Ghéon. Dramaturgie d'hier et de demain. Lyon, 1963. (p. 163-184). 5792

Gide, André

André Gide. Paris: Bibliothèque nationale, 1970. 5792A

"Bibliographie 1966-1969," CGide 1, 1969, 389-401. (Supplements Martin, #5797). 5793

Catalogue de livres et manuscrits provenant de la bibliothèque de M. André Gide. Paris: Champion, 1925. 5794

Cordié, Carlo. "André Gide," CeS 22, 1967, 62-71. 5795

Gide en Normandie. Exposition. Rouen: Bibliothèque municipale, 1970. 5796

Martin, Claude. Essai de bibliographie des études en langue française consacrées à André Gide (1891-1966). 2 vols. Paris: Minard, in preparation). 5797

Maucuer, Maurice. Gide. L'Indécision passionnée. Paris: Le Centurion, 1969. (Bibliography, p. 163-172). 5798

Moutote, Daniel. Le Journal de Gide et les problèmes du moi (1889-1935). Paris: PUF, 1969. (Bibliography, p. 643-656). 5799

Présence d'André Gide. Exposition. Brussels: Bibliothèque royale and Bibliothèque littéraire Jacques Doucet, 1970. 5800

Thierry, Jean-Jacques. Gide. nouv. éd. Paris: Gallimard, 1968. (Bibliography, p. 219-246. With filmography and discography). 5801

Gilliard, Edmond

    Roth, Fritz R. "Bibliographie de Gilliard," in François Lachenal and others, Edmond Gilliard. Oeuvres complètes. Geneva: Trois Collines, 1965. (p. 1588-1595).   5802

Giraudoux, Jean

    Cohen, Robert C. Jean Giraudoux. Three Faces of Destiny. Chicago: University of Chicago Press, 1968. (Bibliography, p. 157-164).   5803

    Le Sage, Laurent. L'Oeuvre de Jean Giraudoux. II. University Park, Pa.: Pennsylvania State University Library, 1958. (Studies about Giraudoux, 1909-1955).   5804

Green, Julien

    Hoy, Peter C. Essai de bibliographie des études en langue française consacrées à Julien Green (1923-1967). Paris: Minard, 1970. (Two more volumes are planned to include non-French language studies).   5805

    Joye, Jean-Claude. Julien Green et le monde de la fatalité. Berne: Arnaud, 1964. (Bibliographies, p. 177-229).   5806

Gregh, Fernand

    Fernand Gregh et son temps. Exposition littéraire. Lorient: La Liberté, 1961.   5807

Groulx, Lionel

    Genest, Jean. "Une Vie de travail et d'amour," AN, 1967, 1039-1115. (With bibliography).   5808

Guèvremont, Germaine

    Leclerc, Rita. Germaine Guèvremont. Montreal: Fides, 1963. (Bibliography, p. 180-188).   5809

Harvey, Jean-Charles

    Rousseau, Guido. Jean-Charles Harvey et son oeuvre

romanesque. Montreal: Centre éducatif et culturel, 1969. (Bibliography, p. 179-190). 5810

Hellens, Franz (Frédéric van Ermengem)

    Grisay, Auguste. "Bibliographie de Franz Hellens," LE, 1961, 36-49; 1966, 102-106. 5811

Hercourt, Jean

    "Bibliographie de Jean Hercourt," CCIEP 54, 1965 (aout), 14. 5812

Humeau, Edmond

    Puel, Gaston. Edmond Humeau. Une bibliographie. Rodez: Subervie, 1960. 5813

Ionesco, Eugène

    Benmussa, Simone. "Eugène Ionesco et son temps. Eléments biographiques," in his Eugène Ionesco. Paris: Seghers, 1966. (p. 143-184. Bibliographies, p. 185-190). 5814

    Coe, Richard N. "Eugène Ionesco. An Interim Bibliography (1950-1960)," PLPS 9, 1962, 236-246. 5815

    Stauffacher, Hans Rudolf. "Eugène Ionesco. A Checklist of Productions of his Plays in German-Speaking Countries, Together with a Bibliography of Critical Articles and Reviews which have appeared in the German Language (1950-1960)," PLPS 9, 1962, 247-261. 5816

Jacob, Max

    Quiniou, Pierre. Catalogue de l'exposition en hommage à Max Jacob. Quimper: Musée des Beaux-Arts, 1961. 5817

Jarry, Alfred

    Arnaud, Noël. "La Vie nouvelle d'Alfred Jarry," CR 15, 1959, 1011-1025. (Research review). 5818

    Sutton, Lewis F. "An Evaluation of the Studies on Alfred

French Literature 159

Jarry from 1894 to 1963," DA 27, 1967, 3065A.
(North Carolina). 5819

Jouhandeau, Marcel

"Oeuvres de Marcel Jouhandeau. Essai de bibliographie,"
LdF 8, 1957 (no. 8), 10-11. 5820

Jouve, Pierre-Jean

Chapon, François. Catalogue de l'exposition Pierre-
Jean Jouve. Paris: Doucet, 1959. 5821

"Notice bio-bibliographique," Libe 9, 1967, 2-3. 5822

Jouvet, Louis

Bibliothèque nationale. Louis Jouvet. Exposition.
Paris: Bibliothèque nationale, 1961. 5823

Laberge, Albert

Brunet, Jacques. Albert Laberge, sa vie et son oeuvre.
Ottawa: Editions de l'Université d'Ottawa, 1969.
(Bibliography, p. 117-131). 5824

Larbaud, Valéry

"Bibliographie," CAVL, 1967 - to date. 5825

Famerie, Jacqueline. "Essai de bibliographie chronologique de Valéry Larbaud," NRF 10, 1957, 600-622.
5826
_____. Valéry Larbaud. Essai de bibliographie.
Brussels: Commission belge de bibliographie, 1958.
5827
La Vaissière, Robert de

Moussarie, Jacques. "Bibliographie Robert de La Vaissière," RHA 40, 1966-67, 506-510. 5828

La Varende, Jean de

Herbert, Michel. Bibliographie de l'oeuvre de Jean de
La Varende. 3 vols. Paris: M. Herbert, 1970.
5829

Lebesgue, Philéas

Simon, Louis. "Le Centenaire de Philéas Lebesgue. Avec chronologie et bibliographie," E 483-484, 1969, (July-Aug.), 215-222. 5830

Lévi-Strauss, Claude

"Bibliographie (des oeuvres), principaux comptes rendus et discussions des travaux de Claude Lévi-Strauss," Arc 26, 1965, 79-88. 5831

Maeterlinck, Maurice

Hermans, Georges. Les premières armes de Maurice Maeterlinck édition définitive. Ledeberg-Gard: Imp. et Ed. Erasmus, 1967. 5832

Renard, Raymond. "Maurice Maeterlinck en Italie. Bibliographie," AFMM 4, 1958, 75-95. 5833

Malègue, Joseph

Lebrec, Jean. Joseph Malègue, romancier et penseur. Paris: Dessain et Tobu, 1969. (Bibliographies, p. 435-456). 5834

Mallet-Joris, Françoise

Grisay, Auguste. "Bibliographie des éditions originales de Françoise Mallet-Joris," LE, 1966, 107-108. 5835

Malraux, André

Dorenlot, F. E. Malraux, ou L'Unité de pensée. Paris: Gallimard, 1970. (Bibliography, p. 283-310). 5835A

Gaillard, Pol. Les Critiques de notre temps et Malraux. Paris: Gallimard, 1970. (With bibliography). 5836

Hoffman, Joseph. "A propos de quelques études sur André Malraux," BJR 4, 1961, 40-46. 5837

Marceau, Félicien

Hermans, Georges. "Marceau. Bibliographie," LE, 1968, 223-233. 5838

Marcel, Gabriel

"Bio-bibliographie sommaire de Gabriel Marcel," in G. Marcel, Théâtre et religion. Lyon: Vitte, 1958. (p. 99-107). 5839

Troisfontaines, Roger. De l'existence à l'être. La philosophie de Gabriel Marcel. 2ᵉ éd. 2 vols. Paris: Nauwelaerts, 1968. (Bibliography, vol. 2, 381-464. With "Index des thèmes," by Marie-Pascale Chaumont). 5840

Maritain, Jacques

Bars, Henry. "Chronologie de la vie et des oeuvres de Jacques et Raissa Maritain," in his Maritain en notre temps. Paris: Grasset, 1959. (p. 355-394). 5841

Martin du Gard, Roger

Brenner, J. Martin du Gard. Paris: Gallimard, 1961. (Bibliography, iconography, and discography, p. 213-232). 5842

Paevskaia, A. V. and N. M. Eischiskina. Roger Martin du Gard. Moscow: Publishing House of the All-Union Book Press, 1958. 5843

Schlobach, Jochen. Geschichte und Fiktion in "L'Eté" von Roger Martin du Gard. Munich: Fink, 1965. (Annotated bibliography, p. 275-300). 5844

Massis, Henri

"Bibliographie Henri Massis," ICD 49, 1961, 248-253. 5845

Mauriac, François

Chapon, François. Catalogue de l'Exposition François Mauriac. Paris: Bibliothèque littéraire Jacques Doucet, 1968. 5846

Maurois, André

"Essai de bibliographie. André Maurois," Biblio 33, 1965 (juin-juillet), 21-28. 5847

Merle, Robert

"Robert Merle. Notice bio-bibliographique," AUP 30, 1968, 283-284. 5848

Michaux, Henri

Argent, François d'. "Essai de bibliographie complète. Bibliographie critique de Michaux," in Henri Michaux. Paris: Minard, 1966. (p. 430-447, 447-459). 5849

Grisay, Auguste. "Bibliographie des éditions originales de Henri Michaux," LE, 1969, 5-15, 215-218. 5850

Place, Georges G. Henri Michaux. Paris: Chroniques des lettres françaises, 1970. (With a 43-page bibliography). 5851

Milosz-Milasius, Oscar Venceslas de Lubicz

Chapon, François. "Bibliographie des éditions originales," Lettres 7, 1959, 213-217. 5852

Guise, Stanley M. "Publications originales en périodiques," Lettres 7, 1959, 218-222. 5853

Place, Georges G. Milosz. Paris: Chronique des lettres françaises, 1970. (With a 56-page bibliography). 5854

Mockel, Albert

Catalogue de l'Exposition Albert Mockel. Brussels: Fondation Charles Plisnier, 1967. 5855

Grisay, Auguste. "Bibliographie des éditions originales d'Albert Mockel," LE, 1968, 56-60. 5856

Montherlant, Henry de

Batchelor, John. Existence and Imagination. The Theatre of Henry de Montherlant. St. Lucia: University of Queensland Press, 1967. (Bibliographies, p. 247-266). 5857

"Bibliographie et discographie de l'oeuvre de Henry de Montherlant, 1948-1958," in Montherlant, Don Juan. 13e éd. Paris: Gallimard, 1958. (p. 185-202). 5858

Hernandez, Francisco J. El teatro de Montherlant, dramaturgia y tauromaquia. Madrid: Editorial Prensa Española, 1969. (Bibliography, p. 287-295). 5859

Neville, Daniel E. Henry de Montherlant and his Critics. Isabella, Mich., 1967. 5860

———. Montherlant, a Contemporary Master. (A Bibliographical and Biographical Essay). Lawrence, Kansas, 1966. 5861

Perruchot, Henri. "Bibliographie, iconographie, phonographie," in his Montherlant. Paris: Gallimard, 1969. (p. 215-241). 5862

Morand, Paul

Sarkany, Stéphane. Paul Morand et la cosmopolitanisme littéraire. Paris: Klincksieck, 1968. (Bibliography, p. 241-252). 5863

Nelligan, Emile

Burger, B. "Bibliographie d'Emile Nelligan," EF 3, 1967, 285-298. 5864

Neuhuys, Paul

Grisay, Auguste. "Bibliographie des éditions originales de Paul Neuhuys," LE, 1965, 255-259. 5865

Nizan, Paul

Leiner, Jacqueline. Le Destin littéraire de Paul Nizan et ses étapes successives. Contribution à l'étude du mouvement littéraire en France de 1920 à 1940. Paris: Klincksieck, 1970. (With bibliography). 5866

Noël, Marie

Hermans, Georges. "Marie Noël. Bibliographie," LE, 1968, 5-26. 5867

Norge (Georges Mogin)

Grisay, Auguste. "Bibliographie des éditions originales de Géo Norge," LE, 1966, 251-254. 5868

Paulhan, Jean

Zylberstein, Jean-Claude. "Bibliographie," NRF 17, 1969, (mai), 1042-1055. 5869

Péguy, Charles

"Bibliographie pré - 1965," ACPFM 126, 1966, 164-179. (Bibliography in the form of critical reviews. Current continuations). 5870

Duployé, Pie. La Religion de Péguy. Paris: Klincksieck, 1965. (Bibliography, p. 647-676). 5871

Martin, Auguste. "Carnet Péguy. Ephémérides et presse," ACPFM, 1967 - to date. 5872

Pergaud, Louis

Chatot, Eugène. Bibliographie de Louis Pergaud. Besançon: Néo-Typo, 1969. (Supplement to AmisLP, no. 5, 1969). 5873

Périer, Odilon-Jean

Grisay, Auguste. "Bibliographie de Odilon-Jean Périer," LE, 1962, 324-327. 5874

Ponge, Francis

Thibaudeau, Jean. Ponge. Paris: Gallimard, 1967. (Bibliography, p. 259-277). 5875

Prévost, Jean

Bertrand, Marc. L'Oeuvre de Jean Prévost. Berkeley: University of California Press, 1968. (Bibliography, p. 111-127). 5876

Proust, Marcel

Alley, John N. "Proust and Art. The Anglo-American Critical View," RLC 37, 1963, 410-430. 5877

Brée, Germaine. "Marcel Proust: Changing Perspectives," AJFS 1, 1964, 104-113. (Also in #4705). 5878

Cattaui, Georges. "Formation de Marcel Proust," Cr 15, 1959, 819-838. (Research review). 5879

Chantal, René de. Marcel Proust. Critique littéraire. Montréal: Presses de l'Université de Montréal, 1967. (Bibliographies, vol. 2, p. 645-744). 5880

Ferre, A. Géographie de Marcel Proust. Avec un index des noms de lieux et des termes géographiques. Paris: Sagittaire, 1939. 5881

Giorgi, Giorgetto. "Proust en Italie: 1926-1966," BSAMP 17, 1967, 591-602. 5882

Köhler, Erich. "Zehn Jahre auf der Suche nach Marcel Proust. Forschungsbericht," RoJb 8, 1957, 177-208. 5883

Newman-Gordon, Pauline. Dictionnaire des idées dans l'oeuvre de Marcel Proust. The Hague: Mouton, 1969. 5884

Pistorius, Georges. "Proust en Allemagne, 1922-1959; 1960-1964, Bibliographie," BSAMP 15, 1965, 328-337; 16, 1966, 441-447. 5885

Simone, Franco. "Gli sviluppi degli studi recenti su Marcel Proust," SF. (Forthcoming). 5886

Queneau, Raymond

Bens, Jacques. Raymond Queneau en verve. Paris: Horay, 1970. (Alphabetical list of his words, aphorisms, etc.). 5887

"Bibliographie Raymond Queneau," Arc 28, 1966, 81-83. 5888

Rainier, Lucien

Marie Henriette de Jésus, Sister. Lucien Rainier, abbé Joseph-Marie Melançon: l'homme et l'oeuvre. Montreal: Eds. du lévrier, 1966. (Bibliography, p. 281-331). 5889

Ramuz, Charles-Ferdinand

Guisan, Gilbert. "Chronologie," E 459-460, 1967, 126-

131.

Renard, Jean-Claude

"Bibliographie de Jean-Claude Renard," PC 46-47, 1958 (dec.), 53-54. 5891

Reverdy, Pierre

A la rencontre de Pierre Reverdy. Saint Paul: Fondation Marguerite et Aimé Maeght, 1970. (Exhibition catalogue). 5892

Robbe-Grillet, Alain

Besses, Ona D. "A Bibliographic Essay on Alain Robbe-Grillet," BB 26, 1969, 52-59; 87-88. 5893

Rybalka, Michel. "Alain Robbe-Grillet: A Bibliography," WCR 3, 1968 (no. 2), 31-38. 5894

Rolland, Romain

Catalogue de l'exposition Romain Rolland et la Suisse. Geneva: Musée d'art et d'histoire, 1966. 5895

Dahme, Klaus. Romain Rolland. Weltbürger zwischen Frankreich und Deutschland. Stuttgart: Süddeutscher Verlag, 1967. 5896

Mandić-Pachl, Helena. "Romain Rolland en Yougoslavie," SRAZ, 1967, 247-258. 5897

Bio-bibliogr ukazatel'. Moscow: Izd. Vsesojuz. kniz. palaty, 1959. 5898

Wilson, Ronald Alfred. The Pre-War Biographies of Romain Rolland. London: Oxford University Press, 1939. (Bibliography, p. 222-233). 5899

Ropartz, Joseph Guy Marie

Djemil Saïd, Omer. Ropartz, ou la recherche d'une vocation. L'Oeuvre littéraire du maître et ses résonnances musicales. Le Mans: Vilaire, 1967. (Bibliography, p. 257-281). 5900

Roy, Gabrielle

Charland, Roland-M. Gabrielle Roy. Montréal: Fides, 1967. (Bibliography, by Jean-Noël Samson, p. 83-90). 5901

Saint-Denys-Garneau

Blais, Jacques. "Documents pour servir à la bibliographie critique de l'oeuvre de Saint-Denys-Garneau," RUL 18, 1963-1964, 424-438. 5901A

Bourneuf, Roland. Saint-Denys-Garneau et ses lectures européennes. Quebec: Presses de l'Université Laval, 1969. (Bibliography, p. 319-326). 5902

Saint-Exupéry, Antoine de

Chevrier, Pierre. Saint-Exupéry. 2e éd. Paris: Gallimard, 1958. (Bibliographies, p. 243-269). 5903

Saint-John Perse (Alexis Léger)

Charpier, Jacques. Saint-Jean Perse. Paris: Gallimard, 1962. (Bibliographies, p. 261-292). 5904

Little, Roger. Supplement "A" to the Word Index of the Complete Poetry and Prose of Saint-John Perse. Southampton, England: University of Southampton, 1967. 5905

Salacrou, Armand

Di Franco, Fiorenza. Le Théâtre de Salacrou. Paris: Gallimard, 1970. (Bibliography, p. 166-170). 5906

Mignon, Paul-Louis. Armand Salacrou. Paris: Gallimard, 1960. (Bibliographies, p. 285-309). 5907

Ubersfeld, Annie. Armand Salacrou. Paris: Seghers, 1970. (Bibliography, p. 185-190). 5908

Sartre, Jean-Paul

Belkind, Allen. Jean-Paul Sartre. Sartre and Existentialism in English. A Bibliographical Guide. Kent, Ohio: Kent State University Press, 1970. 5909

Contat, Michel and Michel Rybalka. Les écrits de Sartre. Bibliographie commentée. Paris: Gallimard, 1970. 5910

Kohut, Karl. Was ist Literatur? Die Theorie der "Littérature engagée" bei Jean-Paul Sartre. Marburg, 1965. (Dissertation. Bibliography of works by and about Sartre, p. 223-365, about 1700 titles). 5911

McMahon, Joseph H. Humans Being. The World of Jean-Paul Sartre. Chicago: University of Chicago Press, 1971. (Bibliography, p. 373-389). 5912

Savard, Félix-Antoine

Blais, Lucienne. Bibliographie analytique de l'oeuvre de Mgr. Félix-Antoine Savard. Montreal: Fides, 1967. 5913

Senghor, Léopold Sédar

Guibert, Armand. Léopold Sédar Senghor; l'homme et l'oeuvre. Paris: Présence africaine, 1962. (Bibliography, p. 165-175). 5914

Markowitz, Irving Leonard. Léopold Sédar Senghor and the Politics of Negritude. New York: Atheneum, 1969. (Bibliography, p. 241-289). 5915

Mezu, Sebastian Okechukwu. Léopold Sédar Senghor et la défense et illustration de la civilisation noire. Paris: Didier, 1968. (Bibliography, p. 205-229). 5916

Séverin, Fernand

Detemmerman, Jacques. "Fernand Séverin Bibliographie," LE, 1969, 181-189. 5917

Simenon, Georges

Grisay, Auguste. "Bibliographie des éditions originales de Georges Simenon," LE, 1964, 5-34. 5918

Menguy, C. Bibliographie des éditions originales de Georges Simenon, y compris les oeuvres publiées sous des pseudonymes. Brussels, le Livre et l'estampe, 1967. (And in LE 49-50, 1967, 5-101, 460-465). 5919

French Literature

Soreil, Arsène

"Bibliographie de Soreil," Dry 52, 1967, 29-33. 5920

Spire, André

Marix-Spire, Thérèse. "Bibliographie succincte. André
 Spire," ACPFM 132, 1967, 69-72. 5921

──────. "Bibliographie," E 467, 1968, 254-265. 5922

Suarès, André

Chapon, François. Catalogue de l'exposition Suarès.
 Paris: Musée Bourdelle, 1968. 5923

Dietschy, Marcel. "Chronologie de la vie d'André
 Suarès," in his Le Cas Suarès. Neuchâtel: La
 Baconnière, 1967. (p. 312-317. Bibliographies, p.
 335-343). 5924

Gernet, Michel. André Suarès, décembre 1968 - janvier
 1969. Marseille: Bibliothèque municipale, 1968.
 (Also in ALP 70-71, 1968, 3065. 5925

Supervielle, Jules

Chapon, François. Exposition Jules Supervielle 1958.
 Paris: Université, Bibliothèque littéraire Jacques
 Doucet, 1958. 5926

"Oeuvres de Jules Supervielle. Essai de bibliographie,"
 LdF 8, 1957 (no. 2), 11-12. 5927

Teilhard de Chardin, Pierre

Cuenot, Claude. Nouveau lexique Teilhard de Chardin.
 Paris: Seuil, 1968. 5928

Cuypers, Hubert. Vocabulaire de Teilhard de Chardin.
 Lexique, citations, references. Paris: Editions
 universitaires, 1963. 5929

Deckers, Marie-Christine. Le Vocabulaire de Teilhard
 de Chardin. Les Eléments grecs. Gembloux:
 Duculot, 1968. (With lexicon of 1260 words). 5930

Fuss, Albert. "Zum Stand der Teilhardforschung (1955-1969)," RoJb 20, 1969, 130-160. 5931

L'Archevêque, Paul. Teilhard de Chardin: Index analytique. Quebec: Presses de l'Université Laval, 1967. 5932

Polgar, Ladislaus. Internationale Teilhard- Bibliographie, 1955-1965. Munich: Alber, 1965. 5933

Poulin, Daniel. Teilhard de Chardin. Essai de bibliographie, 1955-1966. Quebec: Presses de l'Université Laval, 1966. 5934

Thiry, Marcel

    Grisay, Auguste. "Bibliographie de Marcel Thiry," LE 1963, 150-156. 5935

Toesca, Maurice

    "Essai de bibliographie des oeuvres de Maurice Toesca," LdF 9, 1958 (no. 6), 9. 5936

Toulet, Paul-Jean

    Adhémar, Jean and Marie-Christine Angebault. Catalogue de l'exposition Toulet. Paris: Bibliothèque nationale, 1968. 5937

    Goasguen, Jean and Geneviève Anthony. La Vie et l'oeuvre de Paul-Jean Toulet. Pau: Bibliothèque municipale, 1967. 5938

Triolet, Elsa (Mme Louis Aragon)

    Schéler, Lucien. "Triolet. Bibliographie des oeuvres," E 454-455, 1967, 248-253. 5939

Vailland, Roger

    Chaleil, Max. Roger Vailland. Rodez: Subervie, 1970. (Bibliography, p. 283-301). 5940

Valéry, Paul

    Arnold, A. James. Paul Valéry and His Critics, A Bib-

French Literature 171

liography. French-Language Criticism, 1890-1929. Charlottesville, Virginia: University of Virginia Press, 1970. (Annotated). 5941

Vallotton, Benjamin

LaRochefoucauld, Edmée de. "Notice sur Benjamin Vallotton," ARLLF, 1968, 209-228. (Bibliography, p. 225-228). 5942

Vandercammen, Edmond

"Bibliographie des oeuvres d'Edmond Vandercammen," Marg 58-59, 1958, 160-163. 5943

Verboom, René

Cosyns-Verhaegen, Génia. "Bibliographie René Verboom," BCBB, 1965 (no. 2-3), 83-89. 5944

Vercors (Jean Bruller)

Konstantinović, Radivoje. "Essai d'une bibliographie de Vercors," BJR 5, 1962 (avril), 41-45. 5945

―――. "Oeuvres de Jean Bruller," and "Oeuvres de Vercors," in his Vercors écrivain et dessinateur. Paris: Klincksieck, 1969. (p. 185-214). 5946

Vian, Boris

Rybalka, Michel. "Documentation et bibliographie," in his Boris Vian. Essai d'interprétation et de documentation. Paris: Minard, 1969. (p. 171-252). 5947

Vivier, Robert

Jacovleff-Witmeur, Claire and Giovanni Caravaggi. "Bibliographie," MR 15, 1965, 49-55. 5948

Weil, Simone

Cabaud, Jacques. L'Expérience vécue de Simone Weil. Paris: Plon, 1957. (Bibliography, p. 384-401). 5949

Thiout, Michel. Jalons sur la route de Simone Weil. 2. Essai de bibliographie des écrits de Simone Weil. Paris: Minard, 1959. 5950

Part Four:

SCHOLARS AND CRITICS OF THE
NINETEENTH AND TWENTIETH CENTURIES

I. General

"Annuaire international des dix-huitièmistes," DHS 1, 1969, 405-477. (Supplemented annually). 5951

Directory of American Scholars, a Biographical Directory. Volume III: Foreign Languages, Linguistics, and Philology. 5th ed. New York: J. Cattell, 1969. 5952

"Directory of the AATF [American Association of Teachers of French]," FR, Vol. 20, 1947 - to date. (Annual). 5953

Gallais, Pierre and others. Répertoire international des médiévistes. Poitiers: Centre d'Etudes supérieures de civilisation médiévale, 1965. 5954

International Directory of Translators and Interpreters. London: Pond Press, 1967. 5955

Kürschners deutscher Gelehrten - Kalender. 11th ed. 2 vols. Berlin: de Gruyter, 1970-1971. 5956

"List of Members of the Modern Language Association of America," PMLA, Vol. 28, 1913 - to date. (Annual). 5957

"Liste des membres," Arch BB, Annual. 5958

"Liste des membres de la Société de Linguistique Romane," RLR 19, 1955 - to date. (Annual). 5959

"Literary Necrology," BA, Vol. 41, 1967 - to date. (Annual. Scholars and creative writers). 5960

Müller, Johannes. Die wissenschaftlichen Vereine und Gesellschaften Deutschlands im neunzehnten Jahrhundert. Bibliographie ihrer Veröffentlichungen seit ihrer Begrün-

Scholars and Critics 173

dung bis auf die Gegenwart. 3 vols. Berlin: Asher, 1883-1887. 5961

The National Faculty Directory - 1971. Detroit: Gale Research, 1971. 5962

"Répertoire des vingtièmistes," SEVS, 1971 - Annual. 5963

II. Individual Scholars and Critics

Aebischer, Paul

"Bibliographie des travaux de l'auteur relatifs à l'épopée française médiévale," in Paul Aebischer, Rolandiana et Oliveriana. Geneva: Droz, 1967. (p. 11-13). 5964

Miscelanea Paul Aebischer. Barcelona: Instituto Internacional de Cultura Romànica, 1963. (List of his works, p. 11-32). 5965

Alquié, Ferdinand

"Ferdinand Alquié," AUP 25, 1955, 47-48. 5966

Auerbach, Erich

"Schriftenverzeichnis Erich Auerbachs," in Erich Auerbach, Gesammelte Aufsätze zur romanischen Philologie. Berne: Francke, 1967. (p. 365-369). 5967

Baldinger, Kurt

Schwake, H. P. "Kurt Baldinger: Notice bio-bibliographique," RLR 33, 1969, 392-405. 5968

Bally, Charles

Mélanges de linguistique offerts à Charles Bally. Geneva: Georg, 1939. (With bibliography of his most important works). 5969

Barthes, Roland

Gardain, Jean-Michel. "Barthes," Bel 23, 1968, 50-77. (With bibliography). 5970

174   Guide to French Studies

Schober, Rita. "Im Banne der Sprache." Strukturalismus in der nouvelle critique, speziell bei Barthes. Halle: Mitteldeutscher Verlag, 1968. (Bibliography, p. 113-121). 5971

Bataillon, Marcel

"Bibliographie," in Mélanges offerts à Marcel Bataillon. Bulletin hispanique. 64 bis, 1962, ix-xxxii. 5972

Becker, P. -A.

"Bibliographisches Verzeichnis," in Philipp August Becker, Zur romanischen Literaturgeschichte. Ausgewählte Studien und Aufsätze. Munich: Francke, 1967. (p. 741-747). 5973

Bédarida, Henri

"Henri Bédarida," AUP 22, 1952, 54-57. 5974

Béguin, Albert

"Bibliographie des oeuvres et des articles d'Albert Béguin," Es, 1958 (no. 12), 940-964. 5975

Franck, Dorothée Juliane. La quête spirituelle d'Albert Béguin. Neuchâtel: La Baconnière, 1965. (Bibliography of works by and about Béguin, p. 141-157). 5976

Grotzer, Pierre. "Bibliographie Péguy d'Albert Béguin," FMACP 106, 1964 (avril), 42-44. 5977

_____. Les Ecrits d'Albert Béguin. Essai de bibliographie. Neuchâtel: La Baconnière, 1967. 5978

Belaval, Yvon

"Yvon Belaval. Notice bio-bibliographique," AUP 38, 1968, 75-76. 5979

Berthelot, Philippe

"Eléments d'une bibliographie de Philippe Berthelot," BSPC, 1967 (28 oct.), 66-67. 5980

Bertrand, Jean-Joseph Achille

    Pageard, Robert. "Jean Joseph Achille Bertrand (1884-1960), biographie, bibliographie," RLC 39, 1965, 629-638.   5981

Besterman, Theodore

    Francis, Frank. "Besterman, Writer and Editor, a Bibliographical Appreciation," in William Henry Barber and others, The Age of Enlightenment. Studies Presented to Theodore Besterman. Edinburgh: Oliver and Boyd, 1967. (p. 431-460).   5982

Betz, Louis Paul

    Bodmer, Daniel. "Bibliographie der Werke von und über Louis P. Betz," in Fritz Ernst and Kurt Wais, Forschungsprobleme der vergleichenden Literaturgeschichte. 2 vols. Tübingen: Niemeyer, 1958. (Vol. 2, p. 170-172).   5983

Bezzola, Reto

    Hilty, Gerold. "Widmung," VR 27, 1968, 1-3. (With bibliography of his works on medieval French literature).   5984

Boase, Alan

    "List of His Major Publications," in The French Renaissance and its Heritage. Essays Presented to Alan Boase. London: Methuen, 1968. (p. xiii-xv).   5985

Boisdeffre, Pierre de

    "Essai de bibliographie," Biblio 38 (10 dec.), 1965, 19-20.   5986

Bosquet, Alain

    Dubuc, André. "Bosquet. Sa bibliographie," AF 33, 1968 (dec.), 37-38.   5987

Boutière, Jean

    "Jean Boutière," AUP 18, 1948, 98-101.   5988

Boutruche, Robert

"Robert Boutruche," AUP 29, 1959, 254-255.   5989

Brahmer, Meiczyslaw

    Zaboklicke, Krzysztof. "Publications de Brahmer, bibliographie pour les années 1922-1966," in Mélanges de littérature comparée et de philologie offerts à Meiczyslaw Brahmer. Warsaw: Eds. Scientifiques de Pologne, 1967. (p. 13-25).   5990

Brüch, Josef

    Gossen, Carl Theodor. "Josef Brüch 1886-1962," ZrP 78, 1962, 628-634. (With bibliography).   5991

Brun, Auguste

    Colotte, Pierre. "Complément à la bibliographie d'Auguste Brun," PH 14, 1964, 387-392.   5992

Brunet, Jacques-Charles

    Girou de Buzareingues, Claire. "Jacques-Charles Brunet," BibF 156, 1967 (no. 48, 2e partie), 302-310.   5993

Brunot, Ferdinand

    Bonnerot, Jean. "Bibliographie de Ferdinand Brunot," AUP 13, 1938, 113-123.   5994

Burger, André

    "Bibliographie des publications de M. André Burger," CFS 22, 1966, 9-13.   5995

Calvet, Jean

    Lebel, Maurice. "Bibliographie des oeuvres de Jean Calvet," in his Etudes littéraires. Montréal: Centre de psychologie et de pédagogie, 1964. (Vol. 2, p. 181-186).   5996

    _____. "Bibliographie Mgr. Jean Calvet," RUL 19, 1964-65, 760-763.   5997

Cameroni, Felice

    Ragusa, Olga. "Felice Cameroni tra Italia e Francia. Appunti bio-bibliografici," SF 7, 1963, 96-101. 5998

Caraccio, Armand

    Escallier, Emile. "Stèle pour un ami défunt: Armand Caraccio, 1895-1969. Bio-bibliographie," CAIp 47, 1970. 5999

Carré, Jean-Marie

    "L'Oeuvre de Jean-Marie Carré," in Connaissance de l'étranger. Mélanges offerts à la mémoire de Jean-Marie Carré. Paris: Didier, 1964. (p. xiii-xviii). 6000

Castex, P. -G.

    "Pierre-Georges Castex," AUP 27, 1957, 43-44. 6001

Chaigne, Louis

    "Note biographique et bibliographie," in Louis Chaigne, Reconnaissance à la lumière. Portraits et souvenirs. Paris: Mame, 1965. (p. 245-248). 6002

Chailley, Jacques

    "Jacques Chailley," AUP 23, 1953, 91-94. 6003

Chancerel, Léon

    "Bibliographie Léon Chancerel," RHT 20, 1968, 194-248. 6004

Chastel, André

    "André Chastel," AUP 28, 1958, 42-43. 6005

Chisholm, Alan Rowland

    Kirsop, Wallace. "A. R. Chisholm: A Short Bibliography," AJFS 6, 1969, 346-350. 6005A

Chomsky, Noam

Lyons, John. Noam Chomsky. New York: Viking, 1970. (Bibliography, p. 135-137). 6006

Cioranescu, Alexandre

"Alexandre Cioranescu. Notice bio-bibliographique," Or 14, 1965, 604-605. 6007

Ciureanu, Petre

Cordié, Carlo. "Saggi e ricerche su scrittori francesi (e italiani) di Petre Ciureanu," LetM 9, 1959, 645-649. 6008

Cohen, Marcel

"Bibliographie des travaux de Marcel Cohen depuis 1955," in David Cohen, éd., Mélanges Marcel Cohen. Etudes de linguistique... offertes par ses amis et ses élèves. The Hague: Mouton, 1970. (p. xix-xxxix). 6009

Crozet, René

"Bibliographie de René Crozet," in Pierre Gallais and Yves-Jean Ridou, Mélanges offerts à René Crozet. 2 vols. Poitiers: Société d'Etudes Médiévales, 1966. (Vol. I, p. xix-xxxi). 6010

Curtius, Ernst Robert

Terza, Dante della. "Ernst Robert Curtius," Bel 22, 1967, 166-185. (Bibliography, p. 182-185). 6011

Dédéyan, Charles

"Charles Dédéyan," AUP 19, 1949, 545-547. 6012

Delbouille, Maurice

"Bibliographie de Maurice Delbouille," in Mélanges de linguistique romane et de philologie médiévale offerts à M. Maurice Delbouille. 2 vols. Gembloux: Duculot, 1964. (Vol. 1, p. 11-26). 6013

Deloffre, Frédéric

"Frédéric Deloffre. Notice bio-bibliographique," AUP 37, 1967, 255-256.   6014

Dieckmann, Herbert

"Bibliographie Herbert Dieckmann," Europäische Aufklärung. Herbert Dieckmann, edited by Hugo Friedrich and Fritz Schalk. Munich: Fink, 1967. (p. 327-331).   6015

Ducháček, Otto

"Otto Ducháček. Notice biographique et bibliographique," Or 13, 1964, 343-344.   6016

Dupouy, Auguste

"Essai de bibliographie de Dupouy," CI 15, 1968, 21-22.
                                                              6017

Duraffour, Antonin

"Bibliographie d'Antonin Duraffour," in Mélanges Antonin Duraffour. Hommage offert par ses amis et ses élèves. Zurich: Niehans, 1939. (p. xii-xv). 6018

Tuaillon, G. "Index étymologique des travaux d'Antonin Duraffour," RLR 24, 1960, 123-170. (His phonetic studies).   6019

Durry, Marie-Jeanne

"Mme Marie-Jeanne Durry," AUP 19, 1949, 543. 6020

Etiemble, René

"René Etiemble," AUP 26, 1956, 343-344.   6021

Etienne, Servais

Desonay, Fernand. "Notice bibliographique sur Servais Etienne," ARLLF, 1958, 76-79.   6022

Fabre, Jean-Marcel

"Jean-Marcel Fabre," AUP 22, 1952, 546-547.   6023

Fawtier, Robert

"Robert Fawtier," AUP 21, 1951, 588-590. 6024

Fouché, Pierre

Aubrun, Charles V. "Fouché," AUP 38, 1968, 443-446.
(With bibliography). 6025

Fouché, Mme Pierre. "Bibliographie des travaux de M.
Pierre Fouché," in Mélanges de linguistique et de
philologie romanes dédiés à la mémoire de Pierre
Fouché (1891-1967). Paris: Klincksieck, 1970.
(p. xi-xvi). 6026

Foulet, Alfred

Dankel, Mary B. and J. Duncan Robertson. "An Analytical Bibliography of the Writings of Alfred Foulet,"
RP 22, 1968-69, 384-395. 6027

Foulet, Lucien

Dembowski, Peter F. and Karl D. Uitti. "An Analytical
Bibliography of the Writings of Lucien Foulet," RP
22, 1968-1969, 373-383. 6028

Frank, István

"Bibliographie des publications d'István Frank," AUS 6,
1957, 7-10. 6029

Friedrich, Hugo

"Schriftenverzeichnis Hugo Friedrich," in Ideen und Formen. Festschrift für Hugo Friedrich. Frankfurt
am Main: Klostermann, 1965. (p. 321-322). 6030

Frappier, Jean

"Bibliographie des travaux de Jean Frappier," in
Mélanges de langue et de littérature du Moyen Age
et de la Renaissance offerts à Jean Frappier. 2
vols. Geneva: Droz, 1970. (Vol. 1, p. vii-xvi).
6031
"Jean Frappier," AUP 18, 1948, 410-411. 6032

Gamillscheg, Ernst

Ullmann, W. and others. "Schriftenverzeichnis Ernst Gamillscheg," in Verba et Vocabula. Ernst Gamillscheg zum 80. Geburtstag. Munich: Fink, 1968. (p. 649-670). 6033

Gardette, Pierre

"Bibliographie des travaux de Mgr. Pierre Gardette," in Mélanges de linguistique et de philologie romanes offerts à Monseigneur Pierre Gardette. Strasbourg: Klincksieck, 1966. (p. 11-16). 6034

Garric, Robert

Roussier, Michel. "Bibliographie de Garric," RHA 41, 1968-1969, 209-221. 6035

Germain, Charles Alexandre

Delisle, Léopold. "Bibliographie des travaux de Ch. Alex. Germain," BHP, 1887, 89-98. 6036

Gevers, Marie

Hermans, G. "Bibliographie de Marie Gevers de l'Académie Royale de langue et de littérature françaises," LE, 1965, 197-217. 6037

Giese, Wilhelm

Schneider, Hans. "Bibliographie. Wilhelm Giese," Or 9, 1960, 592-596. 6038

Gougenheim, Georges

"Georges Gougenheim," AUP 28, 1958, 48-49. 6039

"Travaux scientifiques de M. G. Gougenheim concernant la langue française," in Etudes de Grammaire et de vocabulaire français... pour Georges Gougenheim. Paris: Picard, 1970. (p. 425-430). 6040

Gouhier, Henri

"Henri Gouhier," AUP 19, 1949, 116-119. 6041

Goyau, Georges

    Lebel, Maurice. "Bibliographie des oeuvres de Georges Goyau," in his Etudes littéraires. Montréal: Centre de psychologie et de pédagogie, 1964. (Vol. 2, p. 114-117).   6042

Gregh, Fernand

    Fernand Gregh et son temps. Exposition littéraire. Lorient: La Liberté, 1961.   6043

Grente, Georges

    Lebel, Maurice. "Bibliographie des oeuvres de son Eminence le Cardinal Georges Grente," in his Etudes littéraires. Montréal: Centre de psychologie et de pédagogie, 1964. (Vol. 2, p. 151-153).   6044

Grevisse, Maurice

    Desonay, Fernand. "Bibliographie de Maurice Grevisse," in Mélanges de grammaire... offerts à Maurice Grevisse. Gembloux: Duculot, 1966. (p. 15-20). 6045

Groulx, Lionel

    L'Oeuvre du Chanoine Lionel Groulx. Témoignage bio-bibliographique. Montréal: L'Académie canadienne-française, 1964.   6046

Guéhenno, Jean

    "Jean Guéhenno. Essai de bibliographie," LdF 12, 1961 (dec.), 12.   6047

Guillaume, Gustave

    Guillaume, Gabriel. Grand linguiste français, Gustave Guillaume. Présentation de son oeuvre, témoignage bibliographique de son influence. Paris: Picard, 1970.   6048

    Jacob, André. Les Exigences théoriques de la linguistique selon Gustave Guillaume. Paris: Klincksieck, 1970. (Bibliography, p. 273-281).   6049

Moignet, G. "Bibliographie des travaux de linguistique française de l'inspiration guillaumiste," Lgs 7, 1967, 101-104. 6050

Guth, Paul

"Essai de bibliographie," Biblio 35 (no. 7), 13. 6051

Guyard, Marius-François

"Marius-François Guyard. Notice bio-bibliographique," AUP 37, 1967, 451-452. 6052

Guyot, Charly

"Bibliographie de Charly Guyot," in Charly Guyot, De Rousseau à Marcel Proust. Neuchâtel: Ides et Calendes, 1968. (p. 227-232). 6053

Halphen, Louis

Perrin, Ch.-Edmond. "Louis Halphen, 1880-1950," AUP 21, 1951, 79-92. 6054

Ham, E. B.

Fay, P. B. "A Bibliography of the Writings of Edward Billings Ham," in Urban T. Holmes, ed., Romance Studies in Memory of Edward Billings Ham. Hayward, California, 1967. (p. 151-161). 6055

Harrisse, Henry

Growell, Ad. Henry Harrisse. Biographical and Bibliographical Sketch. New York: Dibdin Club, 1899. 6056

Hazard, Paul

Saintville, G. "Publications de Paul Hazard," and "Sur Paul Hazard et sur ses travaux," RLC 20, 1940-1946, 99-153. 6057

Henriot, Emile

Sigaux, Gilbert. "Oeuvres d'Emile Henriot," in E. Henriot, Courrier littéraire, 18e siècle. nouv. éd. Paris: Michel, 1962. (Vol. 2, p. 9-14). 6058

184　　　　　　　　　　Guide to French Studies

Henry, Albert

"Bibliographie des travaux d'Albert Henry," Université de Strasbourg, Centre de Philologie et de littérature romanes 10, 1964-65, 87-91.　　　　　　　6059

Hess, Gerhard

Jauss, Hans Robert. "Schriftenverzeichnis Gerhard Hess," in G. Hess, Gesellschaft, Literatur, Wissenschaft. Gesammelte Schriften 1938-1966. Munich: Fink, 1967. (p. 345-347).　　　　　　　　　6060

Hilka, Alfons

Baum, Richard and H. H. Christmann. "Verzeichnis der Schriften von Alfons Hilka," RoJb 18, 1967, 56-66.　　　　　　　　　　　　　　　　　　6061

Hofer, Stefan

Reinhardt, T. "Stefan Hofer. Bibliographie," ZrP 75, 1959, 207-209.　　　　　　　　　　　　　6062

Iordan, Iorgu

"Bibliographie des travaux du professeur Iorgu Iordan," RRL 13, 1968, 385-396. (For the years 1958-1968).
　　　　　　　　　　　　　　　　　　　6063
Sala, Marius. "Nuestros filólogos: Iorgu Iordan," BFE 22-23, 1967, 3-15. (Bibliography, p. 6-15).　6064

Jaberg, Karl

"Bibliographie der Veröffentlichungen von Karl Jaberg," in Karl Jaberg, Sprachwissenschaftliche Forschungen und Ergebnisse. Berne: Francke, 1965. (p. 325-334).　　　　　　　　　　　　　　　　　　6065

"Karl Jaberg. Bibliographie der Veröffentlichungen," RomH 6, 1937, xv-xxii.　　　　　　　　　6066

Jakobson, Roman

"A Bibliography of the Publications of Roman Jakobson," in: To Honor Roman Jakobson: Essays.... 3 vols. The Hague: Mouton, 1967. (Vol. I, p. xi-xxxiii).
　　　　　　　　　　　　　　　　　　　6067

Jordell, Daniel

    Sury, Charles. "Daniel Jordell, bibliographie (1860-1923)," BM 23, 1926-1927, 59-65. 6068

Kohler, Eugène

    Straka, Georges. "Eugène Kohler. Bibliographie des publications," Or 6, 1957, 557-559. 6069

Krüger, Fritz

    Olbrich, Rolf. "Bibliografia de las publicaciones de F. Krüger," in Homenaje a Fritz Krüger. 2 vols. Mendoza, Argentina: Universidad Nacional de Cuyo, 1953. (Vol. 1, p. vii-xxx). 6070

Kuhn, Alwin

    Gossen, Carl. "Theodor Alwin Kuhn. Nachruf," ZrP 84, 1968, 693-698. (With bibliography). 6071

    Plangg, Guntram. "Verzeichnis wissenschaftlichen Veröffentlichungen Alwin Kuhns," Weltoffene Romanistik. Festschrift Alwin Kuhn. Innsbruck, 1963. (p. 359-365). 6072

Laboulaye, Edouard

    Rozière, E. de. "Bibliographie des oeuvres d'Edouard Laboulaye," NRH, 1888, 771-821. 6073

Lacroix, Paul

    Drujon, Fernand. "Bibliographie des oeuvres de Paul Lacroix (Bibliophile Jacob)," Liv, 1884, 369-391. 6074

Lafuma, Louis

    "Bibliographie des travaux de Louis Lafuma," CPR 15-16, 1966, 5-12. 6075

Landry, C.-F.

    Roth, F. R. "Bibliographie de l'oeuvre de C.-F. Landry," in Hommage à C.-F. Landry. Lausanne: Roth and Sauter, 1969. (p. 115-119). 6076

Lanoux, Armand

"Oeuvres d'Armand Lanoux. Essai de bibliographie," LdF 8, 1957 (no. 3), 9. 6077

Lawton, Harold Walter

"Bibliography of the Works of Harold Walter Lawton," in Studies in French Literature Presented to H. W. Lawton. Manchester: University Press, 1968. (p. 5-11). 6078

Lebègue, Raymond

"Bibliographie des travaux de M. R. Lebègue," in Mélanges d'histoire littéraire (XVIe-XVIIe siècles) offerts à Raymond Lebègue. Paris: Nizet, 1969. (p. 377-394). 6079

Leclercq, Jean

Grégoire, Réginald. "Bibliographie de dom Jean Leclercq," StMon 10, 1969 (fasc. 2), 331-359. 6080

Lees, Robert B.

"Publications of Robert B. Lees," in Jerrold M. Saddock and Anthony L. Vanek, Studies Presented to Robert B. Lees. Edmonton: Linguistic Research, 1970. (p. xiii-xv). 6081

Lefebvre, Henri

"Henri Lefebvre. Notice bio-bibliographique," AUP 37, 1967, 48-50. 6082

Le Gentil, Pierre

"Pierre Le Gentil," AUP 22, 1952, 50. 6083

Lejeune, Rita

Pirot, François. "Bibliographie des travaux de Rita Lejeune," in Mélanges offerts à Rita Lejeune. Gembloux: Duculot, 1969. (Vol. 1, p. xv-xxiv). 6084

Leo, Ulrich

"Bibliographie Ulrich Leo," in Ulrich Leo, Romanistische Aufsätze aus drei Jahrzehnten. Köln: Böhlau, 1966. (p. 397-410). 6085

Lévi-Strauss, Claude

"Bibliographie de Claude Lévi-Strauss," Arc 26, 1965, 79-88. 6086

Littré, Emile

Rey, Alain. Littré, l'humaniste et les mots. Paris: Gallimard, 1970. (Bibliography, p. 335-340). 6087

Lukács, György

Benseler, Frank. "Chronologische Bibliographie der Werke von Georg Lukács," in Festschrift zum achtzigsten Geburtstag von Georg Lukács. Berlin: Luechterhand, 1965. (p. 625-696). 6088

Marchand, Hans

"Verzeichnis der wissenschaftlichen Arbeiten von Hans Marchand," in Herbert E. Brekle and Leonhard Lipka, Wortbildung, Syntax und Morphologie: Festschrift zum 60. Geburtstag von Hans Marchand. The Hague: Mouton, 1969. (p. 9-12). 6089

Margueron, Claude

"Claude Margueron," AUP 29, 1959, 618. 6090

Martineau, Henri

Del Litto, Vittorio. "Henri Martineau," SC 2, 1959-60, 107-110. (With bibliography). 6091

Martinet, André

Dorfman, Eugène and Stanley Lampach. "Chronological Bibliography of the Works of André Martinet," in Miscelánea homenaje a André Martinet. Tenerife, 1957. (Vol. 1, p. 7-17). 6092

Maynial, Edouard

Dubuc, André. "Bibliographie des oeuvres d'Edouard Maynial," AF 29, 1966 (dec.), 40-41. 6093

Menéndez-Pidal, Ramón

Conde Abellán, Carmen. Menéndez-Pidal. Madrid: Union Editorial, 1969. (Bibliography, p. 189-213). 6093A

Serís, Homero and G. Arteta. "Ramón Menéndez-Pidal. Bibliografía," RHispM 4, 1938, 302-330. 6094

———— ————. .... Segunda ed. New York: Hispanic Society, 1939. 6095

Vázquez de Parga, María Luisa. "Bibliografía de Don Ramón Menéndez-Pidal," RFE 47, 1964, 7-127. 6096

Micha, Alexandre

"Alexandre Micha. Notice bio-bibliographique," AUP 36, 1966, 357-359. 6097

Mollat, Michel

"Michel Mollat," AUP 29, 1959, 427-429. 6098

Mousnier, Roland

"Roland Mousnier," AUP 26, 1956, 67-69. 6099

Monteverdi, Angelo

Gerardi Marcuzzo, Giuseppina. "Bibliografia degli scritti di Angelo Monteverdi," CNeo 27, 1967, 239-260. 6100

Moreau, Pierre

"Bibliographie Pierre Moreau," in Pierre Moreau, Ames et thèmes romantiques. Paris: Corti, 1965. (p. ix-xvii). 6101

"Pierre Moreau," AUP 19, 1949, 122-123. 6102

Nadal, Octave

"Octave Nadal," AUP 23, 1953, 691-692. 6103

Natoli, Glauco

Nardis, Luigi de. "Appunti per una bibliografia degli scritti di Glauco Natoli," Bel 21, 1966, 185-188. 6104

Nykl, Alois Richard

Hansa, Vladimir. "Alois Richard Nykl (1885-1958), Arabist and Hispanist: A Biography and Bibliography," Or 16, 1967, 295-305. 6105

Orr, John

Malapert, Laurette. "Bibliographie des travaux de John Orr depuis 1953," RLR 31, 1967, 10-15. 6106

Paulhan, Jean

"Jean Paulhan. Bibliographie," NRF 197, 1969, 1042-1055. 6107

Pauphilet, Albert

"Albert Pauphilet," AUP 18, 1948, 93-94. 6108

Peignot, Gabriel

Simmonet, J. Essai sur la vie et les ouvrages de Gabriel Peignot. Paris, 1863. 6109

Perrot, Jean

"Jean Perrot," AUP 37, 1967, 253-254. 6110

Petralia, Franco

Menichelli, Gian Carlo. "Bibliografia degli scritti di Franco Petralia," in Studi di letteratura francese a ricordo di Franco Petralia. Rome: Signorelli, 1968. (p. 7-25). 6111

190   Guide to French Studies

Picard, Raymond

"Raymond Picard. Bio-bibliographie," AUP 35, 1965,
63-66.   6112

Piccolo, Francesco

"Biobibliografia di Francesco Piccolo," in Romania.
Scritti offerti a F. Piccolo.... Naples: Armanni,
1962. (p. 17-23).   6113

Pignon, Jacques

"Jacques Pignon," AUP 33, 1963, 592-593.   6114

Plattard, Jean

"Jean Plattard," AUP 13, 1938, 379-380.   6115

Pommier, Jean

"Bibliographie," in Jean Pommier, Dialogues avec le
passé. Etudes et portraits littéraires. Paris:
Nizet, 1967. (p. i-xxii).   6116

Pop, Sever

Pop, Rodia Doina and Georges Straka. "Sever Pop.
Principales dates biographiques et principales publications," Or 10, 1961, i-vii.   6117

Pottier, Bernard

"Bernard Pottier. Notice bio-bibliographique," AUP 35,
1965, 382-384.   6118

Praz, Mario

Gabrieli, Vittorio and Mariana. "A Bibliography of the
Published Writings of Mario Praz," in their Friend-
ship's Garland: Essays Presented to Mario Praz.
2 vols. Rome: Storia e Letteratura, 1966. (Vol.
1, p. xxvii, clvii).   6119

Renaudet, Augustin

"Augustin Renaudet," AUP 13, 1938, 382.   6120

Renouard, Yves

"Bibliographie des travaux de Yves Renouard relatifs à la France méridionale," AdM 78, 1966, 185-187. 6121

"Yves-Léon-Marcel-Emile-Adrien Renouard," AUP 26, 1956, 536-539. 6122

Renouvier, J.

"Bibliographie complète des oeuvres de M. J. Renouvier," in J. Renouvier, Jehan de Paris, var et de chambre et peintre ordinaire des rois Charles VII et Louis XII. Paris: Aubry, 1961. 6123

Renouvin, Pierre

"Pierre Renouvin," AUP 23, 1953, 85-86. 6124

Rheinfelder, Hans

Briesemeister, Dietrich. "Verzeichnis der romanistischen Arbeiten von Hans Rheinfelder, 1926-1962," Medium Aevum Romanicum Festschrift für H. Rheinfelder. Munich: Hueber, 1963. (p. 407-411). 6125

Riffaterre, Michael

Hardy, Alain. "Théorie et méthode stylistique de Michael Riffaterre," LanF 1, 1969 (no. 3), 90-96. (With bibliography.) 6126

Robichez, Jacques

"Jacques Robichez. Notice bio-bibliographique," AUP 38, 1968, 78-79. 6127

Robillard de Beaurepaire, Charles de

Robillard de Beaurepaire, Ch. -Aug. de. Répertoire bibliographique des travaux de M. Charles de Robillard de Beaurepaire, achiviste de la Seine-Inférieure (1850-1900). Rouen: Gy, 1901. 6128

Rohlfs, Gerhard

Bihl, Liselotte. "Verzeichnis der Schriften von Gerhard

Rohlfs (1920-1957)," in Romanica. Festschrift für
G. Rohlfs. Halle: Niemeyer, 1958. (p. 522-536).
6129
———. "Verzeichnis der Schriften von Gerhard
Rohlfs," in Serta Romanica. Festschrift für Gerhard
Rohlfs. Tübingen: Niemeyer, 1968. (p. 291-310).
6130

Rossi, Vittorio

L'Opera di un maestro. Bibliografia ragionata degli
scritti di Vittorio Rossi. Florence: Scuola di
filologia moderna, 1938. 6131

Saulnier, V. -L.

"Verdun-L. Saulnier," AUP 20, 1950, 211-213. 6132

Savard, Félix-Antoine

Thérèse du Carmel, soeur. Bibliographie analytique de
l'oeuvre de Félix-Antoine Savard. Montréal: Fides,
1967. 6133

Schalk, Fritz

"Schriftenverzeichnis von Fritz Schalk," in Wort und
Text. Festschrift für Fritz Schalk. Frankfurt am
Main: Klostermann, 1963. (p. 521-531). 6134

Schmidt, Albert-Marie

Gros, Bernard. "Bibliographie provisoire des oeuvres
historiques et critiques de Albert-Marie Schmidt,"
RSH, 1966, 151-158. 6135

Scholderer, Victor

"Bibliography of Victor Scholderer," in Dennis E. Rhodes,
Essays in Honour of Victor Scholderer. Mainz:
Pressler, 1970. (p. 15-34). 6136

Simon, P. -H.

"Essai de bibliographie," Biblio 34, 1966(mars), 17-18.
6137

Scholars and Critics

Smith, David Nichol

"Bibliography of Works by and about David Nichol Smith," in R. F. Brissenden, ed., Studies in the Eighteenth Century: Papers Presented at the David Nichol Smith Memorial Seminar, Canberra, 1966. Canberra: Australian National University Press, 1968. (p. 307-313). 6138

Spitzer, Leo

Wellek, René. "Bibliographia Spitzeriana," Con 33, 1965, 310-334. 6139

Starnes, DeWitt T.

"Publications of DeWitt T. Starnes, 1921-1965," in: Thomas P. Hanson, Studies in Honor of DeWitt T. Starnes. Austin: University of Texas, 1967. (p. 3-7). 6140

Sten, Holger

"Bibliographie des travaux de Holger Sten," in Actes du 4e Congrès des Romanistes Scandinaves. Copenhagen: Akademisk Forlag, 1968. (p. 7-9). 6141

Straka, Georges

"Bibliographie de M. Georges Straka," in Phonétique et linguistique romanes, mélanges. 2 vols. Strasbourg: Société de linguistique romane, 1970. (Vol. 1, p. 12-22). 6141A

Tamizey de Larroque, Ph.

Diemme, le comte de. Bibliographie des hommages rendus à la mémoire de Ph. Tamizey de Larroque. Agen: Impr. Agenaise, 1901. 6142

Thomov, Thomas S.

Petknov, I. "Quarante années de philologie romane en Bulgarie. Bibliographie sommaire de Thomas S. Thomov," RLR 27, 1963, 241-242. 6143

Thompson, Albert Wilder

Knox, R. B. "Albert Wilder Thompson. Bibliography,"
RSWSU 32, 1964, 39-40. 6144

Thompson, Stith

Roberts, Warren E. "Stith Thompson: His Major Works
and a Bibliography," ARV 21, 1967, 5-20. 6145

Tilander, Gunnar

Blomquist, Åke. "Bibliographie des publications de Gunnar Tilander," Or 6, 1957, 566-574. 6146

Togeby, Knud

"Bibliographie des travaux de Knud Togeby," in Knud
Togeby, Immanence et Structure. Copenhagen: Akademie Forlag, 1968. (p. 17-22). 6147

Truchet, Jacques

"Jacques Truchet. Notice bio-bibliographique," AUP 37,
1967, 256-257. 6148

VanGennep, Arnauld

VanGennep, K. Bibliographie des oeuvres de Arnauld
VanGennep. Paris: Picard, 1964. 6149

Vaulthier, Roger

Northier, Michel. "Bibliographie des travaux de Roger
Vaultier concernant les arts et traditions populaires,"
ATP 9, 1962, 139-144. 6150

Vernière, Paul

"Paul Vernière. Notice bio-bibliographique," AUP 36,
1966, 57-58. 6151

Verrier, Paul

Jolivet, Régis. "Paul Verrier," AUP 13, 1938, 479-480.
6152

Vinaver, Eugène

"Select Bibliography of the Works of Eugène Vinaver," in T. E. Lawrenson and others, Modern Miscellany Presented to Eugène Vinaver. Manchester: University Press, 1969. (p. ix-xiii). 6153

Vivier, Robert

Jacovleff-Witmeur, Claire and Giovanni Caravaggi. "Bibliographie," MR 15, 1965, 49-55. 6154

Voisine, Jacques

"Jacques Voisine. Notice bio-bibliographique," AUP 30, 1968, 284-286. 6155

Wagner, Max Leopold

Butler, Jonathan L. "Supplementary Bibliography of the Writings of Max Leopold Wagner," RP 21, 1967-68, 533-536. 6156

Wartburg, Walther von

Hoffert, Margarethe. "Bibliographie der Publikationen von Walther von Wartburg seit 1956," in Kurt Baldinger, Festschrift Walther von Wartburg zum 80. Geburtstag. 2 vols. Tübingen: Niemeyer, 1968. (Vol. 2, p. 549-558). 6157

Wiley, W. L.

Daniel, George B. "Bibliography of W. L. Wiley," in Renaissance and Other Studies in Honor of William Leon Wiley. Chapel Hill: University of North Carolina Press, 1968. (p. 281-282). 6158

Wilmotte, Maurice

Delbouille, Maurice. "Bibliographie des écrits de Maurice Wilmotte pour les années 1932-1942," ARLLF, 1959, 65-127. 6159

Part Five:

FRENCH LANGUAGE

I. General

A. Linguistic Scholarship

Bouton, Charles. "La Recherche linguistique en France," Tend 39, 1966, 25-48. 6160

Bulletin analytique de linguistique française. Nancy: Centre de Recherche pour un trésor de la langue française and C. N. R. S., 1969 - to date. (Bi-monthly critical analyses of articles and books on all aspects of the subject. Continues the listings of BSSL). 6161

Français. Documentation disponible au C. R. D. P. Dijon: Centre régional de documentation pédagogique, 1969.
6161A

Langages. Paris: Didier and Larousse, 1966 - to date. (Quarterly. Each issue devoted to a special topic, usually accompanied by good bibliography). 6162

Langue française. Paris: Larousse, 1969 - to date. (Quarterly. Each issue devoted to a special topic, usually with excellent bibliography). 6163

Levy, Raphael. "Background and Trends in French Linguistics," in Mélanges... Maurice Delbouille. Gembloux: Duculot, 1964. (Vol. 1, p. 395-408). 6164

Muller, Charles. "Coup d'oeil sur les publications linguistiques des dix dernières années en France," PNU 15, 1968, 142-148. 6165

Pichon, E. "La linguistique en France," JP 33, 1937, 25-48. 6166

Wagner, R. -L. "Le Français," RES, 1967, (nos. 3-4), 11-22. (Research review). 6167

Zwanenburg, W. "Etat actuel de la description du français
parlé," LevT 1968, 82-89. (Research review). 6168

B. History of the Language

Chaurand, Jacques. "Orientations bibliographiques. Travaux
publiés depuis 1967 jusqu'au début de 1970," LanF 10,
1971, 114-120. (History of the language. Other bibliographies in the same issue). 6169

Slatkine, Michel. Grammairiens et théoriciens français de
la Renaissance à la fin de l'époque classique, 1521-1715.
Geneva: Slatkine Reprints, 1971. (Annotated. Entries
also included in his 4e catalogue, #4717). 6170

―――. Linguistique française, arts poétiques et littéraires. Geneva: Slatkine Reprints, 1971. (2242 works
which are not reprints. Annotated). 6171

Wartburg, Walther von. "Literaturverzeichnis," in his
Französisches Etymologisches Wörterbuch. Beiheft.
2nd ed. Tübingen: Mohr, 1950. (p. 67-122). 6172

... Supplement. Ed. by Margarete Hoffert. Basel: Zbinden,
1957. (p. 19-41). 6173

C. Scholarly Periodicals

"Périodiques," CIPL, 1939 - to date. (Annual list of periodicals referred to in the bibliography). 6174

Viet, J. Liste mondiale des périodiques specialisés en linguistique. The Hague: Mouton, 1971. 6175

D. Terminology

Engler, Rudolf. Lexique de la terminologie saussurienne.
Utrecht: Spectrum, 1968. 6176

Nash, Rose. A Multilingual Lexicon of Linguistics and Philology: English, Russian, German, French. Coral
Gables, Fla.: University of Miami Press, 1968; and
Paris: Klincksieck, 1969. 6177

II. Dialectology

(Please refer also to Parts Seven and Eight, as well as to the Index. For dialect dictionaries, please refer to Wartburg #6184).

A. General

Catalogue des livres composant la Bibliothèque linguistique de M. le marquis de La Ferté-Sénectère. Paris, 1873.
6178

Clédat, Léon. "Bibliographie des patois de la France," RdPat 1, 1887 (nos. 1-3).
6179

"Le Français régional," in Lexicologie et lexicographie françaises et romanes. Paris: CNRS, 1961. (p. 164-174).
6180

Guiraud, Pierre. "Inventaire des mots français d'origine dialectale," CdL 11, 1967 (no. 2), 103-123.
6181

Pierquin de Gembloux, Claude-Charles. "Fragment de bibliographie patois," in his Histoire littéraire, philologique et bibliographique des patois et de l'utilité de leur étude. nouv. éd. Paris: Aubry, 1858. (p. 217-335).
6182

Saintyves, Pierre. "Contribution à la bibliographie lexicologique des parlers galloromans," RFF 5, 1934, 274-303.
6183

B. Dictionaries

Wartburg, Walther von, Hans Erich Keller and Robert Geuljans. Bibliographie des dictionnaires patois galloromains 1550-1967. nouv. éd. Geneva: Droz, 1969.
6184

C. Regions in France

Bruneau, Charles. "La Champagne. Dialecte ancien et patois modernes: Bibliographie critique," RLR 5, 1929, 71-175.
6185

————. "Les Parlers lorrains anciens et modernes. Bibliographie critique (1908-1924)," RLR 1, 1925, 348-413.
6186

Brunel, Clovis. "La Dialectologie normande," BSAN 37,

1928. (And separately). 6187

Dubois, Raymond. Le Domaine picard. Délimitation et carte systématique dressée pour servir à l'Inventaire général du picard et autres travaux de géographie linguistique. Arras: Archives du Pas-de-Calais, 1957. (Bibliography, p. 37-47). 6188

Duvernoy, Emile. "Lexiques du dialecte lorrain," BMSAL 61, 1912, 188-196. 6189

Gossen, Charles Théodore. Grammaire de l'ancien Picard. Paris: Klincksieck, 1970. (Bibliography, p. 17-25). 6190

Jouve, Louis. Bibliographie du patois lorrain. Nancy: Imprimerie de A. Lepage, 1866. (And in the JSAL). 6191

Picoche, Jacqueline. Un Vocabulaire picard d'autrefois: le parler d'Etelfay (Somme). Etude lexicologique et glossaire étymologique. Arras: Archives du Pas-de-Calais, 1969. (Bibliography, p. xx-xxvii). 6192

Urtel, Hermann. "Lothringen. Kritischer Ueberblick bis 1908," RDR 2, 1910, 131-148, 437-455. 6193

III. Slang

Delvau, Alfred. Dictionnaire érotique moderne. nouv. éd. Basel, n. d. (Reprint, Slatkine, 1969). 6194

Roberti, J. and H. Grey. Les bas-fonds de Paris. Avec un dictionnaire historique, étymologique et anecdotique d'argot par J. Galtier-Boissière et P. Devaux. Paris: Le Crapouillot, 1939. 6195

Sainéan, Lazare. L'Argot ancien (1455-1850), ses éléments constitutifs, ses rapports avec les langues secrètes de l'Europe méridionale et l'argot moderne, avec un appendice sur l'argot jugé par Victor Hugo et Balzac. Paris: Champion, 1907. 6196

———. Les Sources de l'argot ancien. 2 vols. Paris: Champion, 1912. 6197

IV. Word Studies and Lexicography

A. Dictionaries

Bibliographie de dictionnaires scientifiques et techniques multilingues. 5ᵉ éd. Paris: Unesco, 1970. 6198

Llorens, Ana R. and Rosemary L. Walker. French Language Dictionaries in the Ohio State University Libraries: A Bibliographic Guide. Columbus, Ohio: Ohio State University Library, 1970. 6199

Quémada, Bernard. "Relevé chronologique de répertoires lexicographiques français (1539-1963)," in his Les Dictionnaires du français moderne 1539-1963. Paris: Didier, 1968. (p. 567-634). 6200

B. Scholarship

Guilbert, Louis. "Le Lexique. Bibliographie," LanF 2, 1969, 121-125. 6201

Quémada, Bernard and P. -J. Wexler. "Bibliographie des études lexicologiques (1959-1962)," CdL 4, 1964, 73-124; 5, 1964, 111-132. (Correction for #3526. Continues #3533). 6202

Rey, Alain. La lexicologie. Lectures. Paris: Klincksieck, 1970. (Bibliography, p. 305-318, with an Index-glossaire terminologique). 6203

C. Specific Aspects

Berman, Peggy R. "French Names for the Dance to 1588," DA 29, 2239A. (Pennsylvania). 6204

Juilland, Alphonse G. and others. Frequency Dictionary of French Words. The Hague: Mouton, 1971. 6204A

Wexler, Peter J. La Formation du vocabulaire des chemins de fer en France (1778-1842). Geneva: Droz, 1955. (Bibliography, p. 138-159). 6205

French Language

V. Etymology

Bárczi, G. A magyar nyelv francia jövényszavai. Budapest: Mayar Tudományos Akadémia, 1938. (Hungarian words of French origin). 6206

Dauzat, Albert, Jean Dubois and Henri Mitterand. Nouveau Dictionnaire étymologique et historique. Paris: Larousse, 1964. 6207

Ernout, Alfred. Dictionnaire étymologique de la langue latine, histoire des mots, par A. Ernout... et A. Meillet... 4e ed. 2e tirage augmenté de corrections nouvelles. Paris: Klincksieck, 1967. 6208

Greive, Artur. Etymologische Untersuchungen zum französischen h aspiré. Heidelberg: Winter, 1970. (Bibliography, p. 293-311). 6209

Neyron, Pierre. Nouveau dictionnaire étymologique (néologismes). Paris: Ed. de la Revue moderne, 1970. 6210

Pfister, M. "Der neueste Bloch-Wartburg. (Lexikologischer Forschungsbericht, 1964-1968)," ZrP 87, 1971, 106-124. (Additions and corrections to 8th ed. of Bloch and Wartburg, #3504). 6211

VI. Onomastics

Dauzat, Albert. "Chronique de toponymie. Travaux de l'année," REA 34, 1932-52, 1950. 6212

Egli, Johann Jacob. Geschichte der geographischen Namenkunde. Leipzig, 1886. (With critical bibliography). 6213

Gröhler, Hermann. Ueber Ursprung und Bedeutung der französischen Ortsnamen. Heidelberg: Winter, 1913. (Bibliography, p. xix-xxiii). 6214

Gros, Adolphe. Dictionnaire étymologique des noms de lieu de la Savoie. Belley: Chaduc, 1935. 6215

Hamlin, Frank R. "Bibliographie sommaire des études de toponymie aux Isles brittaniques," RIO 14, 1962, 299-310. 6216

Lana, Gabriella, Liliana Iasbez and Lydia Meak, comps. Glossary of Geographical Names in Six Languages: English, French, Italian, Spanish, German, and Dutch. (Glossaria Interpretum 12). New York: Elsevier, 1967. 6217

Larchey, Lorédan. Dictionnaire des noms, contenant la recherche étymologique des formes anciennes de 20,000 noms relevés sur les Annuaires de Paris. Paris: Larchey, 1880. 6218

Longnon, Auguste. Les Noms de lieu de la France. Leur origine, leur signification, leurs transformations. Paris: Champion, 1920-1929. (This and Vincent #6221 are the standard works). 6219

Magnan, A. Les Noms de la montagne niçoise. Essai de toponymie alpine suivi d'un glossaire des noms topographiques les plus répandus dans les hautes vallées des Alpes maritimes. Nice: Club alpin, 1938. 6220

Vincent, Auguste. Toponymie de la France. Brussels: Librairie générale, 1937. 6221

VII. Aspects of the Grammar

A. The Verb

Caput, Jean-Paul and Josette. Dictionnaire des verbes français. Conjugaisons et constructions. Paris: Larousse, 1969. 6222

Greimas, A. -J. and J. Dubois. "Le Verbe. Bibliographie," Lgs 3, 1966, 140-142. (French). 6223

B. Syntax

Chevalier, Jean-Claude. Histoire de la syntaxe... (1530-1750). Geneva: Droz, 1968. (Bibliography, p. 733-756). 6224

Duyé, André and Jacqueline Pinchon. "La Syntaxe. Bibliographie," LanF 1, 1969, 122-127. 6225

Lamérand, Raymond. Syntaxe transformationelle des propositions hypothétiques de français parlé. Brussels:

AIMAV, 1970. (Bibliography, p. 128-147). 6226

C. Sound System

Morrison, Allen S. "A Critical Bibliography of Studies of Liaison in French Speech Since 1800," DA 30, 691A. (Columbia). 6227

Pulgram, Ernst. "Où en est la phonétique? A propos de l'Album phonétique de Georges Straka," ZrP 83, 1967, 315-357. 6228

Schane, Sanford A. "Bibliographie de la phonologie générative," Lgs 8, 1967, 124-131. 6229

Warnant, Léon. Dictionnaire de la prononciation française. 3ᵉ éd. Gembloux: Duculot, 1968. 6230

D. Orthography

Dictionnaire orthographique Garnier suivi de la liste des verbes irréguliers et de remarques sur certaines difficultés orthographiques et grammaticales. Paris: Garnier, 1961. 6231

Salengros, R. Dictionnaire orthographique du vocabulaire de base. Paris: Nathan, 1965. 6232

E. Miscellaneous

"Pathologie du langage: Bibliographie," Lgs 5, 1967, 110-126. 6233

Rosenberg, Samuel N. Modern French CE. The Neuter Pronoun in Adjectival Predication. The Hague: Mouton, 1970. (Bibliography, p. 13-18). 6234

VIII. Semantics

Baldinger, Kurt. Die Semasiologie. Versuch eines Ueberblicks. Berlin: Akademie-Verlag, 1957. 6234A

Collin, Carl Sven Reinhold. A Bibliographical Guide to

Sematology. Lund: Bloms, 1914. 6235

Coumet, E., O. Ducrot and J. Gattegno. "Logique et linguistique. Bibliographie," Lgs 2, 1966, 124-136. 6236

DeMauro, Tullio. Une Introduction à la sémantique. Trad. de l'italien par L. -J. Calvet. Paris: Payot, 1969. (Bibliography, p. 205-212). 6237

Didier, Henri. "Logique et linguistique. Bibliographie," Lgs 2, 1966, 124-136. (Annotated). 6238

_____. "Recherches sémantiques. Documentation et bibliographie critique," Lgs 1, 1966, 124-128. 6239

Pupier, Paul. "A propos de la situation récente des études de sémantique en Allemagne," FM 39, 1971, 56-71. 6240

Rey, Alain. "La Sémantique. Orientations bibliographiques," LanF 4, 1969, 124-128. 6241

Schaff, Adam. Introduction to Semantics. Translated from Polish by O. Wojtasiewicz. New York: Pergamon, 1962. (Bibliography, p. 366-390). 6242

Todorov, Tzvetan. "Recherches sémantiques. Bibliographie," Lgs 1, 1966, 124-128. 6243

_____ and others. "Bibliographie sémiotique, 1964-1965," in Julia Kristeva, Essays in Semiotics. The Hague: Mouton, 1971. (p. 594-630. Continued annually by LLBA #3632). 6244

Ullman, Stephen. "Où en sont les études de sémantique historique," in Le Réel dans la littérature et dans la langue. Actes du Xe Congrès de la Fédération internationale des Langues et littératures modernes. Paris: Klincksieck, 1967. (p. 105-122). 6245

IX. Style

Bailey, Richard W. "Current Trends in the Analysis of Style," Style 1, 1967, 1-14. 6246

_____ and others. "Annual Bibliography on Style," Style 1, 1967 - to date. 6247

and Lubomir Dolezel. An Annotated Bibliography of Statistical Stylistics. Ann Arbor: University of Michigan Press, 1968. 6248

Bally, Charles. Traité de Stylistique française. 2 vols. 2ᵉ éd. Paris: Klincksieck, 1909. 6249

Chevalier, Jean-Claude and Pierre Kuentz. "La Stylistique. Bibliographie," LanF 3, 1969, 124-128. 6250

Delbouille, Paul. "Reflexions sur l'état présent de la stylistique littéraire," CAT 6, 1964, 7-22. 6251

Dupriez, Bernard. L'Etude des styles ou la commutation en littérature. Montréal: Didier, 1969. (Bibliography, p. 298-319). 6252

⎯⎯⎯. "Les figures de style," EF 3, 1967, 414-425. 6253

Todorov, Tzvetan. "Les Etudes de style. Bibliographie sélective," Poétique 1, 1970, 224-232. 6254

X. Relations of Linguistics

Marcellesi, J.-B. "Linguistique et société. Bibliographie," LanF 9, 1971, 123-128. 6255

Peytard, Jean. "Rapports et interférences de la linguistique et de la littérature (introduction à une bibliographie)," in Linguistique et littérature. Colloque de Cluny. Paris: Larousse, 1968. (p. 8-16). 6256

XI. Special Terminology and Abbreviations

La Banque des mots. Revue de terminologie française. Paris: Conseil international de la langue française, and PUF, 1971 - to date. (Twice yearly). 6256A

Baudry, Hubert. D. A. Dictionnaire d'abréviations, françaises et étrangères, techniques et usuelles, anciennes et nouvelles. La Chapelle-Montligeon: Editions de Montligeon, 1951. 6257

Ewald, Konrad. Terminologie einer französischen Geschäfts und Kanzleisprache vom 13. bis 16. Jahrhundert. Basel:

University of Basel, 1963. 6258

Ginguay, M. Dictionnaire d'informatique: Anglais-Français. Paris: Masson, 1970. 6259

Jal, Auguste. Nouveau glossaire nautique. Révision de l'édition publiée en 1848. The Hague: Mouton, 1971 - in progress. 6260

XII. Bilingualism

Abou, Selim. Le Bilinguisme arabe-français. Essai d'anthropologie culturelle. Paris: PUF, 1962. (Bibliography, p. 485-491). 6261

Babin, Patrick. Bilingualism: A Bibliography. Washington: ERIC, 1969. 6262

Dabbs, Jack A. "A Selected Bibliography on Bilingualism," in Charles Stubing. Reports: Bilingualism. El Paso: Southwest Council of Foreign Language Teachers, 1966. (p. 27-30). 6263

XIII. Usage

Borrot, Alexandre and Marcel Didier. Bodico. Dictionnaire du français sans faute. Bien dire et bien écrire le français d'aujourd'hui. Paris: Bordas, 1970. 6264

Dupuis, Hector. Dictionnaire des synonymes et des antonymes. Montréal: Fides, 1961. 6265

Maquet, Charles. Dictionnaire analogique. Répertoire moderne des mots par les idées, des idées par les mots, d'après les principes de P. Boissière. Paris: Larousse, 1938. 6266

XIV. Kinesics (See also #6235, #6244)

Kristeva, J. and M. Lacoste. "Pratiques et langages gestuels." Bibliographie," Lgs 10, 1968, 132-149. 6267

Röhrich, Lutz. Gebärde, Metapher, Parodie. Studien zur Sprache und Volksdichtung. Düsseldorf: Schwann, 1967.

French Language

(Bibliography, p. 223-231). 6268

XV. Foreign Language Pedagogy and the Teaching of French

A. French in France

Bibliographie sur la psychologie des enfants de 10 à 15 ans vis-à-vis du vocabulaire et de la grammaire. Paris: Institut Pédagogique National, 1969. 6269

Genouvrier, Emile. "Apprentissage du français langue maternelle. Bibliographie," LanF 6, 1970, 133-136. 6270

B. General Foreign Language Pedagogy

Beeler, Kent D. and others. Bibliographies. Helpful Tools for Research in Higher Education, for Studies in Language Arts. Bloomington: School of Education, Indiana University, 1971. 6270A

Birkmaier, Emma M. and others. The Britannica Review of Foreign Language Education. Chicago: ACTFL, 1970 - to date. (Annual encyclopedia). 6271

―――― and Dale L. Lange. "A Selective Bibliography on the Teaching of Foreign Languages, 1920-1966," FLA 1, 1968, 318-353. (Correction of entry #3628a). 6272

Council for Information on Language Teaching. A Language Teaching Bibliography. Cambridge: University Press, 1968. (Annotated). 6273

Informationzentrum für Fremdsprachenforschung. Bibliographie. Heidelberg: Arbeitkreis zur Förderung und Pflege wissenschaftlicher Methoden des Lehrens und Lernens, 1971 - to date. (Quarterly, annotated bibliography on foreign language pedagogy). 6274

Mackey, William F. Language Teaching Analysis. Bloomington, Indiana: Indiana University Press, 1965. (Bibliography, p. 465-550). 6275

Stehlík, Václav. An International Bibliography of Foreign Language Teaching Methods, 1966- . Prague: Czech Academy of Sciences, 1968 - to date. 6276

C. Materials and Aids

Denis-Papin, M. Dictionnaire des mots croisés et jeux divers. Nouv. éd. Paris: Albin Michel, 1970. 6277

Didier, Marcel. "Méthodes audio-visuelles d'enseignement des langues," Paris: M. Didier, 1971 - to date. (Information bulletin). 6278

Dieujeide, Henri. Les techniques audio-visuelles dans l'enseignement. PUF, 1965. ("Ouvrages et films français récents," p. 157-159). 6279

Fiks, Alfred J. Foreign Language Programmed Materials. New York: MLA/ERIC, 1969 - to date. 6280

Mots croisés littéraires. Verviers: Gérard, 1971. 6281

Savard, Jean-Guy. Bibliographie analytique de tests de langue. Québec: Presses de l'Université Laval, 1969. 6281A

Steisel, Marie-Georgette. "French Poetry for Children. A Selected Annotated Bibliography," MLJ 48, 1964, 123-129. 6282

Svobodny, Dolly D. Research and Studies About the Use of Television and Film in Foreign Language Instruction: A Bibliography with Abstracts. New York: MLA, 1969. 6283

Touren, Raymond. Dictionnaire complet des mots croisés. Paris: Larousse, 1964. 6284

XVI. Careers in Foreign Language and Federal Programs in the USA for Foreign Language Teaching

Finlay, Ian F. Careers in Languages. London: Museum Press, 1969. 6285

Mildenberger, Kenneth W. MLA Guide to Federal Programs: An Analysis of Current Government Financial Assistance Programs for Students, Teachers, Researchers, and Scholars in the Fields of English and Foreign Languages. New York: MLA, 1969. 6286

Part Six:

ROMANCE PHILOLOGY

I. Bibliographical Guides

Braet, Herman and J. Lambert. Encyclopédie des études littéraires romanes. Répertoire bibliographique. Gand: Editions scientifiques, 1971. 6286A

Palfrey, Thomas R., Joseph G. Fucilla and William C. Holbrook. A Bibliographical Guide to the Romance Languages and Literatures. 8th ed. Evanston, Illinois: Chandler's, 1971. 6287

Rohlfs, Gerhard. Einführung in das Studium der romanischen Philologie. Allgemeine Romanistik, französische und provenzalische Philologie. Mit einem Supplement 1950-1965. Heidelberg: Winter, 1966. 6288

Trousson, Raymond. Encyclopédie de la philologie romane. Partie littéraire. Répertoire bibliographique. Brussels: Presses universitaires de Bruxelles, 1968. (25 pages). 6289

Vidos, B. E. "Romanische Dialekte und Sprachen: Systematische bibliographische Uebersicht," in his Handbuch der romanischen Sprachwissenschaft. German translation from the Dutch. Munich: Hueber, 1968. (p. 379-391). 6290

II. Bibliographical Surveys and Lists

Ebisch, Walther. "Romanische Sprachen und Literaturen," JLZ, 1921-42. 6291

Hamlin, Frank R. "Bibliographie des études romanes en Amérique du nord," RLaR, 76, 1965 - to date. 6292

Muljacic, Z. "Gli studi di linguistica romanza in Iugoslavia (1964-1966)," RLaR 77, 1967, 187-199. 6293

210 Guide to French Studies

Onciulencu, T. D. "Contributo alla storia della filologia romanza in Italia: Giovenale Vegezzi-Ruscalla," RAAL, 1937. 6294

Romanische Philologie heute. Von einem Autorkollektiv. Berlin: Humboldt-Universität, 1969. (30 essays providing an état-présent). 6295

Straka, Jiří. "Petite bibliographie de linguistique et de philologie romanes," CMF 24, 1938, 226-232; 25, 1939, 104-112. 6296

Tenase, Eugène. "Les Etudes de linguistique romane après la seconde guerre mondiale en Roumanie," RLaR 78, 1968, 117-144. 6297

Widmer, Ambros. "Der Stand der bündnerromanischen Linguistik," Or 15, 1966, 560-574. 6298

III. Periodicals

Llorens, Ana R. Periodicals in the Romance Languages and Literatures at the Ohio State University Libraries. Columbus, Ohio: Ohio State University Library, 1970. 6299

"Zeitschriftenverzeichnis," ZrP, Supplementhefte, 1895 - to date. 6300

IV. Word Studies and Lexicology

Alsdorf-Bollée, Annegret and Isolde Burr. Rückläufiger Stichwortindex zum romanischen Etymologischen Wörterbuch. Heidelberg: Winter, 1969. 6301

"Index des mots," Ro 1935 - to date. (Continues #6305). 6302
"Index des mots," RLR 19, 1955 - to date. 6303

Keller, Hans-Erich. "Orientation et perspective de la lexicologie romane," in Ludwig Schmitt, Verhandlungen der zweiten internationalen Dialektologenkongresses. 2 vols. Wiesbaden: Steiner, 1968. (Vol. 2, p. 423-445). 6304

"Table des mots," in Romania. Table, 1872-1934. 2 vols. Paris: Champion, 1906 and 1947. (Prepared by A. Bos and M. Roques). 6305

V. Stylistics and Rhetoric

Dehennin, Elsa. "La Stylistique littéraire en marche," RBPH 42, 1964, 880-906. 6306

Hatzfeld, Helmut. "Points de repère dans l'évolution de la stylistique romane, 1886-1962," in Mélanges de linguistique romane et de philologie médiévale... Maurice Delbouille. Gembloux: Duculot, 1964. (Vol. 1, p. 325-340). 6307

Klesczewski, Reinhard. "German Research on Style in the Romance Languages and Literatures," Style 3, 1969, 102-132. 6308

Schiaffini, Alfredo. "Rivalutazione della retorica," ZrP 78, 1962, 503-518. (Research review with bibliography). 6309

VI. Miscellaneous Aspects

Alsdorf-Bollée, Annegret. Die lateinische Verbalabstrakta der u-Deklination und ihre Umbildungen im Romanischen. Bonn: Romanisches Seminar der Universität Bonn, 1970. (Bibliography, p. 7-19). 6310

Christmann, Hans Helmut. "Strukturelle Sprachwissenschaft. Bericht über neuere Arbeiten," RoJb 12, 1961, 23-50. 6311

Craddock, Jerry R. "A Critique of Recent Studies in Romance Diminutives," RP 19, 1965, 286-325. 6312

Jaufer, Reinhard. Die Romanischen Orts - und Flurnamen des Paznauntales. Innsbruck: Institut für Romanische Philologie, Leopold - Franzens - Universität, 1970. (Bibliography, p. 92-100). 6313

Malkiel, Yakov. "Distinctive Traits of Romance Linguistics," in Dell Hymes, Language in Culture and Society. A Reader in Linguistics and Anthropology. New York: Harper and Row, 1964. (p. 671-688). 6314

Schuchard, Barbara. Valor: zu seiner Wortgeschichte im Lateinischen und Romanischen des Mittelalters. Bonn:

Romanisches Seminar der Universität Bonn, 1970. (Bibliography, p. 179-212). 6315

Schwentner, Ernst. "Bibliographie zur indogermanischen Wortstellung. Bibliographie der Jahre 1937-1947; 1948-1955," ZVS 70, 1951, 122-124; 81, 1967, 159-160. 6316

Part Seven:

FRENCH LANGUAGE AND LITERATURE OUTSIDE FRANCE

Canada

I. General Bibliography and Sources

A. Current General Reference Works

Les Ouvrages de référence du Québec. Montréal: Bibliothèque nationale et Ministère des Affaires culturelles du Québec, 1969 - to date. 6317

B. National Bibliography

Amtmann, Bernard. Contributions to a Short-Title Catalogue of Canadiana. 3 vols. Montreal: Amtmann, 1971. 6318

Dionne, Narcisse Eutrope. Inventaire chronologique. 5 vols. Quebec: Royal Society of Canada, 1905-1912. (Publications in and/or about Quebec, 1508-1908). 6319

Haight, Willet Ricketson. Canadian Catalogue of Books, 1791-1897. 3 vols. Toronto, 1896-1898. 6320

Hare, John and Jean-Pierre Wallot. Les Imprimés dans le Bas-Canada 1801-1840. Bibliographie analytique. Montréal: Presses de l'Université de Montréal, 1967. 6321

Richer, Julia. Catalogue de l'édition au Canada français. Montréal: Le Conseil supérieur du Livre, 1967 - to date. 6322

Simoneau, Gérald. Catalogue des livres canadiens en librairie. Université Laval, and University of Toronto Presses, 1968 - . (Annual. All books published in Canada and reprints). 6323

214　　　　　　　　　　Guide to French Studies

C. Periodicals

Association des Universités entièrement ou partiellement de
　langue française. Catalogue de publications périodiques.
　Montréal: l'Association, Université de Montréal, 1964.
　　　　　　　　　　　　　　　　　　　　　　　　　6324
Goggio, Emilio, Beatrice Corrigan and Jack H. Parker. A
　Bibliography of Canadian Cultural Periodicals (English
　and French from Colonial Times to 1950) in Canadian
　Libraries. Toronto: Department of Italian, Spanish and
　Portuguese, University of Toronto, 1955.　　　　6325

Hamelin, Jean. "Un catalogue des périodiques au Canada
　français. Genèse de quelques instruments de travail,"
　RSoc 8, 1967, 211-213.　　　　　　　　　　　　6326

D. Libraries and Archives

Beers, Henry Putney. The French in North America: A
　Bibliographical Guide to French Archives, Reproductions,
　and Research Missions. Baton Rouge: Louisiana State
　University Press, 1957.　　　　　　　　　　　　6327

Downs, Robert B. and others. Resources of Canadian Aca-
　demic and Research Libraries. Ottawa: Association of
　Universities and Colleges of Canada, 1967.　　　6328

Québec. Bibliothèque nationale. Répertoire des bibliothèques
　du Québec. Montréal: Ministère des Affaires culturelles
　du Québec, 1970.　　　　　　　　　　　　　　　6329

II. Literature

　A. Guides to the Scholarly Material

Chalifoux, Jean-Pierre. Liste de sources bibliographiques
　relatives à la littérature canadienne-française. Mon-
　tréal: La Bibliothèque, Centre d'études canadiennes-
　françaises, McGill University, 1967. (And in ACBLF,
　1967, 137-141).　　　　　　　　　　　　　　　　6330

Cotnam, Jacques. "Essai de guide bibliographique des études
　canadiennes françaises," ES 46, 1967, 318-351.　6331

Hamel, Réginald and Pierre de Grandpré. "Bibliographie des

instruments de travail en littérature canadienne-française," in Pierre de Grandpré, Histoire de la littérature française du Québec. 4 vols. Montreal: Beauchemin, 1969. (Vol. 4, p. 373-383. Other bibliographies accompany each chapter). 6332

Saint-Pierre, Thérèse. "Bibliographie de la critique québécoise, 1964-1968," in Littérature canadienne française. Montreal: Presses de l'Université de Montréal, 1969. (p. 291-338. Continues Wyczynski, #3795). 6333

B. Current Lists of Scholarship and Creative Writing

Bulletin bibliographique. Montréal: Société des Ecrivains Canadiens, 1937 - to date. 6334

Hamel, Réginald. Cahiers bibliographiques des lettres québécoises. Montréal: Centre de documentation des lettres canadiennes-françaises de l'Université de Montréal, 1966 - to date. 6335

Thério, Adrien and others. Livres et auteurs canadiens. Panorama de l'année littéraire. Montréal: Jumonville, 1967 - to date. (With a section "Etudes de la littérature canadienne-française publiées au cours de l'année dans les revues."). 6336

C. Specific Aspects and Periods of Scholarship

Bell, Inglis F. and Susan W. Port. Canadian Literature, Littérature canadienne, 1959-1963. A Checklist of Creative and Critical Writings, Bibliographie de la critique et des oeuvres d'imagination. Vancouver: University of British Columbia Library, 1966. 6337

Hare, John. "Literary Sociology and French-Canadian Literature. A Summary Bibliography," C 26, 1965, 419-423. 6338

Moisan, Clément. L'Age de la littérature canadienne; essai. Montréal: Eds. HMH, 1969. (Bibliography, p. 171-183). 6339

Naaman, Antoine. Guide bibliographique des thèses littéraires canadiennes de 1921 à 1969. Montréal: Cosmos,

1970. 6340

Stratford, Philip. "French-Canadian Literature in Translation," Meta 13, 1968, 180-187. 6341

D. Organization of the Creative Writing

Côté, Paul Henri. Guide de classification de la littérature canadienne d'expression française. Sherbrooke, Quebec: Université de Sherbrooke, 1962. 6342

Hamel, Réginald. "Un choix bibliographique des lettres québécoises (1764-1967)," RHL 69, 1969, 808-821. 6343

Tougas, Gérard. "Situation de la littérature canadienne-française," in Littérature canadienne-française Conférences J. A. de Sève 1-10. Montréal: Presses de l'Université de Montréal, 1969. (p. 1-24). 6344

E. Poetry, Novel, Theater

Baughman, Ernest N. Type and Motif - Index of the Folktales of England and North America. (Indiana University Folklore Series, 20). The Hague: Mouton, 1966. 6345

Bibliographie préliminaire de la poésie canadienne-française. Montréal: Centre d'Etudes canadiennes-françaises, de McGill University, 1968. 6346

Dictionnaire de vos vedettes, 1960-1961. Montréal: Janin, 1961. (Frequently revised). 6347

Hayne, David and Marcel Tirol. Bibliographie critique du roman canadien-français, 1837-1900. Toronto: University of Toronto Press, 1968. 6348

Liste des poètes canadiens-français. 5e éd. Montréal: Conseil supérieur du livre, 1970. 6349

III. Language

Belisle, Louis. Dictionnaire général de la langue française au Canada. Québec: Belisle, 1969. 6350

French Language and Literature Outside France 217

Bilinguisme et biculturalisme au Canada. Québec: Ferland, 1964. (Bibliographies, p. 235-238). 6351

Dagenais, Gérard. Dictionnaire des difficultés de la langue française au Canada. Québec: Pedagogia, 1969. 6352

Dictionnaire Beauchemin canadien. Montréal: Beauchemin, 1968. (Dialects). 6353

Dulong, Gaston. Dictionnaire correctif du français au Canada. Québec: Presses de l'Université Laval, 1968. 6354

Glossaire du parler français au Canada. Québec: Université Laval, 1969. 6355

Savard, Jean Guy. Les Indices d'utilité du vocabulaire fondamental français. Québec: Presses de l'Université Laval, 1970. 6356

IV. History and the Social Movement

A. General

"Bibliographie d'histoire de l'Amérique française," RHAF, 1967 - to date. 6357

Hamelin, Jean, André Beaulieu and Benoît Bernier. Guide d'histoire du Canada. Québec: Presses de l'Université Laval, 1970. 6358

Harvard University Library. Widener Library Shelflist, 20: Canadian History and Literature. Cambridge, Mass.: Harvard University Press, 1968. 6359

Lanctot, Gustave. L'Oeuvre de la France en Amérique du Nord. Montréal: Beauchemin, 1954. 6360

Martin, Gérard. Bibliographie sommaire du Canada français, 1854-1954. Québec: Secrétariat de la Province du Québec, 1954. 6361

Nish, Cameron and Elizabeth Nish. Bibliographie pour servir à l'étude de l'histoire du Canada français. Montréal: Sir George Williams University, 1967. 6362

"Thèses en cours portant sur des sujets d'histoire du Québec et du Canada français," RHAF, 1967 - to date. 6363

Wrong, George M. and H. H. Langton. Review of Historical Publications Relating to Canada. 22 vols. Toronto: Briggs, 1897-1919. 6364

B. Biography and Pseudonyms

Audet, Francis J. and Gérard Malchelosse. Pseudonymes canadiens. Montréal: Ducharme, 1938. 6365

Biographies canadiennes-françaises. 21e éd. Montréal: Editions bibliographiques, 1969. (Frequently revised). 6366

Brown, George W., Marcel Trudel and André Vachon. Dictionnaire biographique du Canada. Québec: Presses de l'Université Laval, 1965 - in progress. 6367

Dictionnaire national des Canadiens français (1608-1760). 3 vols. Montréal: Institut généalogique Drouin, 1965. 6368

Varennes, Kathleen de. Bibliographie annotée d'ouvrages généalogiques à la Bibliothèque du Parlement, indiquant d'autres bibliothèques canadiennes possédant les mêmes ouvrages. Ottawa, Library of Parliament, 1963. 6369

C. Specific Aspects

Boily, Robert. Quebec 1940-1969. Bibliographie: Le Système politique québécois. Montréal: McGill University Press, 1971. 6370

"Chronologie historique et littéraire," and "Bibliographie sommaire du Québec en France," E 478-479, 1969, 278-284 and 284-285. 6371

Garigue, Philippe. Bibliographie du Québec (1955-1965). Montréal: Presses de l'Université de Montréal, 1967. 6372

Index analytique des volumes I-V (1960-1964) de la revue Recherches sociographiques. Québec: Centre de documentation de l'Université Laval, 1967. 6373

La Roncière, Monique de. L'Amitié franco-canadienne de Jacques Cartier à Chateaubriand. Exposition. Paris:

French Language and Literature Outside France 219

Editions du temps, 1967. 6374

Belgium

I. National Lists and the Book Trade

Cockx-Indestege, Elly and Geneviève Glorieux. Belgica typographica 1541-1600: Catalogus librarum impressorum ab anno MDXLI ad annum MDC in regionibus quae nunc Regni Belgarum partes sunt. I. Biblioteca Regia Bruxellensis. Nieuwkoop: B. De Graaf, 1968 - in progress. 6375

Dopp, H. La Contrefaçon des livres français en Belgique (1815-1852). Louvain: Librairie universitaire, 1932. 6376

Masai, François and Martin Wittek. Manuscrits datés conservés en Belgique. Tome I: 819-1400. Brussels: Editions Scientifiques, 1968 - in progress. 6377

II. Periodicals, Newspapers, Almanacs (See also Braet, #5323)

Bertelson, Lionel. Dictionnaire des journalistes - écrivains de Belgique. Brussels: Section bruxelloise de l'A.G.P.B., 1960. 6378

Dujardin, Jena, Lucia Rymenans and José Gotovitch. Inventaire de la presse clandestine (1940-1944), conservée en Belgique. Brussels: Centre national d'histoire des deux guerres mondiales, 1966. 6379

Hachette, M.-J. "Petites Revues littéraires belges," BOAEB 9-10 (nos. 8,9,10), 1939; (nos. 1,2), 1940. 6380

No entry. 6381

Liebaut, H. Repertorium van de pers in het arrondissement Aalst. 1840-1914. Louvain: Nauwelaerts, 1967. (Bibliography, p. 12-15). 6382

Maréchal, Y. Répertoire pratique des périodiques belges édités en langue française. Louvain, 1970. 6383

Serasquier, Rodolphe. "Nos revues littéraires," in Almanach

de l'Université de Gand. Gand: l'Université, 1896.
(p. 196-216). 6384

Zech-du-Biez, G. Les Almanachs belges. Etude bibliographique. Braine-le-Conte: Zech, 1902. 6385

III. Literature

A. General

Culot, Jean-Marie. "Bibliographie des lettres françaises de Belgique de 1880 à 1938," ARLLF 18, 1939, 213-264. (See #3864). 6386

Delmelle, Joseph. Prospection littéraire du Brabant wallon. Brussels: Librairie encyclopédique, 1970. 6387

Dictionnaire des écrivains belges et catalogue de leurs publications, 1830-1880. 4 vols. Brussels: Weissenbruch, 1886-1901. 6388

Fayt, René and others. Bibliographie des écrivains français de Belgique. 1881-1960. Brussels: Palais des Académies, 1958 - in progress. (Continuation of Culot, #3864). 6389

Grève, Marcel de. "Lettres françaises de Belgique," RBPH 39, 1961, 804-815. (Research review). 6390

Jeanjot, Paul. Index des lauréats de l'Académie royale des sciences, des lettres et des beaux-arts de Belgique, 1769-1967. Brussels: Palais des académies, 1968. 6391

Lecouvet, Ferdinand J. Tournai littéraire. I. Gand, 1861. 6392

Liebracht, Henri. Histoire de la littérature belge d'expression française. Brussels: Vanderlinden, 1909. (Bibliography, p. 445-453). 6393

Verhaegen-Cosyns, E. "Bibliographie de la littérature belge traduite en langue russe," BCBB 6, 1962, B51-B115. 6394

B. Folklore

Lempereur, E. Essai de catalogue d'une bibliothèque de littérature et de folklore wallons, 1890-1947. Brussels: Labor, 1949. 6395

Rousseau, Félix. Répertoires des ouvrages à consulter. Le Folklore et les folkloristes wallons. Brussels: Van Oest, 1921. 6396

IV. The Arts and Cinema

Delcol, Guy. Essai de bibliographie belge du cinéma, 1896-1966. 3 vols. Brussels: Commission belge de bibliographie, 1968. 6397

Lagye, G. Catalogue annoté de la bibliotheque artistique et littéraire de l'Académie royale des beaux-arts et école des arts décoratifs de la ville de Bruxelles. Brussels: Guyot, 1903. 6398

Théâtre, ballet, télévision. Annuaire. Louvain: Centre d'Etudes théâtrales, currently. 6399

V. Language

"Bibliographie dialectologique belgo-romane," DAR, 1937-1949. 6400

Carnoy, A. Dictionnaire étymologique du nom des communes de Belgique y compris l'étymologie des principaux noms de hameaux et de rivières. 2 vols. Louvain: Editions Universitas, 1939-1940. 6401

Dejardin, Joseph. "Examen critique de tous les dictionnaires wallons-français parus à ce jour," BSLW 22, 1886, 311-359. 6402

Jodogne, Omer. "Etat présent des études anthroponymiques en Belgique romane," Premier Congrès international de toponymie et d'anthoponymie, 1939. (p. 136-141). 6403

Urtel, Hermann. "Französische Mundarten (mit Ausschluss des Wallonischen)," JFP 9, 1905, 156-175; 10, 1906, 140-149; 11, 1907-1908, 226-241; 13, 1911-1912, 208-211. 6404

Valkhoff, Marius. Philologie et littérature wallonnes. Vade-Mecum. Gröningen: Walters, 1938. 6405

Vincent, Auguste. Les Noms de lieux de la Belgique. Brussels: Librairie générale, 1927. 6406

VI. Aspects of History

Dictionnaire des communes de Belgique. Brussels: Guyot, 1966. (Frequently revised). 6407

Somville, Edm. Répertoire bibliographique à l'usage du touriste en Belgique. Brussels: Vroment, 1903. 6408

Vervaeck, Solange. Bibliographie de l'histoire de Belgique, 1831-1865. Louvain: Nauwelaerts, 1965. (Continues, #3874). 6409

Switzerland

I. Literature (See also "Raeto-Romance")

Berchtold, Alfred. La Suisse romande au cap du XXe siècle. Lausanne: Payot, 1963. (Bibliography, p. 919-971). 6410

Brandstetter, Joseph Léopold. Bibliographie des revues, gazettes et almanachs suisses. Berne: Wyss, 1896. 6411

Les Ecrivains de la Suisse romande. Catalogue, des ouvrages publiés par eux de 1886 à 1896. Geneva, 1896. 6412

Geiger, Paul and Richard Weiss. Atlas der schweizerischen Volkskunde. 2 vols. Basel: Schweizerische Gesellschaft für Volkskunde, 1952. 6413

Gisi, Mart. Französische Shriftsteller in und von Solothurn. Eine historisch-litterarische Untersuchung. Solothurn: Petri, 1899. 6414

Lonchamp, F. C. Bibliographie générale des ouvrages publiés ou illustrés en Suisse et à l'étranger de 1475 à 1914 par des écrivains et des artistes suisses. Paris and Lausanne: Librairie des Bibliophiles, 1923. 6415

Mauerhofer, Jane Suzanne. Oeuvres d'écrivains suisses en traductions allemandes et françaises. Essai biblio-

French Language and Literature Outside France 223

graphique. Berne: Bibliothèque nationale suisse, 1968. 6416

Ouvrages suisses de langue française. Fribourg: Office du livre, 1970 - to date. (Annual author list). 6417

II. History

Geisendorf, Paul-Frédéric. Bibliographie raisonnée de l'histoire de Genève, des origines à 1798. Geneva: Jullien, 1966. 6418

Rivoire, Emile. Bibliographie historique de Genève au XVIIIe siècle. 2 vols. Geneva: Jullien et Georg, 1897. 6419

Santschy, Jean-Louis. Manuel analytique et critique de bibliographie générale de l'histoire suisse. Berne: Lang, 1961. 6420

Luxemburg

Bibliographie luxembourgeoise. Luxembourg: Bibliothèque nationale, 1945 - to date. 6421

Blum, Martin. Bibliographie luxembourgeoise ou Catalogue raisonné de tous les ouvrages ou travaux littéraires publiés par des Luxembourgeois ou dans le grand-duché actuel de Luxembourg. 2 vols. Luxembourg: Worré-Mertens, 1902-1932. (15,000 entries for the letters A - L. No more published). 6422

Douret, J.-B. Notice des ouvrages composés par les écrivains luxembourgeois. Brussels: Douret, 1870. (Also in AIAL). 6423

Mersch, Jules and others. Biographie nationale du pays de Luxembourg depuis ses origines jusqu'à nos jours. 2e éd. Luxembourg: Imprimerie de la Cour. Victor Buck, 1947 - in progress. 6424

Louisiana

Beer, William. "Contributions to the Bibliography...," in Charles Gayarre, History of Louisiana. 4th ed. 4 vols. New Orleans: Hansell, 1903. (Vol. 1, p. xxxiii-xxxiv). 6425

Beers, Henry Putney. The French in North America. A Bibliographical Guide to French Archives, Reproductions, and Research Missions. Baton Rouge: Louisiana State University Press, 1957. 6426

Greene, Amy Bl. and Frederic A. Gould. Handbook Bibliography on Foreign Language Groups in the United States and Canada. New York: Missionary Education Movement, 1925. 6427

Hollyman, K. J. "Bibliographie des créoles et dialectes régionaux français d'outre-mer modernes," FM 33, 1965, 117-132. 6428

Maggs Brothers. The French Colonisation of America as Exemplified in a Remarkable Collection of French Administrative Acts (1581-1791), Mainly from the Library of Cardinal E. C. de Loménie. Paris: Paillart, 1936. 6429

McMullan, T. N. Louisiana Newspapers 1794-1961. A Union List of Louisiana Newspaper Files. Baton Rouge: Louisiana Library Association, 1965. 6430

Moore, Mary Jo. A Preliminary Bibliography of American English Dialects. Washington, D. C.: ERIC Clearinghouse for Linguistics, Center for Applied Linguistics, 1969. 6431

Shearer, Augustus H. "French Newspapers in the United States Before 1800," PBSA 14, 1920 (Part II) 45-147. 6432

Sloane, Karen W. "Plays about Louisiana 1870-1915: A Checklist," LSt 8, 1969, 26-35. 6433

Caribbean

Bissainthe, Max. Dictionnaire de bibliographie haïtienne. Metuchen, N. J.: Scarecrow Press, 1952. 6434

Dillard, J. L. "Toward a Bibliography of Works Dealing With the Creole Languages of the Caribbean Area, Louisiana, and the Guianas," CaribSt 3, 1963, 84-95. 6435

Duvivier, Ulrich. Bibliographie générale et méthodique d'Haïti. 2 vols. Port-au-Prince: Imprimerie de l'Etat, 1941. ("Littérature," p. 209-239). 6436

Garrett, Naomi M. The Renaissance of Haitian Poetry. Paris: Présence africaine, 1963. (Bibliography, p. 235-256). 6437

Jahn, Janheinz. Die neuafrikanische Literatur. Gesamtbibliographie von den Anfängen bis zur Gegenwart. Düsseldorf: Diederichs, 1965. 6438

Pompilus, Pradel. La Langue française en Haïti. Paris: Institut des hautes études de l'Amérique latine, 1961. (Bibliography, p. 248-260). 6439

Ramsereau, J. A. "French Caribbean Literature," in his New Approaches to African Literature. A Guide to Negro-African Writing and Related Studies. Ibadan: University Press, 1965. (p. 124-134). 6440

Africa

I. Basic Sources

A. Bibliography of Bibliographies

Garling, Anthea. Bibliography of African Bibliographies. Cambridge, Mass.: African Studies Centre, 1968. 6441

B. General Retrospective Bibliographies

L'Afrique à travers les publications de la Documentation française (Bibliographie 1945-1961). Paris: Documentation française, 1961. 6442

Bibliographie militaire des ouvrages français ou traduits en français et des articles des principales revues françaises relatifs à l'Algérie, à la Tunisie et au Maroc de 1830 à 1926. Paris: Imprimerie nationale, 1930. 2 vols.
6442A

Brasseur, Paule. Bibliographie générale du Mali, ancien Soudan français et Haut-Sénégal-Niger. Dakar: IFAN, 1964. 6443

Bruel, Georges. Bibliographie de l'Afrique équatoriale française. Paris: Larose, 1914. 6444

Delafosse, Maurice. Haut-Sénégal-Niger (Soudan français).

3 vols. Paris: Larose, 1912. 6445

Gattefossé, J. and Claudius Roux. Bibliographie de l'Atlantide et des questions connexes (Géographie, ethnographie et migrations anciennes; Atlantique et Méditerranée; Afrique et Amérique, fixité ou dérivé des continents, déluges, traditions, etc.). Lyon: Bosc et Riou, 1926.
6446

Gay, Jean. Bibliographie des ouvrages relatifs à l'Afrique et à l'Arabie. Amsterdam: Meridian, 1961. (Reprint of 1875 edition). 6447

Joucla, Edm. Bibliographie de l'Afrique occidentale française. Paris: Sansot, 1912. 6448

Ternaux-Compans, Henri. Bibliothèque asiatique et africaine ou catalogue des ouvrages relatifs à Asie et l'Afrique qui ont paru depuis la découverte de l'imprimerie jusqu'en 1700. Paris: Bertrand, 1841. 6449

C. General Current Bibliography

Centre d'analyse et de recherche documentaire pour l'Afrique noire. Recherche, enseignement, documentation africanistes francophones. Bulletin i'information et de liaison. Ecole Pratique des Hautes Etudes, 1969 - to date. (Replaces BICDI). 6450

II. Periodicals and the Book Trade

A. Periodicals

Berlage, Jean. Répertoire de la presse du Congo belge (1884-1957) et du Ruanda-Urundi (1920-1958). Brussels: Commission belge de bibliographie, 1959. 6451

Liste mondiale des périodiques spécialisés: Etudes africaines. The Hague: Mouton, 1969. 6452

Razafintsalama, G. Périodiques malgaches; liste provisoire des collections conservées à la Bibliothèque nationale, 1866-1960. Paris: Bibliothèque nationale, 1964. 6453

Sub-Saharan Africa: A Guide to Serials. Washington, D. C.: Library of Congress, 1970. 6454

French Language and Literature Outside France 227

B. Book Trade

Première Exposition internationale du livre africain. Catalogue. Yaoundé: Imprimerie Saint-Paul, 1968. 6455

Taubert, Sigfred. African Book Trade Directory. Munich: Pullach, 1971. 6456

III. Literature

A. General

Baratte, Thérèse. Bibliographie. Auteurs africains et malgaches de langue française. 2ᵉ éd. Paris: Office de coopération radiophonique, 1968. (78 pages). 6457

Ebauche d'une bibliographie de la littérature nègre d'expression française. Accra: Université de Ghana, 1966. (23 pages). 6458

Jahn, Janheinz. Bibliography of Creative African Writing. Nendeln: Kraus-Thomson, 1971. 6459

―――. Die neuafrikanische Literatur. Gesamtbibliographie von den Anfängen bis zur Gegenwart. Düsseldorf: Diederichs, 1965. 6460

Trout, Paulette J. "Recent Developments in French African Literature," JNALA 4, 1967 (Fall), 16-17. 6461

Van Quang. Notice biographique et bibliographique de quelques auteurs négro-africains francophones et anglophones. Fort Lamy: Commission nationale du Tchad pour l'Unesco et Centre de documentation pédagogique, 1966. 6462

Zell, Hans M. and others. The Literature of Africa. An Annotated Bibliographic Guide to Creative Writing by Black African Authors. New York: Africana Publ. Corp., 1969. 6463

B. Algerian

Déjeux, Jean. "Essai de bibliographie algérienne, 1954-1962," CNA 92, 1962 (oct.-nov.). (116 pages). 6464

_____. "Bibliographie de la litterature algerienne d'expression francaise, 1962-1967," CALC 2, 1967, 122-194. (Indexed).
6465

Memmi, Albert, Jacqueline Arnaud and others. Bibliographie de littérature nord-africaine d'expression française, 1945-1962. The Hague: Mouton, 1965.
6466

C. Specific Aspects

Cornevin, Robert. Le Théâtre en Afrique noire et à Madagascar. Paris: Le Livre africain, 1970. (Bibliography, p. 297-303).
6467

Khoury, Raif Georges. Bibliographie raisonnée des traductions publiées au Liban des langues étrangères à partir de 1840 jusqu'aux environs de 1905. (Paris thesis, Lettres, 1966).
6468

Massignon, Geneviève. "Bibliographie des recueils de contes traditionnels du Maghreb," SFab, 1961 (no. 4), 111-129; 1963 (no. 2), 162-176.
6469

Quémeneur, Jean. "Essai bibliographique sur la Tunisie de 1956 à 1961," Ibla 24, 1961 (nos. 3-4), 415-431.
6470

Raemdonck, André van. Le thème du sacré dans quelques romans africains de langue française. n. p. : Imprimeur: Le Scribe, 196?. (Bibliography, leaves i-xii).
6471

Wake, C. H. and J. O. Reed. "Modern Malgasy Literature in French," BA 38, 1964, 14-19.
6472

IV. Language

Julliot, Henry de. Le Bon Langage. Guide familier de la langue française en Afrique. Paris: Larousse, 1970.
6472A

Murphy, John D. and Harry Goff. A Bibliography of African Language and Linguistics. Washington, D. C. : Catholic University of America Press, 1969.
6473

Pérès, Henri. L'Arabe dialectal algérien et saharien: bibliographie analytique avec un index méthodique. Alger: Maison des livres, 1958.
6474

Westermann, Diedrich and M. A. Bryan. The Languages of West Africa. With a Supplementary Bibliography Compiled by D. W. Arnott. new ed. Folkestone: Dawsons, 1970. (Bibliography, p. 178-263). 6474A

V. The Humanities and African History

A. Humanities

Bogaert, Josef Adrianus van den. Sciences humaines en Afrique noire. Guide bibliographique, 1945-1965. Brussels: Centre de documentation économique et sociale africaine, 1966. 6475

Fontvieille, Jean-Roger and others. Guide bibliographique du monde noir. Vol. I: Histoire, littérature, ethnologie. Yaoundé: Université fédérale du Cameroun, 1969. 6476

B. History

Carson, Patricia. Materials for West African History in French Archives. London: Athlone Press, 1968. 6477

Lusignan, Guy de. French Speaking Africa since Independence. New York: Praeger, 1969. (Bibliography, p. 390-400). 6478

Part Eight:

PROVENÇAL AND SOUTHERN FRANCE

I. General Sources
(See also entries in the index for specific regions)

A. Booklists and the Book Trade

Billioud, Jacques. Le Livre en Provence du XVIe au XVIIIe siècle. Marseilles: Saint-Victor, 1962. (Lists of various types of books). 6479

Caramel, Alfred. Bibliographie du Languedoc. Livres, périodiques, articles de revues, journaux et manuscrits. Montpellier: Causse, Graille et Castelnau, 1963. 6480

Cholakian, Rouben C. The William P. Shepard Collection of Provençalia: A Critical Bibliography. Clinton, N. Y.: Hamilton College, 1971. 6480A

Gaudin, L. Catalogue de la bibliothèque de la ville de Montpellier. Fonds de Languedoc. Montpellier: L. Grollier, 1902. 6481

Perrier, Emile. Les Bibliophiles et les collectionneurs provençaux anciens et modernes. Arrondissement de Marseille. Marseille: Barthelet, 1897. (Biographical dictionary). 6482

Reynier, J. B. Catalogue de la Bibliothèque communale de Marseille. 3 vols. Marseille: Barlatier-Feyssat et Demonchy, 1864-1869. 6483

B. General Bibliographies of Scholarship

Livres anciens sur la Provence. Catalogue de la Librairie Roumanille. Avignon: Roumanille, 1965. 6484

Servici d'Informacion de l'Institut d'Estudis Occitans. Bib-

230

liografia occitana, 1960-1964. Toulouse: Institut d'Estudis Occitans, 1965. 6485

Stefanini, Jean. Un provençaliste marseillais: l'abbé Féraud (1725-1807). Gap: Ophrys, 1969. (Bibliography, p. 369-404). 6486

II. Literature

A. General

Armana Prouvençau. Avignon, 1854-1938. (Extensive annual bibliography of Provençal studies, 1854-1892). 6487

Cluzel, Irénée-Marcel and Jean Lesaffre. "Bibliographie occitane," RLLP 2, 1960, 87-100; 9, 1962, 103-113. (Covers period 1957-1961). 6488

Cuzacq, René. Répertoire bibliographique d'études bayonnaises, landaises, basques et d'articles divers. 4e Répertoire. 5e Répertoire. 6e Répertoire. 3 vols. Mont-de-Marsan, 1950, 1954, 1956. (See #3917). 6489

Gaussen, Ivan. "Périodiques en langue d'oc ou ayant fait une place à la langue d'oc," and "Bio-bibliographie de poètes et prosateurs," in his Poètes et prosateurs du Gard en langue d'oc depuis les troubadours jusqu'à nos jours. Paris: Belles Lettres, 1962. (p. 20-24 and 37-104). 6490

Giudici, Enzo. "Gli studi occitani nella Francia del Sud-Ouest," CNeo 20, 1960, 83-98. 6491

Lesaffre, Jean and Irénée-Marcel Cluzel. Bibliographie occitane, 1957-1966. Paris: Belles Lettres, 1969. (Continues, #3878). 6492

Taupiac, Jacques. "Bibliographie occitane, 1960-1964," RLaR 79, 1965, 107-134. 6493

──────. "Bibliografia occitana de l'annada 1965," RLaR 77, 1966, 189-193. 6494

B. Medieval

Davis, William Myron. "Current Scholarship on the Origins of the Medieval Provençal Lyric: Some Conclusions," PP 10, 1967, 92-96. (Also in #4705). 6495

Erdmannsdörffer, E. Reimwörterbuch der Trobadors. Berlin: Ebering, 1897. 6495A

Mège, Francisque. "Les Troubadours, poètes et écrivains de langue d'Auvergne," RdAuv 4, 1887, 416-436; 5, 1888, 28-45. 6496

Pinot, François. "L'Idéologie des troubadours. Examen de travaux récents," MA 74, 1968, 301-331. (For the period 1962-1967). 6497

Rohr, Rupprecht. "Zum Interpretation der altprovenzalischen Lyrik. Hauptrichtigung der Forschung (1952-1962)," in his Provenzalische Minnesang. Darmstadt, 1967. (p. 66-114. Previously in RoJb 13, 1962, 43-75). 6498

C. Modern

Bibliographie de l'Idée Latine en France. Première Partie: Livres et publications non périodiques. Paris: La France latine, 1963. 6499

Camproux, Ch. "Situation actuelle des lettres d'Oc," Neo 51, 1967, 128-141. 6500

Giudici, Enzo. "Gli studi recenti sull'école lyonnaise," LS 9, 1960 (fasc. 4), 33-37. 6501

Mathieu, Christian. Répertoire des Majoraux du Félibrige, 1876-1965. Saint-Rémy-de-P.: Esc. dis Aup., 1966. 6502

Michelet, Joseph-Alexandre. Poètes gascons du Gers depuis le XVIe siècle jusqu'à nos jours. Auch, 1904. (Reprint, Slatkine, 1969). 6503

Nouguier, Paul. Répertoire des pastorales provençales. Marseille: Lou Rampau d'Oulivie, 1962. 6504

Pillet, Alfred. Die neuprovenzalischen Sprichwörter der jüngeren Chaltenhamer Liederhandschrift. Berlin: Ebering, 1897. 6504A

Portal, E. Letteratura provenzale. I Moderni Trovatori
(Biografie provenzali). Milan: Hoepli, 1907. 6505

Unger, Hans-Joachim. Die Literatur der Camargue. Eine literaturgeschichtliche und motivkundliche Studie zur Regionalliteratur in der Provence. München: Verlag Uni-Druck, 1969. (Bibliography, p. 370-407). 6506

III. Language (See also "Dialectology" in the index)

Alibert, Louis. Dictionnaire occitan-français, d'après les parlers languedociens. Toulouse: Institut d'Etudes Occitanes, 1965. 6507

Barthe, Roger. Lexique français-occitan. Paris: R. Barthe, 1971. 6508

Bilbao, Jon. "Bibliographie basque de Philippe Veyrin," GH, 1962 (no. 4), 212-218. 6509

Brunel, Clovis. Les plus anciennes chartes en langue provençale. Supplément. Paris: Picard, 1952. (Supplements #3904). 6510

Clivio, Amedeo and Gianrenzo P. Clivio. "Patois francoprovenzali," in their Bibliografia ragionata della lingua regionale e dei dialetti del Piemonte, compresa la Valle d'Aosta, e della letteratura in piemontese. Turin: Centro Studi Piemontesi, 1971. 6511

Colomb de Batines, Paul. Bibliographie des patois du Dauphiné. Grenoble: Prudhome, 1835. 6512

Dauzat, Albert. "Les Parlers auvergnats anciens et modernes. Bibliographie critique (jusqu'en 1927)," RLR 4, 1928, 62-117. 6513

Dodgson, E. S. "Bibliographie de la langue basque," BSB, 1899, 57-65. 6514

Doussinet, Raymond. Les Travaux et les jeux en vieille Saintonge. LaRochelle, Rupella, 1967. (Bibliography, p. 553-577, of patois studies). 6515

Duraffour, Antonin. Glossaire des patois franco-provençaux.
Paris: Centre national de recherche scientifique, 1969.
6516
Escoffier, S. "La littérature dialectale à Lyon entre le
XVIe et le XIXe siècle. Inventaire sommaire," RLR 27,
1963, 192-210. 6517

Estalenx, J.-F. d'. Dictionnaire idéologique française-
gascon. Toulouse, 1968. 6518

Favre, Léopold. Glossaire du Poitou, de la Saintonge et de
l'Aunis. Niort: Robin et Favre, 1867. (Bibliography,
p. LXX-LXXX). 6519

Höfele, Karl. Quellen für das Studium der neueren langue-
dokischen Mundart von Montpellier. Greifswald (dissertation), 1913. (58 pages). 6520

Keller, Hans Erich. "La Linguistique occitane aujourd'hui
et demain," RLR 34, 1970, 263-279. 6521

Lespy, Vastin. Grammaire béarnaise suivie d'un vocabulaire
béarnais-français. 2e éd. Paris: Maisonneuve, 1880.
(Bibliography, p. 513-516). 6522

Mignard, Prosper. "Bibliographie du patois bourguignon,"
BCLHA 2, 1856, 353-362. 6523

Moutier, L. Bibliographie des dialectes dauphinois. Valence:
Impr. Valentinoise, 1885. 6524

Onofrio, Jean-Baptiste. Essai d'un glossaire des patois de
Lyonnais, Forez, et Beaujolais. Lyon: N. Scheuring,
1864. (Bibliography, p. xxxviii-lxxix). 6525

Rohlfs, Gerhard. "Concordancias entre catalán y gascón,"
BDE 34, 1956-57, 663-72. 6526

_____. Le Gascon. Etudes de philologie pyrénéenne.
2e éd. Tübingen: Niemeyer, 1970. (Bibliography, p.
8-16). 6526A

Sala, Marius and Sanda Reinheimer. "Bibliographie franco-
provençale," RLR 31, 1967, 383-429; 32, 1968, 199-234.
6526B
Scharten, Teodora. "La Posizione linguistica del Poitou,"
StRom 29, 1940, 5-136. (Bibliography, p. 5-13). 6526C

Provençal and Southern France 235

Vinson, Julien. Essai d'une bibliographie de la langue basque. 2 vols. Paris: Maisonneuve, 1891-1898. 6527

Wiacek, Wilhelmina M. Lexique des noms géographiques et ethniques dans les poèmes des troubadours des XIIe et XIIIe siècles. Paris: Nizet, 1969. 6528

IV. Folklore

Arnaudin, Félix. Recueil de proverbes de la Grande-Lande. Proverbes, dictons, devinettes, formulettes et prières. Bordeaux: Escole Jaufre-Rudel, 1965. 6529

Bec-Gauzit, Fliane and Pierre Bec. "Essai de bibliographie critique de la chanson folklorique occitane," VD 10, 1916, no. 8, 32-60. 6530

Cerquand, J. -F. L'Imagerie et la littérature populaires dans le Comtat-Venaissin (1600-1830), essai d'un catalogue. Avignon: Seguin, 1883. (Also in BHLAV). 6531

Gaidoz, Henri and Paul Sébillot. "Bibliographie des traditions et de la littérature populaire de l'Auvergne et du Velay," RdAuv 2, 1885, 31-65. 6532

_____ _____. "Bibliographie des traditions et de la littérature populaire du Poitou," ZrP, 1884, 554-571. 6533

Mauron, Marie. Dictons d'oc et proverbes de Provence. Le fas du Revest-Saint-Martin: R. Morel, 1965. 6534

Vinson, J. Notice bibliographique sur la folk-lore basque. Paris, 1884. (And in the RdL 16-17, 1884). 6535

V. Aspects of History

Achard, Claude-François. Dictionnaire de la Provence et du Comté Venaissin. 2 vols. Marseille, 1787. (Reprint, Slatkine, 1969). 6536

Berne-Lagarde, Pierre de. Bibliographie du catharism languedocien. Toulouse: Institut des études cathares, 1957. 6537

Cayla, Paul. Dictionnaire des institutions, des coutumes et de la langue en usage dans quelques pays de Languedoc de 1535 à 1648. Montpellier: P. Déhan, 1964. 6538

Devic, Claude and Jean-Joseph Vaissète. Histoire générale de Languedoc. 10 vols. Toulouse: Paya, 1840-1846.
6539

Part Nine:

MEDIEVAL AND LATER LATIN

I. General

Beugnot, Bernard and Roger Zuber. "Répertoire de la littérature néolatine du XVIIe siècle français: état des travaux (automne 1970)," SF 42, 1970, 476-477. (Progress report). 6540

Esnos, G. "Les Traductions médiévales françaises et italiennes des Soliloques attribués à S. Augustin," MAH 79, 1967, 299-370. 6541

Fisher, John Lionel. A Mediaeval Farming Glossary of Latin and English Words. London: National Council of Social Service, 1968. (51 pages). 6542

Rolland, Joachim. Les Origines latines du théâtre comique en France. Essai bibliographique. Paris: Athéna, 1927. 6543

Schmidt, Charles Guillaume Adolphe. Petit Supplément au Dictionnaire de DuCamp. Strasbourg, 1906. (Reprint, Naarden, VanBekhoven). 6544

Väänänen, Veikko. Introduction au latin vulgaire. Paris: Klincksieck, 1964. (Bibliography, p. xiii-xvii). 6545

Walther, Hans. Proverbia Sententiaeque Latinitatis Medii Aevi. 5 vols. Göttingen: Vandenhoeck & Ruprecht, 1963-1967. 6546

Part Ten:

COMPARATIVE LITERATURE AND FOLKLORE

I. Bibliographical Orientation

Block, Haskell M. Nouvelles tendances en littérature comparée. Paris: Nizet, 1970. (Bibliography, p. 55-61). 6547

Maury, Paul. Arts et littérature comparés. Etat présent de la question. Paris: Belles Lettres, 1934. 6548

Pichois, Claude and André-M. Rousseau. "Conseils pratiques," in their La Littérature comparée. Paris: Colin, 1967. (p. 177-209). 6549

Remak, Henry. "Comparative Literature. Its Definition and Function," in N. P. Stalknecht and Horst Frenz, Comparative Literature. Method and Perspective. Carbondale, Illinois: Southern Illinois University Press, 1961. (p. 3-37. Research review). 6550

Rousseau, André-M. "Vingt ans de littérature comparée en France (1949-1969). Bilan et perspectives," IL 21, 1969, 199-204. 6551

Weil, Gonthier and Jean Chassard. Les Grandes Dates des littératures étrangères. Paris: PUF, 1969. 6552

Weisstein, Ulrich. Einführung in die vergleichende Literaturwissenschaft. Stuttgart: Kohlhammer, 1968. (Bibliography, p. 231-249). 6553

II. Specific Aspects

Goizet, J. Dictionnaire universel du théâtre en France et du théâtre français à l'étranger. Paris: Goizet, 1867-1868. 6554

Maggs Brothers. The Library of Henri V of France, le

Comte de Chambord. London: Maggs Brothers, 1935.
(On travel). 6555

III. Influences, Sources, Translations

A. General

Mundus Artium, 1971 to date. (Lists translations in progress in the humanities). 6556

Van Tieghem, Philippe. "Tableau chronologique des traductions des principales oeuvres étrangères ayant influencé la littérature française," in his Influences étrangères sur la littérature française (1550-1880). 2e éd. Paris: PUF, 1967. (p. 249-258). 6557

B. By Country or Area

American and British

Bailey, Helen Phelps. Hamlet in France. From Voltaire to Laforgue. Geneva: Droz, 1964. (Bibliography, p. 161-170). 6558

Les Etats-Unis à travers les livres. Choix de livres en Français. Paris: Centre culturel américain, 1963. (Frequently revised). 6559

Villard, Léonie. La France et les Etats-Unis. Echanges et rencontres (1524-1800). Lyon: Editions de Lyon, 1952. (Bibliographies, p. 375-403). 6560

Classical

Paratore, Ettore. Bibliografia Ovidiana. Sulmona: Comitato per le celebrazioni del bimillenario, 1958. 6561

Latin American

Altamirano, Alberto I. Influence de la littérature française sur la littérature mexicaine. Mexico City: Cosmos, 1935. (Bibliography, p. 103-105). 6562

Garraux, Anatole-Louis. Bibliographie brésilienne.

Catalogue des ouvrages français et latins relatifs au Brésil (1500-1898). Paris: C. Chadenat, 1898.
6563

German

Finck, Adrien and others. "Les traductions françaises des poèmes de Georg Trakl," BFLS 48, 1969-70, 85-126. 6564

Gipper, Helmut. Sprachliche und geistige Metamorphosen bei Gedichtübersetzungen. Eine sprachvergleichende Untersuchung zur Erhellung deutsch-französischer Geistesverschiedenheit. Düsseldorf: Schwann, 1966. (Bibliography, p. 250-267). 6565

Mönnig, Richard. Deutschland und die Deutschen im französischsprachigen Schrifttum. Eine Bibliographie. 2d ed. Göttingen: Vandenhoeck & Ruprecht, 1967. 6566

Scandinavian

Bernhardt, Borge. La Norvège. Livres et articles en langue française. Paris: Minard, 1970. 6567

Jessen, François de. Bibliographie de la littérature française relative au Danemark. Paris: Meynial, 1924. 6568

Littérature suédoise en traduction française. Liste établie par la Bibliothèque nordique. Stockholm: Institut suédois, 1967. (32 pages). 6569

Slavic

Odavitch, R. J. Essai de bibliographie française sur les Serbes, Croates et Slovènes depuis le commencement de la guerre actuelle. Paris: Lux, 1918.
6570

Pérus, Jean. Gorki en France. Bibliographie. Paris: PUF, 1968. 6571

Petrovitch, Nicolas S. Essai de bibliographie française sur les Serbes et les Croates (1534-1900). Belgrade: Imprimerie de l'Etat, 1900. 6572

Oriental (Near- Mid- and Far East)

Baruch, Jacques. Bibliographie des traductions françaises des littératures du Viet-Nam et du Cambodge. Brussels: Than-Long, 1968. 6573

Boulnois, L. and H. Millot. Bibliographie du Nepal. Vol. I: Sciences humaines. Références en langues européennes. Paris: Centre National de recherche scientifique, 1970. 6574

Brébion, Ant. Bibliographie des voyages dans l'Indo-Chine française du IXe au XIXe siècle. Saigon: Schneider, 1910. 6575

Chauvin, Victor Charles. Bibliographie des ouvrages arabes ou relatifs aux Arabes, publiés dans l'Europe chrétienne de 1810 à 1885. 3 vols. Liège: Vaillant-Carmanne, 1892-1901. 6576

Cordier, Henri. Bibliotheca Indosinica. Dictionnaire bibliographique des ouvrages relatifs à la péninsule indochinoise. Paris: Ecole française d'Extrême Orient, 1932. 6577

Leval, André. Voyages en Levant pendant les XVIe, XVIIe, et XVIIIe siècles. Essai de bibliographie. Paris: Singer et Wolfner, 1897. 6578

Masson, Paul. Eléments d'une bibliographie française de la Syrie. Paris: Champion, 1919. 6579

Sabá, Mohsen. Bibliographie française de l'Iran; bibliographie méthodique et raisonnée des ouvrages français parus depuis 1560 jusqu'à nos jours. 2e éd. rev. et aug. Téhéran: 1951. 6580

African

Coke, Rachel M. South Africa as Seen by the French 1610-1850. A Bibliography. Cape Town: School of Librarianship, University of Capetown, 1957. (39 pages). 6581

C. Jewish

Gross, Heinrich. Gallia Judaica. Dictionnaire géographique de la France d'après les sources rabbiniques. Paris: Cerf, 1897. (With bibliography, p. 744-764. Jews in France and France in Hebrew literature). 6582

Schwab, Moïse. Répertoire des articles relatifs à l'histoire et à la littérature juives parus dans les périodiques, de 1665 à 1900. Paris: Geuthner, 1914-1923. 6583

IV. Folklore

A. General

Aceves, Peter and others. "Folklore Archives of the World: A Preliminary Guide," FF, 1968 (Bibliographic and Special Series no. 1), 1-27. 6584

Catalogue d'ouvrages relatifs au Folk-Lore et à la mythologie comparée. Paris: Maisonneuve, 1883. 6585

Crac, Aldonse de. Guide des farces et attrapes. Paris: A. Michel, 1966. 6586

Douhet, Jules. Dictionnaire des mystères, ou Collection générale des mystères, moralités, rites figurés, et cérémonies singulières, suivi d'une notice sur le théâtre libre. Paris: Migne, 1855. 6587

Sébillot, Paul. Le Folk-Lore de France. 4 vols. Paris: E. Guilmoto, 1904-1907. (Bibliography, Vol. 4, p. 405-424). 6588

Vinson, J. "Bibliographie folk-lorique. Le Cabinet des Fées," RdL 1895, 210-229. (Indexes Mayer, #4326). 6589

B. Mythologie

Grimal, Pierre. Dictionnaire de la mythologie grecque et romaine. Préface de Charles Picard. 4e éd. revue. Paris: PUF, 1969. 6590

Gruppe, O. Die mythologische Literatur aus den Jahren 1895-1905. Leipzig: Reisland, 1908. 6591

Comparative Literature and Folklore 243

Guirand, Félix. Larousse mythologie générale. Paris: Larousse, 1935. 6592

McPeek, James A. S. "Selected Bibliography of Myth in Literature," in Kathleen Raine. On the Mythological. Fullerton, Calif.: College English Association, 1969. (39 pages). 6593

Varlet, Henri. Tableau généalogique et synoptique de la mythologie grecque et romaine. Paris: Varlet, 1967. 6594

C. Folk Tale

Aarne, Antti. The Types of the Folktale. A Classification and Bibliography. Translated from German and enlarged by Stith Thompson. Helsinki: Suomalainen Tiedeakatemia, 1961. 6595

Karlinger, Felix. Einführung in die romanische Volksliteratur. I. Teil: Die romanische Volksprosa. Munich: Hueber, 1969. (Bibliography, p. 311-328. French, p. 319-323. Provençal, p. 323-324). 6596

Nègre, Hervé. Dictionnaire des histoires drôles. Paris: Fayard, 1967. 6597

Tenèze, Marie-Louise. "Le conte populaire français: Réflexions sur un itinéraire," ATP 12, 1964, 193-203. (Research review). 6598

Tubach, Frederic C. Index Exemplorum. A Handbook of Medieval Religious Tales. Helsinki: Suomalainen Tiedeakatemia, 1969. 6599

D. The Occult and Superstitions

Abraham, Jean Pierre. Dictionnaire des superstitions. Le-Jas-du-Revest Saint-Martin; Bresse-Alpen: R. Morel, 1967. 6600

Grässe, Johann Georg Theodor. Bibliotheca Magica et Pneumatica. Leipzig: 1843. (Reprinted: Olms, 1960). 6601

Guazzo, Francesco Mario. Compendium Maleficarum. Milan, 1608. (Revised by Montague Summers. London:

244   Guide to French Studies

Rodker, 1929). 6602

Jouin, E. and V. Descreux. Bibliographie occultiste et maçonnique. Paris: Emile-Paul, 1930. 6603

Sabatier, Robert. Dictionnaire de la mort. Paris: Michel, 1967. 6604

Yves-Plessis, R. Essai d'une bibliographie française méthodique et raisonnée de la sorcelerie et de la possession demoniaque. Paris: Chacornac, 1900. (Reprint, De Graaf, 1971). 6605

E. Proverbs

Backer, Georges de. Dictionnaire des proverbes françois. Brussels: de Backer, 1710. 6606

Billaudeau, Armand-Georges. Recueil de locutions françaises, proverbiales, familières, figurées, traduites par leurs equivalents anglais. Paris: Boyoeau et Chevillet, 1903. 6607

Certeux, Alphonse. Les Cris de Londres au XVIIIe siècle. Paris: Chamuel, 1893. (With a bibliography for Paris). 6608

Crapelet, G. -A. Proverbes et dictons populaires, avec les dits du mercier et des marchands, et les crieries de Paris, aux XIIIe et XIVe siècles, publiés d'après les mss de la Bibliothèque du Roi. Paris: Crapelet, 1831. 6609

Finbert, Elian-J. Dictionnaire des proverbes du monde. Paris: Laffont, 1965. 6610

Quitard, Pierre-Marie. Dictionnaire étymologique, historique et anecdotique des proverbes de la langue française. Paris: Bertrand, 1842. (Reprint, Slatkine, 1969). 6611

F. Quotations

Dissère, Jean. Dictionnaire encyclopédique des citations. Paris: Editions de la Renaissance, 1970. 6612

Dupré. P. Encyclopédie des citations. Paris: Trévise,

1959. 6613

Guerlac, Othon G. Les Citations françaises. 4e éd. Paris: Colin, 1953. 6614

Pascal, J. Florilège de la culture française en 1400 citations (404 auteurs cités). Paris: Debresse, 1957. 6615

G. Flora and Fauna

Rolland, Eugène. La Faune populaire de la France. Noms vulgaires, dictons, proverbes, contes et superstitions. 13 vols. Paris: Maisonneuve, 1876-1911. (Each volume is preceded by bibliography). 6616

──────. Flore populaire de la France, ou Histoire naturelle des plantes dans leurs rapports avec la linguistique et le folklore. 11 vols. Paris: Gaidoz, 1896-1914. (Bibliographies of dictionaries and studies in first seven volumes). 6617

H. Regional Folklore

Gaidoz, Henri and Paul Sébillot. "Bibliographie des traditions et de la littérature populaire d'Alsace," Poly 35, 1882, 432-439. 6618

──────. Bibliographie des traditions et de la littérature populaire de la Bretagne. Nogent-le-Rotrou: Daupeley-Gouverneur, 1882. (Also in RC 5, 1882, 277-338. Supplement in RBV, 1896, for the years 1882-1895). 6619

──────. Bibliographie des traditions et de la littérature populaire des Frances d'Outre-Mer. Paris: Maisonneuve, 1886-1888. (Also in RdL, 1884, 1885, 1888). 6620

Sicotière, L. de la. "Bibliographie des usages et traditions populaires de l'Orne," Rdtp 1892, 659-722. 6621

Part Eleven:

GENERAL LANGUAGE AND LITERATURE

Language

I. General

A. Current Scholarship

Analecta Linguistica. Budapest: Hungarian Academy of Sciences, 1970 - Annual. 6622

"Bibliographie," IJ 30 vol., 1913-1949. (Annotated bibliography on IndoEuropean linguistic studies). 6623

Linguistic Abstracts, 1966-1968. (3 special numbers of L). 6624

B. Retrospective Bibliography

Gipper, Helmut. Bausteine zur Sprachinhaltsforschung. Düsseldorf: Pädagogischer Verlag Schwann, 1963. (Bibliography, p. 489-507). 6625

Rutherford, Phillip R. A Bibliography of American Doctoral Dissertations in Linguistics, 1900-1964. Washington, D. C.: Center for Applied Linguistics, 1968. 6626

Thompson, Lawrence S. "Bibliographical Control of Linguistics Scholarship," JD 23, 1967, 99-109. 6627

Wares, Alan C. Bibliography of the Summer Institute of Linguistics, 1935-1968. Santa Ana, Cal.: Summer Institute of Linguistics, 1968. 6628

C. Linguistic History

Devoto, G. and C. Battisti. "Il contributo italiano agli studi nel campo della linguistica negli ultimi cento anni," in

Un secolo di progresso scientifico italiano: 1839-1939.
Rome: S.I. P.S., 1939. (Vol. 6). 6629

Escobar, Alberto. "Present State of Linguistics," in Thomas A. Sebeok, ed., Current Trends in Linguistics, IV: Ibero-American and Caribbean Linguistics. The Hague: Mouton, 1968. (p. 616-627). 6630

"Les Etudes de linguistique en URSS et l'effort vers une théorie marxiste de langage (1917-1960)," L'URSS Droit, économie, sociologie, politique, culture. Paris, 1962. (Vol. 1, p. 373-386). 6631

Salus, Peter H. Panini to Postal: A Bibliography of the History of Linguistics. Edmonton: Linguistic Research, 1971. 6632

Uitti, Karl D. Humanistic Scholarship in America. Linguistics and Literary Theory. Englewood Cliffs, N.J.: Prentice-Hall, 1969. 6633

II. Computational Linguistics

A. Current Research

"Bibliography (Computers and the humanities)," CH, 1966 - to date. (Annual list of completed projects). 6634

"Directory of Scholars Active," CH, 1966 - to date. (Annual description of projects in progress applying computers to humanistic research). 6635

Language and Automation. Washington, D.C., Center for Applied Linguistics, 1971 - to date. (Quarterly, ed. by A. Hood Roberts. An annotated bibliography of the literature dealing with the interfaces of linguistics, computers, information science, and related fields. Approximately 350 abstracts in each issue). 6636

B. Retrospective Coverage

Billmeier, Günther and Dieter Krallmann. Bibliographie zur statistischen Linguistik. Hamburg: Duske, 1969. 6637

Computer Literature Bibliography, 1946-1967. New York:

248   Guide to French Studies

Arno Press, 1970. (Works about computers in general).
                                                     6638
Dingwall, William O. Theoretical Linguistics: Bibliography
   1969-1970. Edmonton: Linguistic Research, 1971. 6639

Lyons, John. Introduction to Theoretical Linguistics. London: Cambridge University Press, 1968. (Bibliography,
   p. 490-505).   6640

Závada, Jaroslav. "Bibliography on Mechanization and Automation in Linguistics (Years 1960-1967)," in Jitka Stindlová, Les Machines dans la linguistique. Colloque international sur la mécanisation et l'automation des recherches linguistiques. The Hague: Mouton, 1968. (p.
   313-336).   6641

III. Glossaries and Encyclopedias

Feys, Robert and Frederic B. Fitch. Dictionary of Symbols
   of Mathematical Logic. Amsterdam: North Holland:
   1969.   6642

Gipper, Helmut and Hans Schwarz. Bibliographisches Handbuch zur Sprachinhaltsforschung. Cologne: Westdeutscher Verlag, 1961 - in progress. (Through the
   letter "g" of authors' names).   6643

Lyons, John. New Horizons in Linguistics. London: Penguin, 1970. (With 42-page glossary and a bibliography).
                                                     6644
Martinet, André. La Linguistique. Guide alphabétique.
   Paris: Denoël, 1969.   6645

Meetham, A. R. and R. A. Hudson. Encyclopedia of Linguistics, Information and Control. New York: Pergamon, 1969.   6646

Steible, Daniel J. Concise Handbook of Linguistics: A
   Glossary of Terms. New York: Philosophical Library,
   1967.   6647

IV. Languages

Martinet, André and others. Le Langage. Encyclopédie de
   la Pléiade. Paris: Gallimard, 1968.   6648

General Language and Literature 249

Parlett, David S. A Short Dictionary of Languages. London: English Universities Press, 1967. 6649

Price, Glanville. The Present Position of Minority Languages in Western Europe. A Selective Bibliography. Cardiff: University of Wales Press, 1969. 6650

Tonkin, Humphrey. A Research Bibliography on Esperanto and International Language Problems. New York: Junularo Esperantista de Nord Ameriko, 1969. 6651

V. Transformational and Generative Grammar

Bierwisch, Manfred. "Stand und Probleme der generativen Grammatik," WZHUB 18, 1969, 255-261. 6652

Didier, Henri. "Tendances nouvelles en Syntaxe générative. Bibliographie," Lgs 14, 1969, 134-144. (Supplements Ruwet #6656). 6653

Krenn, Herwig and Klaus Müllner. Bibliographie zur Tranformationsgrammatik. Heidelberg: C. Winter, 1968. 6654

Lepschy, Giulio C. "La grammatica trasformazionale: Studi recenti," SSL 6, 1966, 171-191. 6655

Ruwet, Nicolas. "La Grammaire générative. Bibliographie," Lgs 4, 1966, 122-130. 6656

VI. Translation and Technical Dictionaries

Bausch, Karl-Richard, Josef Klegraf and Wolfram Wilss. The Science of Translation. An Analytical Bibliography (1962-1969). Tübingen: Tübinger Beiträge zur Linguistik, 1970. 6657

Flegon, Alec. Who's Who in Translating and Interpreting. London: Flegon, 1967. 6658

Rechenbach, Charles W. and Eugene R. Garnett. A Bibliography of Scientific, Technical, and Specialized Dictionaries: Polyglot, Bilingual, Unilingual. Washington, D. C.: Catholic University Press, 1969. 6659

VII. Miscellaneous Aspects

Fleming, Ilah. "Stratificational Theory: An Annotated Bibliography," JEL 3, 1969, 37-65.   6660

Svennung, Josef Gusten Algot. Anredeformen. Vergleichende Forschungen zur indirekten Anrede in der dritten Person und zum Nominativ für den Vokativ. Uppsala: Almquist & Wiksell, 1958. (Bibliography, p. xxxiii-xl).   6661

Literature

I. Bibliographic Guides to Other Literatures

A. Classical

Corte, Francesco della. Avviamento allo studio delle lettere latine. Geneva: M. Bozzi, 1969.   6662

Grimal, Pierre. Guide de l'etudiant latiniste. Paris: PUF, 1971.   6663

Hammond, N. G. L. and H. H. Scullard. The Oxford Classical Dictionary. 2d ed. Oxford: Clarendon Press, 1970.   6664

Lalorys, Jean. Dictionnaire de la littérature grecque et latine. Leiden: Brill, 1969.   6665

B. Italian

Dizionario degli scrittori italiani d'oggi. Cosenza: Pellegrini, 1969.   6666

Ferrari, Luigi. Onomasticon: Repertorio biobibliografico degli scrittori italiani dal 1501 al 1850. Milan: Hoepli, 1947.   6667

Mazzoni, Guido. Avviamento allo studio critico delle lettere italiane. 4th ed. rev. by Carmine Jannaco. Florence: Sansoni, 1966.   6668

Michel, Suzanne P. and Paul-Henri. Répertoire des ouvrages imprimés en langue italienne au XVIIe siècle. Florence:

General Language and Literature 251

Olschki, 1970 - in progress. 6669

Petronio, Giuseppe. Dizionzrio enciclopedico della letteratura italiana. 6 vols. Bari: Laterza, 1966-1970. 6670

Puppo, Mario. Manuale critico-bibliografico per lo studio della letteratura italiana. 8th ed. Turin: Società editrice internazionale, 1967. 6671

Renda, Umberto and Piero Operti. Dizionario storico della letteratura italiana. 4th ed. Turin: Paravia, 1960. 6672

C. Raeto-Romance

Battisti, C. "Rassegna critica degli studi dialettologici ladino altoastesini dal 1919 al 1924," RLR 1, 1925, 414-439. 6673

Bibliografia Retoromontscha, 1552-1952. 2 vols. Chur: Ligia Romontscha and F. Schuler, 1938-1956. 6674

Boehmer, Eduard. Verzeichniss rätoromanischer Litteratur, mit Nachtrag. Bonn: Weber, 1883-1885. (Also in his Romanische Studien VI, p. 109-238). 6675

Catalog dals cudeschs rumauntschs. (Catalog, Pruma part, cudeschs rumauntschs). Samedan: Biblioteca Fundaziun Planta Samedan, 1960. 6676

Keller, Margrit. Bibliographie rhetoromanche, 1931-1952. La Vie littéraire au pays romanche. Geneva, 1955. 6677

Kuen, H. "Die ladinischen Dolomitenmundarten in der Forschung der letzten zehn Jahre (1925-1935)," ZrP 57, 1937, 481-520. 6678

Gartner, Theodor. Handbuch der rätoromanischen Sprache und Literatur. Halle: Niemeyer, 1910. 6679

Maissen, Alfons and others. Rätoromanische Volkslieder. 2 vols. Basel: Schweizerische Gesellschaft für Volkskunde, 1945. ("Melodienverzeichnis," vol. 1, p. 307-344). 6680

Maxfield-Miller, Elizabeth. Raeto-Romance Bibliography. Chapel Hill: University of North Carolina Studies in the

Romance Languages and Literatures, 1941. 6681

D. Portuguese

Brinches, Victor. Dicionário biobibliográfico luso-brasileiro. Lisbon and Rio de Janeiro: Editora Fundo de cultura, 1965. 6682

Dicionário de literatura (portuguesa, brasileira, galega). 2 vols. Porto: Livraria Figueirinhas, 1969 - in progress. 6683

Moisés, Massaud. Bibliografia da literatura portuguesa. São Paulo: Universidade de São Paulo, 1968. 6684

E. Spanish

Arnaud, Emile and Vicente Tusón. Guide de bibliographie hispanique. Toulouse: Didier, 1967. 6685

Barrera y Leirado, Cayetano Alberto de la. Catálogo bibliográfico y biográfico del teatro antiguo español, desde sus orígenes hasta mediados del siglo XVIII. Madrid: Rivadeneyra, 1860. 6686

Bleiberg, Germán and Julian Marías. Diccionario de literatura española. 3d ed. Madrid: Revista de Occidente, 1964. 6687

Chatham, James R. and Enrique Ruiz-Fornells. An Index of Dissertations in Hispanic Languages and Literatures Completed in the United States and Canada 1876-1966. Lexington, Kentucky: University of Kentucky Press, 1970. 6688

Catálogo de la Exposición de bibliografía hispanistica. Madrid: Biblioteca nacional, 1957. 6689

Couceiro Freijomil, Antonio. Diccionario bio-bibliográfico de escritores. Santiago de Compostela: Bibliófilos Gallegos, 1951-1954. 6690

Foster, David William and Virginia Ramos Foster. Manual of Hispanic Bibliography. Seattle, Washington: University of Washington Press, 1970. 6691

General Language and Literature 253

McCready, Warren T. Bibliografía temática de estudios sobre el teatro español antiguo. Toronto: University of Toronto Press, 1966. 6692

F. American and English

Bond, Donald F. A Reference Guide to English Studies. 2d ed. Chicago: University of Chicago Press, 1971. 6693

Howard-Hill, Trevor. Bibliography of British Literary Bibliographies. Oxford: Oxford University Press, 1969. 6694

Nilon, Charles H. Bibliography of Bibliographies in American Literature. New York: Bowker, 1970. 6695

G. German

Albrecht, Günter and Günther Dahlke. Internationale Bibliographie zur Geschichte der deutschen Literatur von den Anfängen bis zur Gegenwart. Munich: Verlag Dokumentation, 1969 - in progress. 6696

Anzelloz, J.-F. Guide de l'étudiant germaniste. Paris: PUF, 1970. 6697

Friedrich, Wolfgang. Einführung in die Bibliographie zur deutschen Literaturwissenschaft. Halle: Niemeyer, 1967. 6698

Newman, L. M. German Language and Literature: Select Bibliography. London: Institute of Germanic Studies, 1966. 6699

Wilpert, Gero von. Deutsches Dichterlexikon. Biographisch-bibliographisches Handwörterbuch zur deutschen Literaturgeschichte. Stuttgart: Kröner, 1963. 6700

II. Dictionaries of Literature

Clarac, Pierre. Dictionnaire universel des lettres. Paris: Société d'édition de Dictionnaires et Encyclopédies, 1961. 6701

Gros, Bernard and others. La Littérature. Paris: Denoël, 1970. 6702

Hargreaves-Mawdsley, W. N. Everyman's Dictionary of
European Writers. London: Dent, 1968. 6703

Kunitz, Stanley and Veneta Colby. European Authors, 1000-
1900. A Bibliographical Dictionary of European Literature. New York: H. W. Wilson, 1967. 6704

Van Tieghem, Philippe. Dictionnaire des littératures. 3
vols. Paris: PUF, 1968. 6705

III. Bibliographical Orientation and Terminology

Bacigalupo, Anna. Consigli practici per una tesi de letterature straniere. Milan: La Goliardica, 1967. 6706

Bibliothèque de l'Université de Paris. (Sorbonne). Histoire littéraire et histoire des littératures. Paris: Klincksieck, 1911. 6707

Goesche, Richard. "Uebersicht der litterarhistorischen Arbeiten in den Jahren 1865 bis 1869," ALit 1, 1870, 515-575; 2, 1871, 275-320, 582-607. 6708

Kandel', B. L. Bibliografija russkich bibliografij po zarubežnoj chudožestvennoj literature i literaturovedeniju. Leningrad: Gos. publ. bibl. im M. E. Saltykova - Ščedrina, 1962. (Bibliography of Russian bibliographies on foreign literature). 6709

Ruttkowski, W. V. and R. E. Blake. Glossary of Literary Terms in English, German, and French, with Greek and Latin Derivations of Terms for the Student of General and Comparative Literature. Bern: Francke, 1969.
6710
Schmidt, Heiner. Bibliographie zur literarischen Erziehung. Gesamtverzeichniss, 1900 bis 1965. Cologne: Benziger, 1967. 6711

IV. Aesthetics and Stylistic Devices

A. General Aesthetics

Baxandall, Lee. Marxism and Aesthetics: A Selective Annotated bibliography. Books and Articles in the English Language. New York: Humanities, 1968. 6712

Vurgey, M. Bouillot. Bibliographia Esthetica. Répertoire général des travaux d'esthétique. Brussels: Lebègue, 1908. 6713

B. Symbolism

Beigbeger, Marc. Lexique des symboles. Paris: Zodiaque (Weber), 1969. 6714

Bibliographie zur Symbolik, Ikonographie und Mythologie. Internationales Referateorgan. Baden-Baden: Heitz, 1968 - to date. (Annual). 6715

Chevalier, Jean and Alain Gheerbrant. Dictionnaire des symboles. Paris: Laffont, 1969. 6716

Lurker, Manfred. Bibliographie zur Symbolkunde. 3 vols. Baden-Baden: Heitz GmbH, 1964-1968. 6717

Wyczynski, Paul. "Symbolisme et création poétique, bibliographie," in his Poésie et symbole. Montreal: Déom, 1965. (p. 235-252). 6718

C. Metaphor

Shibles, Warren A. Metaphor: An Annotated Bibliography and History. Whitewater, Wisconsin: The Language Press, 1971. 6719

D. Synesthesia

Schrader, Ludwig. Sinne und Sinnesverknüpfungen; Studien und Materialien zur Vorgeschichte der Synästhesie und zur Beivertung der Sinne in der italienische, spanischen, und französischen Literatur. Heidelberg: C. Winter, 1969. (Bibliography, p. 258-288). 6720

V. Literary Themes and Relations

A. Miscellaneous

Avni, Abraham. "The Influence of the Bible on European Literatures. A Review of Research from 1955 to 1965,"

YCGL 19, 1970, 39-57. 6721

Breul, Carl. Sir Gowther. Eine englische Romanze: aus
dem XV^ten Jahrhundert. Oppeln: Weimar, Hof-Buchdr.,
1883. (Bibliography of the legend of Robert le Diable,
p. 198-207). 6722

Brown, Calvin S. "Musico-Literary Research in the Last
Two Decades," YCGL 19, 1970, 5-27. 6723

Dudley, Fred A. The Relations of Literature and Science.
Ann Arbor: University Microfilms, 1970. (Xerographic
reprint, 3500 titles). 6724

Goldmann, Lucien. "The Sociology of Literature: Status
and Problems of Method," ISSJ 19, 1967, 493-516. 6725

Portabella Durán, Pedro. Psicología de Don Juan; práctica
del enamoramiento. Barcelona: Zeus, 1965. (Bibliography, p. 617-660). 6726

"Religia a literatura. Bibliografia," RHum 17, 1969, 115-
128. 6727

Schenda, Rudolf. "Stand und Aufgaben der Examplaforschung," Fab 10, 1969, 69-85. 6728

Schleimann, Jørgen. "Revolution der blev til litteratur,"
Pers 13, 1969(7-8), 59-82. (Revolutionary and politically "engaged" literature). 6729

B. Erotic Literature

Atkins, John Alfred. Sex in Literature. The Erotic Impulse
in Literature. London: Calder and Boyars, 1970. (Bibliography, p. 403-411). 6730

Damon, Gene. The Lesbian in Literature, a Bibliography.
San Francisco: Daughters of Bilitis, 1967. 6731

Dictionnaire de sexologie. Sexologie générale, sexualité,
érotisme, érotologie, bibliographie universelle. 2 vols.
Paris: Pauvert, 1962-1965. 6732

Dictionnaire des femmes. Paris: Editions J'ai lu, 1967.
6733

General Language and Literature

VI. Miscellaneous Genres

Carlock, Mary Sue. "Writings About the Autobiography. A Selective Bibliography," BB 26, (no. 1) 1969, 1-2. 6734

Kempkes, Wolfgang. Bibliographie der Internationalen Literatur über Comics. Munich: Pullach, 1971. 6735

Lowe, James L. Bibliography of Post Card Literature. Published by the author, 318 Roosevelt Ave., Folsom, Pa. 19033. Author hopes to expand this to a descriptive bibliography and later to publish a Master Index of Deltiological Information. 6736

Raabe, Juliette and Francis Cacassin. Bibliothèque idéale de littérature d'évasion. Paris: Eds. universitaires, 1969. 6737

VII. Novel and Short Story

A. General

Beebe, Maurice. "Roll Call," MFS, 1955 - to date. (Works in English on well-established writers). 6738

Griswold, William McCrillis. A Descriptive List of Novels and Tales Dealing with Life in France. Cambridge, Mass.: Griswold, 1892. 6739

Jost, François. "Un inventaire. Essai bibliographique du roman épistolaire," in his Essais de littérature comparée. II. Europeana. Première série. Fribourg and Urbana, Ill., 1968. (p. 380-402). 6740

Polheim, Karl Konrad. Novellentheorie und Novellenforschung. Ein Forschungsbericht, 1945-1964. Stuttgart: Metzler, 1965. (And in DVLG). 6741

Souvage, Jacques. "A Systematic Bibliography for the Study of the Novel," in his Introduction to the Study of the Novel. Gent: Story-Scientia, 1965. (p. 101-254). 6742

B. Detective Story

Barzun, Jacques and Wendell Hertig Taylor. A Catalogue of

Crime. New York: Harper and Row, 1971. 6743

Boileau, Pierre and Thomas Narcejac. Der Detektivroman. Neuwied: Luchterhand, 1967. (Bibliography, p. 199-254). 6744

Hagen, Ordean A. Who Done It? A Guide to Detective, Mystery and Suspense Fiction. New York: Bowker, 1969. (With titles of French works which have been translated into English). 6745

Queen, Ellery. The Detective Short Story. A Bibliography. New York: Biblio and Tannen, 1969. (Very selective. Includes influential French stories in English translation). 6746

VIII. Theater

Angotti, Vincent L. Source Materials in the Field of Theatre: An Annotated Bibliography and Subject Index to the Microfilm Collection. Ann Arbor, Michigan: University Microfilms, 1967. 6747

Gassner, John and Edward Quinn. The Reader's Encyclopedia of World Drama. New York: Crowell, 1969. 6748

Litto, Frederic M. American Dissertations on the Drama and the Theatre; A Bibliography. Kent, Ohio: Kent State University Press, 1969. 6749

Stott, Raymond Toole. Circus and Allied Arts; a World Bibliography, 1500-1970. 4 vols. Derby, England: Harpur Distributors, 1958-1971. 6750

Theatre Documentation. New York: The Theatre Library Association, 1968 - to date. (Twice yearly). 6751

IX. Poetry

Untermeyer, Louis. The Pursuit of Poetry: A Guide to Its Understanding and Appreciation with an Explanation of its Forms and a Dictionary of Poetic Terms. New York: Simon and Schuster, 1969. 6752

Woolmer, J. Howard. A Catalogue of the Imagist Poets.

New York, 1966. 6753

X. Reviews

Gray, Richard A. A Guide to Book Reviews Citations. A Bibliography of Sources. Columbus, Ohio: Ohio State University Press, 1968. 6754

Kujoth, Jean S. Subject Guide to the Periodical Indexes and Review Indexes. Metuchen, N. J.: Scarecrow, 1969.
6755

XI. Criticism

Brée, Germaine. "French Criticism: A Battle of Books?" EUO 23, 1967, 25-35. (Also in #4705). 6756

Cary, Norman R. "'Christian Criticism' in the Twentieth Century: A Survey of Theological Approaches to Literature," DA 30, 1130A (Wayne State, Detroit, Michigan).
6757

Cocking, J. M. "La Nouvelle critique in France," ML 50, 1969, 5-6. 6758

Davis, James Herbert, Jr. Tragic Theory and the Eighteenth Century French Critics. Chapel Hill, N. C.: University of North Carolina Press, 1967. (Bibliography, p. 119-121). 6759

Fowlie, Wallace. The French Critic, 1549-1967. Carbondale, Ill.: Southern Illinois University Press, 1968. (With bibliography, p. 179-182). 6760

Kirsop, Wallace. Bibliographie matérielle et critique textuelle. Vers une collaboration. Paris: Minard, 1970. 6761

Lansky, Marc. "Débat autour de la critique," Tend 42, 1966, 489-504. 6762

Le Sage, Laurent and André Yon. Dictionnaire des critiques littéraires: Guide de la critique française du XXe siècle. University Park, Pennsylvania: Pennsylvania State University Press, 1968. 6763

Mattauch, Hans. Die literarische Kritik der frühen fran-

zösischen Zeitschriften (1665-1748). Munich: Max
Hueber, 1968. (Bibliography, p. 297-324). 6764

Noguez, Dominique. "Choix bibliographique," in Georges
Poulet, Les Chemins actuels de la critique. Paris:
Plon, 1967. (p. 487-511). 6765

Peytard, Jean. "Rapports et interférences de la linguistique
et de la littérature. (Introduction à une bibliographie),"
in Linguistique et littérature. Colloque de Cluny.
Paris: Larousse, 1968. (p. 8-16). 6766

Saisselin, Remy G. The Rule of Reason and the Ruses of
the Heart: A Philosophical Dictionary of Classical
French Criticism, Critics and Aesthetic Issues. Cleveland: Western Reserve, 1969. 6767

Stein, Henri. Album d'autographes de savants et érudits
français et étrangers des XVIe, XVIIe, XVIIIe siècles.
Paris: Phototypie Berthaud, 1907. 6768

Van Tieghem, Philippe. "Essai de bibliographie chronologique," in his Tendances nouvelles en histoire littéraire. Paris: Belles Lettres, 1930. (p. 63-66). 6769

Part Twelve:

RELATED AREAS

I. General History

Bibliographie internationale des travaux historiques publiés dans les volumes de "mélanges," 1880-1939. Paris: Colin, 1955. 6770

Bois, P. and M. Bouloiseau. Comité des travaux historiques et scientifiques. Table analytique des Actes, Bulletins, Notices, Inventaires et Documents (1907-1960). Paris: Imprimerie nationale, 1963. 6771

Caron, Pierre and Philippe Sagnac. L'Etat actuel des études d'histoire moderne en France. Paris: Société nouvelle de Librairie, 1902. 6772

Denis-Papin, M. Dictionnaire national des Communes de France. 18e éd. Paris: Michel, 1965. (Frequently revised). 6773

Freyssinet-Dominjon, Jacqueline. Les Manuels d'histoire de l'école libre (1882-1959), de la loi Ferry à la loi Debré. Paris: Colin, 1969. 6774

Gérin, Paul. Initiation à la documentation écrite de la période contemporaine (fin du XVIIIe siècle à nos jours). Liège: Gothier, 1970. 6775

Guide bibliographique sommaire d'histoire militaire et coloniale française. Paris: Imprimerie nationale, 1969. 6776

Lousse, Emile and Jacques de Launay. Dictionnaire des grands contemporains. De 1776 à nos jours. Verviers: Géraud, 1970. (Published also in 1969 as Dictionnaire d'histoire contemporaine). 6777

Mourre, Michel. Dictionnaire d'histoire universelle. 2 vols. Paris: Editions universitaires, 1968. 6778

Roach, John. A Bibliography of Modern History. Cambridge: University Press, 1968. (6,000 titles, 1493-1945). 6779

Wurgaft, Lewis D. Bibliography of Works in the Philosophy of History, 1962-1965. Middleton, Conn.: Weslyan University Press, 1967. 6780

II. Geography

Bibliographie géographique internationale. Paris: Colin et CNRS, 1915 - to date. (Annual). 6781

Fordham, Herbert G. Studies in Carto-Bibliography, British and French, and in the Bibliography of Itineraries and Roadbooks. Oxford: University Press, 1914. 6782

George, Pierre and others. Dictionnaire de la géographie. Paris: PUF, 1970. 6783

Koeman, Cornelis. Atlantes Neerlandica. Bibliography of Terrestrial, Maritime, and Celestial Atlases and Pilot Books Published in the Netherlands up to 1880. 5 vols. Amsterdam: Theatrum Orbis Terrarum, 1967 - in progress. 6784

Rémond, René. Atlas historique de la France contemporaine, 1800-1965. Paris: Colin, 1966. 6785

III. Biography

Jal, Auguste. Dictionnaire critique de biographie et d'histoire. Paris: Plon, 1867. 6786

Koller, F. International Register of Nobility. Dictionnaire généalogique de la noblesse européenne. Brussels: Editions biographiques, 1955 - in progress. 6787

Lobies, Jean-Pierre. Index Bio-Bibliographicus Notorum Hominum. Osnabrück: Biblio Verlag, 1971 - in progress. (Indexes some 2,000 biographical dictionaries).
6787A

Moréri, Louis. Le Grand Dictionnaire historique et géographique. 10 vols. Paris: Les Libraires Associés, 1759. 6788

Saffroy, Gaston. Bibliographie généalogique, héraldique et
nobilaire de la France, des origines à nos jours. Paris:
Saffroy, 1968 - in progress. 6789

Ungherini, A. Manuel de bibliographie biographique et
d'iconographie des femmes célèbres. 3 vols. Paris:
Nilsson; Turin: Roux et Viarengo, 1892-1905. 6790

IV. Science

A. General

Deniker, Joseph. Bibliographie des travaux scientifiques
publiés par les sociétés savantes de la France depuis
l'origine jusqu'en 1888. 2 vols. Paris: Imprimerie
nationale, 1916-1922. (Supplements #4541). 6791

Duveen, Denis I. Bibliotheca Alchemica et Chemica. An
Annotated Catalogue of Printed Books on Alchemy, Chemistry and Cognate Subjects. London: Weil, 1949. 6792

Hoskin, Michael A. "Books on the History of Science, 1965-1971," BBN (April) 1971, 261-268. (Books published in
Great Britain). 6793

Rebière, Alphonse. Les Femmes dans la science. 2e éd.
Paris: Nony, 1897. 6794

Russo, François. Eléments de bibliographie de l'histoire
des sciences et des techniques. Nouv. éd. Paris:
Hermann, 1969. 6795

"Tables des matières, 1947-1967. Revue d'histoire des sciences et de leurs applications," RHSLA 21, 1968 (jan. -
mars), 1-116. 6796

B. Medicine

Catalogue de la Bibliothèque de feu M. Falconet. 2 vols.
Paris, 1763. (Reprint, Gregg, 1970). 6797

Francis, W. W. and others. Bibliotheca Osleriana. Oxford:
University Press, 1929. (Reprint, McGill University
Press, 1969). 6798

Hahn, Lucien. Essai de bibliographie médicale. Etude analytique des principaux répertoires bibliographiques concernant les sciences médicales. Paris: Steinheil, 1897. 6799

National Library of Medicine. Bibliography of the History of Medicine. Bethesda, Md.: U. S. Department of Health, Education, and Welfare, 1967. 6800

Pauly, Alphonse. Bibliographie des sciences médicales. Paris: Tross, 1874. 6801

Roger, Jules-M. Les Médecins bretons du XVIe au XXe siècle. Biographie et bibliographie. Paris: Baillière, 1900. 6802

———. Les Médecins normands du XIIe au XIXe siècle. Biographie et bibliographie. 2 vols. Paris: Steinheil, 1890-1895. 6803

Wickersheimer, Ernest. "Index chronologique des périodiques médicaux de la France (1679-1856)," BM 12, 1908, 58-96. 6804

V. Regional History

A. Paris

Catalogue de livres relatifs à l'histoire de la ville de Paris et de ses environs composant la bibliothèque de L. A. N. Bossuet. Paris: Morgand, 1888. 6805

Chevalier, Louis. La Formation de la population Parisienne au XIXe siècle. Paris: PUF, 1950. (Bibliography, p. 293-312). 6806

Dictionnaire de Paris. Paris: Larousse, 1964. 6807

Gault, Henri. Guide de Paris amoureux. Paris: Tchou, 1969. 6808

Hillairet, Jacques. Dictionnaire historique des rues de Paris. 2 vols. 3e éd. Paris: Editions de Minuit, 1966. 6809

Lazare, Félix and Louis Lazare. Dictionnaire administratif et historique des rues de Paris. Paris: Lazare, 1844. 6810

Related Areas

B. Provincial (See also "Provençal and Southern France")

Allard, Guy. Bibliothèque du Dauphiné. nouv. éd. Grenoble: Giroud, 1797. 6811

_____. Dictionnaire historique, chronologique, géographique, généalogique, politique et botanographique du Dauphiné. 2 vols. Grenoble: Allier, 1864. (Edited by H. Gariel). 6812

Andrieu, Jules. Bibliographie générale de l'Agenais. 3 vols. Paris: Picard, 1886-1891. 6813

Arbellot, François and Auguste DuBoys. Biographie des hommes illustres de l'ancienne province du Limousin. Limoges: Ardillier, 1854. 6814

Baudrier, H. Bibliographie lyonnaise. Recherches sur les imprimeurs, libraires, relieurs et fondeurs de lettres de Lyon au XVIe siècle. 4 vols. Lyon: Baudrier, 1895-1899. (Supplemented by Parrière, #6843). 6815

Bernard, Auguste-Joseph. Histoire du Forez. 2 vols. Montbrison: Bernard, 1835. (80 pages of Vol. 2 are bibliography). 6816

Brun-Durand, Justin. Dictionnaire biographique et biblio-iconographique de la Drôme. 2 vols. Grenoble: Falque et Perrin, 1900-1901. 6817

Calmet, Augustin. Bibliographie lorraine. Nancy: Leseure, 1751. 6818

Carriat, Amédée. Dictionnaire bio-bibliographique des auteurs du pays creusois et des écrits le concenrant des origines à nos jours. Guéret: Lecante, 1967 - in progress. 6819

Charléty, Sébastien. Bibliographie critique de l'histoire de Lyon depuis les origines jusqu'à 1789. Paris: Picard, 1902. 6820

Chaumeil, Abbé. Biographie des personnes remarquables de la Haute-Auvergne. 2e éd. Saint-Flour: Ribains, 1867. 6821

Clément-Simon, Gustave. Curiosités de la bibliographie limousine. Limoges: Ducourtieux et Gout, 1905. 6822

Colonia, Dominique de. Histoire littéraire de la ville de Lyon. 2 vols. Lyon, 1728-1730. (Reprint, Slatkine, 1969). 6823

Couderc, Camille. Bibliographie historique du Rouergue. 4 vols. Rodez: Carrère, 1931-1934. 6824

Curzon, Henri de. "Une Bibliographie de l'alpinisme pyrénéen," BM 4, 1900, 404-411; 9, 1905, 166-177. 6825

Daire, Louis-François. Histoire littéraire de la ville d'Amiens. Paris: Didot, 1782. 6826

Dampierre, Jacques de. Essai sur les sources de l'histoire des Antilles françaises (1492-1664). Paris: Picard, 1904. 6827

Dantès, Alfred Langue. La Franche-Comté littéraire, scientifique, artistique. Paris: Boyer, 1879. 6828

Dreux Du Radier, Jean-François. Bibliothèque historique et critique du Poitou. 5 vols. Paris: Garneau, 1754. 6829

———. Histoire littéraire du Poitou. Niort: Robin, 1842-1849. 6830

Dufay, Pierre. "Essai d'une bibliographie de la Sologne," BM 17, 1914-1915, 65-188. 6831

Fabre, Césaire. La Haute-Loire. Précis d'histoire et bibliographie historique. Le Puy-en-Velay: Imprimerie de la Haute-Loire, 1925. 6832

Gros, P. "Bibliographie bourguignonne," ABour 20, 1948, 137-139. 6833

Hauréau, Jean-Barthélemy. Histoire littéraire du Maine. 10 vols. Paris: Dumoulin, 1870-1877. 6834

Kerviler, René. Répertoire général de bio-bibliographie bretonne. 17 vols. Rennes: Plihon et Hervé, 1886-1908. (Incomplete, A - Guépin). 6835

La Bouralière, Auguste de. Bibliographie poitevine, ou Dictionnaire des auteurs poitevins jusqu'à la fin du dix-huitième siècle. Poitiers: Société des Antiquaires de l'Ouest, 1907. (Also in MSAO, 3e série, vol. 1). 6836

Lapierre, Gustave-Alexandre and Maurice Lecomte. Donnemarie lettré. Essai de bio-bibliographie cantonale. Provins: C. Louage, 1897. (Also in BSHAAP). 6837

Limouzin-Lamothe, Roger. Bibliographie critique de l'histoire municipale de Toulouse des origines à 1789. Toulouse: Privat, 1932. 6838

Liron, Dom Jean. Bibliothèque chartraine. Paris: Garnier, 1719. 6839

———. Bibliothèque d'Anjou. Nantes: Société des bibliophiles bretons, 1897. 6840

Noell, Henry. Eléments d'une bibliographie roussillonnaise. Perpignan: Académie du Roussillon, 1957. 6841

Papillon, Philibert. Bibliothèque des auteurs de Bourgogne. 2 vols. Dijon: Desventes, 1745. 6842

Parrière, Y. de la. Supplément provisoire à la Bibliographie lyonnaise de Président Baudrier. Lyon: Centre Lyonnais d'histoire et de civilisation du livres, 1967 - in progress. (See #6815). 6843

Periaux, Nicétas. Dictionnaire indicateur des rues et places de Rouen. Rouen: Le Brument, 1870. (A - C only). 6844

Periaux, Pierre. Dictionnaire indicateur des rues et places de Rouen. Rouen: Periaux, 1819. 6845

Perrod, Maurice. Répertoire bibliographique des ouvrages franccomtois imprimés antérieurement à 1790. Paris: Champion, 1912. 6846

Pierquin de Gembloux, Claude-Charles. Bibliographie basque. Paris: Aubry, 1858. 6847

Quirielle, Roger de. Bio-bibliographie des écrivains anciens du Bourbonnais. Moulins: L. Grégoire; Paris: Durel, 1899. 6848

Rochas, Henri-Joseph-Adolphe. Biographie du Dauphiné, contenant l'histoire des hommes nés dans cette province qui se sont fait remarquer dans les lettres, les sciences, les arts, etc., avec le catalogue de leurs ouvrages et la description de leurs portraits. 2 vols. Paris:

Charavay, 1856-1860. 6849

Rollet, L. "Essai de bibliographie berruyère," MSHLA 4e série. Vol. 2, 1886, 157-251. 6850

Roumejoux, Anatole de and others. Bibliographie générale du Périgord. 5 vols. Périgueuz: Impr. de la Dordogne, 1897-1901. 6851

Sabarthès, le Chanoine. Bibliographie de l'Aude. Narbonne: Caillard, 1914. 6852

Schmidt, Charles Guillaume Adolphe. Histoire littéraire de l'Alsace à la fin du XVe et au commencement du XVIe siècle. Paris, 1879. (Bibliography, vol. 2, p. 317-431. Reprint, de Graaf, 1966). 6853

Sitzmann, Edouard. Dictionnaire de biographie des hommes célèbres de l'Alsace. 2 vols. Rixheim: Sutter, 1909-1910. 6854

Techener, Joseph Léon. Bibliothèque champenoise. Paris: Techener, 1886. 6855

VI. Art

A. General

Artistes américains en France. Exposition. Paris: Centre culturel américain, 1961. 6856

Bibliographie d'histoire de l'art. Paris: CNRS, 1970. 6857

Catalogue de reproductions en couleurs de peintures antérieures à 1860. Paris: Unesco, 1968. 6858

Catalogue de reproductions en couleurs de peintures, 1860 à 1965. Paris: Unesco, 1966. (Frequently revised). 6859

Catalogue des livres d'art français. Paris: Syndicat national des éditeurs, 1971. 6860

Cathelin, Jean and Gabrielle Gray. Guide de la brocante et des puces, à Paris et en province. Paris: Hachette, 1967. (Directory of art dealers in France). 6861

Related Areas 269

Dictionnaire des peintres français. Paris: Seghers, 1961.
6862
Encyclopédie de l'art. 6 vols. Paris: Lidis, 1971 - in
progress. 6863

Fröhlich, Otto and others. Internationale Bibliographie der
Kunstwissenschaft. 15 vols. Berlin: Behr, 1902-1920.
6864
Guide des musées de France. Paris: Weber, 1970. 6865

Inventaire général des monuments et des richesses artis-
tiques de la France. Paris: Imprimerie nationale,
1970 - in progress. 6866

Ledeboer, L. V. Catalogue de livres précieux relatifs aux
beaux-arts. Leiden, 1891. (p. 8-26 list old gallery
and collection catalogues, with annotations). 6867

Maillard, Robert and others. Dictionnaire universel de l'art
et des artistes. 3 vols. Paris: Hazan, 1967-1968.
6868
Osborne, Harold. The Oxford Companion to Art. Oxford:
University Press, 1970. 6869

Répertoire d'art et d'archéologie français. Dépouillement
des périodiques et des catalogues de ventes. Bibliographie des ouvrages d'art français et étranger. Paris:
Bibliothèque d'art et d'archéologie, 1910 to date. 6870

B. Architecture and Archeology

Cottrell, Leonard and others. Dictionnaire encyclopédique
d'archéologie. Paris: Société d'Edition de Dictionnaires
et Encyclopédies, 1962. 6871

Gay, Victor. Glossaire archéologique du moyen âge et de la
renaissance. 2 vols. Paris: Société bibliographique,
1887-1928. 6872

Mongolfier, Bernard de. Dictionnaire des châteaux de France.
Paris: Larousse, 1969. 6873

Oudin, Bernard. Dictionnaire des architectes. Paris:
Seghers, 1970. 6874

C. Furnishings

"Bibliographie de la tapisserie, des tapis et de la broderie en France," AAF 18, 1969. (354 pages). 6875

Viaux, Jacqueline. Bibliographie du meuble (mobilier civil français). Paris: Société des Amis de la Bibliothèque Forney, 1966. 6876

VII. Music

A. Bibliographic Guides

Chailley, Jacques and others. Précis de musicologie. Paris: Université, Institut de musicologie, 1958. 6877

Coover, James. Music Lexicography. 3d ed. Carlisle, Pa.: Carlisle Books, 1971. (With a comprehensive list of 1800 music dictionaries and encyclopedias). 6878

B. Current Bibliography

RILM Abstracts, New York, 1967 - to date. (Quarterly). 6879

C. General Dictionaries and Encyclopedias

Blume, Friedrich. Die Musik in Geschichte und Gegenwart: Allgemeine Enzyklopädie der Musik. 14 vols. Kassel: Bärenreiter, 1949-1968. 6880

Candé, Roland de. La Musique. Histoire. Dictionnaire. Discographie. Paris: Seuil, 1969. 6881

Honegger, Marc. Dictionnaire de la musique. 2 vols. Paris: Bordas, 1970. 6882

LaSalle, Albert de. Dictionnaire de la musique appliquée à l'amour. Paris: Lacroix, 1868. 6883

Rostand, Claude. Dictionnaire de la musique contemporaine. Paris: Larousse, 1970. 6884

Vernillat, France, and Jacques Charpentreau. Dictionnaire de la chanson française. Paris: Larousse, 1968. 6885

Related Areas

D. Periodicals

Freystätter, Wilhelm. Die musikalischen Zeitschriften seit ihrer Entstehung bis zur Gegenwart. Chronologisches Verzeichniss der periodischen Schriften über Musik. Munich: T. Riedel, 1884. 6886

Grégoire, Edouard-Georges-Jacques. Recherches historiques concernant les journaux de musique depuis les temps les plus reculés jusqu'à nos jours. Anvers: L. Legris, 1872. 6887

Thoumin, Jean-Adrien. Bibliographie rétrospective des périodiques français de littérature musicale, 1870-1954. Paris: Editions documentaires industrielles et techniques, 1957. 6888

E. Phonograph Recordings

Cullaz, Maurice. Guide des disques de jazz. Paris: Buchet-Chastel, 1971. 6889

Lory, Jacques. Guide des disques classiques. 4e éd. Paris: Buchet-Chastel, 1971. 6890

F. Opera and Ballet

Boudot, P. J. Ballets, opéra et autres ouvrages lyriques par ordre chronologique, depuis leur origine, avec table alphabétique des ouvrages et des auteurs. Paris, 1760. 6891

Clément, Félix and Pierre Larousse. Dictionnaire des opéras. 2 vols. Rev. by Arthur Pougin. New York: DaCapo, 1969. 6892

LaSalle, Albert de. Mémorial du Théâtre-lyrique. Catalogue raisonné des cent quatre-vingt deux opéras qui y ont été représentés. Paris: Lecuir, 1877. 6893

Weckerlin, J. B. Bibliothèque du Conservatoire national de musique et de déclamation. Catalogue bibliographique. Paris, 1855. (Reprint, Slatkine, 1969). 6894

272   Guide to French Studies

VIII. Philosophy

Dictionnaire des philosophes. nouv. éd. Paris: Seghers,
 1966.   6895

Edwards, Paul. The Encyclopedia of Philosophy. 8 vols.
 New York: Macmillan, 1967.   6896

Ghio, Michelangelo. "Studi italiani sulla filosofia francese,"
 CeS 20, 1966, 120-130.   6897

Hoffmans, Jean. La Philosophie et les philosophes:
 Ouvrages généraux. Répertoires des ouvrages à consulter. Brussels: Van Oest, 1920.   6898

Jasenas, Michael. History of the Development of the Bibliography of Philosophy. Ann Arbor: University Microfilms, 1967. (Bibliography, p. 239-305).   6899

Lalande, André. Vocabulaire technique et critique de la
 philosophie. 10e éd. Paris: PUF, 1968.   6900

Matczak, Sebastian A. Philosophy. A Select, Classified
 Bibliography of Ethics, Economics, Law, Politics, Sociology. Paris: Nauwelaerts, 1970.   6901

IX. Religion

A. General

Bibliographie des sciences religieuses. Répertoire méthodique des ouvrages français modernes relatifs aux religions et crovances. Mythologies et religions comparées. Paris: Peneau, 1906.   6902

Colinon, Maurice. Guide de la France religieuse et mystique.
 Paris: Tchou, 1969.   6903

Ducarme, Joseph. Dictionnaire des mystiques et des écrivains spirituels. Les Hautes plaines de Mane: R.
 Morel, 1968.   6904

B. Christian

"Anciens catalogues des Evêques des églises de France,"

Histoire littéraire de la France, Vol. 29, 1885, p. 386-454. 6905

Biver, Paul and M. -L. Biver. Abbayes, monastères et couvents de Paris, des origines à la fin du XVIIIe siècle. Paris: Nouvelles éditions latines, 1970. (Vol. 2 will cover women's communities). 6906

Carayon, Auguste. Bibliographie historique de la Compagnie de Jésus. Paris, 1864. (Reprint, Slatkine, 1969). 6907

Dictionnaire archéologique de la Bible. Paris: Hazan, 1970. 6908

Dictionnaire des églises de France. 5 vols. Paris: Laffont, 1966-1970. 6909

"Elenchus bibliographicus biblicus," Biblica, 1920 - to date. (Each about 400 pages; devoted to scholarly study of the Scriptures). 6910

Kirschbaum, Engelbert. Lexicon der christlichen Ikonographie. Freiburg: Herder, 1968 - in progress. 6911

Klingler, Norbert. Der französische Katholizismus in der politischen Gesellschaft. Munich: Dissertationsdruck Schön, 1967. (Bibliography, p. 269-300). 6912

Langle de Cary, Marie Marteau de. Dictionnaire des saints. 2 vols. Paris: F. Beauval, 1969. 6913

Léon-Dufour, Xavier. Vocabulaire de théologie biblique. 2e éd. rev. et augm. Paris: Editions du Cerf, 1970. 6914

Loth, Bernard and Albert Michel. Dictionnaire de théologie catholique. Tables générales. 3 vols. Paris: Letouzey, 1951-1970. (See #4498). 6915

Mas-Latrie, Louis de. Dictionnaire des manuscrits, ou Recueil de catalogues de manuscrits existants dans les principales bibliothèques d'Europe, concernant plus particulièrement les matières ecclésiastiques et historiques. 2 vols. Petit-Montrouge: Migne, 1853. 6916

Polgár, Lasylo. Bibliography, the History of the Society of Jesus. Rome: Jesuit Historical Institute, 1967. 6917

Rouillard, Philippe. Dictionnaire des saints de tous les jours.

Nouv. éd. Les Hautes plaines de Mane: Morel, 1969.
6918

Sevestre, Abbé A. Dictionnaire de patrologie. 4 vols.
Petit-Montrouge: Migne, 1851-1859. 6919

Viller, Marcel and others. Dictionnaire de spiritualité, ascétique et mystique, doctrine et histoire. Paris: Beauchesne, 1932 - in progress. 6920

X. Social Sciences

A. General

Cazeneuve, Jean. Guide de l'étudiant en sociologie. Paris: PUF, 1971. (See also #6925A). 6920A

Claval, Paul and Etienne Juillard. Région et régionalisation dans la géographie française et dans d'autres sciences sociales. Bibliographie analytique. Paris: Dalloz, 1967. 6921

Maunier, René. Manuel bibliographique des sciences sociales et économiques. Paris: Tenin, 1920. (Especially good for 18th and 19th century sources). 6922

Meyriat, Jean. Guide sommaire des ouvrages de référence en sciences sociales. Paris: Colin, 1968. 6923

Pester, A. R. "French Background Studies. A Selective Bibliography," ML 50, 1969, 161-164. (Geared to pre-university level). 6924

Sills, David L. International Encyclopedia of the Social Sciences. 16 vols. New York: McGraw-Hill, 1968. 6925

Willems, Emilio. Dictionnaire de sociologie. Adaptation française par Armand Cuvillier. 2e éd. Paris: Rivière, 1970. 6925A

B. Economics and Labor

Bloch, Camille. Bibliographie méthodique de l'histoire économique et sociale de la France pendant la guerre. Paris: PUF, 1925. 6926

Related Areas 275

Institut National de la Statistique et des Etudes Economiques. Annuaire Statistique de la France. Paris: Imprimerie Nationale and PUF, 1878 - to date. 6927

Maitron, Jean and others. Dictionnaire biographique du mouvement ouvrier français. Paris: Editions ouvrières, 1964 - in progress. 6928

Martin Saint-Léon, Etienne. Histoire des corporations de métiers depuis leurs origines jusqu'à leur suppression en 1791. 4e éd. Paris: PUF, 1941. (Critical bibliography, p. 557-567). 6929

Romeuf, Jean and others. Dictionnaire des sciences économiques. 2 vols. Paris: PUF, 1956-1958. 6930

C. Politics, Journalism, Law

Catalogue général des périodiques reçus par la Fondation nationale des sciences politiques. Paris: Colin, 1969.
6931
Charlot, Jean. Répertoire des publications des partis politiques français, 1944-1967. Paris: Colin, 1970. 6932

Coston, Henry. Dictionnaire de la politique française. Paris: Coston, 1967. 6933

Grandin, A. Bibliographie générale des sciences juridiques, politiques, économiques et sociales de 1800 à 1925-1926. 3 vols. Paris: Société Anonyme du Recueil Sirey, 1926. (With 19 vols. of supplements, to 1951). 6934

Ross, Albion and Yvonne Heevan. English-Language Bibliography of Foreign Press and Comparative Journalism. Milwaukee, Wisconsin: Marquette University Center for the Study of the American Press, 1966. 6935

D. Education and Psychology

Bastin, Georges. Dictionnaire de la psychologie sexuelle. Paris: S. E. D. I. M.; Brussels: Dessart, 1970. 6936

Encyclopédie pratique de l'éducation en France. Paris: I. P. N., 1960. 6937

Feller, Jean and others. Dictionnaire de la psychologie moderne. 2 vols. Verviers: Gérard, 1969. 6938

Hassenforder, J. Introduction à la recherche bibliographique en sciences de l'éducation. Paris: Institut Pédagogique National, 1969. 6939

Ponteil, Félix. Histoire de l'enseignement en France, 1789-1965. Paris: Sirey, 1965. (Bibliography, p. 407-432). 6940

Sillamy, Norbert. Dictionnaire de la psychologie. Paris: Larousse, 1965. 6941

E. Anthropology

"Fourth International Directory of Anthropological Institutions," CAnth 8, 1967, 648-751. (Describes facilities, staff, and foci of interest of institutions, schools, and journals). 6942

Theodoratus, Robert J. Europe: A Selected Ethnographic Bibliography. New Haven: Human Relations Area Files Press, 1969. ("French," and related areas, p. 114-156). 6943

F. Organizations

Caron, Pierre and Marc Jaryc. Répertoire des sociétés français de sciences philosophiques, historiques, philologiques et juridiques. Paris: Maison du Livre, 1938. 6944

Fondation Giovanni Agnelli. Directory of European Foundations. Florence: Libreria Commissionaria Sansoni, 1970. 6945

Lepointe, Gabriel. Eléments de bibliographie sur l'histoire des institutions et des faits sociaux 987-1875. Paris: Editions Montchrestien, 1958. 6946

Speeckaert, G. P. Bibliographie sélective sur l'organisation internationale, 1885-1964. Brussels: Union des Associations internationales, 1965. 6947

Related Areas 277

XI. Miscellaneous

Allemagne, Henry-René d'. Les Cartes à jouer du XIVe au XXe siècle. 2 vols. Paris: Hachette, 1906. 6948

Burnand, Tony. Dictionnaire de la chasse. Paris: Larousse, 1970. 6949

Calvi, François de. Histoire générale des larrons. Rouen: Besongne, 1709. (An encyclopedia of thieving). 6950

Catalogue de livres sur la chasse, provenant de la bibliothèque de M. A. Mercier. Paris: Labitte, Paul, 1889. 6951

Dubuigne, Gérard. Dictionnaire des vins. Paris: Larousse, 1970. 6952

Grierson, Philip. Bibliographie numismatique. Brussels: Cercle d'Etudes numismatiques, 1966. 6953

Lindon, Raymond. Guide du nouveau savoir-vivre. Paris: Michel, 1971. 6954

Maigne, M. Dictionnaire classique des origines, inventions et découvertes dans les arts, les sciences et les lettres. Paris: Boyer, n.d. (1882?). 6955

Mennessier de La Lance, Gabriel René. Essai de bibliographie hippique, donnant la description détaillee des ouvrages publiés ou traduits en latin et en français sur le cheval et la cavalerie, avec de nombreuses biographies d'auteurs hippiques. 3 vols. Paris: Dorbon, 1915-1921. 6956

Moulidars, Th. de. Grande encyclopédie méthodique universelle, illustrée, des jeux et des divertissements de l'esprit et du corps. Paris: Libraire illustrée, 1888. 6957

Pearson, Ned. Dictionnaire du sport français. Paris: Lorenz, 1872. 6958

Petit, Paul. Catalogue de livres sur la chasse. Louviers: Izambert, 1907. 6959

Simon, A. -L. Bibliotheca Bacchica. Bibliographie raisonnée des ouvrages imprimés avant 1800 et illustrant la soif humaine. 2 vols. London: Maggs, 1927-1932. 6960

ADDENDA

Abbreviations not previously used:

ASB   African Studies Bulletin
CEF   Cahiers d'Etudes françaises
Mag litt   Magazine littéraire
Psy R   Psychoanalytic Review
RAL   Research in African Literatures

Aebischer, Paul. "L'Etat actuel des recherches relatives aux origines de l'anthroponyme Olivier," in Mélanges de langue et de littérature du moyen âge et de la Renaissance offerts à Jean Frappier. Geneva: Droz, 1970. (p. 17-34).   6961

Aggeler, William F. Baudelaire Judged by Spanish Critics, 1857-1957. Athens: University of Georgia Press, 1971. (Bibliography, p. 106-111).   6962

Alexander, Gerard L. Guide to Atlases: World, Regional, National, Thematic--An International Listing of Atlases Published Since 1950. Metuchen, N.J.: Scarecrow Press, 1971.   6963

Arellanes, Audrey Spencer. Bookplates: A Selected, Annotated Bibliography of the Periodical Literature. Detroit: Gale, 1971. (Covers 1822-1970. 5,445 entries).   6964

Baldinger, Kurt, Jean-Denis Gendrou and Georges Straka. Dictionnaire étymologique de l'Ancien français. Tübingen: Niemeyer, 1971.   6965

Baudrier, Pierre. "Bibliographie des dictionnaires allemand-français et français-allemand de 1789 à 1815," CdL 16-17, 1970, 77-100, 101-127.   6966

Beeler, Kent D. and others. Bibliographies: Helpful Tools for Research in Higher Education, for Studies in Language Arts. Bloomington: School of Education, Indiana

University, 1971. 6967

Bertaud Du Chazaud, Henri. Nouveau Dictionnaire des synonymes. Paris: Hachette, 1971. 6968

Béziers, Monique and Maurits van Overbeke. Le Bilinguisme. Essai de définition et guide bibliographique. Louvain: Librairie universitaire, 1968. 6969

Bibliographie sur l'enseignement du français langue étrangère. Paris: Bureau pour l'Enseignement de la langue et de la civilisation françaises à l'étranger, 1967. 6970

Boily, Robert. Le Système politique québécois et son environnement. Québec 1940-1969: Bibliographie. Montréal: Presses de l'Université, 1971. 6971

Brasseur, Paule and Jean F. Maurel. Les Sources bibliographiques de l'Afrique de l'Ouest d'expression française. Dakar: Archives nationales, 1967. 6972

Breton, Jean and Serge Brindeau. "Petit Dictionnaire des poètes (1945-1970)," Mag litt 47, 1970 (déc) 32-38. 6973

Cassirer, Thomas. "Periodical and Other Recently Published Source Material Useful for the Study of African Literature in French," RAL 1, 1970, 66-69. (Supplemented by Robert Cornevin, RAL 2, 1971, 44). 6974

Chanover, E. P. "Marcel Proust: A Medical and Psychanalytic Bibliography," Psy R 56, 1969-1970, 638-641. 6975

Cholakian, Rouben C. The William P. Shepard Collection of Provençalia. A Critical Bibliography. Clinton, N.Y.: Hamilton College, 1971. 6976

Coe, Richard N. "Unbalanced Opinions. A Study of Jean Genet and the French Critics, followed by a checklist of Criticism in French," PLPS 14, 1970 (no. 2), 27-73.
6977

Cosson, Annie Lucienne. "Vingt ans de bibliographie balzacienne (1948-1967)," DA 31, 1970-71, 2378A. (University of Missouri). 6978

Cuénin, Micheline. "Marie-Catherine Desjardins Madame de Villedieu. Bibliographie," RALF 6, 1971, 7-26. 6979

Deguise, Pierre. "Un Catalogue de la bibliothèque de Chateaubriand," SRLF 10, 1969, 149-195. 6980

Delcol, Guy. Essai de bibliographie belge du cinéma, 1896-1966. Brussels: Commission belge de bibliographie, 1968. 6981

Denizot, Philippe M. Catalogue de la "Comédie humaine" de Balzac. Chinon: Art et poésie de Touraine, 1969. 6982

Dictionnaire des journalistes de langue française (1631-1789). (In preparation. See RALF 6, 1971, 83-89). 6983

Di Scanno, Teresa. Bibliographie de Jules Michelet en Italie. Florence: Sansoni, 1969. 6984

Dorenlot, F. E. Malraux, ou l'unité de pensée. Paris: Gallimard, 1970. (Bibliography, p. 281-310). 6985

Ducrot, O. and T. Todorov. Dictionnaire des sciences du langage. Paris: Seuil, 1971. 6986

Eggly-Naville, C. Vingt-cinq romanciers et poètes suisses romands, xixe et xxe siècles. Bibliographie analytique et thématique de leurs oeuvres autres que celles d'imagination. Berne: Bibliothèque nationale suisse, 1971.
6987

Ferran, Pierre. Vocabulaire des filles de joie. Mane: R. Morel, 1970. 6988

Fontvieille, Jean-Roger. Guide bibliographique du monde noir. Vol. 1: Histoire, littérature, ethnologie. Yaoundé, Cameroun: Université fédérale du Cameroun, 1969. 6989

Fortier, Paul A. "Etat présent de l'utilisation des ordinateurs pour l'étude de la littérature française," CH 5, 1971, 143-154. 6990

Foulquié, Paul. Dictionnaire de la langue pédagogique. Paris: PUF, 1971. 6991

Giraud, Jean, Pierre Pamart and Jean Riverain. Les Mots "dans le vent." Paris: Larousse, 1971. 6992

Görög, Veronika. "Littérature orale africaine. Bibliographie analytique. (Périodiques)," CEF 9, 1969, 641-666.
6993

Addenda 281

La Grande Encyclopédie. 20 vols. Paris: Larousse, 1971 - in progress. 6994

Guiral, Pierre, René Pillorget and Maurice Agulhon. Guide de l'étudiant en histoire moderne et contemporaine. Paris: PUF, 1971. 6995

Harari, Josué V. Structuralists and Structuralisms, a Selected Bibliography of French Contemporary Thought (1960-1970). Ithaca: Cornell University, 1971. 6996

Heilly, Georges d'. Le Scandale au théâtre. Bibliographie du scandale. Les pièces à femmes. Les subventions, etc. Paris: Taride, 1861. 6997

Hope, Thomas E. Lexical Borrowing in the Romance Languages. A Critical Study of Italianisms in French and Gallicisms in Italian from 1100 to 1900. 2 vols. New York: New York University Press, 1971. 6998

Isis Cumulative Bibliography. A Bibliography of the History of Science formed from ISIS Critical Bibliographies 1-90, 1913-65. 2 vols. London: Mansell, 1971. 6999

Kesselring, Wilhelm. "Die französische Sprache in 20. Jahrhundert. Bibliographie," in his Grundlagen der französischen Sprachgeschichte. Tübingen: Tübinger Beiträger zur Linguistik, 1970. (Vol. I, p. 195-245). 7000

Kopp, Robert and Claude Pichois. Les Années baudelairiennes. Neuchâtel: La Baconnière, 1969. ("La Fortune de Baudelaire," p. 105-183. "Bibliographie, 1967 et 1968," p. 185-203). 7001

Kristeller, Paul Oskar and others. Catalogus Translationum et Commentariorum: Mediaeval and Renaissance Latin Translations and Commentaries. Annotated Lists and Guides. Washington, D.C.: The Catholic University of America, 1960 - in progress. 7002

Lacassin, Francis and Juliette Raabe. "Petit dictionnaire du roman d'espionnage," Mag litt 43, 1970 (août), 21-31. 7003

Lebègue, Raymond. "Où en sont les études sur Ronsard?" CAIEF 22 1970 (mai), 19-23. 7004

Le Roux, Ph. -J. Dictionnaire comique, satyrique, critique,

burlesque, libre et proverbial. 2 vols. Lyon: Beringos, 1752. 7005

Lindfors, Bernth. "Additions and Corrections to Jahnheinz Jahn's Bibliography of Neo-African Literature (1965)," ASB, 1968, 129-148. 7006

Littérature. Paris: Larousse, 1971 - to date. (Journal devoted to various relations of literature. Each issue contains bibliography on a special subject). 7007

Lods et Vega, Armand. Andre Gill, sa vie. Bibliographie des oeuvres. Paris: Vanier, 1887. 7008

Losique, Serge. Dictionnaire étymologique des noms de pays et de peuples. Paris: Klincksieck, 1971. 7009

Maggs Brothers. A Catalogue of Maggs Catalogues, 1918-1968. London: Maggs Brothers, 1969. 7010

Martin, Angus. "Le Roman allemand en traduction française avant la Révolution. Esquisse bibliographique," RLC 44, 1970, 256-267. 7011

_____, Vivienne Mylne and Richard Frautschi. Bibliographie du genre romanesque français 1751-1800. London: Mansell, in press. 7012

Mary-Lafon, Jean-Bernard. Tableau historique et littéraire de la langue parlée dans le Midi de la France et connue sous le nom de langue Romano-Provençale. Paris: Maffre-Capin, 1842. (Bibliography, p. 227-331). 7013

Messac, R. Esquisse d'une chrono-bibliographie des utopies. Notes et index de P. Versine. Lausanne: Club Futopia, 1962. 7014

Molinaro, Julius A. Bibliography of Sixteenth-Century Verse Collections in the University of Toronto Library. Toronto: University Press, 1969. 7015

Moreau, Pierre. "Etat présent des études claudéliennes en France," IL 22, 1970, 24-32. 7016

Morin, L. Essai bibliographique sur les ouvrages de François Desrues. Troyes: Paton, 1925. 7017

Natalis, Ernest. Un Quart de siècle de littérature pédagogique. Essai bibliographique 1945-1970. Gembloux:
Duculot, 1971. 7018

Ouellet, Real. Les Relations humaines dans l'oeuvre de
Saint Exupéry. Paris: Lettres modernes, 1971. (Bibliography, p. 203-233). 7019

Place, Jean-Michel and André Vasseur. Bibliographie des
revues et journaux littéraires des xixe et xxe siècles.
Paris: Editions de la Chronique des Lettres Françaises,
1972 - in progress. 7020

"La Poésie canadienne-française. Bibliographie," ALC 4,
1969, 605-698. 7021

Prime edizioni francesi entrate in bibliteca dal 1819 al 1918.
Gabinetto scientifico letterario G. P. Vieusseux. 2 vols.
Florence: Vallechi, 1961-1967. 7022

Rabil, Albert. Merleau-Ponty, Existentialist of the Social
World. New York: Columbia University Press, 1967.
(Bibliography, p. 301-325). 7023

Regnier, Adolphe. Lexique de la langue de La Bruyère.
Paris: 1878. (Vol. 3 of Grands Ecrivains edition. Reprint, Olms, 1970). 7024

Riberette, Pierre. Les Bibliothèques françaises pendant la
Révolution (1789-1795). Recherches sur un essai de
catalogue collectif. Paris: Bibliothèque nationale, 1970.
7025

Romero, Laurence. "Molière. Traditions in Criticism,
1900-1960," DA 31, 1970-71, 1290A. (Yale University).
7026

Schreiber, Klaus. Bibliographie laufender Bibliographien zur
romanischen Literaturwissenschaft. Ein Kritischer
Ueberblick, 1960-1970. Frankfurt A. M.: Klostermann,
1971. 7027

Spencer, Michael. "Etat présent of Butor Studies," AJFS 8,
1971, 84-97. 7028

Steiner, M. Vingt-cinq romanciers et poètes suisses romands, xixe et xxe siècles. Bibliographie analytique et
thématique de leurs romans. Berne: Bibliothèque nationale suisse, 1971. 7029

Sylvestre, Guy, Brandon Conron and Carl F. Klinck. Canadian Writers. Ecrivains canadiens. A Biographical Dictionary. New ed. Toronto: The Ryerson Press, 1967. 7030

Tulard, Jean. Bibliographie critique des mémoires sur le Consulat et l'Empire écrits ou traduits en français. Geneva: Droz, 1971. 7031

Vercruysse, J. "Additions à la bibliographie de Voltaire, 1865-1965," RHL 71, 1971, 676-683. 7032

Virmaitre, Charles. Dictionnaire d'argot fin-de-siècle. Paris: Charles, 1894. ... Supplément. Paris: Charles, ca 1900. 7033

Zenkovsky, Serge A. and David L. Armbruster. A Guide to the Bibliographies of Russian Literature. Nashville, Tenn.: Vanderbilt University Press, 1971. 7034

AUTHOR INDEX

A. C. R. P. P., 4666
Aarne, Antti, 6595
Abraham, Jean Pierre, 6600
Abraham, P., 1472, 1604
Abou, Selim, 6261
Accaputo, Nino, 2355, 5381
Aceves, Peter, 6584
Achard, Claude-François, 6536
Ache, J., 2848
Achinger, Gerda, 5162
Ackerman, Robert W., 685, 3539
Acomb, Frances D., 1746
Adam, Antoine, 1268, 1325, 4737, 5538
Adams, G. C. S., 3574, 3894
Adams, Herbert M., 4903
Addamiano, Natale, 2041
Addington, Richard, 1944
Adelman, Irving, 4294
Adéma, Pierre-Marcel, 2948-2950, 5690, 5691
Adhémar, Hélène, 1699
Adhémar, Jean, 5014, 5937
Admussen, Richard L., 5606
Aebischer, Paul, 6961
Agel, Henri, 5641, 5642
Aggeler, William F., 6962
Agulhon, Maurice, 6995
Aish, Deborah A. K., 2556
Alatri, Paolo, 2042, 5172, 5238
Albérès, René-Marill, 2598, 3052, 3053
Albert, Antoine, 5023
Albouy, Pierre, 2480, 4753
Albrecht, Günter, 6696
Albro, Clarence Hal, 2104
Alciatore, Jules C., 2686
Alcover, Madeleine, 5062
Alden, Douglas W., 2777, 3071, 3121
Alder, Esther Romella, 2913
Alès, Anatole, 4927
Alessio, L., 5581
Alexander, Gerard L., 6963

Alexander, J. J. G., 4814
Alibert, Louis, 6507
Allard, Guy, 6811, 6812
Alleau, R., 3707
Allemagne, Henry-René D'., 6948
Allem, Maurice, 1193
Allen, Harold B., 4120
Alletz, Pons-Auguste, 5121
Allévy, Marie-Antoinette, 2284
Alley, John N., 5877
Alliance Française de Prague, 4052
Alliot, Maurice, 1194
Alloin, E., 4515
Allombert, Guy, 5479
Allott, T. J. D., 4899
Allred, Fred J., 4837
Allut, M. P., 4961
Alonso, Julio Lago, 3056
Alquié, Ferdinand, 1588
Alsdorf-Bollée, Annegret, 6301, 6310
Altamirano, Alberto I., 6562
Altick, Richard D., 4142
Alverny, F. d', 138
Alverny, Marie-Thérèse d', 727, 1494, 3208
Alworth, Lois, 3041
Amann, E., 4498
Ambri, Paola Berselli, 5232
Ambrière, Francis, 3037
American Bibliographic Service, 52 (Bibliography and reference); 609 medievalia); 4121 (linguistics)
Amtmann, Bernard, 6318
Andersen, Margaret, 3010
Anderson, Harold M., 444
Andrae, August, 1088
André, Louis, 1284
André, Paul, 1589
Andrieu, Jules, 5113, 5466, 6813
Andro, J. -C., 5606
Angebault, Marie-Christine, 5937
Angeleri, Carlo, 909, 1019

Angers, Julien-Eymard d'., 943, 5024 (See also Chesneau, Charles)
Anglade, Jean, 2971
Anglade, Joseph, 3901, 3902, 3910, 3938
Angotti, Vincent L., 6747
Angrand, Pierre, 2481
Anna, Luigi de, 2669
Ansermoz-Dubois, Félix, 2872, 5657
Anthony, Geneviève, 5938
Antier, M., 3627
Antoine, André, 2286
Antonini-Trisolini, Giovanna, 4867
Anzelloz, J. -F., 6697
Apollinaire, Guillaume, 4674
Apt, Léon Ségur, 5255
Arago, F., 1899
Aragon, Louis, 5588
Arbellet, François, 6814
Arbois de Jubainville, H. O. d', 697
Arbour, Roméo, 79, 2799, 2978
Arc, Pierre Lanéry d', 830
Arcari, Paola Maria, 2220
L'Archevêque, Paul, 5932
Arellanes, Audrey Spencer, 6964
Argent, François d', 5849
Armbruster, David L., 7034
Armengaud, L., 5218
Armstrong, Elizabeth T., 1048
Arnaoutovitch, A., 2380
Arnaud, Emile, 6685
Arnaud, Jacqueline, 6466
Arnaud, Noël, 5818
Arnaudin, Félix, 6529
Arnauldet, Pierre, 4805
Arnavon, Camille, 2194
Arnim, Max, 4378A
Arnold, A. James, 5941
Arnold, Charles Harvey, 4454, 4469
Arnold, Robert F., 4150
Arnott, D. W., 6474A
Arnould, L., 1554, 1603
Arteta, G., 6094
Artigas, M., 3344
Artinian, Artine, 2567
Artz, Frederick B., 635
Arveiller, Raymond, 4894, 5005

Arvin, Neil Cole, 2672
Ascoli, Georges, 938, 1368, 1783, 2287
Ashbee, Herbert Spencer, 4683
Ashton, H., 1523, 1524
Aslib, 286
Asse, Eugène, 1993, 2746
Asselineau, Charles, 2105
Association des Universités...de langue française (Canada), 6324
Astier, Pierre A. G., 5621
Atiya, Aziz S., 794
Atkins, John Alfred, 6730
Atkinson, Geoffrey, 952, 953, 1369, 1387, 1388, 1667
Attal, J. -P., 1209
Aubert, Fernand, 1994
Aubrun, Charles V., 6025
Aude, A. F., 4336
Audet, Francis J., 6365
Audiat, L., 4985
Audin, Marius, 4549
Audra, E., 1747
Auer, Jeffrey J., 390
Aulotte, Robert, 4920
Auric, Georges, 3060
Aury, Dominique, 2903
Austin, Lloyd James, 5382
Aveline, Claude, 3030
Avicenne, Paul, 1, 4532
Avis, Walter Spencer, 3777
Avni, Abraham, 6721
Axhausen, Käthe, 671
Aynard, Augustin, 2914, 5629

Baale, Uittenbosch, A. E. M., 2278
Babault, 549, 5180
Babbitt, Irving, 2106, 4201
Babelon, Jean, 897, 968
Babin, Patrick, 6262
Bacigalupo, Anna, 6706
Backer, Augustin de, 1955, 4470
Backer, Georges de, 6606
Bäcker, Ursula, 2853
Bahner, Werner, 3436
Bailey, Helen Phelps, 6558
Bailey, Richard W., 6246-6248
Baillet, Adrien, 1008, 1252
Baillot, A., 2213
Baillou, Jean, 1020, 1194, 2521
Bailly, René, 5643

Bain, M., 2201
Bainton, Roland H., 910
Bajomée, Danielle, 5514
Baker, Blanch M., 4295
Baker, Hugh Sanford, 3700
Baker, T. D., 3059
Bal, Willy, 3105
Balakian, Anna, 2157, 2792
Balaye, Simone, 5418, 5419
Baldensperger, Fernand, 2399, 2800, 4028, 4029, 4084, 4202
Baldinger, Kurt, 3425, 3525, 6234A, 6965
Baldner, Ralph W., 1389
Baldus, Fernand, 2877
Ball, J. L., 3804
Ball, Robert Hamilton, 4297
Ballard, J. R., 939
Ballot, Marc, 2548
Bally, Charles, 3389, 6249
Balmas, Enea, 1137, 4888, 5095
Balteau, J., 4379
Balthazar, Hans Urs von, 5091
Balz, Charles F., 3610
Balzer, Hans, 3164, 5547
Bancel, E., 969
Bancquart, Marie-Claire, 2450, 5534
Bandy, W. T., 2356-2360, 5383
Bar, Francis, 1413, 4254
Baratte, Thérèse, 6457
Barber, Elinor G., 1726
Barber, Giles, 1821, 4601, 5150
Barber, William Henry, 1778, 5119, 5982
Barberis, Pierre, 5366
Barbier, Antoine Alexandre, 4684
Barbier, Joseph, 2966, 3106
Barbina, Alfredo, 2886
Barclay, Gloria O., 5589
Barczi, G., 6206
Baridon, S. F., 1213
Baril, J., 4396
Barilli, Renato, 2896
Baring, Georg, 911
Barnaud, Germaine, 4640, 4641
Barner, Clifford R., 1710
Barner, Wilfried, 4997
Barnes, Warner, 5290

Barnwell, Henry T., 1635
Barr, Mary Margaret, 2043-2045, 5256, 5257
Barral, Mary Rose, 3099
Barras, Moses, 1414
Barrau-Dihigo, L., 3361
Barre, André, 2158
Barre, H., 3877
Barrera y Leirado, Cayetano Alberto de la, 6686
Barrère, Jean-Bertrand, 2482, 2483, 5455
Barroux, Marius, 4359, 4379
Barroux, Robert, 885, 1653
Bars, Henry, 5841
Bart, Benjamin F., 2431
Barthe, Roger, 6508
Barthold, Allen J., 1767
Barton, Francis B., 1748
Bartsch, Karl, 3939
Baruch, Jacques, 6573
Barzun, Jacques, 6743
Baschet, Robert, 2577
Bascour, D. H., 211
Basse, J. H., 1590
Bastin, Georges, 6936
Batchelor, John, 5857
Bateson, Alan, 5101
Batisse, François, 1144
Battista, Piero, 5112
Battisti, Carlo, 5163, 6629, 6673
Bauchal, Charles, 1348, 4414
Bauchart, Ernest Quentin, 4900
Baudrier, H., 6815
Baudrier, Pierre, 6966
Baudry, Hubert, 6257
Baughman, Ernest N., 6345
Baum, Richard, 6061
Baumgardt, David, 87
Baur, Peter, 5630
Bausch, Karl-Richard, 6657
Bautier, A.-M., 3895
Bautier, Robert Henri, 117
Baxandall, Lee, 6712
Bayer, Raymond, 4455
Bayle, Pierre, 1813
Baym, Max I., 4172
Bazin de Bezons, Jean de, 5070, 5071, 5075, 5739
Beach, Sylvia, 2873
Beall, Hazel S., 4234
Beauchamps, J. de, 194

Beauchamps, Pierre-François Godard de, 550, 4766
Beaulieu, André, 3763, 3819, 6358
Beaulieux, Charles, 898, 3589
Beaumont, Cyril W., 4397
Beaurepaire-Froment, 528
Bec, Pierre, 6530
Bec-Gauzit, Eliane, 6530
Beck, Jean, 3940
Becker, Elisabeth, 3223
Becker, Felix, 4426
Becker, G., 129
Becker, May Lamberton, 762
Becker, Philipp August, 4875
Beckmann, A., 4085
Beckson, Karl E., 4196
Bedarida, Henri, 1784
Bédé, Albert, 2451
Bédier, Joseph, 3362
Bédouin, Jean-Louis, 2992, 3114
Beebe, Maurice, 2995, 6738
Beeler, Kent D., 6270A
Beer, William, 6425
Beers, Henry Putney, 3815, 6327, 6426
Bégué, Armand, 1985
Béguin, Albert, 2983
Behrens, Dietrich, 3575-3577
Beigbeger, Marc, 6714
Belaval, Yvon, 1901, 3180
Belin, Jean Paul, 163, 1808, 1822
Belisle, Louis Alexandre, 3779, 6350
Belkind, Allen, 5909
Bell, Inglis F., 6337
Bell, Sarah Fore, 5500
Bellanger, Claude, 4645, 5607
Bellas, Jacqueline, 2951, 5692
Belle, Georges, 4688
Bellemin, Noël Jean, 2029, 5251
Bellerive, Georges, 3805
Bellour, Raymond, 5645
Belozubar, Léonid, 5146
Bement, Newton S., 3446, 3447
Bénac, Henri, 3708, 4197
Bender, Edmund J., 5501
Benedetto, Luigi Foscolo, 2687
Benedict, Stewart H., 2945
Bénézit, E., 4415
Bengesco, Georges, 2046, 2231

Benmussa, Simone, 5814
Benn, T. Vincent, 1749, 2778
Benoist, Luc, 1349
Benoist-Mechin, J., 3011
Benoît, Marcelle, 1363
Benoît, Pierre André, 3007, 5752
Benoît-Guyod, Georges, 5432
Benouameur, Rachid, 3835
Bens, Jacques, 3148, 5887
Benseler, Frank, 6088
Bensimon, Marc, 887
Bentmann, Friedrich, 1605
Benveniste, E., 3341
Béraldi, Henri, 4550
Berchtold, Alfred, 6410
Berès, Pierre, 2308
Beresniewicz, Christine, 4053
Berger, Pierre Ch., 3042, 3080
Bergounioux, Louis-Alexandre, 4995
Beridze, Chalva, 4107
Berkov, Pavel N., 5164
Berkowitz, David Sandler, 4602
Berlage, Jean, 6451
Berman, Peggy R., 6204
Bernard, A., 1647
Bernard, Auguste-Joseph, 6816
Bernard, Suzanne, 2279, 2624, 2904
Berne-Lagarde, Pierre de, 6537
Bernhardt, Borge, 6567
Bernier, Benoît, 6358
Bernstein, Ignace, 4337
Berret, Paul, 2484
Berry, Ann de, 771
Berry, L. E., 4278
Berry, Madeleine, 3170
Berry, W. Turner, 4551
Bertaud Du Chazaud, Henri, 6968
Bertaut, Philippe, 2309
Bertelson, Lionel, 6378
Berthaud, Pierre-Louis, 3878, 3879, 3911
Berthe de Besaucèle, Louis, 1495
Berthier, Alfred, 2745
Berthier, Philippe, 5377
Bertocci, Angelo Philip, 1921
Bertrand, Louis, 2432, 4471
Bertrand, Marc, 5876
Besançon, J.-B., 2970
Besse, Dom J.-M., 5080
Besses, Ona D., 5893

Bessy, Maurice, 5644
Best, R. I., 4806
Besterman, Theodore, 26, 29, 53, 164, 168, 174, 233, 272, 451, 2047-2050, 4235, 5258-5260
Bethléem, Louis, 508, 551
Betti, Ugo, 4221
Betz, Louis P., 1661, 3941, 4030
Beuchat, Charles, 2148, 2640
Beugnot, Bernard, 5068, 5069, 6540
Beyen, Roland, 5790
Béziers, Monique, 6969
Bezzola, Reto, 1178
Bibao, Jon, 6509
Bibliothèque minicipale de Bordeaux, 2510
Bibliothèque minicipale de Cherbourg, 3107
Bibliothèque municipale de Grenoble, 2688
Bibliothèque municipale de Nantes, 2740
Bibliothèque nationale (Paris) 2938 (Alain); 2452 (Anatole France); 5693 (Apollinaire); 2311 (Balzac); 2968 (Barrès); 2362 (Baudelaire); 1878 (Beaumarchais); 5399 (Berlioz); 4596 (catalogue générale); 2389 (Chateaubriand); 5756 (Claudel); 4034 (Colonization); 2418 (Desbordes-Valmore); 5206 (Diderot); 1923, 1924 (Diderot and l'Encyclopédie); 1700 (18th century art); 4674 (Erotic books); 2435 (Flaubert); 2183 (Gavarni); 5454 (Hetzel, P. -J.); 2485 (Hugo); 2504 (Huysmans); 3066 (Jammes); 1943 (Joubert); 5823 (Jouvet); 5469 (Lamartine); 2530 (Lamennais); 4022 (Latin manuscripts); 2550 (Loti); 1555 (Malherbe); 2678 (Mme de Staël); 1979 (Manon Lescaut); 1283 (Mazarin); 2578 (Mérimée); 4808 (middle ages); 1564 (Molière); 1965 (Montesquieu); 2592 (Musset); 2599 (Nerval); 3104 (Noailles); 3108 (Péguy); 4655, 4667 (Periodicals); 4741 (portraits); 1313 (Port-Royal); 1049 (printing); 3123 (Proust); 1179, 1189 (Rabelais); 1609 (Racine); 2169 (Revolution of 1848); 2625 (Rimbaud); 2109 (Romantisme); 1996 (Rousseau); 3175 (Saint-Exupéry); 2642 (Sainte-Beuve); 2658, 2659 (G. Sand); 5014 (17th century salons); 2159 (Symbolism); 3193 (Valéry); 2725 (Verhaeren); 2731 (Verlaine); 2759 (Zola); 5792A (Gide)
Bibliothèque nationale et Musée des Arts et Traditions Populaires, 5487
Bibliothèque polonaise, 2660
Bibliothèque Royale de Belgique, 3858
Biemel, Walter, 3181
Bierwisch, Manfred, 6652
Bigmore, E. C., 4553
Bihl, Liselotte, 6129, 6130
Bila, Constantin, 1837
Billaudeau, Armand-Georges, 6607
Billioud, Jacques, 6479
Billmeier, Günther, 6637
Billy, André, 2468, 3295
Bingham, Alfred J., 1711
Binney, Edwin, 2460
Birch, Walter de Gray, 798
Birkmaier, Emma M., 3628, 6271, 6272
Birnberg, Jacques, 5694
Bishop, Carolyn James, 4652
Bishop, Edmund, 22
Bissainthe, Max, 3832, 6434
Bisson, Philoxene, 5608
Bittner, Josef, 295
Biver, M. L., 6906
Biver, Paul, 6906
Black, Dorothy M., 316
Black, William Henry, 810
Blais, Jacques, 5901A
Blais, Lucienne, 5913
Blaise, A., 4010
Blaizot, G., 3011
Blake, R. E., 6710
Blakey, Brian, 3535
Blampignon, Abbé Emile Antoine, 5081

289

Blanadet, Marcelin, 2417
Blanc, André, 5757
Blanc, Elie, 2079, 3429, 4459, 4685
Blanc, Hippolyte, 1675
Blanc, Joseph, 4092
Blanch, Robert J., 4881
Blanchard, Marc, 2312
Blanchard, Marcel, 5127
Blanchart, Paul, 3079
Blanchemain, Prosper, 4948
Blanchet, Adrien, 799
Blanchet, B. A., 5560
Blanc-Rouquette, Marie-Thérèse, 5147
Blanquart, F., 2257
Blatt, Franz, 4011
Blau, August, 209
Bleiberg, German, 6687
Bleiler, E. F., 4255
Blin, Georges, 5388
Blinkenberg, Andreas, 4975A
Bliss, Alan Joseph, 3510
Bloch, Camille, 4361, 6926
Bloch, Iwan, 2022
Bloch, Oscar, 3504, 3528
Bloching, Karl Heinz, 5561
Block, Andrew, 1750
Block, Haskell M., 6547
Blomquist, Ake, 6146
Blondeaux, Fernand, 4236
Blondel, Auguste, 5533
Bloomfield, Morton W., 835
Blum, Martin, 6422
Blum, R., 2
Blume, C., 860
Blume, Friederich, 6880
Blumenthal, Henry, 5333
Blunt, Sir Anthony, 1350
Bo, Carlo, 2505, 2793
Bobillier, Marie, 1360
Bocquet, Léon, 3115
Bodmer, Daniel, 5983
Boehlich, W., 3255
Boehm, Eric H., 4385
Boehmer, Eduard, 6675
Boenninghofen, Jack J., 5207
Bogaert, Josef Adrianus van den, 6475
Bogdanow, Fanni, 749
Bogel, Th., 3988
Bohatta, Hans, 28, 861, 862, 4474

Boileau, Pierre, 6744
Boillot, F., 3561
Boily, Robert, 6370
Bois, P., 6771
Boisdeffre, Pierre de, 2779, 2824, 3051, 5565, 5665
Boisset, Jean, 1116
Boissonade, Prosper, 811
Boitte, Arthur, 5291
Bojtar, E., 4035
Bokanowsky, Helene, 3836
Bolgar, R. R., 2516
Bollème, Geneviève, 4686
Bolléry, Joseph, 2350, 2383, 2384, 2756
Bollinger, Renate, 2996
Bolster, Richard, 5526
Bolte, Johannes, 3989
Bolton, H. Carrington, 54, 4434
Bolton, W. F., 3979
Bompiani, Vincente, 4185
Bon, A., 2805
Bonacini, Claudio, 4554
Bond, Donald F., 1654, 1751, 4143, 6693
Bonfantini, Mario, 1446
Bonnaffée, Edmond, 1217, 3470
Bonnafous, Jean-Paul, 5735
Bonnant, Georges, 4928
Bonneau, G., 2655
Bonnefon, Paul, 1145, 1610, 4972
Bonnenfant, Georges, 2257
Bonner, Marian F., 40
Bonnerot, Jean, 2267, 2643, 2644, 2905, 2916, 3165, 3190, 5994 (See also Dalligny, Jean)
Bonnet, Georges, 1884
Bonnet, Henri, 3124, 3125
Bonnet, Joseph, 5096
Bonno, Gabriel, 81, 1752-1754, 1816
Bonser, Wilfrid, 700, 4318, 4338
Booker, John Manning, 3471
Boorsch, Jean, 1496
Booth, T. Y., 4339
Booy, Jean The. de, 5208
Bordeaux, Henri, 2531
Bordellet, Léon, 2351
Bordier, Henri Léonard, 4929
Borgeaud, H., 2551
Borgerhoff, E. B. O., 1242
Bories, J., 105
Borodina, M. A., 3529

Borrot, Alexandre, 6264
Borsgård, Johan, 3418
Bos, A., 3605
Bosquet, Alain, 3116
Bossuat, Marie-Louise, 4648
Bossuat, Robert, 590, 591, 3980
Bossuet, Pierre, 2288
Bouchard, A., 554
Boucher, Henri, 2461
Boucher de la Richardierie, Gilles, 4036
Bouchot, Henri, 555, 1415
Boudot, P. J., 6891
Bougard, E., 509
Bougeart, Alfred, 5226
Bougerel, Joseph, 3930
Bouissounouse, Janine, 1727
Boukalova, Zdenka, 494
Boulan, Henri R., 3505
Boulenger, Jacques, 1180
Boulez, Roger, 4604
Boulnois, L., 6574
Bouloiseau, M., 6771
Bouly de Lesdain, A. M., 863
Bouquet, Dom, 4362
Bourcard, Gustave, 4555
Bourchenin, Pierre D., 4533
Bourgain, Abbé L., 864
Bourgeois, Emile, 1284
Bourgin, G., 2221, 2832
Bourgoin, Auguste, 1243
Bourin, André, 1592, 5566
Bourneuf, Roland, 5902
Bournon, Fernand A., 3348
Bourseaud, H.-M., 1452
Bousquet, Jacques, 2110
Boutchik, Vladimir, 4054, 4055, 4108
Boutemy, A., 4001
Boutet de Monvel, A., 1903
Bouton, Charles, 6160
Boutruche, Robert, 812
Bouveau, Georges, 4157
Bouvet, Maurice, 4435
Bouvier, August, 417
Bouvier, Emile, 457, 5567
Bovo, Dante, 3039
Bowen, Barbara C., 1089
Bowen, Willis H., 706, 1022, 4724
Bower, William W., 3437
Bowker, Richard R., 504

Bowley, V., 4065
Bowman, Frank P., 3268
Bowman, Walter P., 4297
Boyd, Julian C., 3481
Boyer, Ferdinand, 2689, 2690
Boyer, Frédéric, 1195, 3259
Boyer, Régis, 5622
Brachet, A., 3472
Bradner, Leicester, 3990
Bradtmueller, Weldon G., 442
Braet, Herman, 5323, 6286A
Brandis, E. P., 5541
Brandstetter, Joseph Leopold, 6411
Brasier, V., 1516
Brasseur, Paule, 6443, 6972
Brau, Jean Louis, 4614
Brault, Gerard, 1009
Braun, Sidney D., 475
Braunholtz, E. G., 3590, 3654
Braunschvig, Marcel, 4204A
Bray, René, 578, 1234, 1565, 2679
Brayer, Edith, 4807
Brébion, Ant., 6575
Breder, Günter, 836
Brée, Germaine, 5878, 6756
Bremme, Hans Joachim, 4904
Brenner, Clarence D., 1851, 1852, 5181
Brenner, J., 5842
Brereton, Georgine E., 707
Bresky, Dushan, 5434
Breton, André, 5582, 5597
Breton, Jean, 6973
Brette, Armand, 1728
Breuer, Hans, 3612
Breul, Carl, 6722
Breymann, Hermann, 3490, 3642
Briand, Charles, 3126
Briant, Théophile, 3179
Briard, E., 144
Bridel, Yves, 2984
Briesemeister, Dietrich, 6125
Briet, Suzanne, 2626, 2838, 5510
Brinches, Victor, 6682
Brindeau, Serge, 6973
Bringolf, Théophile, 3152
Briquet, Charles M., 4905
Brissenden, R. F., 6138
Brivois, Jules, 2187, 2411
Brix, Ernst, 1535
Brizard, G., 3961

Brochier, Jean-Jacques, 5645
Brock, Clifton, 4503
Brockett, Oscar, 4298
Brodey, H., 3355
Brodin, Pierre, 2806
Brody, Clara, 1465
Broendal, Viggio, 3240
Brook, Barry S., 5178
Brooks, Helen E., 1755
Brossard, Sébastien de, 4398
Brouard, M. de, 620
Browder, Clifford, 5737
Brown, Andrew, 5262
Brown, Calvin S., 6723
Brown, George W., 6367
Brown, Howard M., 715
Brown, P. A., 686
Bruand, Y., 1515
Bruant, Aristide, 3562
Bruce, James Douglas, 678
Bruel, Georges, 6444
Bruggemann, Ludwig W., 4237
Brugger, E., 742
Brugmans, Hendrik, 1326, 2612, 3119
Brulat, Paul, 2760
Brumfitt, J. H., 2051
Brummel, L., 119
Brummer, Rudolf, 458, 3448
Brun, Jean Albert, 5646
Brun, Max, 1945, 5220, 5435
Brun, Robert, 1050, 4906
Brun-Durand, Justin, 6817
Bruneau, Charles, 3438, 3449, 6185, 6186
Brunel, Clovis, 3904, 3942, 3971A, 6187, 6510
Brunel, Pierre, 3014
Brunelli, Giuseppe Antonio, 763
Brunet, Charles, 556
Brunet, Gustave, 186, 187, 256, 4340
Brunet, Jacques, 5824
Brunet, Jacques-Charles, 251
Brunet, Pierre, 251, 954, 3914
Brunot, Ferdinand, 1556, 3449, 3458, 3591
Brush, Craig B., 1441
Brussels. Palais des Beaux-Arts, 2160
Bruzzi, Ameliz, 1223
Bryan, M. A., 6474A
Bryer, Jackson R., 2974, 5623

Buchanan, M. A., 3643
Buchole, Rosa, 3027
Buck, August, 4940
Buenzod, Janine, 5448
Buisson, Ferdinand Edouard, 899, 912, 4517, 4518
Buist, Eleanor, 307
Bullock, W. L., 1023
Bumke, Joachim, 4821
Bunker, Ruth, 991
Bureau de la Statistique (Canada), 3816
Burgaud des Marets, Henri, 3913
Burger, André, 649, 764
Burger, B., 5864
Burgess, R., 1125
Burkhard, Willy, 5727
Burnand, Tony, 6949
Burner, A., 1900
Burnett, I. A. K., 202
Burr, Isolde, 6301
Bursill-Hall, G. L., 3482
Busfield, Roger M., 4299
Busnelli, Manlio D., 1904
Buss, Martin J., 418
Busson, Henri, 940, 1295
Busson, Thomas W., 1602
Butler, Sir Geoffrey, 1177
Butler, Jonathan L., 6156
Butler, Philip, 1611
Buytaert, Eligius M., 3233
Byrne, Ethna, 1462

Cabanis, José, 3069
Cabaud, Jacques, 5949
Cabeen, David C., 459, 1966-1969
Cabos, Alban, 1175
Cacassin, Francis, 6737
Cadet, Félix, 1882
Cadet de Gassicourt, F., 2462
Cadot, Michel, 5334
Cahen, Jacques, G., 1612
Cahen, Léon, 1823, 5203
Caillard, Maurice, 5610
Cailler, Pierre, 2953
Caillet, Albert L., 4256
Cairns, John C., 4386
Calame, Alexandre, 5108
Callander, Margaret, 3070
Callot, Emile, 955
Calmet, Augustin, 6818
Calmet, Dom, 1737

Calot, Frantz, 27, 1315
Calvet, Jean, 579, 1296
Calvi, François de, 6950
Cambiaire, Célestin Pierre, 2195
Cambon, G., 4037
Caminiti, Lea, 2436
Campardon, Emile, 1416, 1701, 1712, 4505
Camproux, Charles, 6500
Candaux, Jean-Daniel, 5263
Cande, Roland de, 4399, 6881
Cantrell, Clyde Hull, 449
Capelli, Adriano, 3991
Capin, Jean, 5705
Caplan, H., 4475, 4476
Capon, G., 1729
Cappuyns, D. M., 211
Capretz, Pierre, 3661
Caput, Jean-Paul, 6222
Caput, Josette, 6222
Caramel, Alfred, 3915, 6480
Caramella, Santino, 5063, 5089
Carassus, Emilien, 2086, 5715
Caravaggi, Giovanni, 5948, 6154
Carayon, Auguste, 6907
Carcassonne, Elie, 1508, 3325
Carcopino, Jérôme, 1342
Cargo, Robert T., 359, 2363, 2364, 5385
Carile, Paolo, 3003
Carlini, Armando, 1497
Carlock, Mary Sue, 6734
Carloni Valentini, Renata, 5097
Carlson, Marvin, 4300
Carlut, Charles, 5436
Carmody, Francis J., 818, 1713, 1853, 3992
Carnoy, A., 3542, 6402
Carnoy, Henry, 2235
Caron, Pierre, 88, 1686, 2170, 6772, 6944
Carpenter, John R., 3822
Carrara, Mario, 1024
Carré, Jean-Marie, 2253, 4038
Carrère, Marcel, 3571
Carreter, Lazaro Fernando, 3757
Carriat, Amédée, 1644-1646, 6819
Carrière, Gaston, 3771
Carrière, J. M., 2313
Carrière, V., 1453

Carroll, John B., 3629
Carson, Patricia, 6477
Carstens, H., 3958
Cart, Adrien, 1398
Carter, Alfred Edward, 2365, 5386
Carter, Lawson A., 2761
Carter, Paul J., 4223
Carteret, Léopold, 264, 2111
Cary, Norman R., 4224, 6757
Case, S. J., 4477
Casella, Georges, 5279
Casini, Paolo, 1905, 5209
Casselman, Ardath, 4224
Cassirer, Thomas, 6974
Castaing, Roger, 145, 146
Castellanos de Losada, Basilio Sebastian, 4267
Castex, Pierre-Georges, 2269, 2314
Castor, Grahame, 1074
Catach, Nina, 4895
Catania, Gianetto, 3719
Cathelin, Jean, 6861
Cattaui, Georges, 3127, 5879
Cauchie, Maurice, 1639
Caulfeild, Ruby Van Allen, 3823
Caussy, Fernand, 2052
Cavalucci, Giacomo, 2039, 2419
Cave, Roderick, 2840, 4605
Cayla, Paul, 6538
Cayrou, Gaston, 1258A
Cazeneuve, Jean, 6920A
Cecchetti, G., 3426
Cedeyco, Joseph, 2453
Cellier, Léon, 2600, 5252
Celly, Raoul, 3128
Cento, Alberto, 1897
Centre d'analyse et de recherche documentaire pour l'Afrique noire, 6450
Centre d'Etude du vocabulaire français, 5695
Centre international d'information européenne, 4651
Cerceau, G., 2743
Cercle de la Librairie, 2114, 2154
Cerfbeer, Anatole, 2316
Cermakian, Marianne, 5088
Cerquand, J.-F., 4319, 6531
Cerruti, Giorgio, 5246
Certeux, Alphonse, 6608

Cesare, Raffaele de, 2747
Cevasco, Marcel, 2507
Chabaneau, Camille, 3943
Chadbourne, Richard M., 2616
Chaigne, Louis, 4744
Chailley, Jacques, 6877
Chalaupka, C., 398
Chaleil, Max, 5940
Chalifoux, Jean-Pierre, 6330
Chamard, Henri, 360, 659, 1075-1077, 1129
Chambaud, Louis, 5122
Chamberlain, Mary W., 4416
Chamfort, Sébastien-Roch Nicolas, 5039, 5124
Champfleury, 5490
Champier, Victor, 147
Champigneulle, B., 2848
Champigny, Robert, 2861
Champion, Pierre, 731, 3249
Chancerel, Léon, 5040
Chandler, Frank W., 4238
Chanel, Pierre, 5765, 5766
Chanover, E. P., 6975
Chantal, René de, 5880
Chantavoine, Jean, 2188
Chapon, François, 5821, 5846, 5852, 5923, 5926
Chaponnière, Paul, 1978
Chapuy, Paul, 3543
Charbonnier, F., 913
Chardans, Jean-Louis, 5644
Charland, Roland M., 3391, 5901
Charléty, Sébastien, 6820
Charlier, Gustave, 2115
Charlot, Jean, 5680, 6932
Charpentreau, Jacques, 6885
Charpier, Jacques, 765, 5904
Chassang, Arsène, 4748
Chassant, A. A. L., 623
Chassard, Jean, 6552
Chastand, Gédéon, 5347
Chastel, André, 5678
Chatelain, Emile, 1949, 4907
Chatelet, Albert, 1351, 1359
Chatham, James R., 6688
Chatot, Eugène, 5873
Chaulieu, Robert, 2092
Chaumeil, Abbé, 6821
Chaumont, Marie-Pascale, 5840
Chaunu, Pierre, 1285, 4921
Chaurand, Jacques, 2622, 6169

Chauvin, Victor Charles, 2232, 6576
Chauviré, Roger, 941
Checchini, Anna Maria, 3402
Chenevière, Adolphe, 1123
Chéreau, Achille, 4762, 5094
Chérel, Albert, 1025, 1510, 1838
Cherrier, H., 1630
Chéruel, A., 4387
Chesneau, Charles, 1298 (See also Angers, Julien Eymard)
Chevalier, Jean-Claude, 6224, 6250, 6716
Chevalier, Louis, 6806
Chevalier, Ulysse, 774, 866
Chevalley, Sylvie, 399, 5041
Chevallier, Alix, 5407
Chevin, l'abbé, 3555
Chèvremont, François, 5226, 5227
Chevrier, Pierre, 5903
Childs, James Bennett, 234, 4363
Childs, James Rives, 1887, 1986
Chinard, Gilbert, 2390
Chmurski, A. M., 4112
Cholakian, Rouben C., 6480A
Chompre, P., 4320
Chomsky, Noam, 4126
Choptrayanovitch, Georges, 1211
Choron, Alexandre, 4400
Christ, Robert W., 1585
Christensen, Clay B., 3634
Christie, Richard Copley, 4962
Christmann, Hans Helmut, 650, 6061, 6311
Christopher, Jules, 2316
Cianciolo, U., 4827
Ciavarello, Angelo, 2691
Cigada, Sergio, 732, 2437, 4868, 5437
Cintra, L. F. L., 3280
Cioranescu, Alexandre, 881, 1218, 1224, 4093, 5117
Cirlot, Juan E., 4268
Citron, Pierre, 2280, 5236
Clair, Pierre, 1299, 5054
Clapp, J., 4175
Clarac, Pierre, 1447, 1526, 1527, 3130, 6701
Claretie, A., 4447
Clark, Alexander F. B., 1448
Clark, Barrett H., 4301
Clark, Ruth, 1934

Clason, W. E., 2930
Claude-Lafontaine, R., 2748
Claudin, Anatole, 170, 1051, 1052
Claval, Paul, 6921
Cleary, James W., 4205
Clédat, Léon, 6179
Cleisz, Gérard Philippe, 3043
Clément, Alain, 4086
Clément, Félix, 4401, 6892
Clement, N. H., 2116
Clément, Renée, 3684
Clément-Simon, Gustave, 6822
Clements, Robert J., 1001, 3737
Clerc, Albert, 5215
Clerval, Jules Alexandre, 786, 942
Clive, H. P., 714
Clivio, Amedio, 6511
Clivio, Gianrenzo P., 6511
Closset, François, 3859
Closset, Joseph, 3860
Clouard, Henri, 2281, 5326
Clouard, Maurice, 2593, 2594, 5493
Clouzot, Marcel, 1181, 2080
Cluzel, Irénée-Marcel, 3944, 6488, 6492
Coan, Otis W., 3807
Coates, Carrol, 2317
Cobb, Richard Charles, 5131
Cochois, P., 1300
Cocking, J. M., 6758
Cockx-Indestege, Elly, 6375
Coe, Richard N., 1977, 4703, 5787, 5815, 6977
Coèle, René Thomas, 560
Cognet, Louis, 1316, 1317
Cognosco, Francesco, 775
Cohen, David, 6009
Cohen, Gustave, 716, 3194, 3251
Cohen, Henri, 1824, 1825
Cohen, Marcel, 3252, 3439
Cohen, Robert C., 5803
Cohn, Ruby, 2975, 2976
Coirault, Yves, 2033
Coke, Rachel M., 6581
Colburn, William E., 5548
Colby, Veneta, 6704
Cole, Robert D., 3644
Coleman, Algernon, 3630

Coleman, Charles, 5173
Coleman, Henry E., 323
Colin, Georges, 2662, 5516, 5517
Colinon, Maurice, 6903
Colish, Marcia L., 4828
Collin, Carl Sven Reinhold, 6235
Collin, Françoise, 5731
Collinet, Jean Pierre, 5072
Collins, David A., 5059
Collins, Ruby L., 4522
Collison, Robert L., 3, 4, 5, 3593
Colomb de Batines, Paul, 3916, 3973, 6512
Colonia, Dominique de, 5025, 6823
Colotte, Pierre, 5992
Colson, Oscar, 3861, 3862
Combaluzier, F., 4012
Comité des travaux historiques et scientifiques, 4535
Comité international permanent de linguistes, 3440
Compaignon de Marcheville, Marcel, 1629
Compère, Daniel, 5542
Conde Abellán, Carmen, 6093A
Condeescu, N. N., 4729
Condon, John C., 3623
Conlon, Pierre M., 1454, 5008, 5128
Conner, J. W., 2318
Conover, Helen F., 249
Conrazier, Joseph, 2854
Cons, Louis, 766
Contades, Gérard de, 2549, 4576
Contat, Michel, 5910
Cooper, Clarissa Burnham, 2906
Cooper, Lane, 1248, 4239
Coornaert, E., 2037
Coover, James, 6878
Cope, S. Trehearne, 800
Copeau, Jacques, 3172
Coppe, Paul, 3863
Cordasco, Francesco, 429
Cordelier, Jean, 1547
Cordié, Carlo, 461, 1182, 1613, 2400, 2656, 2657, 2676, 2692, 4989, 5306, 5387, 5474, 5483, 5518, 5549, 5795, 6008
Cordier, Henri, 1370, 1371, 1879, 1950, 2251, 2252, 2693, 6577

Cordroch, Marie, 2663
Cormeau, Nelly, 3094
Corneille, Thomas, 5009
Cornell, Kenneth, 2161, 2907, 2908
Cornevin, Robert, 6467, 6974
Corrigan, Beatrice, 6325
Corte, Francesco della, 6662
Cortland, Peter, 5438
Cosenza, Mario Emilio, 982, 1053, 4916
Cosman, Madelaine Pelner, 687
Cosson, Annie Lucienne, 6978
Costa Coutinho, Bernardo Xavier da, 4098
Coston, Henry, 181, 5569, 6933
Cosyns-Verhaegen, Genia, 5944
Cote, Athanase, 3817
Cote, Paul Henri, 6342
Cotgrave, Randle, 624, 892
Cotnam, Jacques, 6331
Cottaz, Joseph, 4094
Cottin, Madeleine, 5444
Cottin, Paul, 3326, 5471
Cottrell, Leonard, 6871
Cottrell, Robert D., 4953
Couceiro Freijomil, Antonio, 6690
Couderc, Camille, 6824
Couet, Jules, 2381, 2645
Coumet, E., 6236
Council for Information on Language Teaching, 6273
Courboin, François, 1352
Courcell, Pierre, 4829
Court, J.-F. de, 5023
Courtiner, Leo P., 1873
Courtois, Louis-J., 1997
Courville, G., 2319
Cousin, Jean, 4164
Cousin, Jules, 4364
Coutinho, Afrânio, 1225
Couton, Georges, 1473, 1474
Cova, Clara, 3040
Cox, Edward Godfrey, 4039
Coyecque, Ernest, 1054, 4557
Crac, Aldonse de, 6586
Craddock, Jerry R., 6312
Cranaki, Mimica, 3180
Crane, Helen Elizabeth, 3176
Crane, Thomas Frederick, 1026
Crapelet, G.-A., 6609

Crawford, James P. W., 328
Cremaschi, G., 3981
Crépet, Jacques, 2366, 5388
Crépin, Simone, 2997
Cressot, Marcel, 4877
Crétin, Roger, 1475
Crisafulli, Alessandro S., 3289
Crocetti, Camillo Guerrieri, 4846
Crocker, Lester G., 1791, 1792, 5118
Crooks, Esther J., 1372
Crosland, Margaret, 3019
Cross, Tom Peete, 4143, 4822
Crouslé, Maurice, 83, 4710
Crouzet, Marcel, 5431
Crozet, Léo, 2090
Cruickshank, John, 3102
Crussard, Claude, 1361
Cucuel, Georges, 1714, 1715
Cuénin, Micheline, 6979
Cuénot, Claude, 2729, 2730, 5928
Cullaz, Maurice, 6889
Culot, Jean-Marie, 2726, 3864, 6386
Cumming, Ian, 1935
Curatto, Ernesto, 4269
Currier, Thomas F., 1566
Curtis, Renée L., 756
Curzon, Henri de, 2035, 2248, 2749, 5631, 6825
Custodero, Enzo, 2985
Cuypers, Hubert, 5929
Cuzacq, René, 3917-3919, 6489

Dabbs, Jack A., 6263
Dacier, Emile, 4625
Daele, Rose Marie, 1100
Dagenais, Gérard, 3780, 6352
Dagens, Jean, 915
Dagher, Joseph A., 2888
Dagneaud, Robert, 2320
Dahl, Svend, 283, 284
Dahlke, Günther, 6696
Dahme, Klaus, 5896
Daire, Louis-François, 6826
Dale, Edgar, 3530
Dallas, Dorothy F., 1390
Dalligny, Jean (pseud.), 2807
(See also Bonnerot, Jean)
Damon, Gene, 6731
Dampierre, Jacques de, 6827
Dangeau, Louis, 1970

Dangelzer, Joan Yvonne, 2270
Daniel, George B., 5042, 6158
Daniel, Odile, 4669
Daniel, Robert S., 4506
Dankel, Mary B., 6027
Dantchenko, V. T., 2335
Dantès, Alfred Langue, 6828
Dargan, Edwin Preston, 2454, 2455
Darmesteter, Arsène, 5272
Da Silva Ramos, G., 3131
Dassonville, Michel, 361
Daudet, Charles, 3132
Daumas, Maurice, 1327
Dauvergne, Robert, 1730
Dauzat, Albert, 3433, 3441, 3450, 3506, 3544-3546, 3556, 3557, 3578, 3579, 3920, 6207, 6212, 6513
Dauze, Pierre, 171, 5294
Davenport, F. G., 813
David, Jean, 1768
David, R. J., 5719
Davidson, Hugh M., 1244, 3357, 4711
Davidsson, Åke, 1362, 4934
Davies, David, 1055
Davies, Gardner, 2557
Davies, Hugh William, 4908
Davies, John C., 3406, 3407
Davis, James Herbert, Jr., 1855, 6759
Davis, Ronald, 3195
Davis, William Myron, 6495
Davois, Gustave, 2171, 2172
Dawes, C. R., 2023
Deak, Etienne, 3511, 3563
Deak, Simone, 3563
Deakin, Terence J., 4240, 4675
De Backer, A., 1955, 4470
Debae, Marguerite, 4810
De Benedetti, S., 3880
Debraye, Henry, 2694
Debû-Bridel, Jacques, 2808
Décaudin, Michel, 2627, 2954, 5691, 5696
Decaux, G., 2368
Dechambre, A., 4436
Dechelette, François, 5583
Decker, Henry Wallace, 3238
Deckers, Marie-Christine, 5930
Décote, Georges, 5174
Dédeyan, Charles, 1027, 1146

Dedouvres, L., 1301
Deenen, Maria, 2757
Deferrari, Roy Joseph, 4013
Deffoux, Léon Louis, 2508, 4777
Defourneaux, Marcelin, 1826
Degeorge, Léon, 971
De Grève, Marcel, 1183
Deguise, Pierre, 2401, 6980
Dehennin, Elsa, 6306
Dehergne, Joseph, 1662, 5132
Deierkauf-Holsboer, Sophie Wilma, 1417, 1418
Dejardin, Joseph, 6401
De Jessen, F., 4115
Dejeux, Jean, 5689, 6464, 6465
Dejob, Charles, 2680
De Jongh, William F. J., 1101, 3859
DeKoster, Lester, 4955
Delacourcelle, D., 916
Delafosse, Maurice, 6445
Delaisement, Gérard, 2568
Delalain, Paul A., 1056, 4558-4560
Delandine, A. -F., 4769
Delanglez, Jean, 1769, 1770
Delannoy, J. C., 4770
Delaporte, Jean, 3109
Delarme, Paul, 512
Delaruelle, Louis, 980
Delassault, Geneviève, 1268, 1318
Delattre, A., 2053
Delaunay, Paul, 957
Delavenay, Emile, 3613
Delavenay, K., 3613
Delbouille, Maurice, 3865, 3866, 6159, 6251
Delcol, Guy, 6397
Delepierre, Octave, 4763
Delesalle, Georges, 3564
Delisle, Léopold, 4809, 6036
Della Terza, Daniela, 3212
Delle Donne, R., 2474
Delley, Gilbert, 5034
Del Litto, Vittorio, 2695-2697, 5527, 5528, 6091
Delmelle, Joseph, 6387
Delmières, Etienne-André, 165
Deloffre, Frédéric, 1958, 1959, 3451, 5228
Delorme, Jean, 2173, 2833
Delpit, Louise, 5632

Delpy, Armand, 188
Delsaux, Hélène, 1898
Delsemme, Paul, 5545
Delteil, Léo, 196
Delumeau, Jean, 4890, 4929A
Delvau, Alfred, 5270, 5348, 5425, 6194
De Mandach, André B., 3662
DeMauro, Tullio, 6237
Dembrowski, Peter F., 6028
Demorest, D. L., 2441
Dempsy, Madeleine, 2391
Deniker, Joseph, 6791
Denieul-Cormier, A., 901
Denis, A., 148
Denis-Papin, M., 6277, 6773
Denizot, Philippe M., 5366A
Derieux, Henry, 2909
Derôme, Léopold, 5307
Derre, J.-R., 2532
Desachy, Paul, 5362
Desaivre, Léo, 4754
Desbiens, Maurice, 2117
Desboulmiers, Jean-Auguste, 1856
Deschamps, Arsène, 1874
Deschamps, P., 251
Descharmes, René, 2438
Descotes, Maurice, 561, 1476, 1567, 1614, 2289, 2382, 5082, 5098
Descrains, Jean, 5050
Descreux, V., 6603
Desessarts, N. L. M., 476
Desfeuilles, Arthur, 1568, 1569
Desfeuilles, Paul, 1569, 2255
Desgraves, Louis, 61, 1057, 1971, 5464
Desné, Roland, 5700
Desnoiresterres, Gustave, 2054
Desnay, Fernand, 1196, 2155, 6022, 6045
Desormaux, Joseph, 3921
DesPlaces, Edouard, 4694
Després, Armand, 5073
Desprey de Boissy, 5182
Desrat, G., 4402
Dessubre, M., 838
Detemmerman, Jacques, 5917
Deutsch, Karl W., 4388
Devic, Claude, 6539
Devic, M., 3515
Deville, Etienne, 1702

Devoto, G., 6629
Dewey, John, 5725
Dewitt, Suzanne, 2939
Dey, William Morton, 3473
Dheilly, J., 4478
Diamond, Wilfrid J., 4014
Diaz, Albert James, 189
Dickenson, G., 1130
Didier, Henri, 6238, 6239, 6653
Didier, Marcel, 6264, 6278
Didier, Robert, 4536
Diebold, Richard, 3498
Dieckmann, Herbert, 1906-1908
Diehl, Katherine Smith, 4270
Diemme, le comte de, 6142
Dietrich, M., 4184
Dietschy, Marcel, 5924
Dieujeide, Henri, 6279
DiFranco, Fiorenza, 5906
Digeon, Claude, 2878, 5439
Dillard, J. L., 6435
Dimoff, Paul, 1892
Dingwall, William Orr, 3460, 3483, 6639
Dionne, Narcisse Eutrope, 6319
Di Scanno, Teresa, 6984
Dissère, Jean, 6612
Djemil Saïd, Omer, 5900
Dodgson, E. S., 6514
Doe, Janet, 958
Dogaer, Georges, 4810
Dolezel, Lubomir, 6248
Dollinger, Philippe, 4365
Domay, Friedrich, 4590
Dommanget, M., 1957
Donnard, Jean-Hervé, 5196
Donot, Amédée, 4740
Dontenville, Henri, 4271
Dony, Emile, 214
Doolittle, Dorothy, 2237
Dopp, H., 6376
Dorenlot, F. E., 5835A
Dorez, Léon, 1286
Dorfmann, Eugène, 4847, 6092
Dorival, B., 2849
Dormoy, Marie, 3075
Dorveaux, P., 819
Dos Santos, Jose, 1543
Dotoli, Giovanni, 5401
Douay, Georges, 562
Doucet, B., 3547
Doucet, J., 2609, 2731, 3196
Doucet, Roger, 130, 902

Doucette, Léonard E., 5049
Douen, Orentin, 917
Dougherty, David M., 643
Douglas, David C., 795
Douglas, Kenneth N., 2862, 3197
Douhet, Jules, 6587
Doumic, René, 2545
Douret, J.-B., 6423
Doussinet, Raymond, 6515
Doutrepont, Georges, 580, 1102, 4225, 4811, 4812
Dovéro, Fernand, 4526A
Dow, Clyde W., 393
Downs, Robert B., 120, 6328
Doyle, Henry G., 329
Doyon, René Louis, 513, 2722, 3160
Dragonetti, Roger, 672
Draper, Samuel, 3041
Drayer, H., 3311
Dréano, Maturin, 1147, 1148
Dreher, S., 2081, 2780
Dreux Du Radier, Jean-François, 6829, 6830
Drevet, A., 5685
Drevet, Marguerite L., 2082, 2781
Drolet, Antonio, 3764, 3808, 3818
Dronke, Peter, 3994
Drouet, Joseph, 1738
Drouhet, Charles, 1544-1546
Droulers, Eugène, 4272
Droz, Eugénie, 981
Droz, Jacques, 2174, 2214
Drujon, Fernand, 2091, 4771, 4778, 6074
Dubarat, V., 3974
Dubeux, Albert, 3026, 4056
Dubief, L., 1515
Dubois, Claude-Gilbert, 4949
Dubois, Jacques, 2896
Dubois, Jean, 1260, 6207, 6223
Dubois, Pierre, 2486
Dubois, Raymond, 6188
Dubosq, Y. Z., 1827
Duboys, Auguste, 6814
Dubsky, J., 4135
Dubu, Jean, 5099
Dubuc, André, 5987, 6093
Dubuigne, Gérard, 6952
DuCange, Charles, 4015

Ducarme, Joseph, 6904
Ducasse, P., 2245
Duchamp, H., 3709
Duchateau, F., 4532
Duchemin, Marcel, 2392-2394
Duchemin de la Chesnaye, F. C., 5124
Duchet, Michèle, 1998
Duckles, Vincent, 4403, 4404
Duckworth, Colin, 2987
DuColombier, Pierre, 1353
Ducourtieux, Paul, 149, 3932
Ducros, Louis, 1731
Ducrot, O., 6236, 6986
Ducup de Saint-Paul, H., 1946
Dudley, Fred A., 4226, 6724
Dudon, Paul, 2533
Dufay, Pierre, 6831
Duffy, Charles, 4198
Dufour, Alain, 1103, 1117
Dufour, L., 2699
Dufour, Théophile André, 1999
Dufour, V., 4417
Dufourcq, Albert, 839, 3261
Dufourcq, Norbert, 1363, 1366, 5179
Dufournet, Jean, 4884
Dufrenoy, Marie-Louise, 1785
DuGérard, N. B., 5043
Duggan, Joseph J., 4859
Duine, François, 2534
Dujardin, Jena, 6379
Dukore, Bernard F., 4304
Dulieu, Louis, 918, 4935
Dulong, Gaston, 3772, 6354
Dumas, Marcelle, 5782
Dumas, O., 5543
Duméril, Edmond, 4057, 4058
Dumesnil, René, 2438-2441, 2569-2571
Dumont, Catherine, 1226
Dumont, Francis, 2118
Dunbar, H. Flanders, 637
DuPeloux, Charles, 1676, 1703
Dupire, Noël, 753, 3324, 3853
Duplessis, Georges, 4741
Duployé, Pie, 5462, 5871
Dupont-Ferrier, Gustave, 4519
Duportal, Jeanne, 5010
Duportet, Maurice, 2843
Duprat, Gabrielle, 4648
Dupré, P., 6613
Du Preez, Anna Marieta, 309

Dupriez, Bernard, 6252, 6253
Dupuis, Hector, 6265
Duraffour, Antonin, 6516
Durand, Ch., 5478
Durdilly, P., 3413
Durel, Lionel C., 1563
Durel, Pétrus, 2244
Durig, W., 867
Duroselle, Jean-Baptiste, 2192, 2868, 5334A
Durry, Marie-Jeanne, 2395, 2517
Dutrait, Maurice, 5205
Duval, Elga Lovermann, 5546
Duval, Georges, 2487
Duval, Paul-Marie, 4814A
DuVal, T. E., 2149
Duveen, Denis I., 6792
Duvernoy, Emile, 6189
Duviard, Ferdinand, 1149
Duvignaud, Jean, 2961
Duvivier, Ulrich, 6436
Duye, André, 6225
Dworkin, Rita, 4294
Dwyer, Richard A., 4830
Dyggve. See Petersen-Dyggve

Eager, Alan R., 701
Eaton, Helen S., 3663
Ebering, Emil, 3720-3722
Ebisch, Walther, 3723, 6291
Echard, Jacques, 871
Ecorcheville, Jules, 660, 1716
Eddins, Doris K., 3685
Edelman, Nathan, 452, 767, 1219, 1246
Edgren, R., 3738
Edouard-Joseph, 5670
Edwards, Marian, 4040
Edwards, Paul, 6896
Eells, Walter C., 330, 438-441
Egger, E., 119
Eggli, Edmond, 5309
Eggly-Naville, C., 6987
Egli, Johann Jacob, 6213
Eglin, Heinrich, 5783
Ehlert, Arnold D., 4286
Ehrard, Jean, 1793, 1972
Ehrmann, Jacques, 1648
Eischiskina, N. M., 5843
Elicona, Anthony Louis, 1771
Elie, Robert, 3773
Elkington, M. E., 2202
Elton, William R., 4205A

Emerson, O. B., 526
Emery, R. W., 840
Emile-Zola, J., 2762
Empain, L., 4672
Engel, Arthur, 4577
Engel, Claire-Eliane, 1890
Engels, J., 4831
England, Sylvia L., 2290, 5330
Engler, Rudolf, 6176
Engler, W., 661
Engstrom, Alfred G., 514, 5390
Eppelsheim, Jurgen, 5031
Erdman, David V., 182
Erdmannsdörffer, E., 6495A
Erichson, Alfred, 1118
Ernout, Alfred, 4016, 6208
Ersch, Jean Samuel, 1663
Escallier, Emile, 5999
Escholier, R., 2488
Escobar, Alberto, 6630
Escoffier, Maurice, 2119
Escoffier, S., 6517
Esdaile, Arundell James Kennedy, 4636
Esnault, Gaston, 3559, 3565, 3566, 5584
Esnos, G., 6541
Espiau de la Maistre, André, 5759
Espinasse, Francis, 2617
Espiner, Janet G., 1028, 1079, 1133
Essertier, Daniel, 4507
Estailleur Chanteraine, Philippe d', 1287
Estalenx, J.-F. d', 6518
Estève, Edmond, 2203
Estève, Michel, 5728
Estienne, Robert, 893
Estivals, Robert, 1828, 5609
Ethridge, James M., 2844
Etiemble, René, 2628, 3187, 5508
Eulau, Heinz, 4508
Eustis, A. A., 1615
Evans, David Ellis, 3548
Evans, David Owen, 2120, 2271, 5352
Evans, Hywel Berwyn, 2055, 2056
Evola, N. D., 4095
Ewald, Konrad, 6258
Eys, Willem J. van, 874, 919

Faber, F., 3867
Fabre, Antonin, 5052
Fabre, Césaire, 6832
Fabre, Jean, 1668, 1893, 1909, 5201
Fabricius, J. A., 3995
Faelli, Emilio, 235
Fage, R., 4437
Faider, Paul, 215, 4017, 4165
Fairbairn, James F., 801
Fairon, E., 381
Faivre, Antoine, 1794
Falc'hum, François, 4823
Falke, Rita, 4257
Fallois, Bernard de, 3185
Famerie, Jacqueline, 5826, 5827
Fanoudh-Siefer, Léon, 4755
Faral, Edmond, 708, 3982
Farault, A., 5416
Fargeaud, Madeleine, 5367
Faribault, G. B., 3824
Farid, Kamal, 5061
Farinelli, Arturo, 2121
Farrell, Clarence Frederick, 3198
Fauny-Anders, France, 5634, 5772
Favre, Léopold, 633, 6519
Favreau, Alphonse, 2412
Fay, Bernard, 1688, 1772
Fay, Eliot G., 3178
Fay, Leo C., 442
Fay, Percival B., 6055
Fayolle, F. J. M., 4400
Fayolle, Roger, 4206
Fayt, René, 6389
Feagan, William Francis, 2750
Febvre, Lucien, 920, 1058
Fédération nationale des Cercles dramatiques, 2292
Federman, Raymond, 2977, 5720
Federn, Robert, 462
Feilitzen, O. Von, 3740
Feld, Charles, 5356
Fell, Joseph P., 3182
Feller, J., 3854, 6938
Feller, P., 2791
Fellows, Otis, 2810
Fenzl, Richard, 2946
Féraud, Jean-François, 1815
Ferguson, Charles A., 3645, 3680, 3686

Ferguson, Wallace K., 903
Ferm, Vergilius, 4460
Fernandez, R., 3132
Fernessole, P., 2744
Ferran, Pierre, 6988
Ferrand, Louis, 4321, 5151
Ferrari, Giorgio E., 4848
Ferrari, Luigi, 4059, 6667
Ferre, André, 3130, 5881
Fesch, P., 4578
Festugière, J., 1029
Fétis, François J., 4406
Feugère, Anatole, 1739, 1984, 2535
Feys, Robert, 6642
Figueras, André, 3171
Figuères, Roger de, 3548A
Fiks, Alfred J., 6280
Finbert, Elian-J., 4341, 6610
Finch, Robert, 1849
Finck, Adrien, 6564
Fingerhut, Margret, 5100
Fink, R., 4389
Finlay, Ian F., 6285
Fino, J.-F., 4815
Finstein, Milton, 3710
Firkins, Ina Ten Eyck, 4287
Firmin-Didot, Ambroise, 709, 3501, 4562, 5343
Fischer, Hildegard, 1517
Fiser, Emeric, 2162
Fisher, John H., 4179
Fisher, John Lionel, 6542
Fitch, Brian T., 2998, 5740
Fitch, Frederic B., 6642
Fitzgerald, Edward, 1641
Fitzgerald, J. D., 3412
Fitzgerald, L. S., 4780
Flach, Jacques, 814
Flasche, Hans, 341, 419, 1593, 5562
Flegon, Alec, 6658
Fleischauer, Charles, 1829, 2057
Fleischmann, Hector, 5133
Fleischmann, Wolfgang Bernard, 992, 5571
Fleming, Ilah, 6660
Fletcher, A. E., 4521
Fletcher, Ian, 2168
Fletcher, John, 5720
Fletcher, Robert H., 688
Fleuret, Fernand, 748, 1399, 4674

Fleury, Marie Antoinette, 1253
Flick, Alexander C., 841
Flinn, John, 750
Floquet-Duparc, Christine, 931
Flottes, Pierre, 2751, 5544
Flutre, Louis-Fernand, 710, 1570
Fogel, Ephim G., 182
Fogel, Herbert, 1477
Fohlen, Claude, 2834
Folena, G., 614
Folkierski, Wladyslaw, 1857
Fomin, Aleksandr Grigor'evich, 4159
Fondation Giovanni Agnelli, 6945
Fongaro, Antoine, 2732, 3044
Font, Auguste, 1717
Fontainas, André, 2184
Fontaine, André, 2727
Fontana, Sandro, 2536
Fontius, Martin, 5158
Fontvieille, Jean-Roger, 5488, 6476
Fonzo, L. di, 3329
Forbes, Leith W., 921
Ford, Charles, 5651
Fordham, Sir Herbert George, 960, 6782
Forestier, Louis, 5421, 5422
Forges, J., 3096, 3097
Forman, Sidney, 4522
Forot, Charles, 5610
Forrer, L., 802
Forsyth, Elliot, 1090
Fortier, Paul A., 6990
Foster, David William, 3634, 6691
Foster, Jeannette H., 4241
Foster, Virginia Ramos, 6691
Fouché, Franck, 3833
Fouché, Mme Pierre, 6026
Foucher, Louis, 2258
Foulché-Delbosc, Isabel, 3272
Foulché-Delbosc, Raymond, 1872, 4060, 4099
Foulet, Lucien, 592, 747
Foulon, Charles, 3253
Foulquié, Paul, 6991
Fouque, Charles, 5453
Fournel, Henri, 2641
Fourrier, Anthime, 673
Fowlie, Wallace, 3147, 6760
Fox-Davies, A. C., 4816

Fraenkel, Pierre, 4956
Fraisse, Simone, 993
Frame, Donald M., 1150, 1151, 4977
Franc, Eugène, 3881
Franceschetti, GianCarlo, 5456
Francis, Claude, 581
Francis, Frank, 5982
Francis, Raymond, 5090
Francis, W. W., 6798
Franck, Dorothée Juliane, 5976
Francke, J. M., 175
François, A., 2122
François, Pierre, 5649
Françon, Marcel, 593, 1184
Frank, Félix, 1123
Frank, Grace, 717
Frank, Istvan, 3945
Frank, Marcella, 3701
Franklin, Alfred, 121, 594, 3549, 4366, 4390, 4630
Franklyn, Julian, 4817
Franz, A., 2489
Frappier, Jean, 735, 739
Fraser, Elizabeth Margaret, 2272
Fraser, I. F., 3801
Frautschi, Richard L., 5187, 7012
Frazer, Sir James George, 4258
Freeman, Bryant C., 5101
Freienmuth von Helms, Ernst Eduard Paul, 2442
Freitag, Ruth S., 55
Frenzel, Elisabeth, 4280
Frescaroli, Antonio, 4978
Freudman, Felix R., 1269
Freyssinet-Dominjon, Jacqueline, 6774
Freystätter, Wilhelm, 6886
Friedlaender, Walter, 1354
Friedman, Melvin J., 5623, 5721
Friedrich, Hugo, 6015
Friedrich, Klaus, 1525
Friedrich, Werner P., 4029
Friedrich, Wolfgang, 6698
Frierson, William C., 2150
Friesland, Karl, 453, 4342
Fritsche, Hermann, 5083
Frizzi, Giuseppe, 2673
Fröhlich, Otto, 6864
Fromilhague, René, 1558, 1559
Fromm, H., 4061

Fry, Edward B., 3664
Fryčer, Jaroslav, 5494
Fubini, Mario, 1616, 5102
Fuchs, Albert, 1779
Fuchs, Max, 1830, 1858, 2469, 5183
Fucilla, Joseph G., 456, 3729, 6287
Fulton, J. F., 922
Fumet, Stanislas, 5761
Funck-Brentano, Frantz, 1689
Furet, François, 1831
Furetière, Antoine, 1261
Furlan, Francis, 5198
Furstenberg, Hans, 1832, 5157
Fuss, Albert, 5931

Gabrieli, Mariana, 6119
Gabrieli, Vittorio, 6119
Gabrielli, A., 4306
Gaddis, Marilyn, 3057
Gadille, Jacques, 5346
Gadoffre, Gilbert, 5762
Gage, William W., 3702
Gagey, Jacques, 5710
Gagne, Armand, 280, 420
Gagnebin, Bernard, 5239
Gagnon, Philéas, 3765
Gaidoz, Henri, 6532, 6533, 6618-6620
Gaiffe, Félix, 1859
Gaigalas, Vytas Vladas, 2618
Gaillard, Pol, 5836
Gaillard de Champris, H., 2040, 2306
Galarneau, Claude, 5499
Galet, Yvette, 5006
Gallais, Pierre, 5954, 6010
Galland, Joseph S., 4579
Gallet-Guerne, Danielle, 216
Galopin, E., 2610
Galperina, E. L., 3169
Gamarra, Pierre, 5480
Gamillscheg, Ernst, 3507
Gandilhon, René, 4537
Ganguin, Jean, 2191
Ganoczy, Alexandre, 4957
Ganshof, François-Louis, 3370
Ganz, Arthur F., 4196
Garapon, Robert, 1419
Garcin, Philippe, 5716
Gardain, Jean-Michel, 5970
Gardette, P., 3413

Gardner, Frank M., 4288
Gardner, Harold B., 595
Gardy, F., 1113
Gargan, Edward T., 2263
Garigue, Philippe, 3766, 6372
Garling, Anthea, 6441
Garnett, Eugene R., 6659
Garnier, Léon, 1528
Garraux, Anatole-Louis, 6563
Garrett, Naomi M., 6437
Garrow, Gloria, 651
Gartner, Theodor, 6679
Garvey, Catherine J., 3666
Gassner, John, 6748
Gastoué, Amédée, 530
Gattefosse, J., 6446
Gattegno, J., 6236
Gaubert, Ernest, 5279
Gauchat, Louis, 3840, 3841
Gaucheron, Jacques, 5592
Gaudefroy-Demombynes, Jean, 1718, 2188
Gaudin, Albert, 2811, 2812
Gaudin, L., 3882, 6481
Gaudy, Jean-Charles, 5609
Gault, Henri, 6808
Gaussel, G., 2832
Gaussen, Françoise, 1364
Gaussen, Ivan, 6490
Gausseron, B., 2123
Gauthier, Guy, 5550
Gauthier, Jules, 3975
Gautier, Félix-François, 2367
Gautier, Léon, 644
Gautier, Madeleine, 2857
Gavet, G., 4538
Gay, Ernest L., 1566
Gay, Jean, 4481, 6447
Gay, Jules, 4242
Gay, Peter, 1795
Gay, Victor, 6872
Gay-Crosier, Raymond, 5741
Gayarre, Charles, 6425
Gaynor, Frank, 4482
Gazier, A., 1319
Gazier, G., 2490
Gebelin, François, 972, 973
Geddes, James, 652, 3774, 3785
Gee, R. D., 3665
Geiger, Paul, 6413
Geijer, P. A., 3424
Geisendorf, Paul-Frederic, 1114, 6418

Geissler, Rolf, 5192, 5194
Gély, Claude, 5457
Genest, E., 4343
Genest, Jean, 5808
Genet, L., 2174
Genicot, Léopold, 5164A
Gennrich, F., 531, 662
Genouvrier, Emile, 6270
George, Albert J., 2321, 2491, 2522
George, Pierre, 6783
Georgel, Pierre, 5768
Georgi, Theophil, 257
Gérard, Henri, 2619
Gérard-Gailly, Emile, 1467
Gerardi Marcuzzo, Giuseppina, 3349, 6100
Gerber, Adolph, 1030
Gerber, Jack, 4606
Gerig, John L., 342-345, 3340, 3382
Gérin, Paul, 3775, 3874
Gerlach-Nielsen, Marete, 5055
Gerlo, Alois, 983
Gernet, Michel, 5925
Gérold, Théodore, 663, 1365
Gershman, Herbert S., 5593
Gesmey, B., 4730
Geuljans, Robert, 6184
Gheerbrant, Alain, 6716
Gheerbrant, N., 2850
Ghio, Michelangelo, 6897
Gianturco, Elio, 990
Gibb, Margaret May, 2196
Gibertini, Dante, 962
Gieling, Theo, 2700
Gielly, L., 2058
Gierden, Karlheinz, 4882
Gilbert, D. L., 1536, 5077
Gilbert, P., 5123
Gillain, G., 2124
Gille, Bertrand, 974
Gille, G., 2723
Gillespie, Gerald, 4851
Gillet-Maudet, Marie-Jeanne, 3015
Gillis, Frank, 357
Gilmore, Myron P., 984
Gilson, Etienne, 1498
Gindine, Yvette, 2959, 5701
Ginguay, M., 6259
Ginisty, Paul, 2670, 2671, 5283
Ginschel, Gunhild, 4137

Giordan, Henri, 2986, 5729
Giorgi, Giorgetto, 5882
Giovine, Esther de, 2405, 2518, 2543
Gipper, Helmut, 3614, 6565, 6625, 6643
Girard, Georges, 2388, 3156
Girard, Henri, 2125
Girard, Jean, 6992
Girard, Marcel, 2801, 5551, 5572
Girardin, A., 363
Girardin, Fernand, 2000, 2001
Giraud, Jean, 2126
Giraud, Jeanne, 463, 4712, 4713
Giraud, Victor, 2259, 2260, 2646, 2988
Girbal, François, 1328, 5054
Girdlestone, Cuthbert, 5504
Girou de Buzareingues, Claire, 5993
Giry, Arthur, 217
Gisi, Mart, 6414
Giteau, Cécile, 5650
Giudici, Enzo, 5193, 6491, 6501
Glaister, Geoffrey Ashall, 4563
Glaser, Kurt, 3430, 4391
Glauser, Alfred, 3408
Glinel, Charles, 5427
Glorieux, Geneviève, 6375
Glorieux, P., 842, 843
Glutz, Rudolf, 744
Gmelin, H., 3199
Gnarowski, M., 3802
Goasguen, Jean, 5938
Gobbers, W., 4041
Godard, Charles, 1302
Godechot, Jacques, 5133A, 5334B
Godefroy, Frédéric, 625, 626, 1478
Godel, Robert, 3390
Godenne, René, 5035, 5188
Godet, Philippe, 1891
Godin, Jean Cléo, 5734
Goebl, Hans, 4797
Goesch, Keith, 3095, 3151
Goesche, Richard, 6708
Goff, Frederick R., 236, 237
Goff, Harry, 6473
Gofflot, L. V., 563, 718
Goggio, Emilio, 6325
Gohdes, Clarence, 4144
Gohin, Ferdinand, 1136, 3536

Goizet, J., 564, 6554
Golden, Herbert H., 495, 3209
Goldman, Lucien, 6725
Goldschneider, C., 2851
Goldsmith, V. F., 5011
Goléa, A., 2855
Golter, Bob J., 443
Goncourt, Edmond Louis, 2470
Goodell, R. J., 3607
Goodwin, Albert, 1732
Goovaerts, Léon, 4742
Gore, Jeanne-Lydie, 5002
Görög, Veronika, 6993
Gosche, Richard, 2092
Gossen, Carl Theodor, 5991, 6071, 6190
Got, A., 3976
Gotovitch, Jose, 6379
Gotta, I., 2509
Gottschalk, Louis, 1796
Götze, A., 2681
Goudeket, Maurice, 3023
Gougelot, H., 2273
Gouhier, Henri, 944, 1549
Goujet, Claude Pierre, 1249, 1250, 1400
Gould, Charles, 2332
Gould, Frederic A., 6427
Gourdault, J., 5077
Gourier, Françoise, 1633
Gourmont, Jean de, 2474, 2589
Gourmont, Remy de, 5285
Gouverneur, Madeleine, 2783
Gove, O. B., 1839
Gove, Philip B., 4259
Grabar, André, 4832
Grace, Ruth, 1152
Graham, Victor E., 1126
Grand-Carteret, John, 150, 2763
Grandin, A., 6934
Grandpré, Pierre de, 6332
Grandsaignes d'Hauterive, R., 627, 3508
Granges de Surgères, Anatole, 1373, 5076, 5224
Granier, Camille, 4483
Grannis, Valleria B., 1860
Grant, Elliott M., 2492
Grappe, Georges, 2243
Grässe, Johann Georg Theodor, 4840, 6601
Grasso, Mario, 3962

Grasze, J. G., 4260
Gratet-Duplessis, Georges, 4922
Gratet-Duplessis, Pierre Alexandre, 4344
Grautoff, Otto, 464-465
Graves, Eileen C., 67
Gravier, Gabriel, 3825
Gravier, Maurice, 2323
Gravit, Francis W., 1345
Gray, Floyd, 1153
Gray, Gabrielle, 6861
Gray, Giles Wilkeson, 394
Gray, Richard A., 4591, 4792, 6754
Grebanier, D. N., 4182
Grégoire, Edouard-Georges-Jacques, 6887
Grégoire, Réginald, 6080
Green, F. L., 364
Greene, Amy Bl., 6427
Greene, Edward J. H., 1960
Greene, John, 5378
Greene, Naomi, 5706
Greene, Tatiana W., 3188
Gregh, Fernand, 2493
Gregory, T., 945
Greifelt, R., 1374
Greimas, A. J., 4798, 6223
Greiner, Lily, 5449
Greive, Artur, 5233, 6209
Grèle, Eugène, 2352
Gremillard, Roger, 2910, 2918
Grente, Monseigneur Georges, 479, 1220, 1653
Grève, Marcel de, 6390
Grevisse, Maurice, 3431
Grey, H., 6195
Griera, Antoine, 3580, 3741
Grierson, Philip, 6953
Griffith, Janet D., 3666
Griffiths, David Albert, 5507
Grimal, Pierre, 4380, 6590, 6663
Grimaud, Henry, 2247
Grimrath, Hermann, 2893
Grimsley, Ronald, 1870
Grisay, Auguste, 5396, 5424, 5511, 5536, 5537, 5713, 5774, 5791, 5811, 5835, 5850, 5856, 5865, 5868, 5874, 5918, 5935
Grisebach, Eduard, 4180
Griselle, E., 1463
Griswold, William McCrillis, 6739

Gröber, Gustav, 596, 597
Grodecki, L., 3271
Groeber, Gustav, 3946
Gröhler, Hermann, 6214
Groos, René, 5573
Gros, Adolphe, 6215
Gros, Bernard, 3392, 5574, 6135, 6702
Gros, P., 6833
Grosclaude, Pierre, 1733, 1956, 5310
Gross, Heinrich, 6582
Gross, Jean-Pierre, 5250
Grosser, A., 2879
Grotzer, Pierre, 3224, 5977, 5978
Grove, Sir George, 4407
Grover, Frederic, 5778
Growell, Ad., 6056
Grubb, A. O., 3711
Grundmann, Herbert, 4833
Gruppe, O., 6591
Gsell, R., 3299
Gsteiger, Manfred, 5751
Guazzo, Francesco Maria, 923, 6602
Gubernatio, Angelo de, 480
Gudeman, Alfred, 1248, 4239
Guély, Raymond, 3889
Guerlac, Othon G., 4345, 6614
Guerlin de Guer, Charles, 1262, 3595, 3596
Guers-Villate, Yvonne, 3153
Guéry, Ch., 4844
Gugenheim, Suzanne, 3091
Guggenheim, Michel, 3174
Guibert, Albert-Jean, 1571, 5064, 5103
Guibert, Armand, 5914
Guichard, Léon, 2189, 2621, 3158, 5505
Guicharnaud, Jacques, 1572
Guiet, René, 1719
Guiette, Robert, 3033
Guiffrey, J., 1704
Guigue, Albert, 365
Guilbert, Louis, 5579, 6201
Guillaume, Gabriel, 6048
Guillemare, E., 2242
Guillemin, Henri, 2523, 2524
Guinard, Jacques, 4100
Guiney, Mortimer, 3159
Guiomar, Michel, 2943

Guiral, Pierre, 6995
Guirand, Félix, 3064, 6592
Guirard, Pierre, 2164
Guiraud, Pierre, 1420, 3615, 6181
Guisan, Gilbert, 5523, 5890
Guise, Stanley M., 5853
Guitard, E.-H., 3933
Guitard-Auviste, Ginette, 3008
Guiton, Jean, 1154
Gulick, Sidney L., 4062
Gunn, Alan M. F., 754
Guss, Allene, 4133
Guy, Basil, 1786
Guy, Henry, 724, 1138
Guyard, Marius-François, 2525, 2874
Guymer, Christiane, 5602
Guyon, Bernard, 5368
Guyot, Guillaume, 5124
Gwynne, G. E., 5524
Gysseling, M., 3452

Haag, Eugène, 924
Haase, Erich, 5026
Haberkamp, Gisela, 4592
Haberman, Frederich W., 4205
Hachette, M.-J., 6380
Hackett, C. A., 2629
Haden, Joseph Wilson, 2835
Hagen, Friedrich, 3020
Hagen, Ordean A., 6745
Hager, Ruth, 5402
Hagmann, Moritz, 1499
Hahn, Lucien, 6799
Haight, Willet Ricketson, 6320
Hakamies, Reino, 3742
Hall, G. Stanley, 4523
Hall, H. Gaston, 1506
Hall, Hubert, 815
Hall, Louise McGwigan, 4794, 4891
Haller, Paul, 108
Halphen, Louis, 776
Hamel, Réginald, 6332, 6335, 6343
Hamelin, J., 3763, 3819, 6326, 6358
Hamer, Philip, 218
Hamerich, L. L., 3308
Hamlin, Frank R., 3883, 6216, 6292
Hammer, John H., 3703

Hammond, Muriel E., 2845
Hammond, N. G. L., 6664
Hammond, R. M., 3667
Hamp, Eric P., 4127, 4136
Hampton, John, 1756, 1880
Han, Pierre, 4973
Hana, Ghanem Georges, 3183
Handschin, C. H., 3646, 3647
Hanlet, C., 3868
Hanquet, R., 532
Hansa, Vladimir, 6105
Hanse, Joseph, 3081
Hansel, Johannes, 4151
Hanson, Thomas P., 6140
Harari, Josué V., 6996
Hardesty, Richard T., 3714
Harding, Jane D., 689
Hardison, O. B., 4283
Hardré, Jacques, 2869, 5594
Hardy, Alain, 6126
Hardy, G., 2182
Hardy, James D., 1690, 5134
Hardy, Th. D., 703
Hare, John E., 3809, 5473, 6338
Harel, F. -A., 5184
Hargreaves-Mawdsley, W. N., 6703
Harisse, Henry, 1891
Harkins, William E., 4160
Harmand, Jean, 1931
Harmer, L. C., 632, 3432
Harmon, Robert B., 4509
Harries, E. R., 4852
Harris, Ethel, 2521
Hart, James D., 4145
Hartmann, Carl, 526
Hartmann, P., 868
Hartnoll, Phyllis, 4307
Harvard University Library, 6359
Harvey, Paul, 6, 481
Hase, A. von, 5233
Haskell, Daniel C., 56, 75, 3884, 4580
Hassall, W. O., 787
Hasselrot, Bengt, 3474, 3743, 3744
Hassenforder, Jean, 4631, 6939
Hastings, J., 4484
Hatin, Eugène, 109, 110, 1346
Hatzfeld, Adolphe, 5272
Hatzfeld, Helmut, 1221, 1227, 4207-4210, 6307
Haugen, Einar, 3778
Hauréau, Jean-Barthélemy, 6834
Hauser, Henri, 904
Haussig, Hans Wilhelm, 4273
Hautel, d', 5273
Havens, George R., 1654, 2059, 2060
Havers, W., 3319
Hawkins, Frederick William, 4772
Hawkins, R. L., 2151
Hayden, H. E., 5135
Haydn, Hiram, 905
Hayen, André, 5732
Hayes, Francis, 3668
Hayn, Hugo, 4243
Hayne, David M., 3786, 3787, 6348
Hays, David G., 3616
Haywood, Charles, 3810
Hazan, F., 5357
Hazard, Paul, 1329, 1797, 1982, 2526, 4063
Healey, F. G., 3669
Heaney, Howell H., 4607, 4632
Hébrail, Jacques, 1664
Hecker, Justus F. K., 820
Hedgcock, Frank A., 1757
Heers, Jacques, 777, 4817A
Heevan, Yvonne, 6935
Heger, Klaus, 674
Heiermeier, A., 3411
Heilemann, Kurt, 4861
Heiligbrodt, 332
Heilly, Georges d', 6997
Heinz, Annemarie, 4869
Heinz, Grete, 5681
Heiss, Hans, 2494
Heiss, Lotte, 3294
Hejzlar, R., 3746
Hélin, Maurice, 3983, 3996
Helton, Tinsley, 4893, 4930
Hemmings, F. W. J., 2764, 2765, 2776
Hendershot, Carl H., 3681
Henning, Ian Allen, 2682
Hennuy, J., 3371
Henrichsen, A. -J., 3934
Henriond, Marc, 151
Henriot, Emile, 1655
Henry, Albert, 3200, 4865
Henry, Hélène, 3062

Henslow, George, 821
Henzi, Reinhardt, 3313
Hepp, Noémi, 5165
Herbert, H. A., 711
Herbert, Michel, 3074, 5829
Herbillon, J., 3217, 3234, 3417, 3855
Herbst, Hermann, 4564
Herescu, N. I., 4166
Hermann-Mascard, Nicole, 5152
Hermans, Georges, 5789, 5832, 5838, 5867, 6037
Hermies, Vlasta d', 5551
Hernandez, Francisco J., 5859
Hernandez, Gustavo, 333
Herriot, Edouard, 2175
Hertzberger, Menno, 199
Herzog, Johann J., 4485
Heseltine, Janet E., 6, 481
Hesse, Otto, 4581
Heumann, Albert, 3869
Heuschling, K., 4367
Hevesi, A., 496
Hewitt, Helen, 413
Heyer, Henri, 421
Heylli, Georges d', 2093
Hiersche, Rolf, 4137
Hilgers, Joseph, 166
Hilka, Alfons, 466, 3453
Hillairet, Jacques, 6809
Hillegas, Mark R., 2741, 2742
Hiller, Helmut, 4565
Hilty, Gerold, 5984
Hincker, François, 5356
Hirsch, Rudolf, 844
Hirschauer, Ch., 3351
Hjelt, Otto, 288
Hobert, Erhard, 4756
Hodes, Franz, 28
Hodgson, Francis, 4439
Höfele, Karl, 6520
Hoffer, Paul, 1303
Hoffert, Margarethe, 6157
Hoffman, Joseph, 3087, 5837
Hoffmann, Léon-François, 2127, 2324, 5369
Hoffmans, Jean, 6898
Höfler, Manfred, 4749, 5032
Hofmann, J. B., 4199
Hohlfeld, A. R., 1617
Holbrook, Richard T., 4873
Holbrook, W. C., 456, 3729, 6287

Holdsworth, F., 2554
Holl, Fritz, 1091
Hollyman, K. J., 816, 3624, 6428
Holmes, Urban T., 599, 600, 645, 1128, 1134, 3267, 3574, 3894, 4064, 4862
Holstein, H., 474
Honegger, Marc, 6882
Hooker, Kenneth Ward, 2495, 4065
Hope, Thomas E., 6998
Hopper, Vincent F., 4182
Horluc, Pierre, 3484
Horn-Monval, Madeleine, 3350, 4066, 4067
Horrent, Jules, 3724
Hoskin, Michael A., 6793
Hotel de Rohan, 2429
Hotyat, Fernand A., 3631
Houzeau, Jean-Charles, 4440
Howard, Alison K., 1973
Howard-Hill, Trevor, 6694
Hoy, Peter C., 5391, 5394, 5740, 5742, 5805
Hoyos Sainz, Luis de, 4322
Hoyt, Robert Stuart, 4795
Hubbard, Louise Jones, 2788
Huber, Egon, 5104
Hubert, René, 1926, 4524
Hubschmid, John, 3301, 3550
Hudita, I., 1375, 5017
Hudson, R. A., 6646
Huebener, Theodore, 3715
Huet, G., 3721
Hugnet, Jean, 4688
Hugnet, Edmond, 894, 1263, 2496, 3537
Hull, Callie, 327
Hulubei, Alice, 994, 1080
Humphrey, James, 4420
Hung Cheng Fu., 2889
Hunt, Herbert James, 2128, 2282, 2326, 5311
Hunter, Alfred C., 1470A, 5051
Hurter, Hugo, 925, 4486
Hury, C., 3241
Husson, Madame, 2607
Hutt, A. G., 1537
Hutton, James, 995
Huyghe, René, 1699, 1705
Hyppolite, J., 2863
Hyslop, Beatrice Fry, 1691,

Hyslop, Beatrice Fry (cont.), 5136, 5137
Hytier, Adrienne Doris, 2870
Hytier, Jean, 3201

Iacuzzi, Alfred, 1720
Iasbez, Liliana, 6217
Ihrig, Grace Pauline, 3293
Ilg, Gerard, 4346
Ilsley, Marjorie Henry, 1155
Imbert, Henri François, 5529
Imbert, Nath, 2846
Imbs, Paul, 3296
Imhasly, Pierre, 5751
Informationzentrum für Fremdsprachenforschung, 6274
Ingold, Augustin M. P., 4487
Institut National de la Statistique et des Etudes Economiques, 6927
Ireson, J. C., 5468
Irsay, Stephen d', 4524
Iseley, Nancy V., 656
Ising, Erika, 4137
Isnard, Marie Zéphirine, 3977
Isnardi Parente, Margharite, 4923
Issacharoff, Michael, 5463
Ivy, G. S., 219
Ivy, R. H., 3335

Jaberg, Karl, 3313
Jäckel, Hilde, 2204
Jäckel, Kurt, 3133
Jackson, A. B., 5324
Jackson, Allan S., 5044
Jackson, Ernest Anthony, 2443, 5440
Jacob, André, 6049
Jacob, P. L., 729
Jacovleff-Witmeur, Claire, 5948, 6154
Jacquot, Albert, 975
Jacquot, Jean, 906
Jadin, M., 4677
Jaffe, Adrian H., 90, 1773
Jahiel, Edwin, 664
Jahn, Janheinz, 6438, 6459, 6460
Jahr, Hannelore, 926
Jain, Sushil Kumar, 3788
Jal, Auguste, 6260, 6786
Jammes, André, 1059

Jan, Eduard von, 831, 3273
Janauschek, Leopold, 845
Janmart de Brouillant, L., 1468
Jannini, P. A., 2955, 5697
Jaryc, Marc, 88, 6944
Jasenas, Eliane, 5426
Jasenas, Michael, 6899
Jasinski, Max, 4764, 4994
Jaufer, Reinhard, 6313
Jaujard, Jacques, 2733
Jauss, Hans Robert, 4841, 6060
Javelier, André, 2024
Jayne, Sears, 238
Jeanjaquet, Jules, 3840
Jeanjot, Paul, 6391
Jeanne, René, 5651
Jeanneau, A., 4744
Jeanneret, Michel, 4941
Jeanroy, Alfred, 665, 3409, 3433, 3947-3949
Jeffrey, Brian, 4945
Jellinek, Artur L., 4042
Jenkins, David Clay, 704
Jenkins, D. L., 275
Jenning, A., 3709
Jensen, Christian A. E., 2129
Jensen, Frede Sogaard, 3177
Jensen, John H., 1690, 1692
Jessen, François de, 6568
Jeune, Simon, 582, 2197, 5495
Jezerniczky, Margrit, 1833
Jillson, Willard Rouce, 1774
Joannides, A., 566, 566A
Jobes, Gertrude, 4274
Jodogne, Omer, 3551, 6403
Joecher, Christian G., 3997
Johansen, Svend, 2165
Johnson, Albert E., 400
Johnson, A. F., 1031
Johnson, Elmer D., 4632
Johnson, Francis R., 4936
Johnson, Laura B., 3670, 3688
Johnston, Charles F., 1304
Johnston, Elise, 1871
Johnston, Marjorie C., 3689
Johnston, W. Dawson, 5725
Joliat, Eugène, 4068
Joliet, Charles, 2094
Jolivet, Ph., 2947
Jolivet, Régis, 4461, 6152
Joly, H., 4526
Joly, René, 5519, 5520
Jones, Kathleen, 2205

Jones, L. Ch., 4969
Jones, M. B., 497, 2198, 2766, 2327
Jones, Philippe, 5286
Jones, S. Paul, 1840
Jong, Dirk de, 2813
Jordell, D., 78
Joseph, R., 3096
Josephson, Aksel G. S., 24, 57
Joski, Daniel, 5707
Josserand, Pierre, 2584, 4714
Jost, François, 4757, 4779, 5312, 6740
Jouanny, Robert, 5492
Joucla, Edm., 6448
Jouin, E., 6603
Joukovsky-Micha, Françoise, 4942
Jourda, Pierre, 457, 1104, 1168-1171, 2701
Jourdanne, Gaston, 3922
Journet, René, 5274
Jouve, Louis, 6191
Jouveau, M., 3968
Joyaux, Georges Jules, 4656, 5335
Joye, Jean-Claude, 5806
Juchoff, R., 240
Jucker-Wehrli, Ursula, 3034
Jud, Jakob, 3758
Juge, Clément, 4986
Juif, Paul, 4526A
Juilland, Alphonse G., 3442, 3491, 6204A
Juilland, Ileana, 3088
Juillard, Etienne, 6921
Julienne-Caffié, Serge, 5718
Jullien, Alexandre, 3842-3845
Julliot, Henry de, 6472A
Jung, J., 3577
Jung, Marc-René, 583, 4879
Junge, E., 3671
Jungo, Michel, 1594
Junker, Albert, 653, 654
Jurgens, Madeleine, 1252, 1573, 5033
Jurt, Joseph, 5730

Kaelin, Eugene Francis, 3100
Kafker, Frank A., 5213
Kahane, Henry, 3512, 3745
Kahane, Renée, 3512, 3745
Kaltenbach, Anneliese, 5336
Kaminer, L. V., 91, 1656
Kanceff, Emmanuele, 1459
Kandel', B. L., 6709
Kanters, Robert, 2825
Kapsner, Oliver L., 846
Karatson, André, 5337
Karaulac, Miroslav, 5472
Karenine, V., 2664
Karlinger, Felix, 6596
Karpa, Louise, 1401
Kasprzyk, Krystyna, 1105
Kathen, Elizabeth von, 241
Katsimpales, G. K., 5392
Katz, R. -A., 1197
Kaufman, Emile, 1706
Kayser, Wolfgang, 4183, 4211
Kearney, E. I., 4780
Keating, Louis Clark, 3031
Keesee, Elizabeth, 3690
Keller, Dean H., 4608
Keller, Hans-Erich, 772, 6184, 6304, 6521
Keller, John E., 3298
Keller, Margrit, 6677
Kellermann, W., 736
Kempkes, Wolfgang, 6735
Kennan, Elizabeth, 4834
Kennedy, Arthur G., 4146
Kennedy, Phillip H., 4849
Ker, Neil R., 788, 4813
Kern, Edith G., 1421
Kerr, Elizabeth Margaret, 4289
Kersopoulof, Jean G., 4109
Kerviler, René, 2396, 4539, 4657, 6835
Kesselring, Wilhelm, 7000
Ketchum, Anne A., 5771
Khoury, Raif Georges, 6468
Kibre, Pearl, 789, 790, 826
Kiell, Norman, 4227
Kies, Albert, 5393
Kihm, Jean-Jacques, 3021, 5760
Killen, Alice M., 584, 2206
Kindermann, H., 4184
King, H. H., 4475, 4476
King, Harold V., 3481
King, Sylvia M., 2968
Kinkel, Hans, 2215
Kinne, W. A., 1861
Kircheisen, Frédéric M., 2176
Kirkenen, Aeikki, 1330
Kirschbaum, Engelbert, 6911
Kirsop, Wallace, 139, 455, 4609,

Kirsop, Wallace (cont.), 6005A, 6761
Klain, J. M., 401
Klapp, Otto, 366, 493, 3725
Klegraf, Josef, 6657
Klein, Friedrich, 1092
Klein, Hans-Wilhelm, 467, 3434, 4731
Klesczewski, Reinhard, 4924, 6308
Klinck, C. F., 447
Kline, M. B., 1060
Klingler, Norbert, 6912
Klussmann, Rudolf, 298
Knapp, Bettina L., 5786
Knight, Roy C., 1618
Knobloch, Johann, 4138
Knower, Franklin H., 395-397, 402
Knowles, Christine, 761
Knox, R. B., 6144
Knudsen, Hans, 4772A
Knudson, Charles A., 615
Kobayashi, Tradashi, 2702
Kocetkova, T. V., 5530
Koeman, Cornelis, 6784
Kohler, Erich, 3400, 5883
Kohler, Pierre, 3154
Kohn, Renée, 1529
Kohut, Karl, 5911
Koidan, W., 3499
Koj, Peter, 4824
Kolb, Albert, 1061
Kolbert, Jack, 3065
Koller, F., 6787
Kolodziej, Leon, 5486
Koltay, Emery, 68
Konnecke, K., 3274
Konstantinovic, Radivoje, 3206, 5945, 5946
Kont, Ignace, 2233, 4110
Kopp, Robert, 7001
Koppen, Irwin, 5221
Korner, Josef, 4152
Kornfield, Melvin, 2881
Körting, Gustav, 3759
Korwin-Pietrowska, S. de, 2328
Kotchetkova, Tatiana, 2703-2705
Kovacs, Yves, 5598
Kovarsky, Vera, 3282
Kowzan, Tedeusz, 5506
Kozocsa, Sándor, 5393A
Krafft, A., 3385

Krakowski, Edouard, 2192A
Krallman, Dieter, 6637
Krause, Annaliese, 3747
Krause, Wilhelm, 299
Krauss, Werner, 5158
Krenn, Herwig, 6654
Kristeller, Paul Oskar, 985, 1010, 3998, 4023, 4024, 4930, 7002
Kristeva, Julia, 6267
Kroff, Alexander, 2413
Kroller, Franz, 300
Kromsigt, Anna, 2294
Kronhausen, Eberhard, 4676
Kronhausen, Phyllis, 4676
Kruse, Margot, 533, 1595
Kruzas, Anthony T., 122
Kuehl, Warren F., 431
Kuehne, Oswald R., 3672
Kuehner, Paul, 3461
Kuen, H., 6678
Kuentze, Pierre, 5036, 6250
Kuhn, Alwin, 1264, 3581
Kuhn, David, 767A
Kujoth, Jean S., 6755
Kukenheim, Louis, 3387, 3443, 3513
Kunitz, Stanley, 6704
Kunstler, Charles, 2851
Kunze, H., 3314
Kup, Karl, 4574
Kupisz, Casimir, 4970
Kupka, Ilse, 2222
Kuppner, Heinz, 757
Kurtz, L. P., 4244
Kurz, Grace, 3655
Kurz, Harry, 1156, 3655
Kwekkeboom, J., 1115

Labadie, Ernest, 1011, 2268, 3923, 5012, 5148
Labande, R., 3307
Labande-Jeanroy, Thérèse, 3306
Labarre de Raillicourt, Dominique, 4381
Lablémie, Edmond, 1157
Laborde, Léon Emmanuel, 628
LaBouralière, Auguste de, 6836
Labrousse, Elisabeth, 1442, 1443, 1875, 1876
LaCaille, Jean de, 1062
Lacassin, Francis, 7003
LaCharité, Raymond C., 5003

LaCharité, Virginia A., 5003
La Chesnaye-Desbois, F. A.
Aubert de, 803
Lachèvre, Frédéric, 1081, 1402, 1403, 1492, 1493, 1542, 2130, 2131
Lacombe, Paul, 869, 3257, 3368, 4370
Lacoste, M., 6267
Lacôte, René, 3035
Lacourcière, Luc, 3811, 3812
LaCourt, J. V. de, 183
Lacroix, Paul, 567, 729, 1574, 1575, 1987, 4773
LaCroix-Bouton, Jean de, 847
Ladner, Gerhart B., 638, 996
Lado, Robert, 3704
Ladoue, Pierre, 2585
LaDu, Robert R., 334
Laffont, Robert, 4185
Lafille, Pierre, 3045
LaFizelière, A. de, 2368
Lafontaine, Raymond Claude, 2546
Laforte, Conrad, 3813
Lagane, R., 1260
Lagny, Jean, 1634
Lagrave, Henri, 1862, 5229
Lagye, G., 6398
Laidlaw, J. C., 726
Lailler, Dan, 5408
Laine, P. L., 804
Laissus, Joseph, 5543
Lajarte, Théodore Dufaure de, 5185
LaJuillière, Pierre de, 1185
Lalande, A., 4462, 6900
Lalanne, Ludovic, 1560, 4371, 4954
Lalorys, Jean, 6665
Lalou, René, 2802
Lambert, Monique, 5682
Lama, Carl von, 4489
Lambert, J., 6286A
Lambley, Kathleen R., 3462
Lameere, Jean, 2979
Lamerand, Raymond, 6226
Lami, Stanislaus, 1707
Lampach, Stanley, 6092
Lana, Gabriella, 6217
Lancaster, A., 4440
Lancaster, Henry Carrington, 1507, 1863, 1864, 5045-5048

Lanctot, Gérard, 6360
Landers, Bertha, 3673
Landine, Antoine François de, 4540
Landowski, W. L., 2856
Landwehr, John, 4281
Lane, William C., 37
Lanfredini, D., 3365
Lang, Bluma-René, 2647
Lange, Dale L., 3628A
Langförs, Arthur, 666
Langle de Cary, Marie Marteau de, 6913
Langlois, Charles-Victor, 817, 4372
Langlois, Ernest, 646, 755, 3950
Langlois, Pierre, 200, 468, 4167
Langton, H. H., 6364
LaNoue, Pierre de, 5037
Lansky, Marc, 7652
Lanson, Gustave, 469-470, 1422
LaPeyre, Henri, 4924A
Lapierre, E., 1576
Lapierre, Gustave-Alexandre, 6837
Lapierre, Jean Pie, 515
Laplane, Gabriel, 4069
Laporte, Antoine, 2767, 4245
LaPorte, Joseph de, 559, 1664
Laquerrière, A. L., 2384
Larat, Jean, 2608
Larchey, Lorédan, 3552, 6218
Larkey, Sanford V., 4936
LaRochefoucauld, Edmée de, 5942
LaRoncière, Monique de, 6374
Larousse, Pierre, 4401, 6892
Larroumet, Gustave, 5230
LaRue, Jean de, 3567
Larwill, Paul H., 1012
LaSalle, Albert de, 6883, 6893
LaSalle de Rochemaure, Félix de, 3951
Lasserre, E., 3475
Lasserre, P., 3172
Lasteyrie, Robert de, 4541
Lateur, M., 3568
Latham, R. E., 4018
Lathuillère, Roger, 1270
Latour, Jean de, 3202
Latzarus, Louis, 5611
Lauer, P., 220
Laufer, Roger, 140, 5225

Laumonnier, Paul, 1198
Launay, Jacques de, 6777
Launay, Michel, 2002
Laurent-Prigent, Françoise, 5467
Lausberg, Heinrich, 4212
LaVallière, Louis Cesar, 1665
Lavaud, Jacques, 1127, 1127A, 3330
Lavedan, P., 4275
Lavelle, Louis, 5666
Lavergne, P., 4793
Lavoye, M., 432
Lawrenson, Thomas E., 1423, 6153
Lawton, Harold W., 997
Lazar, Moshé, 675
Lazard, Lucien, 4421
Lazare, Félix, 6810
Lazare, Louis, 6810
Lazarev, C. Ch., 5541
Leach, Maria, 4323
Léautaud, Paul, 2706
Léauteaud, A., 3502
LeBail, J., 2451
Lebègue, Raymond, 568, 882, 1093, 1186, 1331, 7004
Lebel, Gustave, 92
Lebel, Maurice, 281, 5659, 5781, 5996, 5997, 6042, 6044
Leblanc, Paulette, 1139, 1305
LeBlond, Jean-Claude, 5552
LeBlond, Maurice, 5552
Lebois, André, 2387
Lebon, Ernest, 2249, 2256
LeBourgo, Léo, 1734
Lebrec, Jean, 5834
LeBreton, André, 1991
LeBrun, Roger, 5056
Lecanuet, E., 2588
Lecat, Maurice, 3082, 3083
Lecercle, Jean-Louis, 5240
LeChaplain, J., 1695
Lecler, Joseph, 927
Leclerc, Hélène, 2003
Leclerc, Henri, 2475
Leclerc, Rita, 5809
Leclercq, Jean, 986
Lecomte, Maurice, 6839
Lecouvet, Ferdinand J., 6392
Lecoy, Félix, 616
LeDantc, Yves-G., 2369
Ledeboer, L. V., 6867

Ledos, E. G., 2004
Ledré, Charles, 5353
Lefèvre, André, 1600
Lefèvre, E., 2586, 3247, 3935, 3963-3968
LeFèvre, Jean, 4943
Lefèvre, Louis Raymond, 1651
Lefèvre-Pontalis, Eugène, 4542
Lefranc, Abel, 883
LeGal, Simonne, 3246
LeGall, Béatrice, 2674
LeGentil, Georges, 93
Legge, Mary Dominica, 4802, 4803
Legman, G., 4324
Legrand, Emile, 998
Legros, E., 3291
Leguay, Pierre, 2894
LeGuillou, Louis, 2537
Lehan, Richard, 2864, 5667
Leiner, Jacqueline, 5866
Leiner, Wolfgang, 1271, 1631, 5108A
Leith, J. A., 1809
Lelarge, A., 2407, 2408
Lelièvre, Jacques, 1288
Lelièvre, Renée, 2223, 2887
Lelong, Eugène, 3377
LeLong, Jacques, 4373
Lély, Gilbert, 2025, 2026, 5247, 5248
Lemaire, Henri, 1306
Lemaître, Ernest, 3300
Lemaître, Georges E., 2794
LeMaître, Henri, 585, 1677
Lemaître, Maurice, 5602
LeMeur, Léon, 2404
Lemonnier, H., 4422
Lemonnier, Léon, 2199, 2200
Lemonnyer, J., 2095
Lempereur, E., 4325, 6395
Lenardon, Dante, 5166
Lengelet-Dufresnoy, Nicolas A., 1391
Lenoble, Robert, 1332
Léon-Dufour, Xavier, 6914
Léonard, Albert, 2942
Léonard, Emile G., 928
Leopold, Werner F., 3691
Léotard, S., 3905
LePetit, Jules, 172
Lepointe, Gabriel, 6946
Lepreux, Georges, 4567, 4658

Lepschy, Giulio C., 6655
Lerch, Eugen, 3454
Léris, Antoine de, 569
Lerminier, Georges, 4737
Lerond, Alain, 3582
LeRoux, P., 3260
LeRoux, Ph. -J., 7005
Leroux de Lincy, Antoine-Jean-Victor, 4347, 4787-4789, 4870, 4901, 4975, 4983, 4984, 5013
Leroy, Emile, 123
Leroy, Maxime, 1320
Leroy, Olivier, 3569, 4079
Lesaffre, Jean, 3878, 3879, 6488, 6492
LeSage, Laurent, 2895, 3054, 5595, 5804, 6763
LeSenne, René, 4463
Leslie, Shane, 848
Lesort, Paul-André, 3016
LeSoudier, H., 268
Lespy, Vastin, 6522
Lestel, Gustave Henri, 2547
Lesure, François, 976
Letonnelier, Gaston, 2707
Leval, André, 6578
Lévêque, Eugène, 1530
LeVerdier, Pierre J., 1479
Lévesque, Jacques Henry, 3006, 3068
Levine, J., 5159
Levron, Jacques, 1366
Levy, Anthony, 946
Levy, Emil, 3896, 3897
Lévy, Paul, 3514, 3553
Levy, Raphael, 601, 621, 629, 745, 2370, 3444, 3525, 3531, 3597, 5612, 6164
Lewanski, Richard C., 124, 4638
Lewent, Kurt, 3887, 3906
Lewicka, Halina, 1094, 4946
Lewin, André, 4659
Lewine, J., 5159
Lewis, Geneviève, 1500
Leyds, J. J. C., 1910
Lhérisson, Lélia J., 3834
Lhéritier, Andrée, 32, 4111
Libhart, Bryon R., 2216
Library of Congress
  (Dictionaries) 3598; (18th century literary criticism) 4213; (Science organizations) 4441

Lichtenberger, Frédéric, 4490
Lichtenberger, M., 2890
Liebaut, H., 6382
Liebracht, Henri, 6393
Lieftinck, G. I., 4025
Lièvre, P., 1480
Lillard, Richard G., 3807
Limousin-Lamothe, Roger, 6838
Lindfors, Bernth, 7006
Lindon, Raymond, 6954
Lindsay, Frank W., 1865
Lindsay, Robert O., 4931
Linker, R. W., 1128
Lintilhac, Eugène, 1866, 1867
Lion, J., 2456
Lipschutz, Léon, 5363
Liron, Dom Jean, 6839, 6840
Little, A. G., 3999
Little, Edward F., 4858
Little, Roger, 3117, 5909
Litto, Frederic M., 4696, 6749
Littré, Emile, 3515, 3599, 5275
Liutova, Ksenia, 4648
Livet, Charles L., 1577
Llorens, Ana R., 4726, 6199, 6299
Lloyd, Paul M., 3532
Lobies, Jean-Pierre, 6787A
Lods et Vega, Armand, 7008
Loicq, J., 3414
Loiz, Jean, 5688
Loize, J., 2571
Loliée, E., 4544
Lollis, Cesare de, 3888
Lombard, Alfred, 1922
Lombard, C. M., 2132, 2527
Lommatzsch, Erhard, 634, 3952
Lonchamp, F. C., 2402, 2683, 6415
Loney, Glenn M., 570
Longeon, Claude, 4891A
Longnon, Auguste, 4885, 6219
Loomis, Roger S., 688, 690-693, 758
Loos, E., 1222
Loos et Vega, Armand, 5446
Lorentowicz, Jean, 4112
Lorenz, Otto, 266
Loria, Gino, 4449
Loriot, L., 2511
Lory, Jacques, 6890
Losique, Serge, 7009
Lot, Ferdinand, 94, 849, 4000,

Lot, Ferdinand (cont.), 4003
Lote, R., 1798
Loth, Bernard, 6915
Lotte, Fernand, 2329, 5370
Lottin, Augustin-Martin, 4610
Loubens, D., 3516
Loubet, Joseph, 3924
Louca, A., 5338
Lough, John, 1289, 1424, 1937
Loukovitch, Kosta, 1425
Lounz, G., 2815
Lousse, Emile, 6777
Louttit, Chauncey M., 4510
Loviot, L., 3969
Lowe, E. A., 4026
Lowe, James L., 6736
Lowenthal, Leo, 4228
Loy, J. Robert, 5210
Lublinsky, Vladimir S., 2061
Luders, Eva Marie, 2558
Lumbroso, A., 2573
Lurker, Manfred, 6717
Lusignan, Guy de, 6478
Lyda, Mary L., 444
Lyonnet, Henry, 571, 1426
Lyons, J. C., 1128, 6006, 6640, 6644

Macchia, Giovanni, 498
MacDonald, D. B., 4116
Macedonia, John Anthony, 3953
MacFarlane, Keith, 2406
MacGowan, M. M., 1427
Machu, Jean, 2177
MacKay, Ethel, 3203
Mackenzie, Fraser, 3517
Mackey, William F., 6275
MacKinney, Loren Carey, 4838
MacPhee, E. D., 3643
Macrobe, Ambroise, 5321
Maes, Pierre, 3163
Magee, Nanneska N., 5623
Magendie, Maurice, 1272-1276, 1649
Mages, André de, 2665
Maggs Brothers, 4791, 4918, 4993, 5160, 6429, 6555, 6960, 7010
Magnac, Edmond, 4321
Magnan, A., 6220
Magne, Claude-Edmonde, 2816, 2817
Magne, Emile, 1428, 1449, 1451, 1638
Magritte, René, 5397
Mahé, Raymond, 2803
Mahieu, R. G., 2648
Maichel, Karol, 308
Maier, Ida, 1033
Maigne, M., 6955
Maillard, Firmin, 2096, 5359
Maillard, Robert, 6868
Maire, Albert, 369, 1596, 4568, 4643
Maissens, Alfons, 6680
Maissiat, Joseph, 3889
Maitron, Jean, 6928
Majault, J., 5576
Malakis, Emile, 2234
Malan, Stephanus Immelman, 310
Malapert, Laurette, 6106
Malchelosse, Gérard, 6365
Malclès, J., 3236
Malclès, Louise-Noëlle, 7, 8, 33, 454, 1063, 3435, 3890, 4593
Malcolm, Jean, 2062
Malinowski, J., 3518
Malkiel, Yakov, 3463, 6314
Mallet, Robert, 3067
Malloizel, Godefroy, 5400
Malmberg, Bertil, 3492
Malo-Renault, J., 1951
Maloux, Maurice, 4348
Mandach, André de, 647, 654
Manderström, Kristoffer Rutger Ludwig, 4677
Mandić-Pachl, Helena, 5897
Mandrou, Robert, 907, 1834, 5017A
Mangenot, E., 4498
Mann, Heinrich, 2444
Manoll, Michel, 2994
Mansell Jones, Percy, 2728
Mansfield, J. M., 4523
Mansuy, M., 2989
Manupella, G., 3423
Manz, H. P., 2932
Mapes, Joseph L., 444
Maquet, Charles, 6266
Maratit, A. B., 3215
Marc, A., 517
Marcel, Gabriel, 5223
Marcel, Henry, 1964
Marcel, Pierre, 1355
Marcel, Raymond, 1034

Marcellesi, J.-B., 6255
Marchand, Jean, 805, 1538, 1974
Marcu, Eva, 1160
Marechal, S., 518
Marechal, Y., 6383
Mareuil, André, 200, 468, 4167
Margolin, Jean-Claude, 4968
Mariacher, B., 3846
Marias, Julian, 6687
Marichal, Robert, 4027
Marie, Aristide, 2386, 2601
Marie, Jeanne, 884
Marie Henriette de Jésus, Sister, 5889
Mariéton, Paul, 3970
Marino, S. J., 5167
Marion, Marcel, 1343, 4545
Marix-Spire, Thérèse, 5921, 5922
Markowitz, Irving Leonard, 5915
Marks, J., 5585
Marouzeau, Jules, 4128, 4139
Marquet de Vasselot, Alphonse J., 2185
Marraro, H. R., 347
Marre, A., 3519
Mars, Francis L., 5217
Marsan, Jules, 1429, 1548
Marshall, Mary J., 276
Marshall, Robert G., 239
Marshall, Thomas F., 4229, 4230
Martimort, Aimé G., 1455
Martin, 1181
Martin, André, 2457
Martin, Angus, 1842, 5189, 5190, 5237, 7011, 7012
Martin, Auguste, 5872
Martin, Claude, 3046, 5797
Martin, F. X., 705
Martin, Gérard, 6361
Martin, Germain, 1678
Martin, Henri-Jean, 1058, 1515, 5015
Martin, Jean B., 1064
Martin, Jules, 5332
Martin, L. John, 3617, 4582
Martin Du Gard, Maurice, 3239
Martin Saint-Léon, Etienne, 6929

Martineau, Henri, 2708-2711
Martinet, André, 3339, 6645, 6648
Martinet, Georges, 3484
Martino, Pierre, 471, 2459, 5309
Martinon, Philippe, 534, 535, 1561, 2133
Marty-Laveaux, Charles, 1082, 1214, 1481, 1619
Marx, Jean, 683
Mary, André, 4886
Mary-Lafon, Jean Bernard, 3907
Mas-Latrie, Louis de, 778, 6916
Masai, François, 6377
Maschinot, G., 4876
Mason, H. T., 5264
Mason, Hamilton, 2919
Massart, R., 3750
Massignon, Geneviève, 6469
Masson, Paul, 6579
Masson, Pierre Maurice, 1735, 2005
Masters, Roger D., 5241
Matarasso, Henri, 5509
Matczak, Sebastian A., 6901
Mathes, John Charles, 2920, 5635
Mathieu, Christian, 6502
Mathieu, Vittorio, 5726
Matoré, Georges, 1983, 2178, 5125
Mattauch, Hans, 6764
Matterlin, O., 201, 221
Matthew, John, 2944
Matthews, J. H., 2795, 2896, 2999
Matthey, François, 5242
Matthey, Hubert, 2274
Matthieu, Ernest, 4660
Mattingly, H., 202
Matviichyne, Vladimir, 5553
Maucuer, Maurice, 5798
Mauerhofer, Jane Suzanne, 6416
Maugain, Gabriel, 1035, 1512
Maulvault, A., 1321
Maunier, René, 5339, 6922
Mauny, Raymond, 3837
Maupoint, M., 5365
Maurel, André, 2397
Maurel, Jean F., 6972
Maurens, Jacques, 1482
Maurice-Amour, Lila, 5496

Maurin, Mario, 2921
Mauro, Frédéric, 908, 1376, 4924B
Maurois, André, 2422
Mauron, Marie, 6534
Maury, Paul, 6548
Mauzi, Robert, 1799, 3134, 5175
Mawson, C. O. Sylvester, 3520
Maxfield-Miller, Elizabeth, 1573, 6681
May, Georges, 1483, 1841, 2006
May, Gita, 1669
May, L. -Ph., 5214
Mayer, C. A., 1140, 4974
Mayer, Ch. J., 4326
Mayer, G., 725
Mayer, Hans Eberhard, 796
Mayer, J., 1911
Mayer, J. P., 2264, 2265
Mayerhofer, Josef, 4450
Maynial, Edouard, 1947
Mazalerat, J., 2911
Mazières, Jean, 3207
Mazzin, F., 977
Mazzoni, Guido, 4155, 6668
McBurney, William H., 1758, 1759
McCloy, Shelby T., 1679, 1800
McClusky, F. Dean, 3674
McCoy, James Comly, 3767, 3820
McCready, Warren T., 6692
McCulloch, Florence, 822
McDermott, J. F., 3828
McDowell, John H., 403
McGary, Daniel D., 4290
McGhee, Dorothy M., 1843
McGowen, Margaret M., 4774
McGrath, Daniel F., 203
McGuire, Martin R. P., 3985, 4168
McKay, George, 204
McKee, David R., 1333
McLeod, Enid, 4871
McMahon, Joseph A., 5912
McMullan, T. N., 6430
McMurtrie, Douglas C., 4569
McPeek, James A. S., 6593
Meak, Lydia, 6217
Mecklenburg, Carl Gregor Herzog, Jr., 5671

Medlicott, Mary, 205
Meetham, A. R., 6646
Mège, Francisque, 4661, 6496
Meier, H., 823
Meier, Hans, 999
Meier, Harri, 3290
Meier-Graefe, J., 4628
Meillet, A., 4016
Meinel, Friedrich, 1471
Meisner, Heinrich Otto, 4634
Mejer, Wolfgang, 4570
Melchoir-Bonnet, Bernardine, 1693
Mélèse, Pierre, 1277, 1430, 1431, 1620
Melin, G., 3693
Mellerio, Louis, 1199
Mellon, Stanley, 2238
Mellottée, Paul, 1065
Melnitz, William W., 4308
Mély, Fernand de, 22
Memmi, Albert, 6466
Ménard, Jean, 2990
Ménard, Philippe, 4842
Ménégault, A. -F. -F., 549
Menemencioglu, K., 2371
Menguy, C., 5919
Menichelli, Gian Carlo, 2768, 2769, 5168, 5340, 6111
Mennessier de la Lance, Gabriel René, 6956
Mennung, Albert, 1637
Menut, Albert D., 746, 962
Méral, Jean, 5027
Méray, A., 536
Mercator, Johannes, 805
Mercier, Jeanne, 2330
Mercier, Roger, 1670, 1787, 3836
Merian-Genast E., 1484
Merlant, Joachim-C., 2595, 2675
Mermet, Emile, 112
Merrill, Roy March, 348
Merrill, Robert V., 1000, 1001, 1013
Mersch, Jules, 6424
Mertens, Cornelis Joseph, 5779
Meserole, Harrison T., 4652
Mesnard, Jean, 1579, 5091, 5092
Mesnard, Paul, 1621
Mesnard, Pierre, 947
Messac, R., 7014
Messelaar, Petrus Adrianus, 4799

Messner, C., 572, 4070
Metzger, Michael, 604
Meunié, F., 152
Meunier, P., 3101
Meurgey de Tupigny, Jacques, 806
Meusel, Johann Georg, 1780
Meyer, Dr. Paul, 1896
Meyer, Otto, 602
Meyer-Lübke, Wilhelm, 3726, 3760
Meyer-Minneman, Klaus, 5114
Meyriat, Jean, 6923
Mezu, Sebastian Okechukwu, 5916
Micha, Alexandre, 657, 740, 743
Michaud, Guy, 2166
Michaud, J. F., 4382
Michaud-Quantin, Pierre, 870
Michaut, G., 2649
Michaux, F., 2497-2499
Michel, Albert, 6915
Michel, André, 4423
Michel, François, 2712, 4408
Michel, Henri, 5682
Michel, J., 1254, 1334
Michel, Louis, 2414
Michel, Paul Henri, 1228, 5018, 5019, 6669
Michel, Pierre, 1161, 4979, 4980
Michel, Suzanne-P., 5018, 5019, 6669
Michelet, Joseph-Alexandre, 6503
Michelin-Tronson du Coudray, 3521
Michelmore, G., 1952
Michen, Louis M., 1315
Mickel, Emanuel J., 5298
Mignard, Prosper, 6523
Migne, Jacques Paul, 4491-4493
Mignon, Paul-Louis, 5636, 5907
Milchsack, G., 141
Mildenberger, Kenneth W., 6286
Milic, Louis T., 4214
Milkau, F., 301
Millardet, Georges, 3925
Mille, Pierre, 2231
Miller, John Richardson, 1450, 3178

Miller, Louise Gardner, 2445
Miller, William Marion, 335
Millot, H., 6574
Millward, Keith G., 2552
Milner, M., 2087, 5308
Milsand, Philibert, 4662
Mindlin, Iris G., 3135
Minicucci, M. J., 3228
Minier, A., 4775
Minis, Cola, 4825
Ministère de l'instruction publique, 293
Ministère des mines et relevés techniques (Canada), 3782
Mirabaud, P., 5533
Mirandola, Giorgio, 5660
Mirot, Léon, 132
Misrahi, Jean, 615
Mistral, Frédéric, 3898
Mitry, Jean, 2933, 5652
Mitterand, Henri, 5554, 5555, 6209
Moeckli, G., 4909
Moeller, Joseph, 3184
Mohr, L., 4349
Mohrenschildt, Dimitri S. von, 1788
Moignet, G., 6050
Moisan, Clément, 6339
Moisés, Massaud, 6684
Moisy, Henry, 630
Moland, Louis, 1578
Moldenhauer, Gerhard, 768, 3320, 3345
Molinaro, Julius A., 7015
Molinier, Auguste, 779, 1066
Moll, Otto E., 4350
Mollat, Guillaume, 1307
Molstad, John, 445
Monaci, Ernesto, 3954
Monaghan, Frank, 1775, 4081
Moncel, Henri, 2125, 2619
Monchoux, André, 5341
Monda, M., 2559, 2630, 2737
Mondadon, Louis de, 2135
Mondadori, Alberto, 4187
Mondor, Henri, 2560
Monfrin, Jacques, 617, 3455, 3891
Monglond, André, 472, 1694, 2134, 5138
Mongolfier, Bernard de, 6873
Mongrédien, Georges, 1235, 1278-

Mongrédien, Georges (cont.), 1280, 1290, 1432-1435, 1445, 1466, 1491, 1518, 1579, 1580, 1640, 1643, 5084
Monmerqué, A., 5109
Monnet, Camille, 2528
Monnet, Pierre, 4629
Monnier, A., 1014, 1015, 1377, 1378, 1760, 1781, 2207, 2875
Mönnig, Richard, 4071, 6566
Monod, Albert, 1740
Monod, Gabriel, 4374
Monod, Sylvere, 2332
Monroe, Paul, 5427
Monroe, Walter S., 4528
Monselet, André, 2591
Monselet, Charles, 5281
Montagu, Jennifer, 1708
Montaiglon, Anatole de Courde de, 4983, 5433
Montalbetti, Jean, 5624
Montalembert, E. de, 5491
Montandon, L., 3305
Montclos, Xavier de, 2191A
Montel, François, 2559, 2630, 2734
Montesimos, J. F., 2333
Montfaucon, B. de, 222
Montherlant, Henri de, 3103
Monty, Jeanne R., 5235
Monval, Georges, 1436, 1581, 5085
Moomaw, Virginia, 4409
Moore, Mary Jo, 6431
Moore, Will G., 929, 1539, 1582
Moraud, Marcel, 2136, 2208
Morawski, Joseph de, 4351
Moreau, Célestin, 1291
Moreau, Pierre, 2137, 2138, 2239, 2446, 2752, 5409, 5763, 7016
Morehouse, Andrew R., 2063
Morel, Jacques, 4998, 5038, 5086, 5108B
Morel-Fatio, A., 3211
Moreland, J., 5187
Moréri, Louis, 6788
Morgan, Bayard Quincey, 4050
Morgan, Henry J., 3768
Morganti, E., 1516
Morgulis, G., 2596
Morhof, Daniel G., 1255

Morier, Henri, 537
Morin, L., 7017
Morize, André, 1642
Morlet, Marie-Thérèse, 4818
Morley, Grace Louise, 5028
Mornand, P., 1531
Mornet, Daniel, 136, 1236, 1671, 1801, 1802, 1844, 1912, 1938
Morot-Sir, Edouard, 4737
Morra, Gianfranco, 5093
Morris, Adah V., 184
Morris, John M., 5065
Morris, Mary Jane M., 4129
Morrison, Allen S., 6227
Morrissette, Bruce, 2631, 5653
Mortier, Roland, 1913, 2193, 3248, 5535
Mortimer, Ruth, 1067
Mosher, Frederic J., 185
Mosse-Bastide, R. -M., 2980
Mottausch, Karl-Heinz, 4951
Mouchava, Sasa, 494
Mouflard, Marie-Madeleine, 1135
Moulidars, Th. de, 6957
Moulin, Jeanine, 2420
Moulton, William G., 3649
Mouravit, G., 538
Mouret, Florentin, 2962
Mourgues, Odette de, 1404
Mourier, Louis A., 370
Mourin, M., 2836
Mourot, Jean, 5410
Mourre, Michel, 6778
Moussarie, Jacques, 5828
Moutier, L., 6524
Moutote, Daniel, 5799
Mudge, J. G., 2981
Mulgrave, Dorothy Irene, 382
Muljacic, Z., 6293
Muller, Charles, 5057, 6165
Muller, Gregor, 4919
Muller, H. von, 2078
Muller, Jean, 4910
Muller, Johannes, 5961
Muller, Kurt, 1782
Mullner, Klaus, 6654
Mummendey, Richard, 58
Munby, A. N. L., 4617A
Mundt, Hermann, 302
Munn, Kathleen Miriam, 741
Muntéano, Basil, 2650
Murphy, James J., 639, 791
Murphy, John D., 6473

Murra, Katherine Oliver, 9
Murray, J. P., 631
Musée Carnavalet, 1868 (Rétif), 1989
Musée des Arts, 2471
Musée des Beaux Arts de Nantes, 3022
Mustoxidi, T. M., 4215
Musurillo, Herbert, 850
Mylne, Vivienne, 1845, 7012

Naamen, Antoine Youssef, 2447, 4697, 6340
Nachtmann, Francis Weldon, 658
Nadal, Octave, 1485, 1486
Nadeau, Maurice, 2796, 5596
Naïs, Hélène, 1083
Namur, Jean Pie, 133, 176, 4352
Narcejac, Thomas, 6744
Nardin, P., 730
Nardis, Luigi de, 2561, 2562, 5475, 6104
Nash, Rose, 6177
Natalis, Ernest, 7018
Nathan, Jacques, 482, 3136
National Library of Medicine, 6800
Naumann, Hans, 3098
Naumon, St. Elmo, 5668
Nauroy, Charles, 2139
Naville, A., 3047, 3048
Naville, Pierre, 1939
Neale, Mary, 5441
Nègre, Hervé, 6597
Negri, Antimo, 5417, 5669
Nelson, Robert J., 1237, 5108C
Néret, Jean A., 1068
Neri, Ferdinando, 4096
Neu, John, 4451, 4931
Neubaur, L., 4758
Neubert, Fritz, 458, 4732
Neverman, F. J., 4668
Neville, Daniel E., 5860, 5861
New York Public Library, 4231
Newbald, Richard, 4246
Newman, L. M., 6699
Newman-Gordon, Pauline, 3137, 5884
Newmark, Maxim, 4161
Neyron, Pierre, 6210
Nicéron, Jean-Pierre, 499

Nicodème-Tourneur, Mariette, 807
Nicolet, A., 5087
Nicot, Jean, 895
Nielsen, Aksel J., 2433
Niermeyer, J. F., 4019
Niesel, Wilhelm, 1119
Nigay, Gilbert, 2783A, 4642, 4649, 4727
Niklaus, Robert, 1914, 5119, 5120
Nilon, Charles H., 6695
Niobey, Georges, 5579
Nisard, Ch., 519
Nish, Elizabeth, 6362
Nish, Cameron, 6362
Nixon, Leroy, 1120
Noce, Augusto Del, 1550
Noël, Edouard, 2295
Noell, Henry, 6841
Noguez, Dominique, 6765
Noli, R., 2224
Nolte, F. O., 1251
Nooten, S. van, 2934
Northier, Michel, 6150
Northrup, C. H., 3829
Northrup, Clark S., 694, 3727, 4043, 4147
Northup, G. T., 3369
Norton, Grace, 1167
Nostrand, Howard Lee, 2296, 3634
Notec, Raphael de, 3570
Nouguier, Paul, 6504
Noulet, Emilie, 2632, 2784, 5476
Noulet, Jean Baptiste, 3926
Nourry, Emile, 1601
Nouty, Hassan el, 2891
Novak, O., 500
Nugent, Robert, 2372
Nussac, Louis de, 3927
Nussbaum, F. L., 1335
Nutt, Alfred, 4853
Nykl, A. R., 3955, 3956
Nyrop, Christophe, 1097

Oates, J. C. T., 632
O'Brien, Justin, 2897, 3049
O'Connor, A. C., 1899
O'Connor, Dorothy, 4971
Odavitch, R. J., 6570
Offner, Max, 1885
Offor, R., 1761

Ohannessian, Sirarpi, 3705
Ohly, Kurt, 240, 241
Ohmann, Richard, 4216
Oksnevad, Reider, 4117
Olander, Dolly, 3751
Olbrich, Rolf, 6070
Oliver, Alfred, 1721
Oliver, Thomas Edward, 3635
Olivier, J., 3078, 4327
Olmsted, Everett W., 539
Olzien, Otto, 4153
Omont, Henri, 851, 1002, 1003, 1256
Onciulencu, T. D., 6294
Ong, Walter J., 3464
Onimus, Jean, 3110
Onofrio, Jean-Baptiste, 6525
Operti, Piero, 6672
Orcibal, Jean, 1322
Orne, Jerrold, 4623
Ortali, Raymond, 5053
Ortego, Philip D., 4826
Orton, Robert Merritt, 4682
Osborn, James M., 387
Osborne, Harold, 6869
Osburn, Charles B., 1632, 4689, 4705, 4728, 5287, 5371
Osler, Sir William, 824, 963
Ostermann, Theodor, 3420, 3421
Ostrovsky, Erika, 3005
Ostwald, Renate, 190
Ottawa Public Library, 3694
Oudin, Bernard, 6874
Ouellet, Real, 7019
Overbeke, Maurits van, 6969

P. E. N. Club (Japan), 4158
Pabst, W., 4291
Pacht, Otto, 4814
Paepe, N. de, 4282
Paetow, Louis John, 780
Paevskaia, A. V., 2335, 5843
Pageard, Robert, 5981
Pageaux, Daniel Henri, 5169
Pagliano Ungar, Graziella, 5661
Paievskaya, A. V., 3169
Paiva Boleo, Manuel de, 383, 3728
Palat, Edmond, 2179
Palfrey, Thomas R., 323, 456, 3729, 6287
Palleske, S. O., 3084
Pallio, J., 1888
Palmer, Alan W., 2180, 2837
Palmer, Robert B., 3986
Pamart, Pierre, 6992
Panassié, H., 2857
Panofsky, Erwin, 3375
Paoletti, Odette, 4669
Papillon, Philibert, 6842
Papworth, John Woody, 808
Paquette, André, 3682
Paratore, Ettore, 6561
Parinaud, A., 2850
Par, Unhui, 2563
Parker, Franklin, 448
Parker, Emmett, 5743
Parker, Jack H., 6325
Parker, Thomas H. L., 1121
Parlett, David S., 6649
Parran, A., 5372, 5404, 5458
Parrière, Y. de la, 6843
Parrot, L., 3036
Parry, John J., 679, 694
Partridge, Eric, 2209
Parturier, M., 2579, 2580
Pascal, J., 6615
Pascoe, Margaret E., 1437
Passavant, Johann David, 1069
Patty, James S., 5394
Patocka, Jan, 2882
Patrick, Walter R., 449
Patterson, J. G., 2770
Patterson, Warner F., 667, 1084
Paulhan, Jean, 2903
Pauli, Ivan, 2415
Pauly, Alphonse, 6801
Paumen, Jean, 2865, 2883
Pauphilet, Albert, 885, 1653
Pawlowski, Gustave, 35
Payen, Jean-Charles, 4843
Payen, J.-F., 1162
Pearson, Ned, 6958
Peckham, Morse, 5313
Peddie, Robert Alexander, 242, 262, 4583
Pei, Mario, 4140
Peignot, Etienne Gabriel, 167, 177, 4383
Pelay, Edouard, 1479
Pelayo, Donato, 5777
Pellechet, Marie, 1070, 4887
Pellegrini, Carlo, 4097, 5420
Pellerin, E., 4925

Pellet, Eleanor J., 1519
Pelzer, Auguste, 852, 4004
Pemberton, John E., 4392
Penzoldt, Peter, 4261
Perceau, Louis, 1207, 1399, 1405, 2275, 4674
Percel, Count Gordon de, 520
Perche, Louis, 3017, 5723
Perchet, M., 206
Perdrizet, P., 4992
Pereire, Alfred, 1200, 2097
Pérès, Henri, 6474
Péret, Benjamin, 5597
Periaux, Nicétas, 6844
Periaux, Pierre, 6845
Perre, Paul van der, 2336
Perrier, Emile, 6482
Persin, André, 2555
Perrin, Ch.-Edmond, 6054
Perrod, Maurice, 6846
Perruchet, Henri, 5862
Perse, Saint-John, 3118
Pérus, Jean, 5662, 6571
Pessard, Gustave, 4375
Pessonneaux, Emile, 4005
Pester, A. R., 6924
Petersen-Dyggve, Holger Niels, 4845
Peterson, Agnes F., 5681
Peterson, Gordon E., 3500
Petit, Jacques, 2353, 5274, 5379, 5764
Petit, Léon, 1379
Petit, Paul, 4584, 6959
Petit de Julleville, Louis, 719
Petitfils, Pierre, 2633, 5509, 5510
Petknov, I., 6143
Petralia, Franco, 2634
Petri, F., 3558
Petroni, Liano, 2753, 2754
Petronio, Giuseppe, 6670
Petrova-Bolinay, Lilyana, 5481
Petrovitcy, Nicolas S., 6572
Pettit, H., 4198
Petzholdt, Julius, 20, 178
Peyre, Henri, 1238, 1598, 1622, 2088, 2156, 2210, 2373, 2576, 2818, 2819, 2898, 4089, 4247, 4733, 4734, 5004
Peytard, Jean, 6256, 6766
Pfister, Max, 4864, 6211
Philipon-La-Madelaine, Louis, 540

Phillips, E. M., 2651
Picard, Gaston, 5288
Picard, Raymond, 1406, 1583, 1623-1625
Picavet, François, 853
Picavet, Camille G., 1380
Picco, Francesco, 1584
Pichard, Louis, 591, 885, 1653
Pichler, Rudolph, 3166
Pichois, Claude, 2359, 2360, 2366, 2374, 2375, 4751, 5308, 5395, 5415, 6549, 7001
Pichon, E., 6166
Pickford, Cedrick Edward, 4854
Picoche, Jacqueline, 6192
Picon, Gaëton, 5563
Picot, Emile, 501, 720, 1036, 1037, 1095-1097, 1487, 4911
Pidoux, A., 2246
Pidoux, Pierre, 930
Piedagnel, Alexandre, 5465
Pieri, Marius, 1038
Pierquin de Gembloux, Claude Charles, 3928, 6182, 6847
Pierre, Constant, 1722
Pierre-Quint, Léon, 3138
Pierret, Emile, 4635
Pietrangeli, A., 3309
Pietrzyk, Alfred, 3608
Pigoreau, Alexandre Nicolas, 1846
Pijoan, M., 939
Pike, Kenneth L., 3485, 4130
Pilastre, Edouard, 2034, 5110
Pillet, Alfred, 3957, 3958, 6504A
Pillet, Roger, 3710
Pilling, James C., 1381
Pillorget, René, 6995
Pillu, Pierre, 3205
Pilon, Edmond, 1709, 2283
Pinchon, Jacqueline, 6225
Pinel, Vincent, 2935
Pinguad, Bernard, 2826
Pingrenon, Renée, 4611
Pinot, François, 6497
Pinou, R., 3870
Pinson, Koppel S., 4393
Pintard, René, 1336
Pinto, Olga, 250
Pinvert, Lucien, 2581
Pire, François, 5711
Pirenne, Henri, 3875
Pirsoul, Léon, 3863

Pioger, André, 1309
Piotr, K., 2337
Pirot, François, 4866, 6084
Pirot, Henri, 5459
Pistorius, Georges, 3139, 5885
Pitou, Spire, 5186
Place, Georges G., 5489, 5851, 5854
Place, Jean-Michel, 7020
Place, Joseph, 170, 2084, 2785
Plan, Pierre Paul, 1187, 2007
Planat, Paul A., 1356
Plangg, Guntram, 6072
Platnauer, M., 4169
Planel, Georges, 3706
Plattard, Jean, 1110, 1163, 1188
Plee, M., 4960
Plowert, Jacques, 5325
Plummer, R. W., 5429
Poggenburg, Raymond Paul, 2376
Pohler, Johann, 797
Poidevin, Raymond, 5663
Poinsard, L., 1071
Poirion, Daniel, 676, 4872
Poisson, Georges, 5253
Polac, M., 3476
Polain, Louis, 4912
Poland, Burdette C., 1741
Polato, Franco, 5733
Polgár, Lasylo, 5933, 6917
Polheim, Karl Konrad, 6741
Poli, Annarosa, 2338, 2666, 5521
Polisensky, Josef, 5199
Pollard, A. W., 202
Pollio, J., 5200
Polti, Georges, 573
Pomeau, René, 1742, 2064-2068
Pommier, Alexandre, 153
Pommier, Jean, 2620
Pompilus, Pradel, 6439
Pongs, Herman, 4188
Pons, A. -J., 1626
Ponteil, Félix, 6940
Ponton, Jeanne, 4759
Poole, H. Edmond, 4551
Pop, Rodica Doina, 3235, 3281, 3373, 6117
Pop, S. Mgr., 3284, 3379, 3399, 3583, 3584

Popkin, Richard H., 948
Porcher, Jean, 1189, 1456
Porset, Charles, 4715
Porson, J., 1014, 1015, 1377, 1378, 1760, 1781, 2207, 2875
Port, Susan W., 6337
Porta, Carlo, 5314
Portabella Durán, Pedro, 6726
Portal, E., 6505
Porter, A. Kingsley, 4839
Poston, Lawrence, 3486, 3531
Potthast, A., 781
Pottier, Bernard, 3525
Potts, D. C., 1636
Potvin, Charles, 751
Pouillart, Raymond, 1915, 5308
Poulat, Emile, 422
Poulet, Georges, 2964
Poulet-Malassis, Auguste, 1961
Poulin, Daniel, 5934
Poulle, Emmanuel, 959
Pourtalès, Guy de, 1599
Pouthas, Charles H., 2250
Pouy, F., 154
Povejšil, J., 3746
Powers, Francis F., 3695
Pradez, E., 3477
Praz, Mario, 1281, 1357
Préclin, E., 1292, 1323, 1680, 1762, 2182
Prédal, René, 5654
Preminger, Alex, 4148, 4283
Prémont, Laurent, 586, 2789
Preussische Staats-Bibliothek, 2340
Prévost, John C., 2089
Prévost, M., 4379
Price, Glanville, 3908, 6650
Prigioni, Pierre, 2797
Prinet, J., 3271
Prinz, Friedrich, 854
Prinz, Otto, 4020
Privatera, Joseph F., 1438
Prod'homme, Jacques Gabriel, 2190, 4310, 4410
Pronier, Ernest, 2410
Proschwitz, Gunnar von, 1881
Proust, Jacques, 1657, 1916, 1928, 1929
Prunières, Henry, 1367
Puech, Charles H., 4494
Puel, Gaston, 5813
Pugh, Anthony R., 2341, 3140,

Pugh, Anthony R. (cont.), 5373
Pulgram, Ernst, 6228
Pupier, Paul, 6240
Puppo, Mario, 6671
Québec. Bibliothèque nationale, 6329
Queen, Ellery, 6746
Queguiner, Jean, 931
Quellet, Thérèse, 3806
Quémada, Bernard, 3533, 5007, 6200, 6202
Quénelle, Gilbert, 5655
Quérard, Joseph Marie, 191, 261, 2069, 2538
Quétif, Jacques, 171
Quéval, Jean, 3120, 3150
Quignard, J., 1915
Quiniou, Pierre, 5817
Quinn, Edward, 6748
Quinnam, Barbara, 4328
Quirielle, Roger de, 6848
Quitard, Pierre-Marie, 6611

Raabe, Juliette, 6737, 7003
Raabe, Paul, 4154
Raaphoret-Rousseau, Madeleine, 3024
Rabil, Albert, 7023
Rabut, François, 155
Racine, Jean, 1319
Rackow, Paul, 1190
Radford, Edwin, 4329
Radoff, Maurice L., 1134, 3267
Rae, K., 2923
Rae, Thomas, 192, 2840
Raeders, Georges, 4118
Raemdonck, André van, 6471
Ragon, M., 2852
Ragusa, Olga, 1917, 2167, 2564, 5998
Raimond, Michel, 2899
Raitt, Alan William, 2758, 5485
Rally, Alexandre, 4113
Rally, Getta, 4113
Ramat, Raffaello, 4156
Rambaud, Mireille, 4424
Ramond, F. C., 5556
Ramsereau, J. A., 6440
Ramsey, Warren, 2519
Rancoeur, René, 491, 4653, 4720
Rapp, Francis, 4835

Raser, George B., 2342
Rastoul, Armand, 1513
Rat, Maurice, 1164, 3478
Rath, E. von, 240
Ratner, Moses, 1392
Rauch, Nicolas, 4044
Rauchat, Franz, 4874
Raux, H. F., 113
Raymond, Agnès G., 3055
Raymond, Marcel, 1201, 1229
Raynaud, Gaston, 668
Raynaud de Lage, Guy, 591
Raynouard, François-Just Marie, 3899
Razafintsalama, G., 6453
Razik, Taher A., 4131
Read, William A., 3830
Réau, Louis, 1743
Rebière, Alphonse, 6794
Rebillon, Armand, 5415, 5755
Reboul, Jacques, 2614
Reboul, Olivier, 5687
Reboul, Pierre, 2211
Reboul, Robert, 3929, 3936, 3978
Rechenbach, Charles W., 6659
Redenbacher, Fritz, 1106
Redfern, James, 4746
Reed, Frank W., 2424, 2425
Reed, J. O., 6472
Reese, Helen R., 1246
Reeves, George McMillan, 5790
Regaldo, Marc, 4760
Regaldo, Nancy Freeman, 4880
Regard, Maurice, 2611, 2652, 2653
Régnier, Adolphe, 1562, 7024
Régnier, Henri, 1532, 1540, 3157, 5074
Reichenberger, Kurt, 4963, 4964, 4999
Reichenburg, Louisette, 1723
Reichenburg, Marguerite, 2008
Reichert, Donald, 3530
Reichert, Herbert W., 2884
Reinbach, A. J., 4252
Reinhard, J. R., 737
Reinhard, T., 3297
Reinhardt, T., 6062
Reiss, Françoise, 3018, 4691
Remak, Henry, 6550
Remigereau, F., 964
Rémond, René, 6785

Remondine, G., 4585
Remy, P., 3752
Renard, E., 2181, 2240
Renard, Raymond, 3085, 5833
Renaud, Philippe, 5698
Renaudet, Augustin, 987
Renault, Georges, 5411
Renda, Umberto, 6672
Rennhofer, Friedrich, 4495
Renouard, Philippe, 4913
Renouvin, Pierre, 2182, 4361
Renucci, Paul, 988
Renwick, John, 1962
Repossi, Silvanna, 2956
Reure, l'Abbé, 4967
Reusch, R. H., 932
Reuss, E., 4496
Reuss, J. D., 4189, 4548
Revel, Bruno, 3155
Rex, Walter, 1444, 1877
Rey, Alain, 6087, 6203, 6241
Reyes, A., 2565
Reynaud, E., 2377
Reynaud, Henry-Jean, 5161
Reynaud, Louis, 4090
Reynier, Gustave, 1107, 1108, 5060
Reynier, J. B., 6483
Rheims, Maurice, 5276, 5586
Rhodes, Dennis E., 6136
Rhodes, S. A., 2635
Riberette, Pierre, 5139
Ricatte, Robert, 2472, 2771
Ricci, Seymour de, 1072, 4993
Rice, Frank A., 3703, 4132, 4133
Rice, Howard C., 1776, 2822
Richard, Hugues, 5747
Richard, Jean-Pierre, 2566
Richard, Marcel, 224
Richard, Pierre, 1520
Richardson, E. C., 225
Richelet, Pierre, 1265
Richer, Jean, 2602
Richer, Julia, 6322
Richou, Gabriel, 1165
Richter, Bodo L. O., 949, 1016
Richter, E., 3318
Richter, Mario, 4959
Richthofen, E. von, 3336
Rickard, Peter, 695, 4897
Ridou, Yves-Jean, 6010
Riehn, Christa, 2713, 5531, 5532
Riffaterre, Hermine B., 5314A
Riffaterre, Michael, 2466
Rigaud, L., 5277
Rigal, Juliette, 2070
Rigault, Claude, 5231
Rigo Bienaimé, Dora, 4996
Rigoley de Juvigny, Jean Antoine, 254
Rihs, Charles, 5176
Rimbert, Sylvie J., 3618
Ris-Paquet, Oscar Edmond, 809, 4571
Ritter, Gerhard, 933
Ritter, Joachim, 5140
Rivaille, Louis, 1488
Rivard, A., 3776
Riverain, Jean, 6992
Rivoire, Emile, 6419
Riza, Ali, 2009
Rizza, Cecilia, 5020
Roach, John, 6779
Robbins, Russell Hope, 4262
Robert, G., 2152
Robert, Guy, 5274
Robert, Jacques, 5679
Robert, Paul, 5580
Robert, Ulysse, 134
Roberti, J., 6195
Roberts, Hazel V., 1883
Roberts, Stanley, 1763
Roberts, Warren E., 6145
Robertson, J. Duncan, 6027
Robertson, S. W., 738
Robichez, Jacques, 2297, 3167
Robillard de Beaurepaire, Charles-Auguste de, 6128
Robinet, A. Robert, 1695
Robinet, André, 1551, 2512
Robinove, Phyllis Susan, 1803
Robinson, Judith, 2940
Robinson, Margaret W., 4263
Robitaille, Lucie, 5714
Rochambeau, Achille, 1533
Rochas, Henri-Joseph-Adolphe, 6849
Roche, Alphonse V., 3893
Roche, André, 5643
Roche, Daniel, 5212
Rochedieu, Charles A., 1764
Rocher, Edmond, 1202
Rocquain, Félix, 1835, 5153
Roddier, Henri, 2010

Roe, Frederick Charles, 2261
Roeming, Robert F., 3000
Roger, J., 4442
Roger, Jacques, 1804
Roger, Jules-M., 6802, 6803
Rogers, Brian G., 5380
Rogers, P. P., 4101
Rohlfs, Gerhard, 3731, 4708, 6288, 6526, 6526A
Rohr, Rupprecht, 6498
Röhrich, Lutz, 358, 6268
Rojek, Hans Jürgen, 405
Rolfe, Franklin P., 1393
Rolland, Eugène, 6616, 6617
Rolland, Joachim, 721, 6543
Rollet, L., 6850
Rolli, M., 2081, 2780
Rollin, J., 1141
Rome, David, 3790
Romeo, Luigi, 3650
Romero, Laurence, 7026
Romeuf, Jean, 6930
Rondel, Auguste, 574, 575
Ronjat, Jules, 3909
Ronse, Henri, 5625
Ronsin, Albert, 4663, 5149, 5154
Ronzy, P., 3093
Roos, Iris, 289
Roosbroeck, G. L. van, 1783
Root, Winthrop Hegeman, 2772
Roquain, Félix, 2254
Roque-Ferrier, A., 3288
Roques, Mario, 622, 3277-3279, 3362, 6305
Roast, A., 4353
Rose, H. J., 4170
Rose, Marilyn G., 3058
Rosenberg, Ralph P., 325, 354
Rosenberg, Samuel N., 6234
Rosenfield, Leonora, 1337
Rosny, J.-H., 2473
Ross, Albion, 6935
Ross, D. J. A., 728
Rosselet, Claire, 2011
Rosset, Théodore, 3494
Rossettini, Oga, 1040
Rossi, Giuseppe Carlo, 3753
Rosso, Corrado, 5078, 5079
Rostaing, Charles, 3557
Rostand, Claude, 6884
Rostand, François, 4217, 4443
Roth, Fritz R., 5802, 6076

Rouard de Card, E., 1744
Rouart-Valéry, Agathe, 3204
Rouches, Gabriel, 1358
Rouillard, Clarence D., 587, 1382
Rouillard, Philippe, 6918
Roumejoux, Anatole de, 6851
Roupnel, Gaston, 5016
Rouse, Richard H., 604, 4796
Rouse, Ruth, 4497
Rousseau, André-M., 6549, 6551
Rousseau, Félix, 6396
Rousseau, Guido, 5810
Roussel, Henri, 648
Rousselot, Jean, 5566, 5617
Rousset, Jean, 1230, 1231, 4781
Roussier, Michel, 6035
Rouveyre, A., 3076, 5577
Rouveyre, E., 194
Roux, Claudius, 6446
Roux, Dominique de, 3004
Roux, Michel, 1352
Roux-Fouillet, Paul, 85, 2823, 5613
Roux-Fouillet, Renée, 85, 2823, 5613
Rouzet, Georges, 5403
Rowbotham, Arnold H., 1805, 2467, 4114
Roy, Carmen, 3814
Roy, Claude, 2960
Roy, C. Ross, 2168, 3802
Roy, Pierre Georges, 3803
Royce, W. H., 2343-2345
Royer, Louis, 2714
Roylance, Dale R., 5295
Roz, Fermin, 522
Rozière, E. de, 6073
Rubenbauer, H., 4199
Rubin, William Stanley, 5672
Ruchon, François, 2375, 2520, 2637, 2638, 2735
Rudler, Gustave, 2403
Rudwin, Maximillien, 2500
Ruelle, Charles Emmanuel, 782
Ruff, Marcel, 5510
Ruggieri, Ruggero, 3732, 4850
Ruggiero, Ortensia, 502, 3072
Ruiz-Fornells, Enrique, 6688
Rule, John C., 4377
Rumann, A., 2099
Rumler, E., 1356
Rummens, Jean, 1041, 2965, 3214

Rundell, Walter, 435
Runes, Dagobert D., 4464
Russel, Daniel S., 4937
Russo, François, 4452, 6795
Russo, P., 5374
Rutherford, Phillip R., 6626
Ruttkowski, W. V., 6710
Ruwet, Nicolas, 6656
Ryan, Lee Winfree, 5170
Rybalka, Michel, 5894, 5910, 5947
Rychner, Jean, 4878
Ryland, Hobart, 2027, 3173
Rymenans, Lucia, 6379
Rzadkowska, Ewa, 1658

Saba, Guido, 4965, 5115
Sabá, Mohsen, 6580
Sabarthès, le Chanoine, 6852
Sabatier, Pierre, 5451
Sabatier, Robert, 6604
Sackett, S. J., 326, 4699
Sacy, Lemaistre de, 1318
Saddock, Jerrold M., 6081
Sadoul, Georges, 2935, 5702, 5703
Saffroy, Gaston, 156, 4819, 6789
Sage, Pierre, 588, 1239, 1469
Sagehomme, Georges, 503, 523
Sagnac, Philippe, 6772
Sagnes, Guy, 5299
Sainéan, Lazare, 5587, 6196, 6197
Saint-John-Perse, 3118
Saint-Joue, J. de, 3038
Saint-Louis de Gonzague, Sr. Marie, 2385
Saint-Pierre, Thérèse, 6333
Saint-Palaye, La Curne de, 633
Sainte-Beuve, Charles-Augustin de, 1320
Saintonge, Paul, 1585
Saintville, G., 3293, 6057
Saintyves, Pierre (Emile Mourry), 3585, 6183
Saisselin, Remy Gilbert, 5029, 6767
Sajavaara, Karl, 337
Sakellaridès, E., 2755
Sala, Marius, 6064, 6526B
Salem, James M., 5637
Salengros, R., 6232

Salis, J.-R. de, 2677
Salmon, Amédée, 4800
Salomon, Herman Prins, 1586
Salus, Peter H., 6632
Salvan, Albert J., 2733, 3141, 3142
Samaran, Charles, 4006, 4027
Samarin, R. M., 4045
Samson, Jean-Noël, 3391, 5901
Samurović-Pavlović, Liliana, 5341A
Sanchez, Jose, 3675-3677
Sand, Donald B., 4146
Sander, Max, 1836, 2100
Sandry, George, 3571
Sansot-Orland, E., 3331
Santaniello, A. E., 4311
Santschy, Jean-Louis, 6420
Sarick, Ambrose, 1696
Sarkany, Stéphane, 5863
Sarrailh, Jean, 2458
Sarraute, Gabriel, 1894
Sarton, George, 4453
Sartori, Claudio, 977
Sass, H. M., 5140
Sattler, G., 2217
Sattler, Paul, 3505
Saulnier, Verdun-L., 886, 965, 1112, 1124, 1131, 1142, 1191, 1210, 4966
Saurin, Marcel, 3032
Sauter, Hermann, 1940, 4072
Savage, Edward B., 4248
Savage, William, 4572
Savard, Jean Guy, 6271A, 6356
Savary des Bruslons, Jacques, 5129
Savérien, Alexandre, 5130
Savigny de Moncorps, Viconte de, 157
Savitz, L., 3609
Sawyer, Robert G., 387
Sawyer, P. H., 4795
Sayce, Richard A., 1407
Scales, Derek P., 2514
Scarfe, Francis, 1895
Schaal, Richard, 415
Schafer, H., 3318
Schaff, Adam, 6242
Schalk, David C., 3092
Schalk, Fritz, 6015
Schane, Sanford A., 6229
Scharten, Teodora, 6527C

Schatzmann, P. -E., 2684
Schéler, Lucien, 2724, 5534, 5782, 5939
Schenda, Rudolf, 4950, 5296, 6728
Schenk, Hans Georg Artur Viktor, 5319
Scherer, Jacques, 406, 1439, 1489
Schiaffini, Alfredo, 541, 6309
Schiff, Mario, 2021
Schinz, Albert, 2013-2016, 2830, 5243
Schirmacher, Käthe, 1652
Schlauch, Margaret, 679
Schlawe, Fritz, 96
Schlechta, Karl, 2884
Schleicher, Adolphe, 2241
Schleimann, Jorgan, 6729
Schlobach, Jochen, 5844
Schlösser, Felix, 677
Schmidt, Adalbert, 5564
Schmidt, Albert Marie, 1085
Schmidt, Charles Guillaume Adolphe, 5349, 6544, 6853
Schmidt, Heiner, 6711
Schmidt, W. Fritz, 3522
Schmit, J. A., 1932, 5067
Schmitt, Hans A., 311?
Schmittlein, Raymond, 1514
Schmitz, Bernhard, 374, 3456, 3457
Schneider, Georg, 25
Schneider, Hans, 6038
Schneider, Johannes, 4020
Schnürer, Gustav, 934
Schober, Rita, 4735, 5971
Schoen, Henri, 4776
Scholberg, K. R., 3395
Scholl, Ralph, 4264
Schonack, Wilhelm, 351
Schonberger, Harold William, 2298
Schottenloher, Karl, 935
Schrader, Ludwig, 4990, 6720
Schrecker, P., 1502
Schreiber, Klaus, 7027
Schubert, E. D., 3499
Schuchard, Barbara, 6315
Schuling, Herman, 4932
Schullian, Dorothy M., 4938
Schuring, Arthur, 1989
Schutz, Albert, 86

Schutz, Alexander Herman, 887, 2667, 4902
Schwab, Moïse, 6583
Schwake, H. P., 5968
Schwanbeck, Gisela, 407
Schwartz, William Leonard, 2892
Schwartze, R., 3600
Schwarz, H. Stanley, 4752
Schwarz, Hans, 3614, 6643
Schweitzer, Frederick M., 4892
Schwentner, Ernst, 3487, 6316
Scoleen, Christine M., 4944
Scott, A. F., 4200
Scullard, H. H., 6664
Sealock, Richard B., 3783
Searles, Charles, 1247
Sebba, Gregor, 1503, 1552, 5066
Sebeok, Thomas A., 3495
Sébillot, Paul, 159, 4330, 6532, 6533, 6588, 6618-6620
Séchaud, Pierre, 2541
Séché, Alphonse, 3265
Secret, François, 4987
Seelman, Emil P., 655
Seely, Pauline A., 3783
Ségalat, Roger Jean, 5784
Ségu, Frédéric, 2542
Séguin, J. A. R., 2071, 2072, 4073, 5171
Séguin, Jean-Pierre, 62-64, 2354, 5297
Séguin, Marie-Madeleine, 2715
Sehon, P. M., 3332
Seillière, Ernest Antoine, 3397
Seiver, George O., 1587
Selden, Samuel, 408
Selle, Götz von, 3503
Sellin, Eric, 5708
Senelier, Jean, 2017, 2603, 2604, 5497
Senninger, Charles, 4748
Sensine, Henri, 3479
Serasquier, Rodolphe, 6384
Serban, Nicolas, 2225, 2553
Séré, O., 5344
Seris, Homero, 4102, 4162, 6094, 6095
Serure, Raymond, 4577
Servici d'Informacion de l'Institut d'Estudis Occitans, 6485
Servois, Gustave, 1521
Sevestre, Abbé A., 6919
Seyn, Eugène de, 3851, 3871, 3876

Shaaber, M. A., 4007
Shackleton, Robert, 1975
Sharp, Harold S., 4312
Sharp, Marjorie, 4312
Shattuck, Roger, 2804
Shaughnessy, Amy E., 384
Shaw, Edward P., 1889
Shaw, Marjorie, 5412
Shearer, Augustus H., 6432
Sheehy, Eugene P., 4594
Shelley, Hugh, 3696
Shepard, Douglas H., 5155
Shepherd, Robert Parry, 5141
Sherif, June L., 3716
Sherrill, Charles H., 1779
Shibles, Warren A., 6719
Shipley, Joseph T., 4190
Shoup, June E., 3500
Sicotière, L. de la, 4664, 6621
Siegel, Ben, 2900
Sigaux, Gilbert, 6058
Sillamy, Norbert, 6941
Sills, David L., 6925
Silver, Isidore, 1004, 1203-1206
Silvy, A., 4530
Simches, Seymour O., 495, 2143, 3209
Simmonet, J., 6109
Simon, A., 2539
Simon, A.-L., 6960
Simon, Alfred, 5638
Simon, Louis, 5830
Simon, Renée, 1460, 1886
Simón Díaz, José, 4163, 5342
Simone, Franco, 888, 1232, 3227, 4707, 4735A, 5000, 5886
Simoneau, Gérald, 6323
Simonson, Raoul, 3050, 3195
Sinclair, K. V., 618
Singer, Armand E., 4249
Sioli Legnani, Emilio, 2716
Sirven, J., 1504
Sissoko, R., 3839
Sitzmann, Edouard, 6854
Skarbek, F., 4512
Skeat, T. C., 226-227
Skok, P., 3754
Skov, G., 3359
Slater, Ivan H., 5430
Slatkine, Michel, 4716, 4717, 5289, 6170, 6171

Sloane, Joseph C., 2186
Sloane, Karen W., 6433
Slocum, Robert B., 4384
Slugocki, L., 2717
Smalley, Vera E., 1266
Smart, George K., 4223, 4230
Smet, Roger, 3572
Smiley, J. R., 1918
Smiley, Joseph P., 1933
Smith, Horatio, 4191
Smith, Preserved, 936, 1681
Smits, Luchesius, 1122
Smyser, H. M., 3554
Socard, Alexis, 525, 542
Société des Amis de Flaubert, 2448
Société des Auteurs et Compositeurs dramatiques, 2299
Société Hollandaise des Sciences, 1338
Société philosophique de Louvain, 4465
Sollers, Philippe, 3219, 3220
Solmi, Sergio, 2941
Somaize, Antoine Baudeau de, 1267
Sommer, Jean Edouard Albert, 5111
Sommervogel, P., 5142
Somville, Edm., 6408
Sonet, Jean, 872
Sonneck, Oscar George Theodore, 1724
Sorel, Charles, 1257
Soubies, Albert, 2285
Souhart, R., 4586
Soulier, Jean-Pierre, 2544
Soupault, Philippe, 2515
Sourdel, Dominique, 3334
Sourdel, Janine, 3334
Souriau, Maurice, 1408, 2144
Southern, R., 2923
Southwell, B., 140
Souvage, Jacques, 6742
Souza, Robert de, 2477
Sozzi, Giorgio P., 5320, 5502
Sozzi, Lionello, 4736
Spalding, P. A., 2143
Spangler, Marshall, 3620
Spanke, Hans, 669, 873
Spargo, J. W., 1258
Spaziani, Marcello, 1953, 2574, 2575, 3263, 4709, 5482

Spector, Norman B., 1212
Speeckaert, G. P., 4546, 6947
Spell, J. R., 2018
Speman, Adolf, 4192
Spence, L., 712
Spencer, Michael, 7028
Spencer, Theodore, 4284
Spillebout, Gabriel, 5105
Spingarn, J. E., 641
Spitzer, Leo, 3393, 3586
Spoelberch de Lovenjoul, Charles de, 2346, 2347, 2378, 2430, 2463, 2464, 2582, 2587, 2597, 2668
Springhetti, Aemilius, 4141
St. Aubyn, Frederic Chase, 2639, 5477
Stackelberg, Jürgen von, 5001
Stainier, L., 39
Stanton, Madeleine E., 922
Stanwood, Richard H., 3610
Starnes, DeWitt T., 896
Starr, Nathan Comfort, 696
Starr, W. T., 3168
Stauble, Antonio, 4947
Stauffacher, Hans Fudolf, 5816
Stefanini, Jean, 5216, 6486
Stegmann, André, 5058
Stegmeier, Henri, 1085A
Stehlík, Václav, 3651, 6276
Steible, Daniel J., 6647
Stein, Henri, 23, 36, 59, 97, 135, 1073, 1310, 6768
Steiner, M., 7029
Steinmüller, G., 3642
Steinschneider, Moritz, 856
Steisel, Marie-Georgette, 3697, 6282
Stellfeld, Jean-Auguste, 979
Stendardo, G., 3230
Stengel, Edmund M., 3465
Steward, D. M., 769
Stewart, John H., 1682
Stewart, Philip, 5191
Stewart, William A., 3645, 3580
Stieler, Georg, 1553
Stillwell, Margaret B., 244
Stinglhamber, L., 473, 1627
Stoltzfus, Ben F., 2901, 3009, 3162
Storer, Mary E., 1394, 1470
Storost, J., 3419

Story, Norah, 3791
Stott, Raymond Toole, 6750
Stouffs, J., 3996
Stoullig, Edouard, 2295
Stourm, René, 1683
Straforello, G., 4354
Straka, Georges, 6069, 6117
Straka, Jiří, 6296
Straford, Philip, 6341
Stratman, Carl J., 409, 722, 4313
Straufs, L., 1789
Strauss, André, 2718
Strecker, Karl, 3986
Streeter, Harold Wade, 1765
Streuber, Albert, 4801, 4898
Strong, Lois, 4103
Strozewski, Ladislao, 3302
Stuart, James D., 73
Stubbings, Hilda V., 4926
Stupka, Vladimir, 5699
Sturcken, H. Tracy, 3733
Suarez Gomez, G., 3466
Suchier, Walther, 640, 3405
Sudhoff, Karl, 825
Sullerot, Evelynne, 4646
Summers, Edward G., 442
Summers, Montague, 923, 6602
Sury, Charles, 6068
Sutcliffe, F. E., 1282
Sutherland, D. M., 143, 228
Sutton, Geneviève, 5106
Sutton, Howard, 2623
Sutton, Lewis F., 5819
Suwala, Halina, 5554
Svartvik, Jan, 4134
Svenning, Josef Gusten Algot, 6661
Svobodny, Dolly D., 6283
Swain, Jeraldine N., 5744
Switzer, Richard, 2540
Sylvestre, Guy, 3792
Syndicat national des éditeurs, 4444, 4445
Szulc-Golska, Bozenna, 4075

Tabary, Louis-Edouard, 2428
Taillart, Charles, 4119
Talvart, Hector, 2084, 2785
Tancock, L. W., 1490
Tanghe, Raymond, 3769
Tanguy, Bernard, 4823
Tannenbaum, Edward R., 2837A

Tannenbaum, Samuel A., 1166
Tanner, J. F. T., 5724
Tanner, John, 4817
Tapié, Victor-L., 1292, 1293, 1680
Tarrab, Gilbert, 5639
Taton, René, 1339, 1811
Taubert, Sigfred, 6456
Tauman, L., 3144
Taupiac, Jacques, 6493, 6494
Taylor, A. Carey, 376, 4700, 4723
Taylor, Archer, 10, 11, 137, 179, 185, 245, 4355-4358
Taylor, Geoffrey, 192
Taylor, Pauline, 3354, 3412, 3734
Taylor, Simon Watson, 5600
Taylor, Wendell Hertig, 6743
Tchemerzine, Avenir, 173, 4960
Techener, Joseph Léon, 2607, 6855
Tedeschi, John A., 4915
Tedeschi, Paul, 5249
Telle, Emile V., 937, 1173
Telle, Julien, 3467
Tenand, Suzanne, 5327
Tenase, Eugène, 6297
Tenèze, Marie-Louise, 512, 6598
Tentori, Maria Adelaide, 543
Teppe, Julien, 1890
Ternaux-Compans, Henri, 6449
Tervarent, Guy de, 4939
Terza, Dante della, 6011
Testi, Gino, 4276
Tétard, G., 2513
Tetel, Marcel, 4991
Thalasso, Adolphe, 2300
Thanassecos, L., 5664
Tharp, James B., 3652
Thauzier, Raoul, 2858
Theile, Wolfgang, 5107
Thelander, Dorothy R., 1948
Theodoratus, Robert J., 6943
Thérèse du Carmel, Soeur, 6133
Thério, Adrien, 6336
Therrien, Vincent, 5712
Thevenay, P., 3237
Thévenin, H., 3244
Thibaudeau, Jean, 5875

Thibault, Geneviève, 976, 1207
Thickett, D., 1174
Thieberger, Richard, 3001
Thieme, Hugo P., 544, 2085, 2262, 2786
Thieme, Ulrich, 4426
Thierry, J. J., 1086, 4747, 5801
Thimm, C. A., 4587
Thiout, Michel, 5950
Thomas, Allen Burdett, 2212
Thomas, Georges, 3410
Thomas, Henry, 257
Thomas, Jean, 1919, 1920
Thomas, Louis, 2654
Thompson, John M., 5754
Thompson, Lawrence S., 576, 4192A, 4573, 6627
Thompson, O., 4411
Thompson, Stith, 4333
Thorndike, Lynn, 826
Thornton-Smith, C. B., 4703
Thoumin, Jean Adrien, 98, 6888
Thuillier, Jacques, 1351, 1359
Thurau, G., 3488
Thurot, Charles, 3468
Thurston, Jarvis, 526, 4292
Thwaites, Reuben G., 1383, 4082
Tieje, Arthur J., 1395
Tielrooy, Johannes, 2348, 2398
Tiemann, H., 605
Tilander, Gunnar, 752, 827
Tilley, Arthur, 1109
Ting, Tschao-Ts'ing, 1384
Tinker, Edward Larocque, 3826, 3827, 3831
Tirol, M., 2101
Tisseur, Clair, 5278
Tissier, André, 5202
Tissier, J. J., 2102
Tobler, Adolf, 634
Tod, Dorothea D., 3793
Todorov, Tzvetan, 6243, 6244, 6254, 6986
Toffanin, Giuseppe, 990
Togeby, Knud, 3755
Toinet, Paul, 2030, 2031
Toinet, Raymond, 1340, 1409
Toldo, Pietro, 1098
Tolley, Bruce, 5375
Tonkin, Humphrey, 6651
Topazio, Virgil W., 1941
Tortel, Jean, 1240, 5618

Totok, W., 2
Touchard, Jean, 5398
Tougard, A., 115
Tougas, Gérard, 3145, 3794, 6344
Touren, Raymond, 6284
Tourneux, Maurice, 1684, 1685, 2583, 5143, 5211, 5345, 5452, 5445
Tournier, M., 5126
Tournoux, Georges A., 2736
Tourteau, Jean-Jacques, 5626
Tourtebatte, Béatrice W., 2685
Traeger, Wolf Eberhard, 4981
Trahard, Pierre, 1672, 1673, 2584
Trapnell, William H., 5265
Travers, Seymour, 2302
Treasure, Geoffrey R. R., 1294
Treille, Marguerite, 2303
Tremaine, Marie, 3770
Trewin, J. C., 2304, 2924
Troisfontaines, Roger, 5840
Trompéro, P. P., 2529
Tronchon, Henri, 2218
Trousson, Raymond, 4250, 4251, 5244, 5245, 6289
Trout, Paulette J., 6461
Trubner, N., 3602, 3658
Truc, Gonzague, 2790, 5573
Truchet, Jacques, 1311
Trudel, Marcel, 6367
Tuaillon, G., 6019
Tubach, Frederic C., 6599
Tuck, D. H., 4265
Tucker, J. E., 4076
Tucker, Josephe, 2036
Tudesq, André-Jean, 5351
Tuétey, Alexandre, 1697
Tulard, Jean, 7031
Turk-Rogé, Henri Charles, 2219
Tusón, Vicente, 6685
Tuzet, Hélène, 1790, 2226
Tyszkiewicz, Alexandre, 3821

Ubersfeld, Annie, 5908
Ueberweg, Friedrich, 857
Uitti, Karl D., 2476, 4883, 6028, 6633
Ullmann, Stephen, 3625, 6245
Ullmann, W., 6033
Ullrich, Richard, 303
Ulrich, Carolyn F., 4574

Underwood, Vernon Philip, 5539, 5540
Unesco
 (Comparative Literature) 4046;
 (Dictionaries) 3603;
 (Language teaching) 3636, 3637;
 (Medieval Latin) 4008;
 (Science information) 4446;
 (Social sciences) 4513A;
 (Theater) 4314;
 (Translations) 4051
Unger, Hans-Joachim, 6506
Ungherini, A., 6790
Union des Editeurs de Langue française, 4619
United States Office of Education, 3659
Université catholique de Louvain, 4692
Untermeyer, Louis, 6752
Untersteiner, Gabriella, 2774
Upham, Alfred Horatio, 1385, 4083
Urbain, C. H., 1457
Uren, O., 2937
Urtel, Hermann, 6193, 6404
Urwin, Kenneth, 733, 3538

Väänänen, Veikko, 6545
Vacant, A., 4498
Vaccari, Franco, 5620
Vachek, Joseph, 4135
Vachon, André, 6367
Vaganay, Hugues, 589, 1042, 1386, 1650, 3429, 3480, 4104, 4105, 5328
Vaillant, Philippe, 5775
Vaillant, Pierre, 2719
Vaissète, Jean-Joseph, 6539
Vajda, Georges, 229
Vaksmakler, M. N., 3169
Valbert, L., 3573
Valency, Maurice, 670
Valent, Maria, 1005
Valette, Rebecca M., 1962
Valikangas, Olli, 5376
Valkhoff, Marius, 3523, 6405
Vallat, Charles de, 3931
Vallée, Léon, 21
VanBever, Ad., 1132, 2737, 4765
VanBreda, Herman Léo, 2866
Van Dan, Jan, 759
Vandegans, André, 3090

Van Den Berghe, Christian Louis, 2972
Vandenberghe-Robert, Christiane, 100
Vanderem, Fernand, 2379, 2409
Vandevelde, Nora, 5627
Van De Weyer, Sylvain, 4763
Vandromme, Pol, 2963, 3029
Vanek, Anthony L., 6081
Van Eys, W. J. See Eys, Willem J. van
Van Gennep, A., 4252, 4334
Van Gennep, K., 6149
Van Hove, Julien, 3852
Vann, J. Don, 5724
Van Nuffel, R. O. J., 3086
Van Ooteghem, J., 4171
Van Quang, 6462
Van Tieghem, Paul, 1674, 1760, 2145, 4193
Van Tieghem, Philippe, 1659, 5460, 6557, 6705, 6769
Van Tresse, Gilberte, 3149
Van Willigen, Daam M., 3639, 3698
Vapereau, Gustave, 2103, 4194, 5282
Varennes, Kathleen de, 6369
Varet, Gilbert, 4467
Varillon, F., 474
Varin, A., 1534
Varin d'Ainville, Madeleine, 4647
Varlet, Henri, 6594
Varley, Joy, 3678
Varnhagen, H., 352
Varnum, Fanny, 1725
Vartanian, Aram, 1806
Vasseur, André, 7020
Vatasso, Mario, 858
Vatel, Charles, 5204
Vater, Johann Severin, 3469
Vaury, G., 2983
Vazquez de Parga, Luisa, 3987, 6096
Veinstein, André, 2925, 3679
Veit, Walter, 4195
Vellay, Charles, 2028
Vendryes, J., 3218
Ventre, Madeleine, 5156
Venzac, Geraud, 2501
Vercauteren F., 606
Vercruysse, Jérome, 2074, 2075, 5219, 5266, 7032
Vergez, Gabrielle, 5609
Verhaegen-Cosyns, E., 6394
Verlaque, V., 1458
Vernet, A., 3243
Vernet-Boucrel, M. -Th., 230
Vernière, Paul, 1341
Vernillat, France, 6885
Vernois, Paul, 2276, 2277
Verriest, Léo, 214
Versine, P., 7014
Versini, Laurent, 5222
Versins, Pierre, 527
Veyrières, Louis de, 545
Vervaeck, Solange, 6409
Vesenyi, Paul E., 4650
Vian, Louis, 5234
Vianey, Joseph, 1043
Viatte, Auguste, 2146
Viaux, Jacqueline, 6876
Vicaire, Georges, 265, 2479, 3367, 4588
Vicaire, Jean, 2266
Vidal, Elie Robert, 770
Vidalenc, J., 1745, 2174
Vidier, A., 607, 4541
Vidos, B. E., 6290
Viet, J., 6175
Vieu, Ernest, 3971
Vigneron, R., 2720, 2721
Vignes, J. -B. Maurice, 2038
Vignon, Octave, 2590
Vigouroux, Fulcran G., 4499
Villard, Léonie, 6560
Villas, James, 2605, 5498
Villat, Louis, 1698
Villedeuil, Pierre-Charles Laurent de, 4589
Viller, Marcel, 6920
Villey, Pierre, 1143, 1167, 4982
Villiers, André, 5640
Vinaver, Eugène, 760
Vincent, Auguste, 3222, 6221, 6406
Vincenti, Eleonora, 3959
Vinet, Ernest, 4427
Vinson, Julien, 6527, 6535, 6589
Violato, G., 5512
Viollet-Le-Duc, Emmanuel Louis Nicolas, 546, 792, 793
Virmaitre, Charles, 7033
Viscardi, Antonio, 3937
Vising, Johan, 4804

Vitale, Philip H., 4149
Vivier, Robert, 3081
Vogel, Cyrille, 859
Vogler, Frederick W., 1396
Voisine, Jacques, 2019, 2020
Volgin, V. P., 5267
Vollmöller, Karl, 487, 3735
Vorsterman van Oijan, A., 4612
Vorstius, Joris, 41, 4595
Vossler, Karl, 641
Vowles, Richard B., 4233, 4315
Voyenne, Bernard, 116
Vurgey, M. Bouillot, 6713
Vyverberg, Henry, 1807

Waddington, Q., 262
Wade, Ira O., 1812, 1869, 2076, 2077
Wadsworth, James B., 1044
Wadsworth, Phillip A., 1241
Wagner, Robert-Léon, 3445, 3446, 6167
Wahlund, C. W., 4863
Wais, Kurt, 4047
Waissman, Renée, 5413
Wake, C. H., 6472
Walbridge, Earle F., 577, 4316
Walch, Jean, 5515
Wald, A., 4021
Wales, Alexandre P., 127, 4620
Walford, Albert J., 3604, 3660, 4447
Walker, Robert Y., 3699
Walker, Rosemary L., 6199
Walker, Warren S., 4293
Walkowicz, Josephine L., 3621
Wallich, P., 2078
Wallot, Jean-Pierre, 6321
Walsh, Donald, 3713
Walter, Gérard, 5144, 5145
Walters, T. W., 3640
Walther, Ch. Fr., 305
Walther, Hans, 4009, 6546
Walzer, Pierre Oliver, 3191, 5421
Warburg Institute, 4253
Ward, Charles, 5578
Ware, John N., 2032
Wares, Alan C., 6628
Warmke, F. J., 4283
Warnant, Léon, 6230
Warner, James H., 2021
Warnier, Raymond, 2957, 4106, 5746, 5748
Wartburg, W. von, 3504, 3509, 3587, 3588, 6172, 6173, 6184
Warzée, A., 160
Wasmund, Daguy, 2973
Wathelet-Willem, Jeanne, 353, 3765
Watkins, J. H., 3538
Watson, Richard A., 1505
Watt, Robert, 259, 1666
Watts, George B., 1930
Wawrynek, Utta, 419
Wax, Bernard, 60
Webb, W., 1963
Weber, Armand, 4665
Weber, Heinrich, 314
Weber, Henri, 1087, 1110A, 1208, 4952
Weckerlin, J.-B., 4412, 6894
Wedeck, H. E., 783, 4892
Weil, Françoise, 1976
Weil, Gonthier, 6552
Weill, Georges-Jacques, 5355
Weiman, K. H., 2
Weinberg, Bernard, 889, 1006, 1007, 1045, 2153, 2307, 2426, 2787, 4893
Weinberg, Henry Hersel, 2775
Weinberger, W., 231
Weiner, Seymour S., 3002
Weingarten, Joseph, 2926
Weiss, Joh, 338
Weiss, Robert, 1018
Weissman, Frida, 3073
Weisstein, Ulrich, 5322, 6553
Wellek, René, 1233, 1660, 3401, 4220, 6139
Wellworth, George E., 2927
Welschinger, Henri, 161
Welsch, Doris V., 950, 951
Welter, H., 128
Wendt, Bernhardt, 246
Wendt, Michael, 4860
Wendt, O., 3653
Wenger, I., 2885
Wenger, Marguerite, 2958, 2982, 3025
Went, Albert H., 1410
Werner, F. K., 784, 4820
Werner, Jacob, 314
Werth, H., 828
West, Albert Henry, 5022
West, Clarence J., 327

West, Constance B., 5441A
West, G. D., 4855
Westermann, Diedrich, 6474A
Weulersse, Georges, 5177
Wexler, Peter J., 3533, 6205
Weyrich, N., 315
Whatley, H. Allan, 13
White, Kenneth S., 2928
White, Sarah H., 4290
Whitehead, F., 3499
Whitmore, P. J. S., 1312
Wiacek, Wilhilmina M., 6528
Wiberg, L., 3342
Wickersheimer, Ernest, 6804
Wicks, Charles Beaumont, 2305
Wickwar, William H., 1942
Widmer, Ambros, 6298
Wieclawik, Lucienne de, 2613
Wightman, W. P. D., 967
Wijndelts, J. W., 306
Wijnekus, F. J. M., 4613
Wilcke, J., 410
Wildenstein, Georges, 4428
Wiley, W. L., 1099
Wilhelm, Jos. M., 247
Wilkins, E. H., 1046
Wilkins, Kathleen Sonia, 5195
Will, Samuel F., 890, 891
Willaert, Léopold, 1324
Willard, James F., 437
Willems, Emilio, 6925A
Willers, Hermann, 1954
Williams, Dallas S., 4317
Williams, Edwin E., 1628
Williams, Harry F., 608, 682, 3210
Williams, Ralph Coplestone, 1047, 1397, 1411
Willison, I. R., 248
Wilmotte, Maurice, 4856
Wilpert, Gero von, 6700
Wilson, Ronald Alfred, 5899
Wilson, T. J., 1522
Wilss, Wolfram, 6657
Winchell, Constance, 14, 45, 4594
Wind, Bartina H., 3524
Windekens, A.-J. van, 3315
Winegarten, Renée, 1412
Winn, Ralph B., 2867
Wittek, Martin, 6377
Witz, F., 3846
Woledge, Brian, 713, 714

Wolf, H. J., 4857
Wolff, Ph., 4365
Wollstein, Rose H., 1850
Wood, Kathryn L., 2147
Woodbridge, B. M., 3352, 3355, 3358, 3364
Woodress, James, 356
Woodruff, E., 2993
Woods, William S., 892
Woodward, C. M., 3574, 3894
Woodworth, Stanley D., 2876
Woolmer, J. Howard, 6753
Wright, Elizabeth V., 526
Wrong, George M., 6364
Wurgaft, Lewis D., 6780
Wuster, Eugen, 3605
Wyart, Jean, 5684
Wyczynski, Paul, 3795, 6718
Wylie, Laurence W., 3386, 4395
Wylie, Margery Babin, 450
Wyman, C. W. H., 4553
Wynar, Bohdan S., 15
Wynar, Lubomyr R., 4514

Xavier de Fourvières, R. R., 3900

Yamaqua, Joseph K., 3683
Yarrow, Philip J., 2353
Yon, André, 6763
Youden, W. W., 3622
Young, Bert Edward, 1440
Young, Grace P., 1440
Young, Karl, 723
Young, Margaret L. M., 1111
Young, Morris N., 4277
Yperlaan, Johannes Christian, 2503
Ypma, E., 4836
Yves-Plessis, Robert, 1729, 3560, 6605

Zaboklicke, Krzysztof, 5990
Zaborov, Pierre, 5423, 5442, 5522
Zaccaria, Francesco Antonio, 4500
Zamarriego, T., 4468
Zambon, Maria Rosa, 1847
Zannoni, G., 3721
Zarach, Alphonse, 2969
Zaunmüller, Wolfram, 3606
Zavada, Jaroslav, 6641

Zayed, Georges, 2739
Zech-Du Biez, G., 162, 6385
Zeissig, Wilhelm, 4531
Zell, Hans M., 16, 17, 6463
Zeller, Mary Francine, 1541
Zellweger, Rudolf, 5329
Zenkovsky, Serge A., 7034
Zéphir, Jacques J., 3146
Zéraffa, Michel, 5628
Zeugschmitt, Jacqueline, 2606
Ziltener, W., 669
Zimmerman, Erich, 18, 34, 4378
Zischka, Gert A., 19, 3534
Ziwès, Armand, 771
Zovatto, Pietro, 5030
Zuber, Roger, 6540
Zwanenburg, W., 6168
Zyberstein, Jean-Claude, 5869

SUBJECT INDEX

AATF. American Association
of Teachers of French, 5953
abbreviations, 101, 205, 623,
3762, 3991, 4004, 6257
Abelard, Pierre, 4858
abstracting services, 13
academic societies, 4532-4548.
See also "universities," "institutions," "societies."
Académie des Inscriptions et
Belles-lettres, 4547
Académie Française, 1247,
1344, 1451, 4536, 4539, 4544
Académie Royale de Musique,
1712
Académie Royale des Sciences,
des Lettres et des Beaux-
Arts de Belgique, 6391
accounting, 4585. See also
"economics."
acoustics, 3496-3500. See also
"phonology."
Action Française, 2837A, 3098
actors, 571, 1426, 1428, 1434-
1436, 1438, 1440, 1565, 1573,
1858, 1864. See also "theater."
Adam de la Halle, 724, 725
adaptations. See "translations"
and "influences and sources."
address books.
1736, 2098, 18th and 19th
centuries;
5682, 20th century;
6218, Late 19th century Paris.
addresses of publishers, 200,
207, 4617. See also "antiquarian book dealers."
addresses of scholars, 5951-
5963
adverbs, 3480
advertising, 112. See also
"posters."
Aebischer, Paul, 5964, 5965
aesthetics, 1718, 1809, 1857,
2143, 3302, 4203, 4215, 4218,
4219, 6712-6720, 6767. See
also "literary theory," "dramatic theory," "poetic theory,"
"art."
affixes, 3471, 3473
Africa, 3835-3839, 6441-6478,
6972, 6974, 6993, 7006 (sections on).
Agenais, 6813
Alain (Emile Chartier), 2938-
2941, 5685-5687
Alain-Fournier (Henri-Alain Fournier), 2942, 2943, 5688
Alain Chartier, 726
Alain de Lille, 727
alchemy, 4276, 6792. See also
"science," "occultism," and
"magic."
Alembert, Jean d', 1870
Alexander, 728
Algeria and Algerian Literature.
See "Africa."
allegory, 4267, 4841
Almanach des Muses, 2130
almanacs, 144-162 (Section on);
1736, 2098, 18th and 19th centuries;
4686, 17th and 18th centuries;
6385, Belgium;
6411, Switzerland.
alpinism, 6825
Alquié, Ferdinand, 5966
Alsace, 4776, 6618, 6853, 6854
Amadís de Gaula, 589, 4104,
4105
America in fiction, 3807
American literature, bibliographical guides, 4142, 4144, 4145,
6693, 6695
Americanisms, 3470, 3511
Amiel, Henri Frédéric, 2944
Amiens, 6826
Amrouche, Jean, 5689
Amyot, Jacques, 4920

337

Andreas Capellanus, 677
anecdotes, 4336, 4349, 4352.
    See also "jokes" and "proverbs."
Angennes, Julie d', 1274
Anglicisms, 3470. See also "Americanisms."
Anglo-Latin literature, 3979
Anglo-Norman, 618, 630, 3554, 4797, 4802-4804
Anglophobia, 1746
Animals in literature.
    1083, Renaissance poetry;
    1804, 17th and 18th centuries.
Anisson collection on printing, 4557
Anjou, 6840
Annales de la Société Jean-Jacques Rousseau, 1992
anonyma and pseudonyma, 180-185 (Section on); See also "pseudonyms."
Anouilh, Jean, 2945-2947
anthropology, 6942, 6943
anthroponymics, 3539-3554, 3556, 6218, 6403. See also "names."
Antilles, 6827
Antimachiavel, 1829
antiquarian book dealers and catalogues, 193-208, 246, 4615, 4616, 4617A
Antoine, André, 2300
antonyms and synonyms, 6265, 6968
Apollinaire, Guillaume (Guillaume de Kostrowitsky), 2948-2958, 5690-5699
Aragon (Louis Andrieux), 2959, 2960, 5700-5703
Arbois de Jubainville, H. d', 3211
archeology, 4425, 6866, 6870-6872. See also "art" and "anthropology."
architecture, 4414, 4420, 4426, 6874, General;
    792, 4839, Medieval;
    972-974, 16th century;
    1348-1359, 17th century;
    1706, 18th century;
    2848, 20th century. See also "art."

archives, 117-143, 216-218, 1253, 3815, 4634, 6587. See also "libraries."
Archives litteraires de l'Europe, 2193
Archives nationales, 4424 (art); 5349 (history).
Arène, Paul, 3965
Argens, Marguis d', 1871
Argenson, René Louis de Voyer, marquis d', 1728, 1862
argot. See "slang."
Ariosto, 1127A, 4093
Aristotle, 1248, 4239
Arlan, Marcel, 2961
Arnaud de Bruxelles, 959
Arrabal, Fernando, 5704
art, 4413-4433, 6856-6876, General;
    4839, Medieval;
    968-970, 977, 4937, 4939, 16th century;
    1217, 1348-1359, 17th century;
    1699-1709, 2470, 18th century;
    2183-2186, 3975, 5343, 5345, 19th century;
    2848-2852, 5670, 5673, 20th century;
    89, 92, periodicals;
    411, 414, 416, theses;
    6398, Belgium;
    See also "aesthetics."
Artaud, Antonin, 5705-5708
Arthurian literature, 678-705, 4852-4857
artifical Paradise theme, 5298
artists. See "art."
Asselineau, Charles, 2366
astrology, 818, 823, 3992. See also "occultism."
astronomy, 818, 3992, 4440. See also "science."
atlases, 6784, 6785, 6963. See also "geography."
Aubigné, Agrippa d', 1110, 1110A, 4951, 4952
Aude, 3922, 6852
Audiguier, Vital d', 1396
audio-visual aids in language teaching, 443, 445, theses; 3661-3679, 6277-6284, Sections on.
Auerbach, Erich, 3212, 5967

Augier, Emile, 2306, 2307, 5364
Augustine, 1122
Augustinians, 4836
Aulnoy, Madame D', 1872
Aunis, 6519
authorship, 182
autobiography, 6734
autographs, 2123, 2131, 2141, Romanticism; 6768, Scholars, 16th-18th centuries.
automation. See "computational linguistics."
Auvergne, 3920, 4661, 6513, 6532, 6821
Avant-garde, 2804, 2927, 5609
Aveline, Claude, 2962, 5709
Aymé, Marcel, 2963

Bachelard, Gaston, 2964, 2965, 3213, 3214, 5710-5712
Badía Margarit, Antonio, 3215
Baillon, André, 5365, 5713
Baldensperger, Fernand, 3216
Baldinger, Kurt, 5968
Balle, Arthur, 3217
ballet, 1427, 2460. See also "opera" and "music."
Bally, Charles, 3218, 5969
Baluze, 1302, 1307
Balzac, Guez de. See Guez de Balzac.
Balzac, Honoré de, 2308-2348, 5366-5376, Sections on; 2940, Alain; 6196, Slang; 6978, general.
Barbeau, Victor, 5714
Barbey d'Aurevilly, Jules, 2349-2354, 5377-5380
baroque, 1223-1233, 4997-5001, Sections on; 1305, 1404, 1611
Barrès, Maurice, 2966-2969, 5715, 5716
Barthes, Roland, 5970-5971
Basque region, 3917-3919, 3928, 6489, 6509, 6514, 6527, 6535, 6847
Basselin, Olivier, 729
Bastide, J. B., 1165
Bastille, 1689. See also "Révolution française."

Bataille, Georges, 3219, 3220, 5717
Bataille, Henry, 2970
Bataillon, Marcel, 5972
Baudelaire, Charles, 2355, 2379, 5381-5395, Sections on; 359, theses; 6962, Spanish critics; 7001
Bayer, Raymond, 3221
Bayle, Pierre, 1441-1444, 1873-1877, 5192
Bayonne, 3916-3919, 6489
Bayot, Alphonse, 3222
Bazin. See Hervé-Bazin, Jean Pierre.
Béarn, 6522
beasts, 4263
Beaujolais, 6525
Beaumarchais, Pierre-Augustin Caron de, 1878-1881, 5193
Beauvoir, Simone de, 2972, 2973, 5718
Beck, Christian, 5396, 5397
Becker, Philipp August, 3223, 5973
Beckett, Samuel, 2974-2977, 5719-5724
Becque, Henry, 2380-2382
Bedarida, Henri, 5974
Bédier, Joseph, 643
Béguin, Albert, 3224, 5975-5978
Behrens, Dietrich, 3225
Belaval, Yvon, 5979
Belgian literature, 3853-3871, 6386-6396
Belgium, 3847-3876, 6375-6409, Sections on; 100, Literary journals; 3452, Linguistic texts; 3542, Names; 4532, Literary societies.
Bemel, Maurice, 3226
Benedetto, Luigi Foscolo, 3227
Benedictines, 834, 846
Bengesco, Georges, 2062
Benoist, Elie, 1304
Béranger, Pierre-Jean de, 2187, 5398
Bergerac, Cyrano de, 1445
Bergson, Henri, 2978-2982, 5725, 5726
Berlioz, Hector, 5399
Bernanos, Georges, 2983-2986,

339

Bernanos, Georges (cont.), 5727-5730, Sections on; 3224, Béguin's criticism.
Bernard, Claude, 5400
Bernard de Clairvaux, 845, 847, 4834
Béroalde de Verville, 1112
Berry, 6850
Bersuire, Pierre, 4831
Bertaut, Jean, 4899
Berthelot, Philippe, 5980
Bertoldi, Vittorio, 3228
Bertoni, Giulio, 3229, 3230
Bertrand, Jean-Joseph Achille, 5981
Bérulle, Pierre de, 915, 1300
Besterman, Theodore, 5982
bestiaries, 822
Betz, Louis Paul, 5983
Bèze, Théodore de, 1113-1115
Bezzola, Reto, 5984
Bible, 874, 15th and 16th century editions;
919, 15th and 16th century translations;
1737, 18th century dictionary;
2294, Source for drama, 1789-1830;
2900, Literary theme, 20th century;
4286, in the novel;
4478, 20th century dictionary;
4496, Romance translations;
4499, 19th century dictionary;
6721, Influence in literature;
6908, Geographical dictionary;
6910, Scripture research.
See also "religion."
Biblio, 2783, 4745
bibliographies of bibliographies and other reference works, 1-52, 4590-4595, 7027
bibliography, 2, Terminology; 8, 10, History.
bibliography, national. See "national bibliography."
bibliography, universal. See "universal bibliography."
bibliophily, 4604
Bibliothèque bleue, 5151
Bibliothèque Bleue de Troyes, 1834
Bibliothèque nationale, Paris, 1256, 1257, 4635. See also this entry in the Author Index.
Bignon, l'abbé, 1461
Bigot, Emery, 5049
bilingualism, 3777, 3778, 6261-6263, 6351, 6969
binding, 4563, 4564, 4566, 4568, 4570
biography, bibliography, 4378A, 4384, 6787A. For biographies of specific groups of persons, e.g., scholars, philosophers, please consult the corresponding entries.
biography, general, 4378A-4384, 6786-6790, Sections on; 4394, Current;
3849-3851, Belgium;
6365-6369, Canada;
6424, Luxembourg;
6777
biography, literary, 4738, 4747, 6701-6705, General;
2235, 2236, 2283, 5279-5282, 5308, 5351, 19th century;
2842, 2844, 2846, 5565-5578, 5633, 5638, 5679, 20th century.
Blanc, Louis, 2181, 2240
Blanchemain, Prosper, 4918
Blanchot, Maurice, 5731
Blin, Georges, 3231
Blinkenberg, Andreas, 3232
Blois, 4805
Blondel, Maurice, 5732, 5733
Bloy, Léon, 2383-2385, 5401, 5403
Boase, Alan, 5985
Bodel, Jean, 730
Bodin, Jean, 941
Boehner, Fr. Philotheus, 3233
Boethius, 4829, 4830
Boileau, Gilles, 1449
Boileau, Jacques, 1449
Boileau-Despréaux, Nicolas, 1446-1450
Boisacq, Emile, 3234
Boisdeffre, Pierre de, 5986
Boisguilbert, Pierre de, 1882, 1883
Boisrobert, François LeMetel de, 1342, 1451
Bolelli, Tristano, 3235

Bonnerot, Jean, 3236
Bonnet, Charles, 1884, 1885
book collectors, 4614. See also "antiquarian book dealers."
book history. See "printing" and "booktrade."
book reviews. 4792, 4793, Guides to review sources; 4174, 4721, 5637, 6754, 6755
book stores. See "antiquarian book dealers" and "booktrade."
book trade, 1062, 1068, 4595, 4614-4629, 5150-5161, 5290-5297, 5358, 6376, 6455, 5456, 6479
bookplates, 4676, erotic; 6964
books. See "printing," "book trade," "antiquarian book dealers," "prohibited books," "illustrated books," "rare books," "original editions."
books of hours, 861, 865, 869
Bopp, Léon, 2987
Bordelais, 3911, 4775, 5148
Borel, Pétrus, 2386, 5404
Bosco, Henri, 5734
Bosquet, Alain, 5987
Bossuet, Jacques-Bénigne. 1452-1458, Section on; 1514, 5030, and Fenelon.
Bossuet, L. A. N., 6805
Bouchard, Jean-Jacques, 1459
Bougerel, le Père Joseph, 1308
Boulainvilliers, Henri de, 1460, 1886
Bourbon, Charles-Louis de, 4927
Bourbonnais, 6848
Bourdaloue, Louis, 1461-1464
Boureau-Deslandes, André-François, 5194
Bourges, Elemir, 2387
Bourget, Paul, 2988, 2989
Bourgogne, 4812, 5154, 6523, 6833, 6842
Boutière, Jean, 5988
Boutruche, Robert, 5989
Boyer, Claude, 1465
Boylesve, René (René Tardivaux), 2990
Brahmer, Meiczyslaw, 5990
Brantôme, Pierre de Bourdeille de, 4953, 4954
Brasillach, Robert, 2991, 5735
Bray, René, 3237
Bremond, Henry, 3238, 3239
Bretagne, 4657, 6619, 6835
Breton, André, 2797, 2992, 5736, 5737
breviaries, 873
Brie, 148
Brieux, Eugène, 2993
Brisson, Pierre, 5738
Brivois, Jules, 5292
Broendal, Viggio, 3240
Browne, Sir Thomas, 4079
Bruch, Josef, 5991
Bruch, Robert, 3241
Brun, Auguste, 5992
Bruneau, Charles, 3242
Brunel, Clovis, 3243
Brunet, Jacques-Charles, 4788, 5993
Brunetière, Ferdinand, 3244
Brunot, Ferdinand, 5994
Bruscambille (Deslauriers), 1466
Budé, Guillaume, 980
Budé, Jean, 981
Buffier, Claude, 5195
Burger, André, 5995
Bussy-Rabutin, Roger de, 1467, 1468
Butor, Michel, 7028
Byron, George Gordon Noel, Lord, 2203

Cadou, René-Guy, 2994
Cahiers de la civilisation médiévale, 619
Caillois, Roger, 3245
calligraphy, 4554. See also "paleography" and "autographs."
Calot, Frantz, 3246
Calvet, Jean, 5996, 5997
Calvin, Jean, 1116-1122, 4955-4960
Camargue, 6506
Cambresis, 4658
Cameroni, Felice, 5998
Camus, Albert, 2995-3001, 5739-5744
Camus, Jean-Pierre, 1469, 1470, 5050
Canada, 3763-3821, 6317-6374
Canadian literature, 3771-3814,

Canadian literature (cont.), 6330-6347, 7021, Sections on; 447, 4697, theses.
Canard enchaîné, 5619
Canudo, Ricciotto, 5745
Carco, Francis, 3002
card playing, 6948. See also "games."
Caraccio, Armand, 5999
careers in foreign languages, 3714-3716, 6385
Caribbean, 6434-6440
Carmontelle (Louis Carrogis), 5196
Carré, Jean-Marie, 6000
carriage riding, 4576. See also "equitation."
Cartel des Quatre, 5634, 5772
Cartesianism. See "Descartes."
cartularies, 849, 851, 3993, 4000
Casanova de Seingalt, Jacques, 1887, 1888, 5197-5200
Castellion, Sébastien, 912
Castex, Pierre-Georges, 6001
Castiglione, Baldessare, 4924
Catharism, 6537
Catholic literature, 2790, 5561, 5623
Cavilier de La Salle de Rouen, Robert, 3825
Caxton, William, 632
Cazotte, Jacques, 1889
Celestina, 1009
Céline, Louis-Ferdinand, 3003-3005
Cendrars, Blaise, 3006, 5746-5748
centon, 4763
Cercle de la Librairie, 4559
Cervantes, Miguel de, 1372
Celtic influence in medieval literature, 697-705
Cézanne, Paul, 2774
Chabaneau, Camille, 3247
Chaigne, Louis, 6002
Chailley, Jacques, 6003
Chaleyer, Louis, 3889
Chambord, comte de (Henri V), 5405, 6555
Cahmpagne, 148, 509, 6185, 6855
Champfleury (Jules Husson), 2388

Chamfort, Sébastien-Roch-Nicolas, 1890
Champier, Symphorien, 939, 4961
Champmeslé, Charles Chevillet de, 1438
Chamson, André, 5749
Chancerel, Leon, 2915, 5750, 6004
Chanson de Guillaume, 656-658
Chanson de Roland, 649-655, 4859, 4860, 6961
chansons de geste, 642-658, 1109, 4846, 4850
Chapelain, Jean, 1470A, 5051, 5052
Chappaz, Maurice, 5751
Chappuzeau, Samuel, 1471
Char, René, 3007, 5752-5754
Chardin, Jean-Baptiste, 4768
Chardonne, Jacques, 3008
Charles V, 4809
Charlier, Gustave, 3248
Charpentier, Marc-Antoine, 1361
Charrière, Madame de, 1891
Chartres, 6839
Chasles, Philarète, 5414, 5415
Chassant, Alphonse, 2242
Chassé, Charles, 5755
Chassignet, Jean-Baptiste, 5053
Chastel, André, 6005
Chastellain, Georges, 733, 4861
Chastellux, le chevalier de, 1725
Château de Blois, 4805
Château de Fontainebleau, 4900
Chateaubriand, François-René de, 2389-2398, 5406-5413, 6980
châteaux, 973, 6873. See also "architecture," medieval and sixteenth century.
Chatelain, Emile, 3249
Chatrian, Alexandre, 2429, 5432
Chaucer, Geoffrey, 4826
Chénier, André, 1892-1895, 5201
Chénier, Marie-Joseph, 1711
Chennevière, Georges (Georges Debile), 3009
Chesterton, G. K., 4062
Chevalier, Ulysse, Repertorium Hymnologicum, 860
chevalier au cygne legend, 4236
children's language, 3686, 3691
children's literature, 3685, 3692-

children's literature (cont.),
　3694, 3697, 4671-4673
Chisholm, Alan Rowland, 3250,
　6005A
Chomsky, Noam, 6006
chorus in tragedies, 1092
Chrétien de troyes, 734-738,
　4862
Christ represented in novels,
　513
chronology. 1110, d'Aubigné;
　4875, Christine de Pisan;
　5649, cinema;
　6552, 6557, comparative literature;
　5775, Daumal;
　1277, Donneau de Visé;
　5780, G. Duhamel;
　1093, early religious tragedy;
　1717, Favart;
　3449, French language;
　4748-4752, French literature, general;
　601, French literature medieval;
　4772, French theater;
　778, history, medieval;
　5008, history, 1680-1715;
　2833, history, modern;
　1433, Hôtel de Bourgogne;
　5664, international relations, 20th century;
　1137, Jodelle;
　1526, La Fontaine;
　5830, Lebesgue;
　2547, Leconte de Lisle;
　1168, Marguerite de Navarre;
　5841, Maritain;
　1959, 5228, Marivaux;
　1143, Marot;
　5480, Maupassant;
　1545, Maynard;
　2579, Mérimée;
　2274, Le mervilleux in contes and nouvelles, 19th century;
　1581, Molière;
　2897, novels of adolescence;
　1077, Pléiade;
　5088, Princesse des Ursins;
　6371, Québec;
　5099, Racine;
　1108, realist novel of 15th and 16th centuries;
　2632, Rimbaud;
　2276, romanciers rustiques, 1860-1925;
　1198, Ronsard;
　1997, Rousseau;
　954, science, 16th century;
　2720, Stendhal;
　5924, Suarès;
　5592, 5597, Surrealism;
　5540, Verlaine;
　4192, World literature.
churches, 6905, 6906, 6909
cinema. 2929-2937, 4311, 5641-5656, general;
　95, periodicals;
　6347, Canada;
　6397, Belgium; See also "Filmography."
Cioranescu, Alexandre, 6007
circus, 4770, 5650, 6750
citations, 4343, 4345, 6612-6615. See also "proverbs."
cities in France, 4365. See also specific cities.
Ciureanu, Petre, 6008
clandestine publications, 921,
　1115, 16th century;
　1346, 1819, 17th and 18th centuries;
　1812, 1827, 18th century;
　85, 2807, 2808, 2813, 2823, 5607, 5613, 6379, 20th century.
Claretie, Jules, 2243
Claretie, Léo, 2244
Classical literatures, bibliographical guides, 4164-4171, 6662-6665
classical themes, 4234, 4237, 4246, 4247, 4250-4253. See also "influences and sources, classical."
classicism, 1234-1247, 1655, 2107, 5001-5007
Claudel, Paul, 3010-3018, 5756-5764, 7016
Claudin, Anatole, 1072
Clemenceau, Georges, 2831
Clément, J.-M. B., 559
Cleopatra theme, 4235
cliché, 4339
clock makers, 961
Clouzot, Léon, 5416

343

Cocteau, Jean, 3019-3022, 5765-5769
Cohen, Gustave, 3251
Cohen, Marcel, 3252, 6009
coins. See "numismatics."
Coindreau, Maurice Edgar, 5770
Colburn, Henry, 5412
Colette (Sidonie Gabrielle Colette), 3023-3025, 5771
Collas, Georges, 3253
Collège de Clermont, 4519
Collin d'Harleville, Jean-François, 5202
Colomb, Fernand, 968
colonization, 1744, 4034, 6776
Colophon, 4608
colophons, 4558, 4559, 4571, 4912
Combremont-le-Petit, 151
Comédie Française, 560, 566, 566A, 1440, 1863, 1864, 5186
comedy, 1094, 1098, 4945, 4946, 16th century; 1413, 1419, 1432, 17th century; 1861, 1866, 1867, 1953, 18th century; See also "theater."
comics, 6735
commerce. See "economics."
Commune 1871, 5356-5359
Communes, 6773. See also specific names.
comparative literature, 4028-4119, 6547-6583, Sections on; 90, periodicals; 354-365, theses; See also "influences and sources," "translations," "general literature," "humanism," "themes," and bibliographic guides to other literatures entered under specific name, e.g., "Italian literature."
computational linguistics, 3610-3622, 6634-6641; 6990
computer application to humanistic scholarship. See "computational linguistics."
Comtat-Venaissin, 3972, 4319, 6531, 6536
Comte, Auguste, 2245, 5417
concordances, 5695, Apollinaire; 2356, 2363, 2371, 5385, Baudelaire; 2972, Beauvoir; 5739, Camus; 5075, LaRochefoucauld; 3088, Malraux; 1160, Montaigne; 3137, 5884, Proust; 5101, Racine; 3117, 5905, Saint-John Perse; See also "word studies" and "dictionaries."
condemned books. See "prohibited books."
Condillac, Etienne Bonnet de, 1896
Condorcet, Jean-Antoine-Nicolas de Caritat, marquis de, 1897-1899, 5203
Conservatoire de musique, 4405, 4412
Constant de Rebecque, Benjamin, 2399-2403, 5418-5420
conte. See "novel."
contrastive language study, 3700-3706
Conty, le prince de, 1729
Cook, Captain, 1763
Cooper, James Fenimore, 2196
Copeau, Jacques, 5772, 5773
Coppée, François, 2404
Corbière, Tristan (Edouard-Joachim Corbière), 2405, 2406, 5421
Corday, Charlotte de, 5204
Cordemoy, Gérauld de, 5054
Cordier, Henri, 3254
Corneille, Pierre, 1472-1490, 5055-5058
Corneille, Thomas, 5059, 5060
cosmopolitanism. See "comparative literature."
Cosse, 3972
costume. See "fashions."
Cotgrave, Randle, 1266
Courier, Paul-Louis, 2407-2409
Couronnement de Louis, 657
Courteline, Georges, 3026
Courtin, Antoine de, 5061
Cousin, Gilbert, 2246

crafts, 4390
Cramer (publisher), 1821
Crébillon, Prosper Jolyot de, 5205
creole, 3831, 6428, 6435. See also "dialectology."
Creuse, 6819
Crèvecoeur, Saint John de, 1776
cries, 6608, 6609
criticism, 4201-4220, 6756-6769. See also "historiography of French studies," and the various periods of French literature.
critics. See "criticism," "scholars" and "scholarship."
Crommelynck, Fernand, 5774
Cros, Charles, 5422
cross-word puzzles, 6277, 6281, 6284
Crozet, René, 6010
crusades, 794, 796
cryptology, 4579
cubism, 2794
Curel, François de, 2410
Curtius, Ernst Robert, 3255, 6011
Cyrano de Bergerac, Savinien de, 5062

Dada, 5591, 5672. See also "Surrealism."
dance, 4396, 4397, 4402, 4409. See also "music."
dandyism theme, 2084
danse macabre, 4244
Dante, 637, 641
Dassoucy (Charles Coypeau d'Assoucy), 1491
Daudet, Alphonse, 2411-2415, 5423
Daumal, René, 5775
Dauphiné, 3916, 3973, 6512, 6524, 6811, 6812, 6849
Dauzat, Albert, 3256
death, 4244, 6604
De Coster, Charles, 2416, 5424
Dédeyan, Charles, 6012
dedicatory letters, 1271
Dehénault, Jean, 1492
Delacroix, Eugène, 1705
Delavigne, Casimir, 2417
Delbouille, Maurice, 6013

Delisle, Léopold, 3257
Deloffre, Frédéric, 6014
Delteil, Joseph, 5776, 5777
deltiology, 6736
Delvau, Alfred, 5425
Demetrius, 1007
demonology. See "occultism."
demons, 6605
Desargues, G., 1339
Des Autels, Guillaume, 1111
Des Barreaux, Jacques Vallée, 1493
Desbordes-Valmore, Marceline, 2418-2420, 5426
Descamps-Scrive, R., 5301
Descartes, René, 1494-1505, 5063-5066
Desjardins, Marie-Catherine, 6979
Desmarets de Saint-Sorlin, Jean, 1506
Desnos, Robert, 3027
Desperiers, Bonaventure, 1123, 1124
Desportes, Philippe, 1125-1127A, 1556
Desrues, François, 7017
Destouches, Philippe Néricault, 1900
Des Ursins, Princesse, 5088
detective story, 5626, 6743-6746
Deubel, Léon, 3028
devil theme, 2087
Dey, William Morton, 3258
dialect dictionaries, 6184
dialectology, 3574-3588, 6178-6193, Sections on; 3837, 6473, 6474, African; 6431, American; 3853-3856, 6400-6406, Belgium; 3831, 6428, 6435, creole; 3910-3929, langue d'oc; 3828, 3830, 3831, Louisiana; 3841, Switzerland; See also "Raeto-Romance," "Provençal," and regions by specific name.
dialects. See "dialectology."
dictionaries, bibliography and history, 6, 19, 1262, 1810, 3468, 3574, 3589-3606, 3758, 3894, 4017, 4581, 4592, 5123, 5274, 6184, 6198-6200, 6401,

dictionaries, bibliography and
 history (cont.), 6878, 6966
dictionaries, by period, 621-
 634, 4010-4021, 4798, 4799,
 4837, 4838, 6965, medieval
 period;
 892-896, 16th century;
 1258A-1267, 1420, 1478, 1577,
 17th century;
 1815, 5121, 5122, 5124, 18th
 century;
 5270-5278, 6966, 19th century;
 5579, 5580, 20th century.
dictionaries, of authors and special topics. See also "slang,"
 "etymology," "Latin," "French
 language outside France,"
 "Provençal and southern
 France," "dialectology," "synonyms," and "concordances."
 725, Adam de la Halle;
 188, Beaumarchais;
 730, Jean Bodel;
 4954, Brantôme;
 4958, Calvin;
 1470A, 5051, 5052, Chapelain;
 734, Chrétien;
 3612, computer languages;
 1478, 1481, Corneille;
 2414, Daudet;
 1123, Despériers;
 2436, Flaubert;
 2469, Goncourt;
 7024, La Bruyère;
 1532, La Fontaine;
 1540, La Rochefoucauld;
 1562, Malherbe;
 5228, Marivaux;
 1569, 1577, 1578, Molière;
 1167, Montaigne;
 5321, Naturalism;
 4872, Charles d'Orléans;
 6991, pedagogy;
 747, Perceval;
 1082, Pléiade;
 6988, prostitutes;
 4876, Quatre Fils Aymon;
 3149, Queneau;
 4877, Quinze Joyes;
 1603, Racan;
 1619, Racine;
 752, Roman de Renard;
 1199, Ronsard;
 2034, duc de Saint-Simon;
 6659, scientific and technical,
 multilingual;
 1641, 5110, 5111, Mme de
 Sévigne;
 5582, 5588, Surrealism;
 2164, 5325, Symbolism;
 5928-5930, Teilhard de Chardin;
 3199, 3200, Valéry;
 764, 771, Villon;
 772, Wace.
didactic literature, 4841
Diderot, Denis, 1901-1920, 5206-
 5211. See also "Encyclopédie."
Diderot Studies, 5210
Dieckmann, Herbert, 6015
Dijon, 4662, 5016
diminutives, 3473, 6312
direct address, 6661
discography, 200, 6881, general;
 2951, 5692, Apollinaire;
 5703, Aragon;
 5718, Beauvoir;
 6890, classical music;
 5761, Claudel;
 5801, Gide;
 6889, jazz;
 664, medieval music;
 1567, Molière;
 5858, 5862, Montherlant;
 1195, Ronsard;
 765, Villon.
dissertations. See "theses."
dix-huitiémistes, 5951
documentalists, 4639
documentation, 13, 17, 43, 125,
 2838-2847, 3592, 4446
Dolet, Etienne, 4962
Dollot, René, 3259
Dominicans, 871
Don Juan theme, 2913, 4249,
 6726
Donneau de Visé, 1277
Donnemarie, 6837
Dortous de Mairan, Jean-Jacques,
 5212
Dottin, G., 3260
doublets, 3472
dramatic situations, 573
dramatic theory, 1421, 1855,
 6759
drames à clef, 577, 4316
dream books, 640

dreams (literary theme), 2110
dress. See "fashions."
Dreyfus Affair, 5362, 5363
Drieu La Rochelle, Pierre-Eugène, 3029, 5778
Drôme, 6817
Du Bartas, Guillaume de Salluste, 1128, 4963, 4964
DuBellay, Joachim, 1000, 1129-1132, 4965, 4966
Du Bos, l'abbé, 1922
Du Bos, Charles, 1921, 5779
Ducháček, Otto, 6016
Duclos, Charles Pinot, 1734
duelling, 4587
DuFouilloux, Jacques, 964
Dufourcq, Albert, 3261
Duhamel, Georges, 3030-3032, 5780, 5781
Duke University, 4794, 4891, 4786
Dumas, Alexandre (fils), 2421, 2422, 2426
Dumas, Alexandre (père), 2105, 2421-2425, 5427-5430
Du Moulin, Pierre, 2427
Dumoustier, Jacques, 2247
Dupouy, Auguste, 6017
Dupuy collection of the Bibliothèque nationale, 1286
Duraffour, Antonin, 3262, 6018, 6019
Duranty, Louis-Edmond, 2428, 5431
Durry, Marie-Jeanne, 6020
DuRyer, Pierre, 1507
Du Verdier, Antoine, 4967
Dyggve, H. Petersen, 3263

eclogue, 1080
economics, 811, 815, 1677, 1678, 1683, 4585, 4924B, 6926-6930
ecumenical movement, 4497
Edit de Nantes, 1304
Editions de Minuit (publishing house), 2808
education, 429, 438-441, 448, 899, 1935, 3631, 3637, 3816, 4515-4531, 6937, 6939, 6940, 6991, 7018
Eide, 4863
El Nouty, Hassan. See Nouty,
Hassan El.
elegy, 4944
Elskamp, Max, 3033
Eluard, Paul, 3034-3036, 5782-5784
emblem literature, 1085A
émigrés. See "voyages," and "influences and sources."
encyclopedias, bibliography and history, 5, 6, 4592, 4837, 6878
encyclopedias by period.
620, 4837, medieval;
1255, 17th century;
1813, 1814, 18th century; 478
478, 19th century;
5673-5675, 6994, 20th century.
Encyclopédie, 1721, music articles;
1814, 1st edition;
1923-1930, 5213, 5214, Sections on.
English as a second language, 3700, 3706
English literature, bibliographical guides, 4142, 4143, 4146-4149, 6693, 6694
engraving, 1069, 1825, 4550, 4555, 4562. See also "illustrated books."
Enlightenment. See "French literature, eighteenth century."
ennui theme, 5299
epic, 1004, 1102, 1109, 1406, 1407, 1411, 2282, 4094, 4846-4850. See also "poetry," "chansons de geste," and specific titles.
epidemics in the middle ages, 820, 825
epistolary novel, 1948, 4779, 4781, 6740
equitation, 4576, 6956
Erasmus, Desiderius, 4968
Erckmann-Chatrian, 2429, 5432
Erckmann, Emile, 2429, 5432
erotic literature, 2275, 4240-4243, 4245, 4249, 4342, 4674-4677, 4840, 5321, 6730-6733
Esperanto, 6651
essay in France, 510
Estaunié, Edouard, 3037
ethnography, 6943. See also "so-

ciology" and "anthropology."
Etiemble, René, 6021
Estienne, Robert, 1048
Etienne, Servais, 6022
etiquette, 6954
etymology, 3470, 3504-3538, 3759, 3760, 4016, 4021, 6181, 6260-6211, 6301, 6402, 6965, 7009
Eudes, Saint Jean, 1309
Europe savante, 5146
evil, 6602
Ewert, Alfred, 3264
Existentialism, 2859, 2861-2864, 2867, 5667-5669, 5909
exploration, 4921. See also "voyages" and "influences and sources."
extraordinary voyage, 1387, 1388, 1839, 4254, 4259

fable, 4281, 4320, 4328. See also "folklore," "mythology," "fairy tale."
fabliau, 536, 708
Fabre, Jean-Marcel, 6023
Fagan, Barthélemy-Christophe, 5215
Faguet, Emile, 3265
fairs, 906, 1416, 1710, 1953, 4774
fairy tales, 692, 1394, 1600, 1601
falconry. See "hunting."
fantastic literature, 4254-4265
farce, 1089, 1097, 1432
Farel, Guillaume, 914
Farinelli, Arturo, 3266
fashions, 4430-4433
Fauchet, Claude, 1133, 1134, 3267
Faulkner, William, 5770
fauna, 6616
Faure, Gabriel, 2854, 2858
Favart, Charles Simon, 1717, 1720
Fawtier, Robert, 6024
Fay, Percival B., 3268
Fédération nationale des Cercles dramatiques, 2292
Félibrige. See "Provençal."
fencing. See "duelling."
Fénelon, François de Salignac de la Mothe, 1508-1514, 5030
Féraud, Jean-François, 5216, 6486
festivals. See "fairs."
Festschriften, 608, medieval studies and Romance philology; 3209, modern French literature; 6770, history.
feudalism, 812, 816, 3977
Feuillerat, Albert, 3269
Féval, Paul, 2430
Ficino, Marsilio, 1029, 1034
Fillon, Benjamin, 5433
filmography, 5801, Gide; 5479, Maupassant; 3120, Prévert; 4767, theater; 5543, Verne; 5550, Zola.
films for instructional purposes. See "audio-visual aids."
'fin de siècle' spirit, 2552
Firmin-Didot, Ambroise, 4785, 5343
first editions. See "original editions."
Flandres, 4658
Flaubert, Gustave, 2431-2448, 5434-5442
Fleuret, Fernand, 3038
flora, 6617
Focillon, Henri, 3270, 3271
folklore, 4318-4358, 6584-6621, Sections on; 357, 358, theses; 3961, 6529-6535, Southern France; 3870, 6395, 6396, Belgium; 3810-3814, 6345, Canada; 6413, Switzerland; 6546, medieval Latin; 4258, magic.
Fontenelle, Bernard Le Bouyer de, 1515
foreign influences. See "influences and sources."
foreign language pedagogy, 3626-3717, 6269-6286, 6970
foreign relations. See "influences and sources."
Forez, 4891A, 6525, 6816
Fouché, Pierre, 6025, 6026
Foulché-Delbosc, Raymond, 3272

Foulet, Alfred, 6027
Foulet, Lucien, 6028
Fourcaud, Louis de, 2248
France méridionale. See "Provençal and southern France."
France, Anatole, 2449-2458
Franche-Comté, 3775, 6828, 6846
François ler, 900
francophonic countries. See "French language and literature outside France."
Frank, István, 6029
Franz, Arthur, 3273
Frappier, Jean, 6031, 6032
Frederick the Great, 1829
French language, general, 3429-3717, 6160-6286
French language, medieval period, 620-641, 4797-4804, 6965
French language, sixteenth century, 892-896, 4894-4898
French language, seventeenth century, 1258A-1267, 5005-5007
French language, eighteenth century, 5121-5126
French language, nineteenth century, 5270-5278. See also "slang."
French language, twentieth century, 5579-5587, 7000. See also "slang."
French language and literature outside France, 3763-3876, 6319-6478
French literature, general, 451-589, 4704-4793
French literature, medieval period, 590-874, 4794-4887
French literature, sixteenth century, 875-1214, 4888-4996
French literature, seventeenth century, 1215-1652, 4997-5115
French literature eighteenth century, 1653-2078, 5116-5268
French literature, nineteenth century, 2079-2776, 5269-5557
French literature, twentieth century, 2777-3207, 5558-5950
frequency word list, 6204A
Fréron, Louis-Marie-Stanislas, 1662
Friedrich, Hugo, 6030
Fromentin, Eugène, 2459, 5443
Fronde, 1291, 5012
Frontenac, Louis de, 1769
Fuchs, August, 3274
Furetière, Antoine, 1517, 1518
furnishings, 793, 4429, 6875, 6876

Gaceta de Madrid, 5169
gallicisms, 3477
games, 3707, 6957, 6958. See also "crossword puzzles" and "card playing."
Gamillscheg, Ernst, 6033
Gard, 6490
Gardette, Pierre, 6034
Garneau, Saint-Denys. See Saint-Denys-Garneau.
Garnier, Robert, 1135
Garric, Robert, 6035
Gascogne, 3911, 3923, 3925, 6503, 6518, 6526, 6526A
gastronomy, 4588, 6952, 6960
Gatti, Armand, 5786
Gaultier-Garguille, 1428
Gautier, Armand, 2249
Gautier, Théophile, 2460-2464, 5444, 5445, Sections on; 2105, original editions.
Gavarni (Sulpice-Guillaume Chevalier), 2183
Gazette de France, 1818, 2147
genealogy, 798-809, 1737, 4816-4819. See also "biography, general" and "heraldry."
generative grammar, 3460, 3481, 3483, 6652-6656
Genet, Jean, 3039, 3040, 5787, 6977
Geneva, 4904, 4909, 4915, 6418, 6419
Genevoix, Maurice, 5788
Genlis, Madame de, 1931
Gentleman's Magazine, 2071
geography, 952, 953, 960, 6781-6785, 6963
Germain, Charles Alexandre, 6036

German literature, bibliographical guides, 4150-4154, 6696-6700
gestures. See "Kinesics."
Gevers, Marie, 5789, 6037
Ghelderode, Michel de, 3041, 5790, 5791
Ghellinck, Joseph de, 3275
Ghennady, Gregorio, 2227
Ghéon, Henri, 5792
Gide, André, 3042-3050, 5792A-5801
Gide, Charles, 2832
Giese, Wilhelm, 3280, 6038
Gilbert, Gabriel, 1519, 5067
Gilbert, Nicolas-Joseph-Florent, 1932
Gill, André, 5446
Gillet, Joseph Eugène, 3276
Gillard, Edmond, 5802
Galliéron, Jules, 3277-3279
Giono, Jean, 3051
Girart de Roussillon, 4864
Giraudoux, Jean, 578, 3052-3055, 5803, 5804
Giustiniani, Paul, 986
Glatigny, Albert, 4447
gloire theme, 4942
glossaries. See "dictionaries."
Gobineau, Joseph-Arthur, 2465-2467, 5448-5450
Goethe, Johann Wolfgang von, 4072, 4084
Goncourt, Edmond Huot de, 2468-2473, 5451, 5452
Goncourt, Jules Huot de, 2468-2473, 5451, 5452
Gondelin, Pierre, 5453
Gorki, Maxime, 5662, 6571
Gossen, Charles Théodore, 3281
Goudar, Ange, 5217
Gougenheim, Georges, 6039, 6040
Gouhier, Henri, 6041
Goulart, Simon, 4969
Gourmont, Remy de, 2474-2476
Gournay. See Le Jars de Gournay.
government documents, 4363
Goyau, Georges, 6042
graffiti, 5620, Paris, 20th century
Grail theme. See "Arthurian literature."
grammar books, 3458, 3459, 3462, 4801, 4898
grammarians, 3467, 6170, 6171
grammatical theory, 3458-3469, 3481-3488
Grammont, Maurice, 3282
Grandgent, Charles Hall, 3283
Granges de Surgères, Anatole, 1818
Green, Julien, 3056-3058, 5805-5806
Gregh, Fernand, 5807, 6043
Grente, Georges, 6044
Grevisse, Maurice, 6045
Griera, Antoine, 3284
Grimm, Melchoir, 1721, pamphlets on his Petit Prophète; 1918, Diderot's contributions; 1933, Diderot.
Grolier, Jean, 4789
Grosjean, P. Paul, 3285
Groulx, Lionel, 5808, 6046
Guéhenno, Jean, 3286, 6047
Guerre de Trente ans, 1293
Guèvremont, Germaine, 5809
Guez de Balzac, Jean-Louis, 1282, 5068, 5069
guilds, 1675. See also "labor."
Guillaume, Gustave, 6048-6050
Guillaume cycle, 656-658
Guillaume le Conquérant, 795
Guitton, Jean, 3287
Guizot, François, 2250
Guth, Paul, 6051
Guyard, Marius-François, 6052
Guymer, Christiane, 5602
Guyot, Charly, 6053
Guzman d'Alfarache, 1373

Hainaut, 4658
Haiti, 3832-3834, 6434-6440
Hallays, André, 2477
Halphen, Louis, 6054
Ham, Edward Billings, 6055
Hamelin, Emile, 3288
Hamilton, Anthony, 1934
Hargas, 674
Harrisse, Henry, 2251, 6056
Harvey, Jean-Charles, 5810
Hatin, Eugène, 1819
Hatzfeld, Helmut, 3289, 3290
Haust, Jean, 3291

Ingarden, Roman, 3301
inoculation, 1805
inscriptions, 623. See also "paleography."
Institut et Musée Voltaire, 1708
institutions, 902, 1342-1344, 4189, 4387, 4532-4548, 6944-6947
instruction of foreign languages. See "foreign language pedagogy."
international organizations, 4546
international relations, 4385, 4924A, 5334A, 5334B, 5664. See also "influences and sources."
inventions, 1800, 6955. See also "science."
Ionesco, Eugène, 5814-5816
Iordan, Iorgu, 3303, 6063, 6064
Isis, 6999
Italian literature, bibliographical guides, 4155, 4156, 6666-6672

Jaberg, Karl, 3304, 6065, 6066
Jacob, Max, 3060-3063, 5817
Jakobson, Roman, 6067
Jaloux, Edmond, 3064, 3065
Jammes, Francis, 3066, 3067, 5464
Janin, Jules, 2105, original editions; 5465, general.
Jansenism, 1313-1324, 5025
Japanese literature, 4157, 4158, bibliographical guides.
Jarry, Alfred, 3068, 5818, 5819
Jasmin, Jacques, 2510, 2511, 3969, 5466
Jaurès, Jean, 2512, 2513, 5467
jazz, 2857, 5671. See also "music, twentieth century."
Jeanjacquet, J., 3305
Jeanne d'Arc, 830, 831, general; 2935, cinema.
Jeanroy, Alfred, 3306, 3307
Jespersen, Otto, 3308
Jesuits, 1769, 1770, 3818, 3820, 4114, 4470, 4520, 6907, 6917
Jeu de Saint Nicolas, 4865

Jews in Canadian Literature, 3790
Jodelle, Etienne, 1137
jokes, 1103, 6586. See also "anecdotes."
Joly de Fleury, 1066
Jordell, Daniel, 6068
Joseph, le Père, 1301
Joubert, Joseph, 1943
Jouhandeau, Marcel, 3069, 5820
Journal de Verdun, 5173
Journal des Débats, 1814-1914, 2097
Journal des Savants, 1859-1908, 2102
Journal Encyclopédique, 5166
journalism, 6935, general; 1767, 18th century; 2991, Brasillach; 6983, 17th and 18th centuries.
journals. See "periodicals."
Jouve, Pierre-Jean, 3070, 5821, 5822
Jouvet, Louis, 5823

Kahane, Henry, 3309
Kahane, Renée, 3309
Kahn, Gustave, 5468
Karl, Ludwig, 3310
Karr, Alphonse, 2514
Kaspers, Wilhelm, 3311
Keepsakes, 2123, 2131. See also "autographs."
Keidel, George C., 3312
Keller, Oskar, 3312
Kinesics, 3668, 6235, 6244, 6267, 6268
Kirchberger, Nicolaus Anton, 1794
Klemperer, Victor, 3314
Knobloch, Johann, 3315
knowledge, theory of, 4828. See also "philosophy."
Kohler, Eugène, 6069
Krahe, Hans, 3316
Krause, Wolfgang, 3317
Krauss, Werner, 3318
Kretschmer, Paul, 3319
Kritischer Jahresbericht über die Fortschritte der romanischen Philologie, 3735
Krüger, Fritz, 3320, 6070
Kuhn, Alwin, 6071, 6072

Labé, Louise, 4970, 4971
La Bellaudière, Louis Bellaud de, 3970
Laberge, Albert, 5824
Labiche, Eugène, 2515
La Boétie, Etienne de, 1156, 4972
labor, 1675, 6928, 6929. See also "economics."
Laboulaye, Edouard, 6073
La Bruyère, Jean de, 1520, 1521, 7024
La Calprenède, Gautier de Coste de, 1522
Laclos, Pierre, Ambroise-François Choderlos de, 1944-1948, 5220-5222
Lacretelle, Jacques de, 3071
Lacroix, Paul, 6074
Lafayette, Madame de, 1523-1525, 5070, 5071
La Ferté-Sénectère, Marquis de, 6178
La Fontaine, Jean de, 1526-1534, 5072-5074, 1379, England; 1852, dramatizations.
Laforgue, Jules, 2516-2520
Lafuma, Louis, 3321, 6075
LaGrange (Charles Varlet), 1440
La Guette, Madame de, 1269
Lahontan, Louis Armand de, 1381, 1383
Lamartine, Alphonse de, 2521-2529, 5469, 5470
Lambert, Marquise de, 1730
Lamennais, Félicité, 2530-2539
Lamothe-Langon, Etienne-Léon de, 2540
Lamy, Bernard, 1328
Lancaster, Henry Carrington, 3322
Lancelot en prose, 739-740
Landes, 3917-3919, 6489, 6529
Landry, C.-F., 6076
Lang, G. E., 5300
Långfors, Arthur, 3323
Langlois, Ernest, 3324
language. See "French language" and "linguistics."
Language laboratory, 3669, 3676
language teaching. See "foreign language pedagogy."

Language theory, 4896
language universals, 4124
Languedoc. See "Provençal and southern France."
Lanoux, Armand, 6077
Lanson, Gustave, 3325, 4786
Lapérouse, Jean-François de Galaupe, comte de, 5223
Laprade, Victor de, 2541
La Ramée, Pierre de, 3464
Larbaud, Valéry, 3072, 3073, 5825-5827
Larchey, Lorédan, 3226, 5471
LaRochefoucauld, François de, 1535-1541, 5075-5079
LaTaille, Jacques de, 4973
Latin, classical. See "Classical literature."
Latin, medieval and later, 3979-4027, 6540-6546, 7002
Latin names for pre-nineteenth century towns with printers, 1073
Latini, Brunetto, 4799
Latouche, Henri de, 2542
Laumonier, Paul, 3327
Laurent, Hermann, 3328
Lautréamont (Isidore Ducasse), 2543, 2544, 5472
La Vaissière, Robert de, 5828
La Vallière, le duc de, 1665
La Varende, Jean de, 3074, 5829
Lavigerie de Saint-Liège, 2191A
law, 4538
Lawton, Harold Walter, 6078
Lays, 707
Lazarillo de Tormes, 4069
Léautaud, Paul, 3075, 3076
Lebègue, Raymond, 6079
Lebesgue, Philéas, 5830
LeBraz, Anatole, 3077, 3078
Le Cardonnel, Louis, 2657
Leclercq, Jean, 3329, 6080
Leconte de Lisle, Charles, 2545-2547
Lees, Robert B., 6081
Lefebvre, Henri, 6082
Lefranc, Abel, 3330
Le Gentil, Pierre, 6083
Leibniz, Gottfried Wilhelm von, 1778, 1782
Le Jars de Gournay, Marie, 1155
Lejeune, Rita, 6084

Lemaire de Belges, Jean, 741
Lemaître, Jules, 3331
Lemay, Léon Pamphile, 5473
Lenclos, Ninon de, 1275
lending library, 119, 511, 557
Lenormand, Henri-René, 3079
Leo, Ulrich, 6085
Leopardi, Giacomo, 2225
LePetit, Claude, 1542
Lerch, Eugen, 3332
Leroux, Pierre, 2120
LeRoy, Eugène, 2548
Lesage, Alain René, 1949-1954, 5224, 5225
Lespinasse, Julie de, 1727
Lessing, Gotthold Ephraim, 2215
Lettres portugaises, 1543
Lettrism, 5600A-5604
Levaillant, Maurice, 3333
LeVavasseur, Gustave, 2549
Lévi-Provençal, E., 3334
Lévi-Strauss, Claude, 5831, 6086
Lexical studies. See "word studies."
lexicography, 4210. See also "dictionaries" and "terminology."
lexicology. See "word studies."
liaison, 6227
libertinage, 1325, 1333, 1336, 1403, 1493, 1542
librarianship, 2090, 19th and 20th centuries.
libraries, bibliography and history, 117-143, 4630-4644, Sections on;
1830, 5139, 18th century;
2101, 19th century;
3764, 6327-6329, Canada;
136, 137, 4617A, 4902, private libraries.
libraries, catalogues of private collections, 1054, 4557, Annisson, history of printing;
4805, Château de Blois;
6805, L. A. N. Bossuet;
4901, ducs de Bourbon;
4927, C. L. de Bourbon;
5292, J. Brivois;
4788, J.-C. Brunet;
981, Jean Budé;

3913, Burgaud des Marets;
4957, Calvin;
3889, L. Chaleyer, Provençal;
6555, Henri V., comte de Chambord;
4768, rare books, Chardin;
4809, Charles V;
2393, 6980, Chateaubriand;
968, Fernand Colomb, art;
2409, Courier;
5301, Descamps-Scrive;
970, E. M. B.;
6797, Falconet;
1134, 3267, Fauchet;
2292, Fédération nationale des Cercles dramatiques;
4785, Firmin-Didot;
1002, 4900, Fontainebleau;
5794, Gide;
5449, Gobineau;
2470, Goncourt;
4789, J. Grollier;
4988, H. de Guillen;
4761, poetry, T.-G. Herpin;
1936, d'Holbach;
1066, Joly de Fleury, printing;
6178, La Ferté-Sénectère;
2533, Lamennais;
5300, G. E. Lang;
4786, G. Lanson;
1665, La Vallière;
6429, E. C. Loménie;
3767, J. C. McCoy, French and American Canadiana;
6951, A. Mercier;
4783, Monmerqué;
5302, V. Mercier;
1145, 1148, 4982, Montaigne;
1971, 5233, Montesquieu;
4908, C. Fairfax Murray;
2607, Nodier;
5364, J. Noilly;
731, 4870, Charles d'Orléans;
6798, W. Osler;
3361, G. Paris;
1165, J. F. Payen and J. B. Bastide;
4810, 4811, Philippe le Bon;
4784, J. Pichon;
5503, Pixérécourt;
1610, 5095, Racine;
2615, Renan;
4790, Rochebilière;

libraries, catalogues of private collections (cont.),
2112, 2113, Romantic movement;
575, Rondel;
501, Rothschild;
2661, George and Maurice Sand;
5254, Marquis de Santillane;
4787, Ch. Sauvageot;
556, 564, 567, Soleinne;
4782, Mme Louis Solvay;
2689, Stendhal;
4314, theater specialization;
1213, Pontus de Tyard;
3931, de Vallat, Provençal;
546, Viollet-Le-Duc;
2052, 2059, 2060, 2061, 2075, 5261, Voltaire;
603, C. Wahlund;
4561, J. M. Wing, printing;
6480A, Shepard, Provençal.
library catalogues, printed, 135, 137
life in France theme, 6739
Ligne, Charles-Joseph, 1955
Lillo, George Barnwell, 1749
Limoges, 149
Limousin, 3927, 3932, 3961, 6814, 6822
linguistic geography. See "dialectology."
linguistics, questionnaires, 3583
linguistics, 4120-4141, 6622-6661, 6986, Sections on; 379-384, 6626, theses. See also "French language," "Romance Philology," and specific aspects of language study.
linguists, 3437, 3584, 4135. See also "scholars" and "addresses of scholars."
literary histories, 452, 4711
literary prizes, 504-507, 4175, 4540, 4627
literary property, 1071, 4629
literary relations, 4221-4233, 6721-6729, Sections on; 6256, linguistics.
literary themes. See "themes, literary."
literary theory. See the genre entry, e.g., "novel" and "aesthetics," and the entry for the literary movement, e.g., "Symbolism."
littérature d'évasion, 6737
little magazines. See "periodicals."
Littré, Emile, 6087
Livingston, Charles H., 3335
livre de poche. See "pocketbook."
livres d'heures, 861, 865, 869
loan, library, 119, 511, 557
Locke, John, 1754, 1756
locutions, 3478. See also "verb system."
Loménie, E. C., 6429
Lommatzsch, Erhard, 3336
Longinus, 1006
Lorraine, 4663, 5149, 6186, 6189, 6191, 6193, 6818
Loti, Pierre, 2550-2553
Louis, René, 3337
Louis XIII, 1290
Louis XIV, 1235, 1330, 1380, 1883
Louis XV, 1701
Louis-Philippe, 2178
Louisiana, 3822-3831, 6425-6433, Sections on; 449-450, theses; 1770, Jesuits.
Louvre, 2185
Lucretius, 993
Lugné-Poe, Aurélien-Marie, 2297
Lukács, György, 6088
Lusine theme, 4754
Luther, Martin, 911
luthists, 975
Luxembourg, 6421-6424
Lycée Louis-le-Grand, 4519
Lyon, 1044, 1733, 5310, 6501, 6517
Lyonnais, 5278, 6525, 6815, 6820, 6823, 6843

MLA Modern Language Association of America, 5957
Mabillon, Dom Jean, 1310, 5080
Machiavelli, Niccolo, 1022, 1025, 1030, 1829
machine translation, 3610-3622. See also "computational linguistics."

MacOrlan, Pierre, 3080
Maeterlinck, Maurice, 3081-3086, 5832, 5833
magazines. See "periodicals."
Maggs Brothers, 4791, 4918, 4993, 5160, 6555, 7010
magic, 1832, 4258, 4260, 6601. See also "occultism."
Maine, 6834
Maintenon, Madame de, 1547
Mairet, Jean, 1548
Maistre, Joseph de, 2554
Maistre, Xavier de, 2555
Malebranche, Nicolas, 1549-1553, 5081
Malègue, Joseph, 5834
Malesherbes, Chrétien-Guillaume Lamoignon de, 1956
Malherbe, François de, 1412, 1554-1562
Mallarmé, Stéphane, 2556-2566, 5474-5477
Mallet-Joris, Françoise, 5835
Malraux, André, 3087-3090, 5835A-5837
Man-machine, 1330, 1337
Manin, Joseph, 5478
mannerism, 1226, 4999
manuals of letterpress printing, 4601
manuscripts, 209-231, general section; See also "humanism," and individual authors.
maps, 6784. See also "atlases" and "geography."
Marat, Jean-Paul, 5226, 5227
Marcabru, 4866
Marceau, Félicien, 5838
Marcel, Gabriel, 5839, 5840
Marchand, Hans, 6089
Maréchal, Sylvain, 1957
Mareschal, André, 1563
Margueron, Claude, 6090
Marie Antoinette, 1685, 5133
Marie de France, 742
Marinis, T. de, 1032
marinismo, 1281
marionettes, 1865
Maritain, Jacques, 5841
Maritain, Raissa, 5841
Marivaux, Pierre Carlet de Chamblain de, 1958-1961, 5228-5231

Marmontel, Jean-François, 1852, dramatizations of contes; 1962
Marot, Clément, 1138-1143, 4974
Marot, Jehan, 4867, 4868
Marsan, Jules, 3338
Marseille, 6482, municipal library.
Martin Du Gard, Roger, 3091, 3092, 5842-5844
Martineau, Henri, 6091
Martinet, André, 3339, 6092
Marxism, 6712, aesthetics
Maspéro, Gaston, 2252
mass communications, 3617, 4582. See also "journalism."
Massis, Henri, 5845
Masson, Papire, 3093
mathematics, 4443, 4449. See also "science."
Matulka, Barbara, 3340
Maupassant, Guy de, 2567-2575, 5479-5482
Mauriac, François, 3094, 3095, 5846
Maurois, André, 5847
Maurras, Charles, 3096-3098
maxim, 515, 533, 1535, 4348
Maynard, François, 1544-1546
Maynial, Edouard, 6093
Mazarin, Cardinal Jules, 1283, 1291, 5012
mazarinades, 1291, 5012
mechanism, 1332
medalists, 802
medicine, 4535-4537, 4442, 6797-6804, general;
821, 824, 829, 3971A, 4838, medieval;
956, 597, 963, 965, 966, 1144, 4933, 4935, 16th century;
5007, 17th century vocabulary;
4762, doctor poets. See also "science."
Medicis, Catherine de, 4975
Medieval Latin. See "Latin, medieval and later."
medievalists, 3208, 5954
Meillet, Antoine, 3341
Meisters, Jacob Heinrich, 1661
Melander, Johan, 3342
Mémoires de Trévoux, 5142
memoirs, 1731, 18th century;
1777

memory, 4277
Ménard, Louis, 2576
Menéndez Pidal, Ramón, 3343, 6093A-6096
Menéndez y Pelayo, Marcelino, 3344
menus, 3709
Mercier, A., 6951
Mercier, Louis Sébastien, 1963
Mercier, B., 5302
Mercure de France, 1702, 2104, 5341A
Mercure de Wieland, 1798
Mercure galant, 1277
Mérimée, Prosper, 2577-2584, 5483-5485, Sections on; 2105, original editions.
Merle, Robert, 5848
Merleau-Ponty, Maurice, 3099, 3100, 7023
Mersenne, Marin, 1332
merveilleux and le fantastique in 19th century prose, 2257, 2271, 2274
metaphor, 6719, critical bibliography; 4172, research review; 3561, metaphors based on city names. See also specific authors.
metathesis, 3476
methodology of language teaching. See "foreign language pedagogy."
Meyer-Lübke, Wilhelm, 3345
Micha, Alexandre, 6097
Michaux, Henri, 5849-5851
Michelet, Jules, 2253, 2254, 6984
Mickiewicz, Adam, 5486
microreproductions. See "reprints."
Midi. See "Provençal and Southern France."
Miélot, Jean, 4869
Migne, Jacques Paul, 4491
Migne. Patrologia, 843, 858
military history, 794-797, 4816, 6776
Mille et une nuits, 4116
Millevoye, Charles-Hubert, 2585
Milosz-Milasius, Oscar Venceslas de Lubicz, 5852-5854

mime, 4767
miniatures, 787, 970
minims, 1312
Mirabeau, Honoré-Gabriel de Riqueti de, 1964
Miracles de Nostre Dame, 744
Mistral, Frédéric, 2586, 3963, 3967, 5487-5489
Mockel, Albert, 5855, 5856
Mohrmann, Christine, 3346
Molière (Jean-Baptiste Poquelin), 1564-1586, 5082-5087, 7026
Mollat, Michel, 6098
Monde, Le, 5676
Mondor, Henri, 3347
Monmerqué, L. J. N., 4783
Monnier, Henri, 2587, 5490
monologue dramatique, 1095
monologues, 4353
Monselet, Charles, 2255, 2591
Montaiglon, André de, 3348
Montaigne, Michel de, 1144-1167, 4975A-4982, Section on; 1027, Journal de Voyage; 1441, skepticism; 3480, adverbs.
Montalembert, Charles-René Forbes de, 2588, 5491
Montausier, Marquis de, 1274
Montchrestien, Antoine de, 1587
Montégut, Emile, 3101
Montesquieu, Charles Louis Secondat de la Brède et de, 1965-1976, 5232-5234
Monteverdi, Angelo, 3349, 6100
Montherlant, Henry de, 3102, 3103, 5857-5862
Monthly Review, 2072
Montpellier, 3882, 3931, 6481
Monval, Georges, 3350
Moore, George, 2212
Morand, Paul, 5863
Morçay, Raoul, 1239
Moréas, Jean (Jean Papadiamantopoulos), 2589, 5492
Moreau, Hégésippe, 2590
Moreau, Pierre, 6101, 6102
Moreau de Saint-Meiz, 1771
Morel-Fatio, Alfred, 3351
Morelly, 1977
Morlet, Marie-Thérèse, 3545
Morley, S. Griswold, 3352
Mornet, Daniel, 3353

motet, 662
motifs. See "themes."
Moune, Jean, 3965
Mousnier, Roland, 6099
Moyen Age. Table général, 606
Muller, Henri, 3354
Murray, C. Fairfax, 4908
Musée Stendhal, 2707
museums, 4640, 4641, 6865
music, general, 4396-4412, 6877-6894; 98, periodicals; 357, 528, folk; 413-415, theses; 2003, Rousseau; 2930, cinema; 3810, 3813, Canadian folk; 3870, Belgian folk; 4327, Breton folk; 4929, Huguenot song books.
music, medieval, 660, 663-665
music, sixteenth century, 971, 975, 976, 978, 979, 4934
music, seventeenth century, 1360-1367, 5031-5033
music, eighteenth century, 1710-1725, 5178, 5179
music, nineteenth century, 2187-2190, 2464, 5345
music, twentieth century, 2853-2858, 5671
music and literature, 6723
Musset, Alfred de, 2592-2597, 5493-5496
mysticism, 4482, 6903, 6904, 6920
mythological themes, 4753
mythology, 4269-4271, 4273-4275, 6590-6594. See also "folklore."

Nadal, Octave, 6103
names. See "onomastics."
names, places. See "toponymics."
Nancy, 144
Napoléon, 2171, 2172, 2176, 2208, 5360, 5361
national bibliography. 4, 249, 250, bibliography; 251-271, 4596, 4598, 4599, France; 3847, 3848, 6375-6377, 6388, Belgium; 3765, 3768, 3770, 6318-6323, Canada; 6421-6423, Luxembourg; 3843-3845, 6417, Switzerland; 3848, Netherlands.
nationalism, 4388, 4393, 5136
Natoli, Glauco, 6104
Naturalism, 2148, general; 5321, dictionary, erotic; 1806, 18th century; 2767, Zola; 2899, novel.
nature, 5028, 17th century; 1793, 18th century; 2115, Romanticism.
Navarre, Marguerite de, 1168-1173, 4983
negritude, 5915, 5916
negro theme, 4755
Nelligan, Emile, 5864
Nerval, Gérard Labrunie (de), 2598-2606, 5497, 5498
Netherlands, 3848, national bibliography.
Neuhuys, Paul, 5865
Nevers, Edmond de, 5499
New Colophon, 4608
Newberry Library, 689, 949-951, 1016
newspapers. See "periodicals."
Newstead, Helaine, 3355
Nice, 3972, 6220
Nicolas de Montreulx, 1100
Nicolas de Troyes, 1105, 3538
Nicolas du Chemin, 976
Niedermann, Max, 3356
Nietzsche, Friedrich, 2884
Nitze, William A., 3357, 3358
Noailles, Anna Brancovan, comtesse de, 3104
nobility, 803, 804, 4505. See also "genealogy" and "heraldry."
Nodier, Charles, 2607, 2608, 5500, 5501
Noël, Marie, 5867
Noilly, J., 5304
Norge (Georges Mogin), 5868
Normandie, 4844, 6187. See also "Anglo-Norman."
Nouty, Hassan El, 2229
Nouveau, Germain, 2609, 5502
nouvelle. See "novel."

novel, general.
 508-527, 4777-4781, French;
 4285-4293, 6738-6746, general;
 582, American character types;
 1948, 4779, 4781, 6740, epistolary;
 2206, 2874, English influence; 2276, 2277, 5329, rustic;
 2929, influence on cinema;
 3807-3809, 6348, Canadian;
 4064, translation into English;
 6469, 6471, African.
novel, sixteenth century, 1100-1109, 4948-4950
novel, seventeenth century, 1374, 1387-1397, 5035
novel, eighteenth century, 1837-1847, 5187-5191, 7011, 7012
novel, nineteenth century, 2269-2277, 5329, 6987, 7029
novel, twentieth century, 2893-2901, 5621-5628, 6987, 7003, 7029
numismatics, 4575, 4577, 6953
Nykl, Alois Richard, 6105
Nyrop, Kristofer, 3359

Occitania. See "Provençal and Southern France."
occultism, 2146, 4256, 4261, 4262, 6600-6605
Ohio State University libraries, 4726, 5044, 6299
Old French. See "French language, medieval."
Omont, Henri, 3360
onomastics, 3539-3558, 6212-6221, 7009, Sections on;
 594, medieval literature;
 646, chansons de geste;
 685, 690, 710, 4855, medieval romance;
 742, lays of Marie de France;
 1649, l'Astrée;
 3672, pedagogical devices;
 4818, medieval period;
 See also "toponymics."
opera, 1367, 1719, 1724, 4310, 4401, 4410, 5185, 6891-6894.
 See also "opéra-comique" and "music."
opéra-comique, 1713, 1715, 1717, 1720, 1853. See also "opera" and "music."
Oresme, Nicole, 745-746
organizations. See "institutions," "society publications," and "labor."
original editions, 169-179, 2111, 5292, 5294, 5307, 7022. See also specific authors, and "rare books."
Orléanais, 153
Orléans, Charles d', 676, 731, 732, 4870-4872
Orne, 4664, 6621
orphisme theme, 5314A
Orr, John, 6106
Orsini, Anne Marie, 5088
orthography, 1031, 3501-3503, 4554, 4895, 6231, 6232
Osler, William, 6798
Ossian, 1766
Ovid, 4922, 6561
Ozanam, Antoine-Frédéric, 2610

painting. See "art."
paleography, 412, 4698, theses.
Palissy, Bernard, 4985
pamphlets, 61-64, diffusion of information before the advent of the periodical;
 913, against Ronsard;
 949-951, 4931, 16th and 17th century political;
 1291, 5012, mazarinades;
 1382, Turk in 16th-17th centuries;
 1687, 1690, 1692, 1696, 5134, 5135, Revolutionary;
 1723, Querelle des Bouffons;
 2139, 5309, Romanticism;
 4327, Breton folksongs;
 5379, Commune 1871;
 5459, against Hugo;
 7031, Consulate and Empire.
pantomime, 3679
paper, 4552. See also "printing."
Paré, Ambroise, 958
Paris, Gaston, 3361, 3362
Paris, 4359, 4375, 6805, 6807, general;
 5678, 5679, guide books, 20th

Paris (cont.),
  century;
  5581, 6195, slang;
  4364, 6809, 6810, streets;
  1729, 4370, manners and customs;
  4390, crafts and professions;
  163, 1823, 4557, 4610, 4913, 5015, book trade;
  4630, libraries;
  562, plays and theaters to 1911;
  1684, Revolution;
  1808, philosophy, 18th century;
  2280, as poetic subject;
  2342, depicted by Balzac;
  4417, 4421, art;
  5013, Hôtel de ville, 17th century;
  5348, entertainment, 19th century;
  5630, 5632, theaters, 20th century;
  6218, personal names;
  6608, 6609, sayings and cries, 18th-19th centuries;
  6806, population, 19th century;
  6808, amourous settings;
  6906, abbeys and monastaries.
Parma, 1784
Parnasse, 2154-2156, 5320
parody, 1860, 18th century theater; 1865
  2302, 19th century theater;
  2417, C. Delavigne;
  4771, theater;
  5022, poetry;
  5459, on V. Hugo.
Pascal, Blaise, 1588-1599, 5089-5093, Section on;
  3197, Valéry's judgment.
Pasquier, Estienne, 1174
passions, theory of, 946
pastiche, 4777
pastoral, 661, 1429, 2276, 2277
pataquès, 3476
Patch, Howard Rollin, 3364
Pathelin, 4873, 4874
Patin, Guy, 5094
patois. See "dialectology" and "dialect dictionaries."
patristic literature, 832, 843, 850, 857, 858
Paulhan, Jean, 5869, 6107
Pauphilet, Albert, 6108
Payen, J. F., 1165
pedagogy. See "education" and "foreign language pedagogy."
Péguy, Charles, 3105-3113, 5870-5872
Peignot, Gabriel, 6109
Peiresc, Claude-Nicolas Fabri de, 1331
Peletier du Mans, Jacques, 4986
Pellegrini, Carlo, 3365
Pereire, Alfred, 4918
Péret, Benjamin, 3114
Pergaud, Louis, 3115, 5873
Périer, Odilon-Jean, 5874
Périgord, 6851
periodicals. Each entry listed below refers to a bibliography. Please note that there are six major categories. Specific periodicals referred to in this book are entered by title in the Subject Index.
periodicals, bibliographical, 30-34, 37, 46. See also "serial bibliographies."
periodicals, general. 53-116, 4645-4647, Sections on;
  55-58, 66, 69, 73, 73A, 80, 82, union lists;
  67, 68, 70, 72, 2845, 4648-4654, directories;
  4666-4670, reprints and microforms;
  See also "serial bibliographies" and "reviews."
periodicals, by period. 61-64, 1345-1347, 6764, 17th century;
  81, 1656, 1816-1820, 5146-5149, 18th century;
  5285-5289, 7020, 19th century;
  79, 5605, 5614, 7020, 20th century.
periodicals, by topic. The sequence is numerical.
  85, 2823, clandestine, World War II;
  94, university;
  1690, Revolution;
  1714, 2190, 6886-6888, music;
  1773, 18th century American;

periodicals, by topic (cont.),
1803, philosophies;
2095, 2096, commune, 1871;
2153, Realism;
2161, 5298, 5323, Symbolism;
2303, dramatic theory, 1823-1830;
2313, American translations of Balzac;
2455, Anatole France as a critic;
2568, Maupassant as journalist;
2669, Sarcey;
2799, Parisian, 1900-1914;
2810, Paris, post World War II;
2820, French in North America;
2881, treatment of German literature between Wars;
2925, theater, 1887-1934;
3617, Mass communication;
3763, Québec;
3793, 4331, 6324-6326, Canada;
3827, in Louisiana;
3973, Dauphiné;
4173, general literature;
4434, Science, 17th through 19th centuries;
4513A, Social sciences;
4574, printing;
4646, womens';
4656-4665, regional;
5167, French refugee in the United States;
5320, Parnasse in Italian periodicals;
5339, French in Egypt, 19th century;
5353, Monarchy, 1815-1848;
5416, edited by L. Clouzot;
5656, cinema;
6378-6385, Belgium;
6411, Switzerland;
6430, on Louisiana;
6432, French newspapers in U.S.;
6451-6454, Africa;
6480, Languedoc;
6490, in langue d'oc;
6804, medicine, 17th-19th centuries;
6931, political.
periodicals, linguistic and literary scholarship.
4724-4728, French studies;
3761, 3762, 6299, 6300, Romance philology;
6174, 6175, linguistics;
595, medieval scholarship.
Perrault, Charles, 1600, 1601
Perrot, Jean, 6110
Perruchot, Henri, 3363
Perse. See Saint-John Perse.
pessimism, 1807, 18th century.
pestilence, medieval, 820, 825
Petralia, Franco, 6111
Petrarquism, 1028, 1038, 1043, 1046, 4925
Petriconi, Hellmuth, 3366
Phaedra myth, 581
pharmacy, 4435. See also "medicine" and "science."
phenomenology, 2866. See also "existentialism."
philatelia, 4685
philology. See "French language," "linguistics," "Romance philology."
philosophes, 1869, in French drama. See also "philosophy, eighteenth century" and "Encyclopedie."
philosophy, 4454-4468, 6895-6901, general;
419, 523, 426, theses;
4827-4836, medieval. See also "religion, medieval;"
938-951, 4930-4932, 16th century;
1325-1341, 5027-5030, 17th century;
1791-1812, 5172-5177, 18th century;
2213, 2218, 5346, 19th century;
2859-2867, 5665-5669, 6996, 20th century.
philosophy, periodicals, 87
philosophy of history, 4377, 6780
phonemics. See "phonology."
phonetics. See "phonology."
phonograph records. See "discography."
phonology, 3489-3500, 6227-

6230, French.
physiocrat movement, 5166
Pibrac, Guy du Faur de, 1175, 1176
Picard, Raymond, 6112
Picardie, 6188, 6190, 6192
picaresque novel, 1374
Piccolo, Francesco, 6113
Pichon, Jérôme, 3367, 4784
Picot, Emile, 3368
Pietsch, Karl, 3369
Pignon, Jacques, 6114
pilgrimages, 4481
Pilon, Germain, 969
Pirenne, Henri, 3370
Piron, Alexis, 1978
Pirsoul, Léon, 3371
Pisan, Christine de, 4875
Pixérécourt (René-Charles Guilbert de Pixérécourt), 5503
place names. See "toponymics."
Planche, Gustave, 2611
Plantin, Christophe, 971, 979
Platonism, 1000, 1001, 1013, 1125, 4923
Plattard, Jean, 6115
Pléiade, 1038, 1074, 1076, 1077, 1082, 1086
plots, 573
Plutarch, 4920
pocketbooks, 2838, 4688
Poe, Edgar Allen, 2195, 2199, 2200, 5384
poème en prose, 2279, 2904
poetesses, 2906, 20th century.
poetic theory, 667, 1084, 1400, 4094, 4239
poetry, general.
528-546, 4751-4765, French; 4278-4284, 6752, 6753, general;
4199, terminology;
3801-3803, 6349, 7021, Canadian;
6437, Haitian;
6282, poetry for children.
poetry, medieval, 659-670, 4844-4851, Sections on;
3994, 4005, Latin.
See also "Provençal."
poetry, sixteenth century, 1074-1087, 4940-4944, 7015
poetry, seventeenth century, 1398-1412, 5034, 5037
poetry, eighteenth century, 1848-1850, 2130
poetry, nineteenth century, 2278-2283, 5326-5328, Sections on; 2210, Shelley's influence; 6987, Swiss;
See also "Provençal," and literary movements, e.g., "Symbolism."
poetry, twentieth century, 2902-2912, 5616-5618, 6973, 6987
poetry contests, 4844
Poggio Bracciolini, Gian Francesco, 4824
Poincaré, Henri, 2256
Poitou, 5132, 6519, 6526C, 6533, 6829, 6830, 6836
politics, 4503, 4509, 4512, 4514, 6931-6934, Sections on;
938-951, 16th century;
4931, 16th-17th centuries;
5680, 5681, 20th century;
6370, Canada;
1091, in drama.
Poliziano, 1033
Pomeau, René, 3372
Pommier, Jean, 6116
Pompadour, Madame de, 1701
Ponge, Francis, 5875
Pop, Séver, 3373, 6117
Pope, Alexander, 1747
Pope, Mildred K., 3374
Porcher, Jean, 3375
Port-Royal, 1313-1324. See also "Jansenists."
Porto-Riche, Georges de, 2612, 3119
Portuguese literature, bibliographical guides, 6682-6684
positivism, 2151
post cards, 6736
Postel, Guillaume, 1177, 4987
posters, 2139, Romanticism;
5040, 17th-18th century theater.
Pottier, Bernard, 6118
Pradon, Nicolas, 1602
Prague School, 4135
prayer books, 4474
prayers, 872, 873
Praz, Mario, 6119
preachers, 844, 864, 5023

365

preaching, 4475, 4476
préciosité, 578, 1267-1282, 1404, 5014
Première Guerre mondiale, 2182. See also "History, 20th century."
Prémontré Order, 4742
prepositions, 3475 (à, de).
preromanticism, 1667-1674
press. See "printing" or "periodicals."
Prévert, Jacques, 3120
Prévost, l'abbé, 1979-1983, 5235
Prévost, Jean, 5876
priest in French literature, 588
printing, 1048-1073, 4549-4574, 4601-4613, 4903-4915. See also "private press."
prints depicting French theater, 555
Privat d'Anglemont, Alexandre, 5236
private press, 192, 2840, 4605. See also "printing."
prizes, literary, 504-507, 4175, 4540, 4627
professions, 4390
prohibited books, 163-168, 932, 1822, 1826, 1835, 4683, 4928
Prometheus myth, 586, 2789, 4250
pronoun "ce.", 6234
pronunciation. See "phonology."
prose poem, 2279, 2904
prostitutes, language, 6988
Protestant academies, 4533
Proust, Marcel, 3121-3146, 5877-5886, Sections on; 5568, Questionnaire Marcel Proust; 6975, medical and psychological aspects.
Provençal and Southern France, 3877-3978, 6479-6539, Sections on; 664, discography of medieval poets; 671, lyric poetry; 1557, Malherbe; 2413, Daudet; 3455, linguistic scholarship; 3474, 3475, dialect dictionaries; 6596, folktale.
proverbs, 2232, 4009, 4336-4358, 6504A, 6534, 6546, 6606-6611, 7005. See also "folklore."
provincialisms, 5278, Lyon.
pseudonyms. Included here are anonyms.
4684, general, the basic source through the 19th century;
594, medieval;
4948, 16th century;
2094, 19th century;
5569, 20th century;
3936, Provençal;
6365, Canada;
2706, Stendhal.
Psichari, Ernest, 3147
Psyche myth, 585
psycholinguistics, 6233, general; 3496-3500, acoustics; 3629, 3632, 3640, language teaching.
psychology, 4506, 4507, 4510, 4511, 4932, 6936, 6938, 6941
psychology and literature, 4222, 4227, 4233
public theater, 1099
publishers and publishing, 200, 207, 4617, addresses; 268, publishers' catalogues, 19th century; 105, 19th century code; See also "book trade," "printing," "antiquarian book dealers."

Quatre Fils Aymon, 4876
Québec, 3817, 3821, 6317, 6319, 6363. See also "Canada."
Queneau, Raymond, 3148-3150, 5887, 5888
Querelle des Bouffons, 1723
Querelle des femmes, 938, 1173
questionnaires, linguistic, 3583
Quinze Joyes de Mariage, 748, 4877, 4878
quotations, 4343, 4345, 6612-6615. See also "proverbs."

Rabbe, Alphonse, 2613
Rabelais, François, 1178-1192,

Rabelais, François (cont.),
 4988-4991, Sections on;
 918, théologastres;
 920, religion;
 965, medicine;
 1060, printing;
 3480, adverbs.
Racan, Honorat de, 1603
Racine, Jean, 1604-1628, 5095-5107
Radiguet, Raymond, 3151
radio, 4311, 5646, 5650, 5655
Raeto-Romance, 6673-6681
railroads, 4580, 4583, 4589;
 6205, vocabulary, 18th-19th
 centuries.
Rainier, Lucien, 5889
Ramond, Louis-François, 2614, 5504
Ramus, Petrus, 3464
Ramuz, Charles-Ferdinand, 3152-3155, 5890
rare books, 4615, 4625, 7010,
 bibliographies of rare book
 catalogues. See also "original editions" and "antiquarian book dealers."
rationalism, 940, 993
Raynal, l'abbé, 1739, 1984
Raynaud, Gaston, 3376, 3377
reading, 442, 3699
Realism, 2149-2156, Section on;
 See also "Parnasse," "Impressionism," and "Naturalism."
 673, medieval;
 1108, novel, 15th-16th centuries;
 2300, theater.
Récamier, Madame, 2175
Recherches sociographiques, 6373
reference works, general. See
 "bibliographies of bibliographies."
Reformation, 909-937, 4929A.
 For additional titles, see
 "French literature, sixteenth
 century."
regional history, 6805-6855.
 See also "Provençal and
 Southern France," "Paris,"
 and "French language and
 literature outside France."
 Specific regions can be consulted by name in this index,
 e. g., "Poitou."
regionalism, 6921. See also "regional history."
Regnard, Jean-François, 1629, 5108
Régnier, Henri de, 3156, 3157
Régnier, Louis, 2257
Régnier, Mathurin, 1630
relations of linguistics, 6255, 6256
relations of literature, 4221-4233,
 6721-6729, Sections on;
 6256, linguistics;
 7007
Religieuse theme, 4759
religion, general, 4469-4500,
 6902-6920, Sections on;
 1091, 1093, 4221, religious
 theater;
 417, 418, 420-427, theses.
religion, medieval period, 832-874, 4827-4836
religion, sixteenth century, 909-937, 4927-4929A
religion, seventeenth century, 1295-1324, 5023-5026
religion, eighteenth century, 1737-1741
religion, nineteenth century, 2191-2191A, 5347
religion, twentieth century. Refer to the general sections on
 religion, entries 4469-4500,
 6902-6920
religion and literature, 4224
religious orders, 1312-1324.
 Specific orders are entered by
 name in this index, e. g.,
 "Benedictines."
Rémois, 509
Renaissance. See "French literature, sixteenth century."
Renan, Ernest, 2616-2620
Renard, Jean-Claude, 5891
Renard, Jules, 2621, 3158, 5505, 5506
Renaudet, Augustin, 3378, 6120
Renouard, Yves, 6121, 6122
Renouvier, Charles, 2258
Renouvier, J., 6123

367

Renouvin, Pierre, 6124
repentance theme, 4843
Répertoire mondial des périodiques cinématographiques, 95
reprints and micro reproduction, 65, 189, 190, general; 4678-4682, books; 4666-4670, periodicals; 4715-4717, French studies; 576, French plays.
research in France (science), 4439
Resistance, 5683
resources. See "libraries," "archives," and "museums."
Restif de la Bretonne, Nicolas-Edme, 1985-1989, 5237
Reverdy, Pierre, 3159, 5892
reviews of books, 4792, 4793, guides to review sources; 4174, 4721, 5637, 6754, 6755
Révolution française, 1686-1689, 5131-5145, 7031, Sections on; 1802, 1823, 5153, intellectual origins; 3536, 3548A, 5126, language; 1684, Paris; 161, 163, almanacs and prohibited books; 2273, novels; 1722, hymns and songs; 1741, Protestantism; See also individuals involved, e.g., "Marie Antoinette."
revolutions. See "history" and "Révolution française."
Revue blanche, 5324
Revue Britannique, 2205
Revue d'histoire des sciences et de leurs applications, 6796
Revue d'histoire littéraire de la France, 4714
Revue de Folklore français et colonial, 4332
Revue de Paris, 1829-1845, 2216
Revue des deux mondes, 5284, index, 1831-1911; 2149, realism, 1831-1865; 2219, German literature, 1829-1842.
Revue des études latines, 3984

Revue des Etudes rabelaisiennes, 1181
Revue du Seizieme siècle, 884
Reynaud, Jean, 5507
Rheinfelder, Hans, 3379, 6125
Rheto-Romance, 6673-6681
rhetoric, 390-397, 537, 541, 639, 791, 1244, 4205, 4212, 4279, 4487, 5036, 5038, 6309
Rhyme, 535, 1078, 4943, 5037
Richepin, Jean, 2622, 2623
Rictus, Jean, 3160
riddles, 4356, 4357. See also "jokes" and "proverbs."
Riffaterre, Michael, 6126
Rimbaud, Jean-Arthur, 2624-2639, 5508-5510
Ritchie, R. L. G., 3380
Rivarol, Antoine de, 1990, 1991
Rivière, Jacques, 3161
roads and streets, 960. See also "maps," "atlases" and "Paris."
Robbe-Grillet, Alain, 2901, 3162, 5893, 5894
Robert de Boron, 743
Robert le Diable legend, 6722
Robichez, Jacques, 6127
Robillard de Beaurepaire, Charles de, 6128
Rochebilière, A., 4790
Rod, Edouard, 2640
Roddier, Henri, 3381
Rodenbach, Georges, 3163, 5511, 5512
rogues in literature, 4238
Rohlfs, Gerhard, 4695, 6129, 6130
Rolland, Romain, 3164-3169, 5895-5899
Rollinat, Maurice, 5513
Romains, Jules, 3170, 3171
Roman de la Rose, 753-755, 4879
Roman de Renard, 750-752
roman à clef, 4778
roman antique, 1109
roman épistolaire, 1948, 4779, 4781, 6740
roman d'espionnage, 7003
roman courtois. See "Arthurian literature."
roman fleuve, 4289

roman noir, 2206
roman policier, 5626, 6743-6746
roman rustique, 5329
roman sentimental, 1107
romance. See "novel" and specific titles and authors.
Romance philology. Entered here are only the most general works. Additional, basic, sources can be found by consulting "French literature, general," specific aspects of linguistics, e.g., "etymology," and other Romance literatures, e.g., "Spanish literature."
3718-3762, 6286A-6316, 7027, Sections on;
339-353, theses;
99, 101, 3761, 3762, 6299, 6300, periodicals;
596, basic manual;
603, library of C. Wahlund;
608, Festschriften;
4207, 4208, 6306-6309, stylistics;
3492, 3493, historical phonetics;
3463, historical grammars;
3580, dialectology;
3512, etymology;
3532, word formation;
4496, translations of the Bible.
Romanische Forschungen, 3735
Romanists, 5959
Romanticism, 2104-2147, 5300-5319, Sections on;
1667-1674, Pre-Romanticism;
5287, 5289, periodicals.
Ronsard, Pierre de, 1193-1208, 4992, 4993, Sections on;
913, pamphlets against;
1004, Greek epic;
1035, 1038, Italian influence;
7004
Roosbroeck, Gustave Leopold van, 3382
Ropartz, Joseph Guy Marie, 5900
Roques, Mario, 3383, 3384
Rossi, Vittorio, 6131

Rostand, Edmond, 3172, 3173
Rotrou, Jean de, 1631, 1632, 5108A-5108C
Rouche, Jacques, 548
Rouen, 4911, 6844, 6845
Rouergue, 6824
Rousseau, Jean-Jacques, 1992-2021, 5238-5245
Roussillon, 6841
Roy, Gabrielle, 5901
Rudler, Gustave, 3385
Russian literature, bibliographical guides, 4159, 4160, 7034
Rutebeuf, 4880

Sade, Dominique-Alphonse-François, marquis de, 2022-2027, 5246, 5248
Sagan, Françoise (Françoise Quoirez), 3174
Saint-Amant, Marc Antoine de Gérard, sieur de, 1633, 1634
Saint-Aubin, Gabriel de, 5249
Saint-Denys-Garneau, 5901A, 5902
Saint-Evremond, Charles de Marguetel de Saint-Denis, seigneur de, 1379, 1635, 1636
Saint-Exupéry, Antoine de, 3175-3178, 5903, 7019
Saint-Gelais, Mellin de, 4994
Saint-John Perse (Alexis Léger), 3116-3118, 5904, 5905
Saint-Just, Louis-Antoine-Léon de, 2028, 5250
Saint-Marc Girardin (Marc Girardin), 3386
Saint-Martin, Louis-Claude de, 2029, 5251, 5252
Saint-Maur, 4489
Saint Patrick, 705, 848
Saint-Pierre, l'abbé de, 1738
Saint-Pierre, Bernardin de, 2030-2032
Saint-Pol-Roux (Paul Roux), 3179
Saint-Simon, Claude-Henri, comte de, 2641, 5515
Saint-Simon, Louis de Rouvroi, duc de, 2033, 2034, 5253
Saint-Sulpice, 4471
Sainte-Beuve, Charles-Augustin, 2642-2654, 5514
Saintonge, 6515, 6519

saints, 529, 6913, 6918
saints' lives, 706
Salacrou, Armand, 5906-5908
Salel de Cazals-en-Quercy, Hugues, 4995
Sales, Saint François de, 1306, 1516
Salons, literary, 1268-1282, 1704, 1730, 1735, 5014
Salverda de Grave, Jean-Jacques, 3387
Samain, Albert, 2655-2657, 5512
Sand, George (Amandine Aurore Lucie Dupin, baronne Dudevant), 2658-2668, 5516-5522
Santillane, Marquis de, 5254
Sarasin, Jean-François, 1637
Sarcey, Francisque, 2669
Sardou, Victorien, 2670, 2671
Sarrailh, Jean, 3388
Sarraute, Nathalie, 3180
Sartre, Jean-Paul, 3181-3184, 5909-5912, Sections on; 3100, aesthetics; See also "Existentialism."
satire, 1040, 1399, 1403, 1405, 4204, 4756, 4841, 5114, 5286, 5619, 5620, 7005
Saulnier, Verdun-L., 6132
Saussure, Ferdinand de, 3389, 3390
Sauvageot, Charles, 4787
Savard, Félix-Antoine, 3391, 5913, 6133
Savoie, 155, 3921, 4774, 5127, 6215
scandal, as a theme in theater, 6997
Scarron, Paul, 1638
scenarios, 3667
Scève, Maurice, 1209, 1210, 4996
Schalk, Fritz, 6134
Schmidt, Albert-Marie, 3392, 6135
scholarly journals in French studies. See "periodicals, linguistic and literary scholarship."
scholarly societies. See "institutions."
scholars, 3208-3428, 5951-6159, Sections on; 2235-2268, 19th century; 2843, general, 20th century; 4201, 19th century critics; 4916, humanities, 1300-1800.
scholarship, nineteenth century, 2235-2268. See also "scholars," "criticism."
Scholderer, Victor, 6135
Schopenhauer, Arthur, 2213
Schuchardt, Hugo, 3393, 3394
Schutz, Alexander Herman, 3395
Schwartz, William Leonard, 2230
science, general, 4434-4468, 6791-6804, Sections on; 6198, 6659, multilingual dictionaries.
science, medieval period, 818-829, 4837, 4838
science, sixteenth century, 952-967, 4933, 4935, 4936, 4938
science, seventeenth century, 1325-1341, 5009
science, eighteenth century, 1791-1807, 5129, 5130, Sections on; 1327, instruments of the 17th-18th centuries.
science, nineteenth century. See "science, general."
science, twentieth century, 5684. See also "science, general."
science and literature, 4226, 4232
science fiction, 1387, 1388, 4254-4265
science in poetry, 1085
Scribe, Eugène, 2672
Scudéry, Georges de, 1639, 1640
Scudéry, Madeleine de, 1278, 1640
sculpture, 1707, 1708, 2851, 4415. See also "art."
seals. See "heraldry."
Sebond, Raymond, 1157
Séchehaye, Albert, 3396
Ségur, Louis-Philippe de, 5255
Seillière, Ernest, 3397
Sedaine, Michel, 2035
semantics, 3623-3625, 6234A-6245
semiotics. See "kinesics."
Sénancour, Etienne de, 2673-2675
Senghor, Léopold Sédar, 5914-5916

370

sentimental novel, 1107
Sentiments de l'Académie sur le Cid, 1247
sequels, 4288
serial bibliographies, 4179, modern languages and literatures; 4591, humanities; 4796, medieval studies.
serials. See "periodicals."
sermons, 863, 864. See also "preachers."
Servet, Michel, 922
Séverin, Fernand, 5917
Sévigne, Madame de, 1641, 5109-5111
sex in literature. See "erotic literature."
sexual psychology, 6936
Shakespeare, William, 1755, 4056, 6558
Shelley, Percy Bysshe, 2210
Shepard, William P., 6480A
short story. See "novel."
shouts, 6608, 6609
Sicily, 1790
signatures, personal. See "autographs."
Simenon, Georges, 3185, 5918, 5919
Simon, Pierre-Henri, 6137
Sinnec, Louis de, 2225
Sismondi, Léonard Simonde de, 2676, 2677
skepticism, 948, 1847
slang, 3559-3573, 6194-6197, general sections; 5270, 5273, 5276-5278, 5321, 19th century; 5581-5587, 20th century; 3711, sports; 6988, prostitutes; 6992, new words; 7033, 'fin-de-siècle.'
Smith, David Nichol, 6138
Smollett, Tobias George, 4068
snobbery theme, 2086
social sciences, 4501-4514, 6921-6947, general sections.
socialism, 2120, 2128, 5311, 5352
Société Chateaubriand, 5413
Société de Linguistique Romane, 5959
Société des Auteurs et Compositeurs dramatiques, 558, 2299
Société des Bibliophiles françois, 4543
Société des Ecrivains Canadiens, 3789
Société liégoise de littérature wallonne, 3861
societies, secret, 4578. See also "institutions."
society. See also "social sciences" and "history." 810-817, medieval; 1268-1282, 5014-5016, 17th century; 4370, Paris, 17th-18th centuries; 1726-1736, 1831, 18th century; 2178, 2192A, 2202, 5352-5355, 19th century; 6357-6374, Canada.
society and language, 3607-3609
society and literature, 4223, 4225, 4228-4230
society publications, 4727, 6791. See also "institutions."
sociology, 6920A, 6925A. See also "social sciences." 429, 436, (theses).
sociology of literature, 6725
Soleinne, Martineau de, 556, 564, 567
Sologne, 6831
Solvay, Mme Louis, 4782
Sommer, Ferdinand, 3398
Sommerfelt, Alf Axelsson, 3399
sonnet, 529, 539, 545, 1028, 1032, 1042, 4764, 5328
Sophonisba theme, 1088
Sorbière, Samuel, 1642
Sorbonne. See "Université de Paris."
sorcery, 6605. See also "occultism."
Soreil, Arsène, 5920
Sorel, Charles, 5112
sottie, 720, 1096
sources and influences. See "influences and sources."
Spanish literature, bibliographical guides. 4161-4163, 6685-6692, Sections on;

Spanish literature (cont.), 340, 6688, theses.
speech, 390-397, theses; See also "phonology."
spelling, 3501-3503. See also "orthography."
Spinoza, Benedictus de, 1341
Spire, André, 5921, 5922
Spitzer, Leo, 3400, 3401, 6139
sports, 3711, 4576, 6957, 6958. See also "games."
Staël, Germaine de, 2678-2685, 5523-5525
Starnes, DeWitt T., 6140
statistical linguistics. See "computational linguistics."
statistical stylistics, 6248
statistics, 4367, 6927, general sources of statistics.
Stefanini, Luigi, 3402
Steiger, Arnold, 3403
Sten, Holger, 6141
Stendhal (Henri Beyle), 2686-2721, 5526-5532, Sections on; 2940, Alain.
Stengel, Edmund, 3404
Sterne, Laurence, 1748
stoicism, 943
Stone, Howard, 966
Straka, Georges, 6141A
strophe, 534
structuralist thought, 6996. See also "criticism."
study abroad, 3717
style and stylistics, 6246-6254, 4207-4211, 4214, 6246-6254, general sections on; 6306-6309, Romance; 1007, classical influence; 1221, 17th century; See also specific styles, e.g., "baroque," and authors.
stylistic devices. See specific terms, e.g., "metaphor," "synesthesia."
Suarès, André, 3186, 5923-5925
Suchier, Hermann, 3405
Suisse romande, 3840-3846, 6410-6420, 6987, 7029
Summer Institute of Linguistics, 4125, 4130, 6628
supernatural. See "occultism."

superstitions, 4329, 6600-6605, 6616. See also "folklore."
Supervielle, Jules, 3187, 3188, 5926, 5927
Surgant, Johann Ulrich, 844
Surrealism, 2792-2798, 5588-5600, Sections on; 5672, art.
Suze, Madame de la, 1276
Switzerland, 3840-3846, 6410-6420, 6987, 7029, Sections on; 4757, as a literary theme.
symbolism, 4266-4277, 6714-6718, Sections on; 637, medieval; 4939, art, 15th-16th centuries.
symbolism (literary movement), 2157-2168, 5323-5325, Sections on; 2161, 5285, 5289, 5298, 5323, periodicals; 2297, theater; 5337, influence in Hungary.
synesthesia, 6720
synonyms and antonyms, 6265, 6968
syntax, 3481-3488, 6224-6226, Sections on; 3908, langue d'oc; 5006, 17th century; 6316, Indo-European. See also "transformational grammar."

Tabarin (Jean Salomon), 1643
Tabourot des Accords, Etienne, 1211
Tacitus, 1005
Taine, Hippolyte, 2259-2262
tagmemics, 3485
Tallemant des Réaux, Gédéon, 1268
Talma, François Joseph, 2301
Talon, Omer, 3464
Tamizey de Larroque, Ph., 6142
Tasso, 4094
teaching foreign languages and French. See "foreign language pedagogy."
teaching machines. See "audio-visual instruction."
technology. See "science."
Teilhard de Chardin, Pierre, 3189,

Teilhard de Chardin, Pierre
 (cont.), 5928-5934
television, 4311, 5643, 5644,
 5650, 5652, 5655
Templars, 838
Temps, Le, 5350
Tencin, Madame de, 1735
tenses. See "verb system."
Terence, 997
testing and programs in language pedagogy, 3680-3683
terminology, general, 3592,
 3594, 6256A, bibliography of
 specialized dictionaries and
 of studies in specialized
 terminology.
terminology, book trade and
 librarianship,
 2, bibliographical;
 199, 4565, 4621-4624, book
 trade;
 4568, book binding;
 12, 4643, 4644, librarianship.
terminology, linguistic, 3757,
 4136-4141, 6176, 6177,
 6642-6647, general;
 3469, grammar;
 3500, physiological and
 acoustic phonetics;
 3618, machine translation;
 3625, semantics;
 3707-3713, language teaching.
terminology, literary, 4196-
 4200, 4746, 6710, general;
 602, 738, medieval;
 1074, 6752, poetic;
 554, 716, 2923, 4297, theater;
 1267, préciosité.
terminology, other categories.
 4398, 5032, 6878, music;
 4461, 4462, 6900, philosophy;
 3708, 3712, academic;
 2934, 2937, cinema;
 816, feudalism;
 628, medieval archeology;
 6914, theological;
 4894, travel, 16th-18th centuries;
 3711, sports;
 5007, medical, 17th century;
 5268, commercial, 13th-16th
 centuries;
 5269, 6259, computer;
 5270, nautical.
tests for foreign language skills,
 6281A
textbooks. See "grammar books."
Tharaud, Jean, 3190
Tharaud, Jérôme, 3190
theater, general, 547-577, 4766-
 4776, French;
 4294-4317, 6747-6751, general;
 398-410, 4696, theses;
 3671, on phono recordings;
 3804-3806, Canada;
 3865-3867, 6399, Belgium;
 6467, Africa.
theater, medieval, 715-723
theater, sixteenth century, 1088-
 1099, 4945-4947
theater, seventeenth century,
 1413-1440, 5039-5048
theater, eighteenth century, 1851-
 1869, 5180-5186
theater, nineteenth century, 2284-
 2305, 5330-5332
theater, twentieth century, 2913-
 2928, 5629-5640
theaters, national, 2288. See
 also specific names, e.g.,
 "Comédie Française."
Théâtre de l'Oeuvre, 2297
Théâtre du Marais, 1417
Théâtre Français, 553
Théâtre Graslin, 2301
Théâtre Italien, 1856, 5043, 5181
Théâtre Libre, 2300
theoretical linguistics, 6639,
 6640. See also "computational
 linguistics."
themes, literary, 578-589, 4234-
 4265, 4753-4760, 6721-6733,
 general;
 4333, in folk literature;
 4840-4843, 4849, 4852-4857,
 medieval;
 2086-2089, 5298, 5299, 19th
 century;
 2788-2791, 20th century.
 See also specific names of
 themes, e.g., "dandyism."
theology. See "religion."
theory of grammar. See "grammatical theory."
theses, 272-450, 4689-4703, sec-

theses (cont.),
  tions on;
  6340, 6363, Canada;
  3527, lexical studies;
  6626, linguistics;
  6749, theater;
  3113, Péguy;
  5394, Baudelaire.
Thibaudet, Albert, 3406-3408
Thibault de Champagne, 578
thievery, 6950
thirst, 6960. See also "gastronomy."
Thiry, Marcel, 5935
Thomas Aquinas, 4013
Thomas, Antoine, 3409, 3410
Thomassin, Louis, 1299
Thomov, Thomas S., 6143
Thompson, Albert Wilder, 6144
Thompson, Stith, 6145
Thurneysen, Rudolph, 3411
Tilander, Gunnar, 6146
Tillier, Claude, 2722
Tocqueville, Alexis de, 2263-2265
Todd, Henry Alfred, 3412
Toesca, Maurice, 5936
Togeby, Knud, 6147
topoi, 4195
toponymics, 3555-3558, 6212-6217, 6219-6221, 7009, Sections on;
  3854, 6402, 6406, Belgium;
  3782, 3783, Canada;
  6313, Romance;
  4364, streets of Paris;
  4823, Celtic influence.
  See also "onomastics."
Töppfer, Rodolphe, 5533
Toronto, University Library, 7015
Toulet, Paul-Jean, 3191, 5937, 5938
Toulouse, 5147, 6838
Tournai, 4660, 6390
tragédie nationale, 5042
tragedy, 1090, 1092, 1093, 16th century;
  1855, 5042, 16th-18th centuries;
  1425, 17th century;
  6759, 18th century.
Trakl, Georg, 6564

transformational grammar, 3460, 3483, 6652-6656
translation, 1012, 4050, 6657
translations, general, 4048, 4049, 4051, 6556, current listings;
  6557, significant for comparative literature;
  See also "comparative literature," "influences and sources," "translation," and "translators."
translations from French, general, 2869, 4073, 4076, 4083, 5171, into English;
  2877, 2880, 2885, 4061, 4074, into German;
  4052, into Czech;
  4075, into Polish;
  3893, Provençal (modern) into English;
  3788, French Canadian into English;
  6394, Belgian into Russian;
  6468, Foreign languages in Liban.
translations from French, by authors and subjects.
  2941, Alain into Italian;
  5699, Apollinaire into Czech;
  2313, 2325, 2335, Balzac into English, Romanian and Russian;
  5754, Char;
  1913, Diderot into German;
  1507, DuRyer;
  2442, Flaubert into German;
  5787, Genet into English and German;
  2503, 2526, Hugo into Dutch and Portuguese;
  2526, Lamartine into Portuguese (Brazil);
  1537, 5076, LaRochefoucauld;
  2565, 5475, Mallarmé into Spanish and Italian;
  1963, Mercier into German;
  1973, Montesquieu into English;
  5097, 5100, Racine into Italian and German;
  1973, 2012, 2018, Rousseau into English, Italian and Spanish;
  2647, Sainte-Beuve into German;

translations from French, by authors and subjects (cont.),
2703, Stendhal into Russian;
2056, Voltaire in the 18th century;
1973, 2055, Voltaire into English;
2048, 5258, Voltaire into Italian and Portuguese;
2050, 5259, Voltaire into Finnish and Scandinavian languages;
2766, 2773, Zola into English;
1759, 1847, 18th century novel into English;
2898, 20th century novel;
4064, novel into English;
5627, 20th century novel into Dutch;
2150, Realists into English;
4063, Romantics into Spanish (Mexico);
2168, Symbolists into English;
4059, theater into Italian;
4070, theater.
translations into French, general.
1014, 1377, 1760, 1761, 1764, 2875, from English;
1015, 1378, 1781, 4071, 7011, from German;
6416, Swiss;
6569, Swedish;
1017, 1018, Greek;
4053, Polish;
4054, 4555, Russian;
3998, medieval and Renaissance Latin;
856, medieval Hebrew;
1016, Renaissance works;
4496, translations into Romance languages;
6573, Viet Nam and Cambodia.
translations into French, by authors and subjects.
4104, 4105, Amadis;
874, 919, Bible;
1763, Captain Cook's voyages;
1009, Celestina;
4062, Chesterton;
1007, Demetrius;
4072, Faust;
1757, Garrick;
1373, Guzman d'Alfarache;
4069, Lazarillo de Tormes;
2225, Leopardi;
1756, Locke;
1006, Longinus;
1030, Machiavelli;
2199, Poe;
1747, Pope;
6541, St. Augustine;
1755, 4056, 4057, Shakespeare;
4068, Smollett;
997, Terence;
1374, Spanish novel, 17th century;
1750, English novel;
1758, English prose;
5329, rustic novel;
1249, Latin poetry;
1249, Greek poetry;
1789, Italian poetry, 1789-1820;
4057, German ballads;
4058, German poetry;
1098, Italian comedies during the sixteenth century;
4066, foreign theater;
1013, Italian platonism;
7002, Medieval and Renaissance Latin.
translators, 1008, 1017, 1018, 3437, 5955, 6658
travel. See "voyages," "exploration," and "influences and sources."
Tribune, La, 2775
Triolet, Elsa (Mme Louis Aragon), 5939
Tristan l'Hermite, 1644-1646
Tristan legend, 756-760, 4248, 4881
troubadours, 3899, 3938-3940, 3943, 3945, 3946, 3948, 3949, 3951-3953, 3955-3959, 6495A-6497
trouvères, 4845
Troyes, 525
Truchet, Jacques, 6148
Turgot, Anne-Robert-Jacques, 5141
Turk in French literature, 587, 1382
Turkish Spy, 2036
Turnèbe, Odet de, 1212
Tyard, Pontus de, 1213, 1214
types. See "themes."

typography, 1059, 4549, 4558-4560, 4562, 4567. See also "printing."
Tyssot de Patot, Simon, 1333
Tzara, Tristan, 3192

Unanimism, 2522, Romantic movement.
union catalogs, 223, 4600
union lists of serials, 55-58, 66, 73, 73A, 82, 99, 106
Univers illustré, 2455
universal bibliography, 252, 4596, 4600
Université de Paris, 918, 4907, 6707
universities, 789, 790, 4525, 4530. See also "education."
University of North Carolina, 4794, 4891
Urbain, l'abbé, 1453
Urfé, Honoré d', 1647-1650
Ursins, Princesse des, 5088
usage, grammatical, 3431, 6264-6266. See also "rhetoric."
utopia theme, 4257, 4949, 5027, 5176, 7014

Vailland, Roger, 5940
Vaillant de Guelis, Germain, 916
Valéry, Paul, 3193-3204, 5941
Vallat, Charles de, 3931
Vallès, Jules, 2723, 2724, 3205, 5534
Vandeul collection, 1908
Vallotton, Benjamin, 5942
valor, the word, 6315
Vanderbourg, Charles, 5535
Vandercammen, Edmond, 5943
Van Gennep, Arnauld, 6149
Van Lerberghe, Charles, 5536
Vauban, Sébastien Le Prestre de, 2037, 2038
Vaulthier, Roger, 6150
Vauquelin des Yveteaux, Nicolas, 1290
Vauvenargues, Luc de Clapiers, marquis de, 2039, 2040
Velay, 6532
Vendryes, Joseph, 3413, 3414
verb system, 3479, 6222, 6223

Verboom, René, 5944
Vercors (Jean Bruller), 3206, 5945, 5946, Section on; 2808, publishing.
Verhaeren, Emile, 2725-2728, 5537
Verlaine, Paul, 2729-2739, 5538-5540
Vermenouze, Arsène, 3207
Verne, Jules, 2740-2742, 5541-5543
Vernière, Paul, 6151
Verrier, Paul, 6152
Versailles, Château de, 1363, 1366
verse drama, 2304, 2924
Verviers, 4665
Veuillot, Louis, 2743, 2744
Veyrat, Jean-Pierre, 2745
Vianey, Joseph, 3415
Vian, Boris, 5947
Viau, Théophile de, 1325, 1651, 1652, 5113-5115
Vicaire, Gabriel, 2266, 5327
vices and virtues, 835
Vie de Saint-Alexis, 4882, 4883
Vieux Colombier, 5773
Vignay, Jean de, 761
vignettes, 1824, 18th century.
Vigny, Alfred de, 2746-2755, 5544, Section on; 2105, original editions.
Villedieu, Madame de, 6979
Villiers de l'Isle Adam, Auguste, 2756-2758
Villon, François, 762-771, 4884-4886
Vinaver, Eugène, 3416, 6153
Vincent, Auguste, 3417
Vinet, Elie, 1011, 2267, 2268
vingtiémistes, 5963
Viollet-Le-Duc, Emmanuel Louis Nicolas, 546
Virgil, 994, 1250
Vising, Johan, 3418
Vivier, Robert, 5948, 6154
vocabulary studies. See "word studies."
Voisine, Jacques, 6155
Voiture, Vincent, 1273
Voltaire (François-Marie Arouët), 2041-2078, 5256-5268, 7032, Sections on;

Voltaire (François-Marie Arouët) (cont.),
 1852, dramatizations of his contes.
Voragine, Jacques de, 4887
Voretzsch, Karl, 3419
Vossius, Gérard-Joseph, 1421
Vossler, Karl, 3420-3422
voyage imaginaire, 1387, 1388, 1839, 4254, 4259
voyages, 4036, 4039, general works. For more specific works see "influences and sources."
vulgar Latin. See "Latin, medieval and later."

Wace, 772
Wagner, Max Leopold, 3423, 6156
Wahlund, Carl, 603, 3424
Wallonia. See "Belgium."
wandering Jew theme, 584, 4758
War publications, 2805-2823. See also "clandestine publication."
Wartburg, Walther von, 3425, 6157
watermarks, 4905
Watteau, Antoine, 1699, 1709
Weil, Simone, 5949, 5950
Weill, Georges, 1820
Welsh Review, 704
Wieland, Christoph Martin, 1779
Wiley, William Leon, 6158
Wilkens, Ernest Hatch, 3426
William the Conqueror, 795
Wilmotte, Maurice, 3427, 6159
wines, 6952. See also "gastronomy."
Wing, John M., 4561
witchcraft. See "occultism."
women, 4241, 4242, 4245, 4249, 4677, 4756, 6733, 6790, 6794, 6997. See also "Querelle des femmes."
word studies, 3525-3538, 6201-6211, Section on; 6301-6305, 6998, Romance; 3906, Provençal; 2178, vocabulary under Louis-Philippe;
 See also individual authors, "etymology," "onomastics," "slang," "terminology," "dictionaries," "concordances," "orthography," "dialectology," "toponymics."
World War, 2893, literary theme.
writing. See "orthography."
Wyzewa, Teodor, 5545, 5546

youth, 2897, literary theme.
Yves, le père, 1298

Zingarelli, Nicola, 3428
Zola, Emile, 2757-2776, 5547-5557, Sections on; 2448, Flaubert; See also "Dreyfus Affair."

377